- 中央民族大学国家"十一五""211工程"建设项目
- 新世纪优秀人才支持计划资助（Supported by Program for New Century Excellent Talents in University）
- 中央高校基本科研业务费专项资金资助（Supported by "the Fundamental Research Funds for the Central Universities"）

交流与互动：
民族考古与文物研究

JIAOLIU YU HUDONG
MINZU KAOGU YU WENWU YANJIU

主　编／肖小勇
副主编／朱　萍

中央民族大学出版社
China Minzu University Press

图书在版编目（CIP）数据

交流与互动：民族考古与文物研究/肖小勇主编．—北京：中央民族大学出版社，2013.11

ISBN 978-7-5660-0148-1

Ⅰ.①交… Ⅱ.①肖… Ⅲ.①民族考古学—中国—文集 Ⅳ.①K874.04-53

中国版本图书馆 CIP 数据核字（2013）第 090196 号

交流与互动：民族考古与文物研究

主　　　编	肖小勇
责任编辑	吴　云
封面设计	汤建军
出 版 者	中央民族大学出版社
	北京市海淀区中关村南大街 27 号　邮编：100081
	电话：68472815（发行部）传真：68932751（发行部）
	68932218（总编室）　　　68932447（办公室）
发 行 者	全国各地新华书店
印 刷 厂	北京宏伟双华印刷有限公司
开　　　本	787×1092（毫米）　1/16　印张：18.125　彩插：12
字　　　数	370 千字
版　　　次	2013 年 11 月第 1 版　2013 年 11 月第 1 次印刷
书　　　号	ISBN 978-7-5660-0148-1
定　　　价	60.00 元

版权所有　翻印必究

图版一 古墓沟墓地七圈椭圆形列木、散射的木桩直线,俨如太阳形

图版二 古墓沟第38号墓女主人毡帽饰七道红线

图版三 2000年,本文作者进入小河墓地,在男根形立木前留影

图版四 长方形腰饰牌与饰贝腰带出土分布示意图

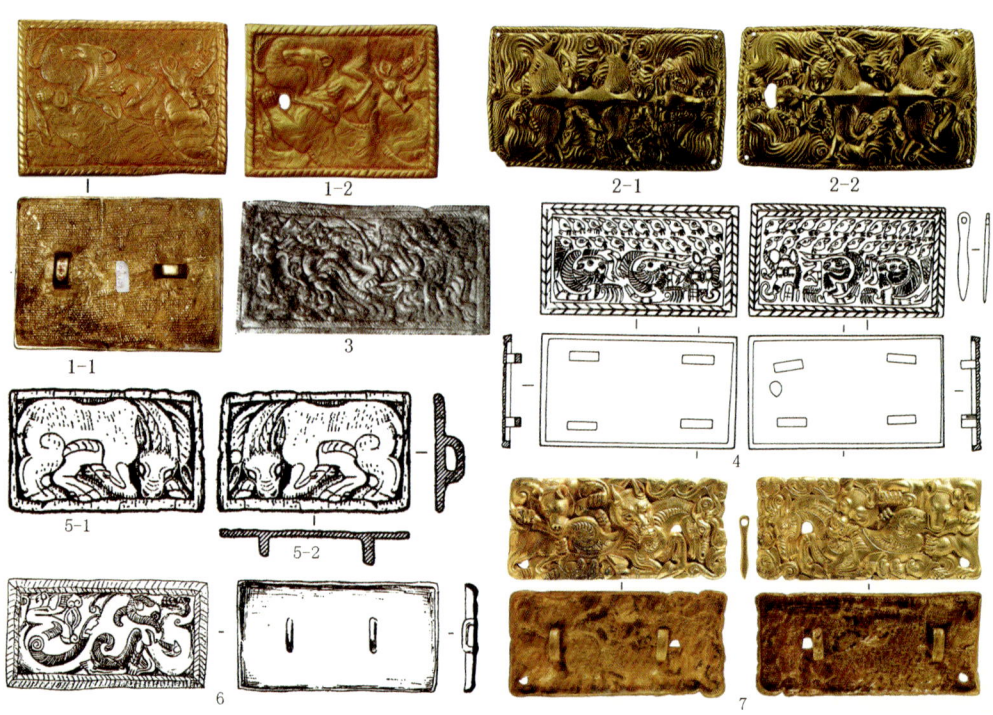

图版五 西汉墓葬出土的Aa型长方形腰饰牌

1西沟畔墓地M2出土； 2阿鲁柴登墓地出土；3双古堆汝阴侯墓出土；4徐州簸箕山宛朐侯刘執墓出土；5成都石羊木椁墓出土；6广州汉墓M1120出土；7徐州狮子山楚王陵出土（1采自142页注①；2采自141页注④；3采自142页注⑯；4采自143页注②；5采自143页注③；6采自143页注⑦；7采自143页注①：2）

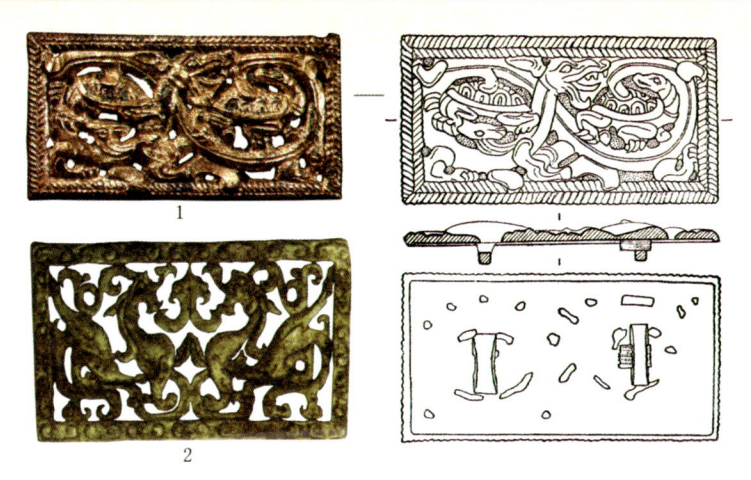

图版六 Ab型长方形腰饰牌

1南越王墓出土；2邯郸2号赵王陵出土（1采自143页注⑧；2采自142页注⑥）

图版七 西汉墓葬出土的饰贝腰带与系饰贝腰带的陶俑

1、2饰贝腰带；3、4系饰贝腰带的陶俑

（1本人根据143页注①；2编绘；2本人根据143页注④编绘；3采自152页注②；4采自152页注①）

图版八 诺维依70号库尔干出土的饰贝腰带复原图
（采自144页注⑫）

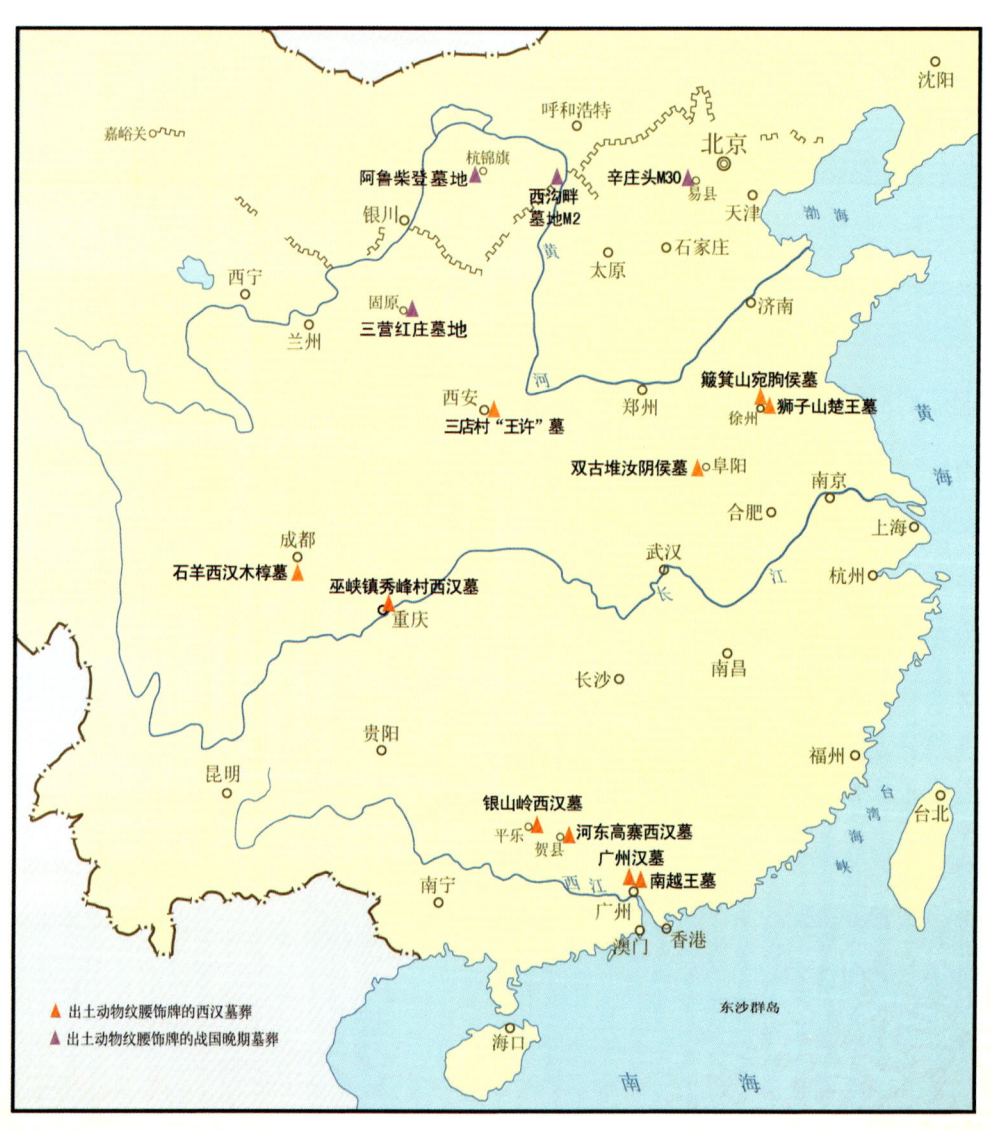

图版九 中国境内出土A型长方形腰饰牌的墓葬

图版十 欧亚草原出土的早期铁器时代不规则形状腰饰牌

（这些腰饰牌均为彼得大帝收藏品。1、2采自156页注⑥；3-5采自153页注②）

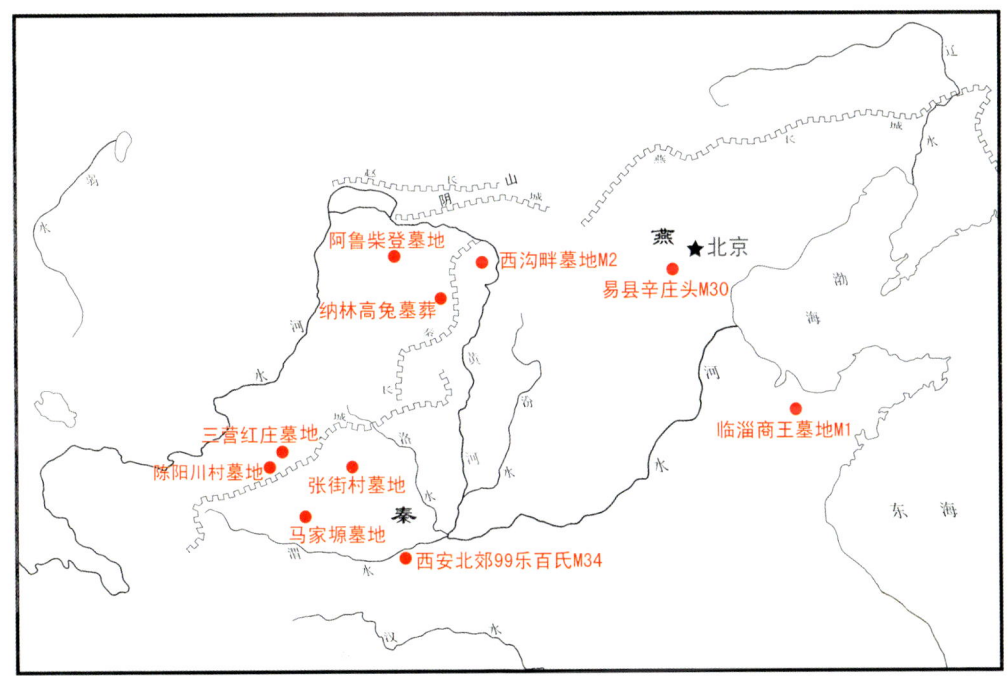

图版十一 中国北部地区战国晚期至秦代神兽纹样分布示意图

图版十二 战国晚期中国北部地区流行的有角蹄足神兽纹样

1三营红庄墓地出土；2辛庄头M30出土；3西安北郊99乐百氏M34出土；4商王墓地M1出土；5纳林高兔墓葬出土（1采自142页注⑩；2采自142页注⑤；3采自155页注⑤；1；4采自155页注③；5采自155页注①）

图版十三 欧亚草原流行的神兽纹样

1艾里扎维托夫斯卡16号库尔干出土；2图伊克塔1号库尔干出土；3-5巴泽雷克2号库尔干出土（1采自155页注⑪；2-5采自156页注①）

图版十四 欧亚草原出土的装饰螺旋纹的动物纹样

1艾梅尔雷格墓地出土；2萨革利·巴支墓地13号库尔干出土；3巴沙尔达尔2号墓出土；4-7菲利波夫卡1号库尔干出土；8菲利波夫卡4号库尔干出土；9、12阿拉沟墓地出土；10、11伊塞克库尔干出土（1采自156页注⑤；2采自156页注⑥；3采自156页注⑦；4-7采自156页注⑧；8采自156页注⑨；9、12采自157页注②；2；10、11采自157页注①）

图版十五 西汉墓葬出土的腰饰牌以外的器物上装饰的神兽纹样

1洛庄汉墓9号陪葬坑出土；2保安山2号墓1号陪葬坑出土；3陕县西汉早期墓M2011出土；4满城窦绾墓出土；5马王堆1号墓出土；6、7巢湖北山头1号墓出土（1采自160页注①；2采自160页注④；3采自160页注③；4才子160页注⑤；5采自160页注②；6、7采自161页注①）

图版十六 哈普里3号库尔干
出土的长方形腰饰牌
（采自144页注⑪）

图版十七 罗斯托夫地区出土的中国汉代物品
1带铭日光镜；2四乳四虺镜；3玉剑饰；4带玉剑饰的长铁剑
1维诺格拉德尼库尔干出土；2科比亚科夫库尔干出土；3麦科普库尔干出土；4斯拉多夫斯基19号库尔干出土（1采自167页注②；2-4采自167页注③和168页注①、②）

图版十八 宗嘎曲德寺主殿正面

图版十九　宗嘎曲德寺集会殿前半部分木构架

图版二十　扎西琼宗外围墙及南角城垛碉房

图版二一　扎西琼宗噶莫王城外围墙东面城垛碉房

图版二二　卓玛拉康门道入口处的水井

图版二三　卓玛拉康出檐木构架

图版二四　卓玛拉康柱头装饰 　　　　　　　　　　图版二五　卓玛拉康木构架

图版二六　宗嘎曲德寺集会殿木构架 　　　　　　　图版二七　宗嘎曲德寺集会殿梁架上的堆金沥粉

图版二八　宗嘎曲德寺主供佛殿门装饰 　　　图版二九　交脚菩萨造像 　　　图版三十　弥勒菩萨立像

图版三一　桑结嘉措像清代唐卡

图版三二　觉仲祖师唐卡

图版三三　达陇噶举祖师唐卡

图版三四　绿度母唐卡

图版三五　绿度母唐卡局部

图版三六　唐卡图版三二的局部

图版三七　唐卡图版三二的局部

图版三八　绿度母唐卡　　　　　　　　　　　图版三九　高僧唐卡

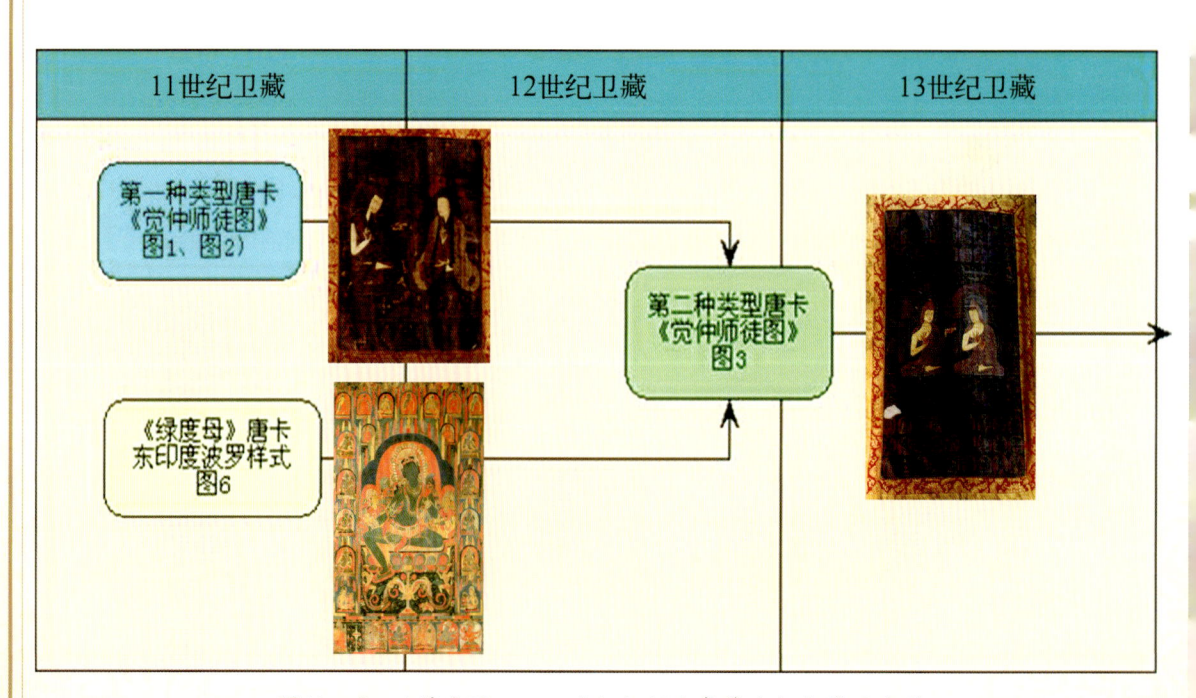

图版四十　卫藏地区11—13世纪祖师唐卡萌生与发展示意图

序　　言

　　作为统一的多民族国家，中国除汉族外，还有55个少数民族，其中东北、北方、西北和西南是众多少数民族聚居的主要地区，其他地方则以多民族杂居为主要特点。这种分布格局是在悠久的历史发展中逐渐形成的，各民族既相互交融，又在文化、习俗等方面保有独特性。这为中国的民族考古学准备了难得的资源，为民族考古提供了厚实的土壤，也传承了丰富多彩的民族文物。中央民族大学民族学与社会学学院文博系利用"211工程"三期研究项目和研究生创新人才培养项目支持，于2011年12月16—18日举办以"民族考古与民族文物"为主题的学术研讨会，邀请全国各地学术机构和高校的相关研究者，就该领域的课题进行广泛讨论，共同推进民族考古学、民族考古和民族文物的研究，发掘民族文化遗产，推进民族文化遗产的保护。

　　会议邀请了来自北京、吉林、辽宁、内蒙古、陕西、新疆、西藏、广东、贵州、江苏、上海共11个省（市、自治区）的20个高校和科研机构的53位代表，其中29位发表了专题演讲，涉及学科理论和方法、新发现和新资料、新思考和新见解等诸多方面，充分展示了最新的研究成果。既有对传统认识的重新解读，也有对学术热点的准确把握。特别感谢宋兆麟先生、王炳华先生和孟凡人先生给予会议的大力支持！宋先生以自己从事民族考古和民族文物研究的切身经验和思考，对民族考古和民族文物调查、研究的方法进行了深刻阐述。王炳华先生指出，吐火罗人与新疆史前考古遗存关系问题目前在欧美被炒得非常热，这个现象应该引起我国学术界的重视，并形成我们自己的话语权。他同时介绍了有关的种种观点和自己的一些思考。孟凡人先生提出了西夏王陵形制布局源于唐代的新观点。也要感谢无论是来自北京还是新疆、西藏等遥远边疆的代表，他们带来的学术成果，提供了各种学术视角、观点和理论与方法的探索。这些专题研究涉及精神与艺术、宗教与祭祀、丧葬与墓志、文化与族群、新材料与新阐释诸方面。

　　会议还专门开辟了研究生论坛，6位研究生宣读了论文，并邀请专家一一做了点评。

　　会议发言和提交的论文，一定程度上反映了民族考古学、民族考古和民族文物研究在中国的发展特点和趋势。研究的视角不限于由来已久的民族考古学概念，以更开阔的视野带来了更广阔的领域。特别是民族考古概念的引入，虽然与民族考古学仅一字之差，却包含着考古学方向的战略性思考，也抛开了民族考古学作为学科概念的束缚，这一点应该是特别值得强调的。当然，还有许多精彩的成果，在此不再一一赘述。我们很高兴能有机会将它们整理出版，以飨读者，为关心民族考古和民族考古学，关心民族文化的研究者提供参考，也可作为相关专业学生的参考教材。

最后，对各位参会代表，对为会议提供支持和付出辛劳的各位师友和同学，对提交论文的各位专家、学者表示衷心感谢！

肖小勇

2012 年 11 月 26 日

目　录

考古学研究

论东黑沟遗址的年代与性质 ······················· 刘文锁（3）
楚文化西渐历程考察 ···························· 朱　萍（18）
夜郎考古若干问题的思考 ························· 杨　勇（37）
中原因素在汉代西域考古学文化演变中的作用 ············ 肖小勇（48）
西夏陵陵园形制布局溯源及陵园形制寓意探析 ············ 孟凡人（60）
明清时期水族墓葬文化研究 ························ 宋先世（79）

民俗文物研究

加强民族文物研究 ······························ 宋兆麟（91）
传承与变迁
　　——周原地区现代丧葬习俗的调查与研究 ·············· 马　赛（96）
秦王夫人
　　——以社会生存状态为主的观察 ···················· 丁　岩（119）
说"七"
　　——求索青铜时代孔雀河绿洲居民的精神世界 ·········· 王炳华（127）
中国及欧亚草原出土的长方形腰饰牌与饰贝腰带研究 ········ 单月英（140）
论辽代金银器造型艺术的唐文化因素 ·················· 张景明（182）

墓志研究

东晋南朝墓志文体演进及其文化意蕴考察 ··············· 朱智武（193）
由北魏四夷馆四夷里看拓跋王朝的华夷观 ··············· 刘连香（209）
《北齐乐陵王高百年墓志》发微 ······················ 黄寿成（218）
唐人"守选"年限再考察
　　——以墓志铭记载为核心 ························ 蒋爱花（228）

佛教艺术研究

中尼边境古寺宗嘎曲德寺考古调查与发掘 ··············· 夏格旺堆（241）

释俗之间：试论碑林藏北魏交脚弥勒造像的艺术来源及
　　相关问题……………………………………………… 王庆卫（249）
从毗沙门天图像来看佛教的民族化………………………… 篠原典生（260）
11—13世纪卫藏祖师唐卡源流考略 ………………………… 张亚莎（271）
却英多吉与石莲寺 …………………………………………… 李　翎（280）

考古学研究

论东黑沟遗址的年代与性质[①]

刘文锁　中山大学人类学系

东天山北部的巴里坤东黑沟遗址，旧称石人子乡遗址[②]，分布在新命名遗址/墓地区的北缘。这两个遗址按2005—2007年间新的调查，归结为同一遗址。[③] 分布在巴里坤湖南岸、巴里坤山北麓和山前平原地带，在选址上与巴里坤湖（蒲类海）的关系十分明显。巴里坤湖在汉代的时候应该比今天所残余的面积更宽广，而水域的界限向南可能达到了今天城镇和村庄所在一线。

根据调查、发掘者的分类，这一处大型复合聚落遗址，包括了石构建筑物、墓葬和岩画三种遗迹在内，面积约8.8平方公里。建筑物中包括3座石构高台和居址（石围居址）。2006—2007年解剖性发掘了石筑高台1座、石围居址4座，及12座墓葬，发掘报告认为这三种遗存属于同一个考古学文化，其中，墓葬的年代上限可推定在西汉前期；所谓高台是与兰州湾子遗址相同的建筑，其中的下部使用面是房屋式建筑；从墓葬资料看，显示出有两支人群居住在本地，是共存关系，其中一支是"以墓主为代表的外来文化"，是征服者；另一支是"以人牲为代表的土著文化"，是被征服者。[④] 在进一步的研究中，结合在东黑沟以西的岳公台—西黑沟遗址群，以及早先对兰州湾子遗址、伊吾拜其尔墓地、哈密寒气沟墓地的调查与发掘，研究者认为这些游牧文化可以分为两种，一种是当地"土著文化"，可能是月氏的遗存；另一种是后来的征服者的文化，可能是外来的匈奴的

[①] 本文是作者主持的"天山—阿尔泰山游牧文化的生态考古学研究"（中山大学新兴交叉学科重点资助项目）阶段性成果。

[②] 黄文弼：《新疆考古发掘报告》，文物出版社，1983年，第13页；李遇春：《新疆发现的彩陶》，载《考古》1959年第3期；吴震：《新疆东部的几处新石器时代遗址》，载《考古》1964年第7期；《哈密文物志》，新疆人民出版社，1993年。

[③] 新疆文物考古研究所、西北大学文化遗产与考古学研究中心：《2006年巴里坤东黑沟遗址发掘》，载《新疆文物》2007年第2期；新疆文物考古研究所、西北大学文化遗产与考古学研究中心：《新疆巴里坤县东黑沟遗址2006—2007年发掘简报》，载《考古》2009年第1期。

[④] 新疆文物考古研究所、西北大学文化遗产与考古学研究中心：《新疆巴里坤县东黑沟遗址2006—2007年发掘简报》，载《考古》2009年第1期。

遗存。①

在相当于战国到汉代的东天山地区，根据中文和希腊文献的线索，在这里出没或可能出没过的部族有伊赛多涅斯人（Issedones）②、月氏、乌孙、匈奴，以及以"蒲类"为名的三个小部落（东蒲类、蒲类后、蒲类）③，它们都是游牧部族。这些部族可能在种族上有亲缘关系，而且在沿河西走廊西部至天山地带发生过连锁式的迁徙。这个历史背景是复杂的。根据中国、希腊历史文献推测，先汉至汉代在天山生活的部族中，似乎以高加索人种（Caucasian）为主，其中包括塞种（Saka）的几个部落。④而据在天山地区所做的部分人骨鉴定和人类学研究（哈密焉布拉克墓地、阿拉沟墓地、昭苏土墩墓、察吾乎沟墓地），在东天山地区的居民是以蒙古人种为主，混居以高加索人种。⑤汉代前后在西天山游牧的塞种—乌孙人（Saka-Wusun）属于高加索人种的帕米尔—费尔干纳类型。⑥

当将考古资料和考古学研究与历史背景对应之时，上述研究都富于启发性地指出了问题所在。本文拟在此基础上，就发掘、调查资料，对东黑沟遗址的年代和性质问题给予讨论。

一、石构台式建筑的年代与性质

位于南部的石构台式建筑（GT1）显示出早、晚两次的占据。这座建筑选择在东黑沟西岸的台地上，根据巴里坤河谷—湖泊型盆地的地形特征来看，当时巴里坤湖的湖面可能比今天大许多，分布在盆地的大部分，向东达到了石人子一带（即东黑沟遗址/墓地的北缘）。遗址南面的巴里坤山的地理特征也是需要注意的，它与巴里坤湖的组合关系隐含着萨满教的地理观念。（图一、图二）

1. 地层与遗迹的特征

GT1发掘前是一座平面近圆角方形的覆斗状高丘，类似兰州湾子遗址的特征。

---

① 任萌：《从黑沟梁墓地、东黑沟遗址看西汉前期东天山地区匈奴文化》，西北大学硕士学位论文，2008年；磨占雄：《黑沟梁墓地与东黑沟墓地的考古类型学比较研究》，西北大学硕士学位论文，2008年；张凤：《新疆东黑沟遗址石筑高台、居址研究》，西北大学硕士学位论文，2008年；王建新、席琳：《东天山地区早期游牧文化聚落考古研究》，载《考古》2009年第1期；磨占雄：《新疆巴里坤黑沟梁墓地与东黑沟墓地的考古类型学比较研究》，载《考古与文物》2010年第5期。

② 余太山：《〈穆天子传〉所见东西交通路线》、《希罗多德〈历史〉关于草原之路的记载》、《托勒密〈地理志〉所见丝绸之路的记载》，载余太山：《早期丝绸之路文献研究》，上海人民出版社，2009年，第1—23、第105—123、第145—164页。

③ 其地望主要参考了余太山《两汉魏晋南北朝正史西域传要注》（中华书局，2005年，第59—232页），以及笔者对地望的推测。

④ 余太山：《塞种史研究》，中国社会科学出版社，1992年；《早期丝绸之路文献研究》，第105—123、第145—163页；《两汉魏晋南北朝正史西域传研究》，中华书局，2003年，第327—338页。

⑤ 韩康信：《丝绸之路古代居民种族研究》，新疆人民出版社，2009年，第1—22、第147—217页。

⑥ [苏] A. H. 伯恩斯坦姆著，陈世良译：《谢米列契和天山历史文化的几个主要阶段》，载《新疆文物》，1992年译文专刊，第17—44页。

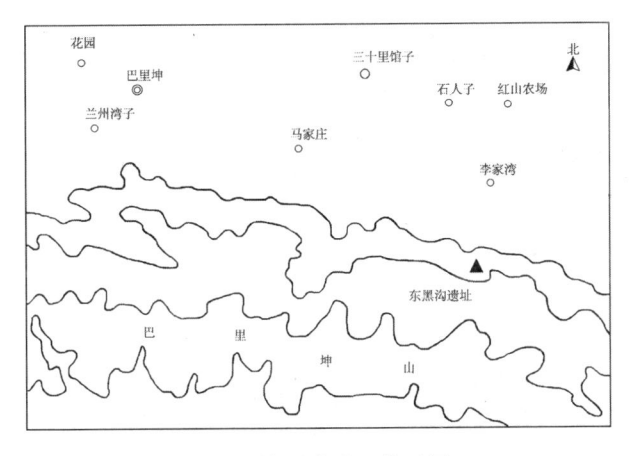

图一　东黑沟遗址位置图

（据《新疆巴里坤县东黑沟遗址2006—2007年发掘简报》重绘）

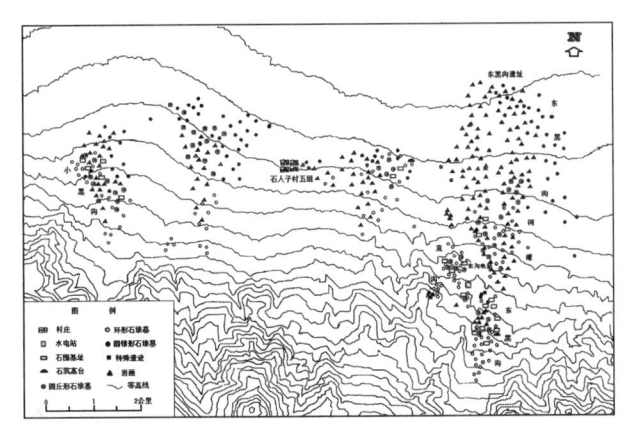

图二　东黑沟遗址平面图

（据《新疆巴里坤县东黑沟遗址2006—2007年发掘简报》重绘）

根据发掘报告和调查资料，这座建筑在两次使用阶段和间隔期以及使用后废弃的状况，可以大致复原如下。（图三）

（1）下部建筑（早期堆积）

代表了第一次使用期，在第11层下（第12c层）。它的使用面分布于整个建筑的内部，长18米、宽9.4米，建筑总面积约166平方米。长方形石构围墙，东北—西南向，在中部偏北处是一道斜坡式"踏步"，起隔墙的作用，其东段是用小砾石砌筑出的，西段用土。这道踏步将整个建筑分作了两部分，南部是较大的一间（约占三分之二）。南间墙内现残存20根木立柱和用圆木横向构筑的木墙遗迹（已不存，石墙抹泥上有圆木压印的凹槽）。此间建筑内分布有大型火塘（1座）、灰坑（9座）、带有木立柱的柱洞（30个）等遗迹，并发现大量使用过的陶器（夹砂灰、褐陶，多双耳器；双耳彩陶罐的纹饰是倒三角网格纹和水波纹），石磨

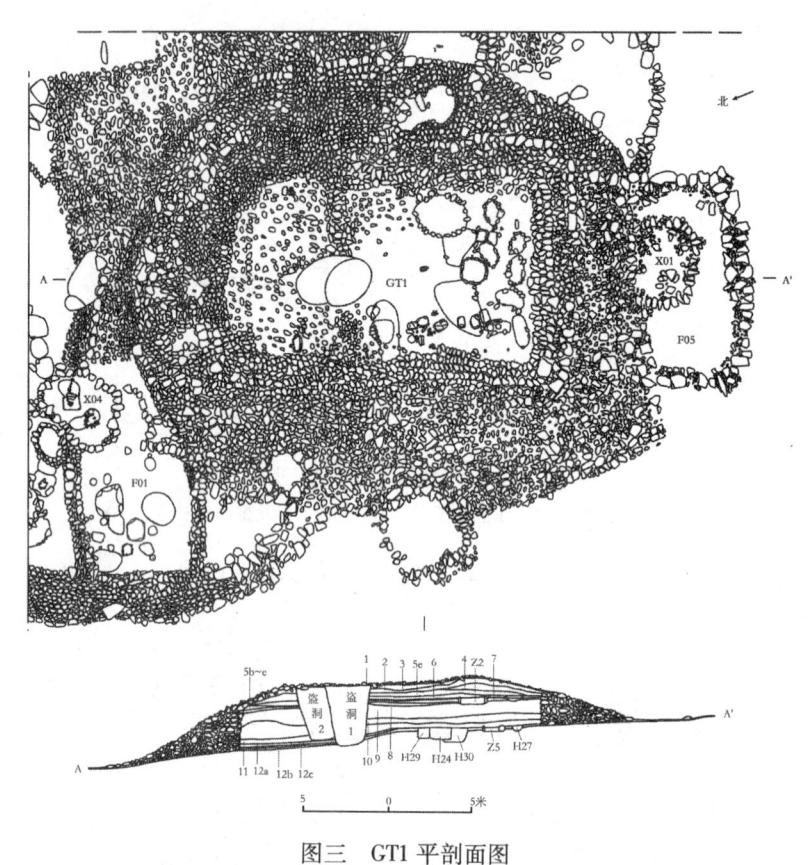

图三　GT1 平剖面图
（据《新疆巴里坤县东黑沟遗址 2006—2007 年发掘简报》重绘）

盘、石杵、石锛、石球等石器，以及少量铜器（环首弧背刀，锥），还有几处集中分布的碳化麦类颗粒堆积。北部建筑面积较小，约占三分之一，发现承重柱 10 根，排列整齐，但未见木墙，也无其他遗迹。依山坡地势，南部建筑位置较高，北部建筑位置较低，其间有斜坡相连。这座建筑毁于大火。

下部地面上有若干迹象值得注意：

火塘（Z5），在南部建筑中央，用青石片砌筑。里面有灰烬堆积。这种大型火塘的位置及其对于建筑面积 100 多平方米的空间来说，意味着是最重要的设施之一。在可能的四种用途——煮食的灶、取暖的火塘、燔烧祭品的火塘，以及保存火种的火塘中，灶的可能性似乎不大，而后三种可以是复合的。

灰坑（H24），在建筑南部，平面近椭圆形。长 2.34 米、宽 1.4 米、深 0.52 米。坑内填埋大量羊骨，其中有羊头骨 7 个。坑内填土表面与使用面相连。发掘者推测可能是奠基的祭祀坑。但根据层位关系，这座坑是比 12c 层、H29、H30 较晚才建造的。因此，可能的解释是，它是在建筑使用当中建造的，而其用途似乎与祭祀有关。①

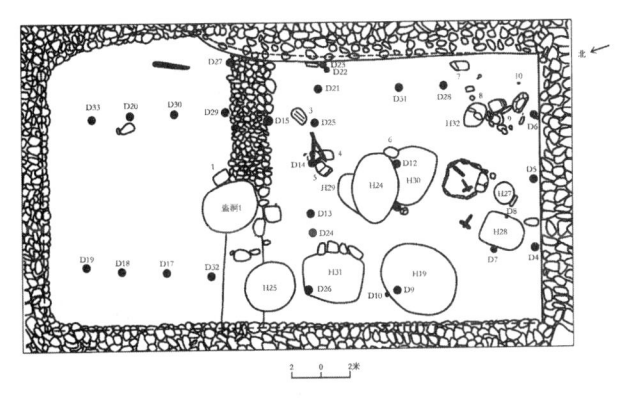

图四　GT1 下部使用面平面图
（据《新疆巴里坤县东黑沟遗址 2006—2007 年发掘简报》重绘）

（2）间歇期

在下部与上部使用地面之间的第 7—11 层，是层次分明的废弃后堆积，但有间歇性的使用，即位于东部的灰烬堆积（8 处）和位于西南部的第 8 层下的灰坑（H19）。按着从下向上堆积的次序，第 11—9 层是废弃后逐渐形成的堆积，其中，分布于第 11 层上的 8 处灰烬，里面包含着大量木炭、碳化谷物和羊粪，表示在早期使用废弃后不久又被用作焚烧谷物的场所，可能是利用旧址举行过燔祭。此后经过一段时间的间歇，至第 9—8 层所代表的时段之间，有 1 座堆积了大量谷物、羊骨、石器（磨盘，磨具）、铜管、白陶珠、绿松石珠等物的坑，表示在间歇期中的第二次使用是偶然性的，坑的性质像是祭祀后的瘗地埋藏。之后是紧接着到了第 8—7 层的时间，为两个薄的单纯的土层，所以报告认为是垫土。从地层堆积的特征上看，这时是在第二次使用时的垫土，第 7 层上方即第二次使用时的地面（上部地面）。②

（3）上部使用面（晚期堆积）

在第 5、第 6 层下，分布于整个台子，长 18 米、宽 10 米。在南部分布有火塘（1 座）、灶（3 座）、灰坑（11 座）等遗迹。从发表资料看，所谓灶与火塘没有本质区别，大致上仍可以归作火塘类。火塘（Z2）在南部建筑的中央，位置、大小及形制与下部地面者相同，应该是个巧合。不同的是，上部火塘的周围放置有规律排列的 8 具大型石磨盘，并散布有一些石器和大型陶器的残片等。③（图五）

---

① 发掘资料据新疆文物考古研究所、西北大学文化遗产与考古学研究中心：《新疆巴里坤县东黑沟遗址 2006—2007 年发掘简报》，载《考古》2009 年第 1 期。
② 发掘资料据新疆文物考古研究所、西北大学文化遗产与考古学研究中心：《新疆巴里坤县东黑沟遗址 2006—2007 年发掘简报》，载《考古》2009 年第 1 期。
③ 发掘资料据新疆文物考古研究所、西北大学文化遗产与考古学研究中心：《新疆巴里坤县东黑沟遗址 2006—2007 年发掘简报》，载《考古》2009 年第 1 期。

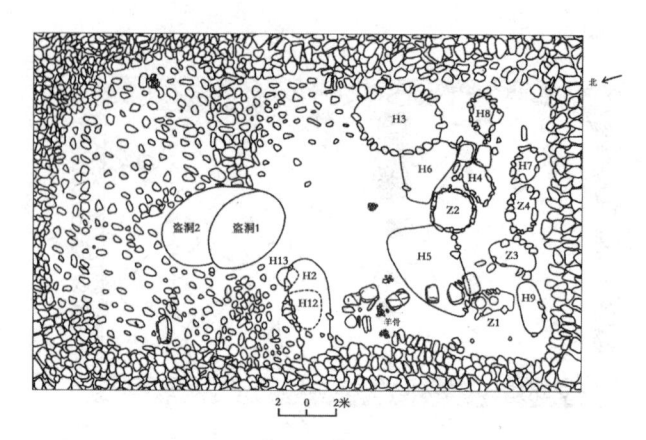

图五　GT1上部使用面平面图
（据《新疆巴里坤县东黑沟遗址2006—2007年发掘简报》重绘）

2. 年代

下部地面及其遗迹、遗物代表了一个早期的使用期，墙体结构和木柱等表示它是一栋较大型的牢固的屋宇式建筑，不一定是供部落首领居住的房屋，而可能与祭祀有关。在下部与上部使用地面之间的第7—11层，是层次分明的早期占据的废弃后堆积，但有间歇性使用。上部使用面与下部使用面间隔有一个时间段，两次使用时的性质可能相似。

上、下部建筑和使用面的年代，发掘报告曾提出二者属同一文化，为前后两个发展阶段，又认为此台式建筑与石围居址、墓葬都属于同一考古学文化的遗存。[①] 暗示台式建筑与墓葬年代在同一时间范围内。

（1）下部建筑年代

具有断代意义的是几种器形：倒三角纹和波纹双腹耳彩陶罐，素面双腹耳罐，双耳罐，椭圆形盘，圜底钵，环首弧背铜刀，等等。倒三角纹是新疆彩陶中一种有代表性的纹样。在器形上，部分或大部分与东天山北部一些墓地所出土者类似，而与东天山南部有较大差异。

GT1下部地面出土的典型器形有双腹耳陶罐和双腹耳彩陶罐（倒三角纹、波纹）。双腹耳陶罐形制特征类似南湾墓地三期所出同器形者，但口部较直且口径较小，圜底趋大、平。这也许是较晚期的变化特征。另外，倒三角纹彩陶双腹耳罐较南湾墓地一期、二期同器形者，在特征上也有差别（双腹耳偏下，腹部较大，等等）。[②] 南湾墓地绝对年代经过^{14}C测年并经树轮校正的数据共有18个，介于公元前1685年至公元前838年之间，统计数据上大多在公元前15至公元前10世纪

[①] 新疆文物考古研究所、西北大学文化遗产与考古学研究中心：《新疆巴里坤县东黑沟遗址2006—2007年发掘简报》，载《考古》2009年第1期。

[②] 吕恩国、常喜恩、王炳华：《新疆青铜时代考古文化试析》，载宿白主编：《苏秉琦与当代中国考古学》，科学出版社，2001年，第172—193页。

之间。① 在建筑形制上，GT1 与兰州湾子石构建筑遗迹相似。后者的 ^{14}C 测年数据为 3285±75 年，约当公元前 14 世纪至公元前 13 世纪。② 参考其他器形，GT1 下部地面代表的遗迹年代，应较南湾墓地为晚。但在建筑形制上，GT1 是与兰州湾子遗址相似的，说明二者的性质和年代是接近的。综合来看，下部遗迹的年代或在公元前 10 世纪前后。

（2）上部遗迹的年代

从出土遗物上看，上、下部遗迹间具有一定的关联，表现在双腹耳罐和圜底钵两种器形上。不过，在其他陶器和石器的形态等方面不具相似性。由此，可以推论二者之间有一段时间的间隔。这种器物上的断续联系，在石构建筑、石围居址与墓葬之间，都相互存在，表明它们之间的关系。因为对器物间相似性的阐释上存在仁智之别，虽可以把它们解释为属于同一种考古学文化（游牧考古文化），但那些差异性则可以理解为除时间因素外的在同一地区出没过的操持相同生计模式的不同部族的文化差异，即它们是在一个长时段内分别在巴里坤草原上游牧过的不同部族的遗存。

上部遗迹的年代较下部建筑可能晚多少时间？根据从上部遗迹出土的陶器和石器来看，除了大型陶腹耳罐和陶直筒杯与南湾墓地较晚期墓葬中所出土相似外，也有较多的新器形。大致上，可以把下、上部遗迹暂分作一、二两期。可以暂时推定上部遗迹的年代，可能较下部建筑晚一个世纪左右。

3. 性质

上、下部建筑和使用面上相同的设施火塘、灰坑，并且在地面上放置了一些石磨盘和陶器等物，表明它们的性质相同。其中，下部建筑是一栋石、木墙和木柱支撑的屋宇，火塘在内部靠近内侧（南墙）居中位置，在其四周密布的灰坑，主要是在北面，其中北侧的 3 座（H24，H29-30）具打破关系，甚至在南、北二室的坡道边也有 1 座，但所有灰坑都在南室。北室在地面之上堆积着被烧过的动物骨头。③ 报道的 1 座灰坑（H24）里堆积了大量羊骨，包括 7 具羊头。

下部建筑中，火塘（Z5）的南侧有一块平铺的石板。建在火塘西南侧的 H27 里有一件双耳高领罐。邻侧的 H28 里有一件倾倒的双耳罐，里面盛满谷粒。

H24 打破了 H29 和 H30。H24 里坍藏有 7 具羊骨。

H25 是挖在南、北间坡道西部的一座坑，里面堆积分为两层：下部也是 7 具羊骨，之后垫了一层土；上层是大量陶片。H32 里也埋藏了 1 具羊骨，但口部无践踏的硬面。

成堆分布的陶片。东、南墙根位置是集中摆放器物的地方，而且器形有所分

---

① 新疆文物考古研究所编：《新疆文物考古新收获》（1979—1989）附录 ^{14}C 测定年代数据一览（1962—1990），新疆人民出版社，1995 年，第 618—620 页。

② 王炳华：《巴里坤县兰州湾子三千年前石构建筑遗址》，载中国考古学会编：《中国考古学年鉴·1985》，文物出版社，1985 年，第 255—256 页。

③ 张凤：《新疆东黑沟遗址石筑高台、居址研究》，西北大学硕士学位论文，2008 年。

别：东墙根是陶容器和石工具（磨盘，斧，杵）；南墙根除陶容器和石磨盘外，出现几种特别器物：坩埚（盛于一陶钵内，带少量铜渣），石拍，尚未焙烧的杯，成堆的羊距骨。东南墙根位置集中有7具磨盘，近旁有石磨具、石拍、穿孔石器、一种类似陀螺的石器、铜锥，同时有大量陶器（双耳罐、单耳罐、钵）。

概括起来，有这样几个现场特征：

（1）中、西部地面上围绕火塘分布的用途不同的灰坑；

（2）器物中数量最多的是器形较大的陶双耳罐、石磨盘，属于特别器物的有石拍、坩埚及磨过的羊和马距骨；

（3）石磨盘摆放比较整齐，在它们的旁边一般都有陶容器或谷粒；

（4）大型陶容器也摆放在有些坑里（H19，H28，H30），里面还保存了谷粒，证明它们是储存谷物的；

（5）在3座灰坑里都埋藏了相同数目的7具羊头骨。

年代上介于上、下部使用期之间的灰坑H19，是需要特别注意的。据透露的资料，它是在间歇期的第8层下建造的，向下一直挖到了下部使用面（12c层），体积也最大（直径4.26—4.27米、深2.34米），是一座大深坑。坑内的填土分两层，上层是填埋的石块、红烧土块、土坯残块，以及大量碳化谷粒，但在北侧掩埋了1具基本完整的羊骨；下层西侧是基本完整的羊骨，包括3具羊头，此层包含有大量碳化谷粒，多与石磨盘和羊骨共出，近坑底的中央位置还有一堆谷粒，厚14—36厘米，很纯净，其上部南侧覆盖一层黄褐色物，谷粒堆下有粘连物。[①]这一特征使之看上去像是一种专门用途的窖穴，主要存放的物资是粮食、石磨盘和羊骨。

北间的结构，门道可能是开在其东墙上（即朝向日出方向）。

上部使用面代表的是一伙后来者，他们出于同样的理由利用了这座较早时候的废墟，举行活动。

与东黑沟遗址石构台式建筑相似的是兰州湾子遗址，二者同处于巴里坤山北坡、巴里坤湖南岸地带。在兰州湾子一带发现了3座。其中1座经过发掘，其形制与东黑沟GT1相同，但只有一个使用面。不同的是，据报道，在兰州湾子遗址内出土了17个个体的人骨，2具是成年男子，其余均系未成年婴幼儿及老妇，1具头骨上有创伤。[②] 这些迹象显示，他们可能是被屠杀后掩埋在了遗址废墟里。

1957年黄文弼在石人子乡南和东南调查的两座所谓土台遗迹，也包含有石构墙基、灰土及夹砂红陶片、彩陶片等，看上去似乎与GT1的形制及性质相似。[③]

如果仅根据在室内灰坑里埋葬羊骨即推论属于祭祀遗址，显得证据不足。重要的是，如果认为包括兰州湾子石构建筑在内的遗迹，是祭祀设施，那么，就需要对

[①] 张凤：《新疆东黑沟遗址石筑高台、居址研究》，西北大学硕士学位论文，2008年。

[②] 王炳华：《巴里坤县兰州湾子三千年前石构建筑遗址》，载中国考古学会编：《中国考古学年鉴·1985》，文物出版社，1985年，第255—256页。

[③] 黄文弼：《新疆考古发掘报告》，文物出版社，1983年，第13页。

这种祭祀的可能的规则、原理等给予解释，以自圆其说。我认为，根据发现的各种迹象来推理，东黑沟下部及兰州湾子的这种建筑不是单纯的祭祀设施，而是举行重大活动的场所，这种活动包括祭祀、会议等项。下面是一些基本事实：

（1）建在南部居中位置的火塘是核心，它的主要用途可能是宗教性的。其南侧的平放石板是用来摆放物品的。

（2）火塘周围的灰坑从打破关系看，是不同时间所建造、使用的，也就是说，当旧灰坑填满后会用土封闭垫平，然后再建新坑。这些灰坑的功用有所不同，有些用来埋葬祭牲（羊，H24、H25、H32）；有些坑里放置了大型容器的陶双耳罐，里面盛放谷物，这种坑看来是储藏粮食用的，类似粮窖。这些粮食也可能作为谷物类祭品用在了祭祀中。

（3）大量出现的石磨盘主要放置在南室东部的空地上，此处没有灰坑。石磨盘近旁发现的陶容器和谷粒，又表示南室东部靠墙角位置是研磨谷物的场地。虽然石磨盘在墓葬等中的出现是一个值得探索的问题，在此屋宇内它们仍然是实用的。

根据这些事实，可以将此大型石构建筑的性质归结为：

（1）早期（公元前1000年前后）是一座建在峰下、湖滨的公共建筑，功能是复合性的，即举行祭祀、会议、储放和加工粮食这种重要物资之地。

（2）在此早期建筑废弃后，至少两次断续的利用（第11层面上的7处灰堆；第8层下的大型坑H19），用于举行祭祀活动。它们的年代介于上、下部使用面代表的相对早晚的两期之间。

（3）晚期（约公元前1000年后）的活动较为连续，延续时间也较长。是利用早期的建筑废墟继续举行祭祀活动的祭场。

二、石围居址与墓葬的年代

1. 居址

与居住有关的所谓石围居址，内部有大量的灰坑、灶和火塘，而且存在打破关系，证明其使用延续了一段时间。[①] 这些被解释为房屋的遗迹并不单纯，有下述几点值得注意的特征：

（1）连体并与石构台式建筑相连接；

（2）被较晚期的石圈所打破。

这个情况说明，居址的年代可能与台式建筑同时或较晚并早于石圈。

从出土物上看，5座居址中出土的陶器与台式建筑的上、下部分别存在相似的器形（图六）。[②] 但与下部遗迹相似度较大。根据打破了F01的石圈X04所出1

---

① 前揭：《2006年巴里坤东黑沟遗址发掘》、《新疆巴里坤县东黑沟遗址2006—2007年发掘简报》等。
② 发掘资料据新疆文物考古研究所、西北大学文化遗产与考古学研究中心：《新疆巴里坤县东黑沟遗址2006—2007年发掘简报》，载《考古》2009年第1期。

件单耳罐的形制特征看，此种器皿有鼓腹、直口、圜底的变化趋势。以此推理，居址较台式建筑下部年代要晚，与上部年代接近。

在石构居址内地面上，也有数量很多的火塘、灶和灰坑设施，与台式建筑相似，但灰坑一般都属小型。看上去，它们又像是一种公共建筑。

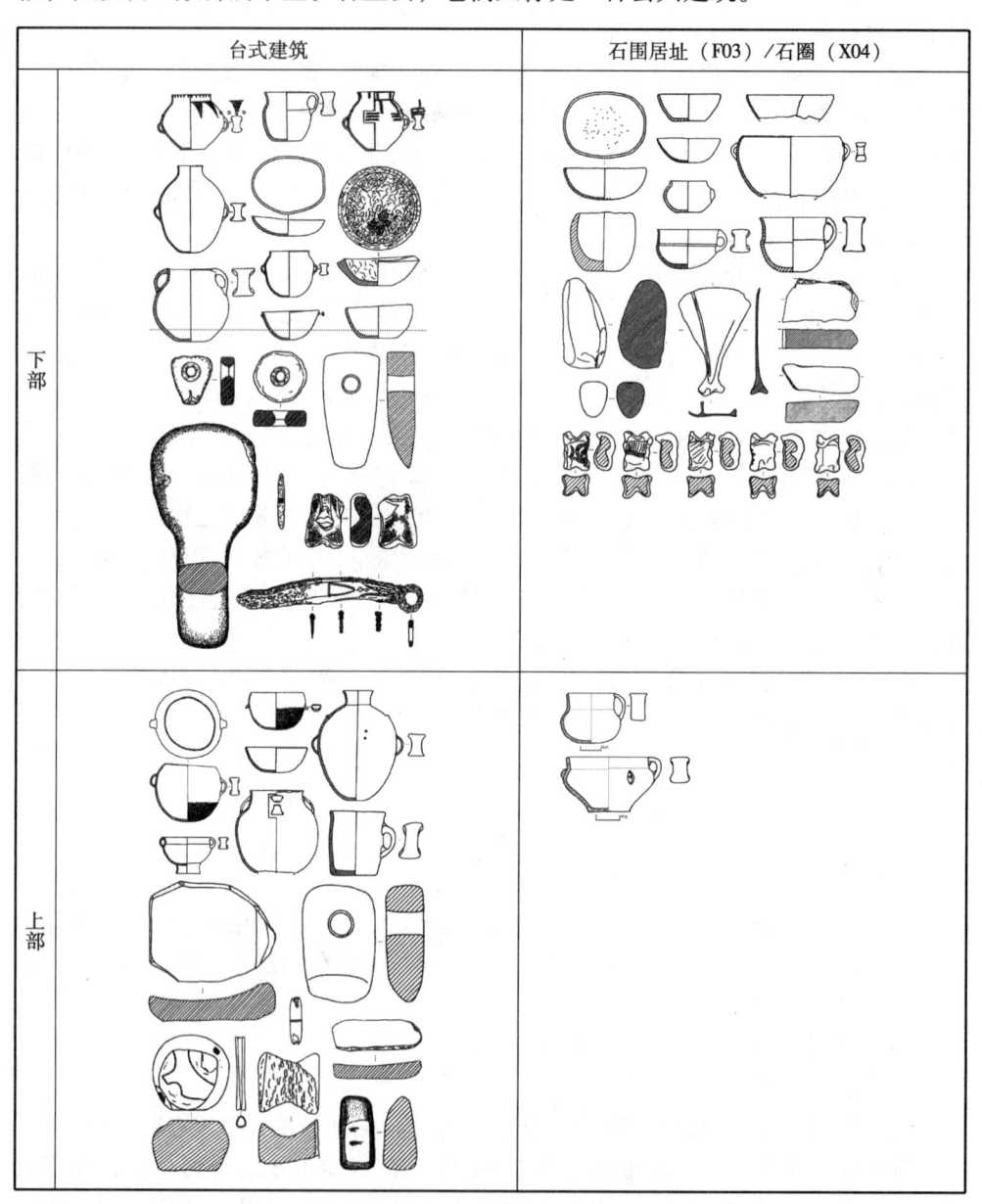

台式建筑	石围居址（F03）/石圈（X04）
下部	
上部	

图六　台式建筑与石围居址/石圈出土遗物对比
（采自《新疆巴里坤县东黑沟遗址2006—2007年发掘简报》）

2. 墓葬

发掘墓葬12座，均为圆形石封堆，其下挖掘出长方形或椭圆形的竖穴，其中10座墓的方向为东南—西北向（头向大致西方），2座墓的方向为东北—西南向（头向大致南方）。根据墓葬（封堆，墓室）的体积、墓室结构、随葬品及殉葬情况，可以将它们分作两种：较大的墓4座，在墓穴的底部偏南位置再建造一个大略呈圆角长方形的竖穴，较浅，成为实际的墓室，使用木框架构筑（木室）；较小的墓8座，用立置的石块筑成石室结构；根据发表的三例（M12、M10、M15），代表两种类型墓葬的基本特征，较小型墓单人葬，墓主仰身直肢，头骨和上身骨骼残破而凌乱（像是"残肢葬"的遗痕），仅见铁刀和手腕上戴的白烧土质珠链；较大型墓分别在封堆西侧发现殉牲坑（3座，分别为1驼和2马）并在墓穴填土中埋葬祭牲（整马）和可能的人牲（M12），或在封堆中和墓穴底（打破木构墓室）埋葬可能的人牲（M15），随葬品丰富而贵重，有少量陶器（素面和彩陶腹耳壶、单耳罐、横双耳和无耳钵、高侈口壶、碗），一组金器（用模具批量压印的长方形小牌饰、金花、金泡，等缝缀在衣服上的装饰）和银器（与长方形金牌完全相同的牌饰，钏）及铁器（残朽）、骨锥、漆器（红地黑纹）；M12的可能人牲都有随葬品（陶单耳罐，素面和彩陶腹耳壶，钵；铜镜，带饰，锥，环首刀；砺石，石磨盘；骨饰，镞，串饰）。此外，M11还随葬了具有特征的缠丝坠绿松石和红宝石金耳环。[1] 发掘报告认为这批墓葬可能与高台、石围居址属于同一考古学文化的遗存，其年代推测为相当于西汉前期；其中的两种墓葬是外来的征服者的，而M12、M15封堆中和填土里、墓底的尸体可能是被征服的土著（人牲）。[2]

现在再对这批墓葬的特征进行检查。

M12所出一组金、银器，其中略呈长方形的牌饰富有特征，从造型看，由上方的三只鸟以及中下方的虎啮一种奇蹄类动物组成。奇蹄类动物具有马的造型特征。在阿鲁柴登墓地出土的一组鄂尔多斯式金牌饰中，也有镶绿松石的虎鸟纹。这批金器被田广金先生推定为战国晚期的匈奴高阶贵族遗物。[3] 从比较上看，这种体型较大的牌饰，与阿尔泰—萨彦岭地区发现的早期铁器时代的小型金牌饰是不同的文化产物。后者如俄罗斯图瓦阿尔然墓地以及新疆哈巴河县东塔勒德墓地所出，都是单体动物（豹等）。[4] 因此，可以推测M12的金银牌饰具有所谓鄂尔多斯式样匈奴贵族金器的特征，也可以说明东天山与内蒙古地区的联系。

---

[1] 据王建新教授在中山大学的演讲《东天山地区的古代月氏与匈奴》。在此特向王建新教授致谢！
[2] 西北大学考古专业、哈密地区文管会：《新疆巴里坤岳公台——西黑沟遗址群调查》，载《考古与文物》2005年第2期；新疆文物考古研究所、西北大学文化遗产与考古学研究中心：《2006年巴里坤东黑沟遗址发掘》，载《新疆文物》2007年第2期；新疆文物考古研究所、西北大学文化遗产与考古学研究中心：《新疆巴里坤县东黑沟遗址2006—2007年发掘简报》，载《考古》2009年第1期。
[3] 田广金、郭素新：《阿鲁柴登发现的金银器》，载内蒙古自治区文物工作队田广金、郭素新编著：《鄂尔多斯式青铜器》，文物出版社，1986年，第342—350页，图一六。
[4] 据新疆维吾尔自治区文物考古研究所2011年《文物考古年报》（第24页）。2012年初，在该所蒙发掘主持者于建军先生惠允，观看了此批金器。特此致谢！

除金银牌饰外，M11 所出缠丝坠绿松石和红宝石金耳环，此种工艺也见于阿鲁柴登的遗物。但在工艺上更接近的是在西天山地区的阿合奇县库兰萨日克墓地所出者，该墓地还出土了 1 件翻蹄马造型的金牌饰。墓地的年代被推定为东周（公元前770—前256年）。①

贵金属饰品在形制和工艺上的相似性，是可以作为年代推理的依据之一。但其时代性不如陶器明确。在陶器的器形等方面，东黑沟墓地的地方性是十分明确的。

在葬俗上，随葬了金银器的 M12 在封堆西侧以及墓室填土中，都有殉葬的动物（马、驼）和人。现在我们知道，在欧亚草原的青铜时代至早期铁器时代部族葬礼和祭仪中是具有文化意义地使用马牲的②，但在祭牲数量、牲体处理和掩埋方式等上有差别。在封堆一侧（西侧）和填土中（而非墓室底部）埋置牲体，是 M12 的特征。在天山地区，墓葬殉马（驼）的例子是很多的，如尼勒克县穷科克二号墓地、尼勒克县加勒格斯哈音特墓地、尼勒克县奇仁托海墓地、特克斯县恰甫其海 A 区 IX 号墓地、和静县察吾呼沟一号至四号墓地、开都河南岸墓地、和静县小山口水电站墓群、和静县察汗乌苏墓群、轮台县群巴克墓地、阿拉沟竖穴木椁墓、乌鲁木齐乌拉泊墓地、交河故城沟北墓地、交河故城沟西墓地、鄯善三个桥墓地、鄯善洋海墓地二号墓地、哈密黄田上庙尔沟 I 号墓地、哈密五堡墓地、哈密寒气沟墓地、寒气沟西口墓地、哈密小东沟南口墓地、伊吾县前山乡三分场墓地等。另一方面，在桃红巴拉墓地，最盛行的葬俗是在尸体上方的填土中掩埋殉牲（马、牛、羊头颅），其程序可能是：安厝尸体后再摆放殉牲（层叠），之后填土掩埋。这是与 M12 更接近之处。③ 因此，这种葬俗之存在，说明了墓葬的游牧文化性质以及墓主人和年代上的联系。

东黑沟西面的黑沟梁墓地，也曾做过发掘。根据比较研究，认为两者年代相当，是大致同时期墓葬而分属于不同的两个民族。④ 但从透露的资料上看，两个墓地之间在墓葬形制和随葬品、葬俗等方面，存在本质性差异，看上去更像是不同时期的。其彩陶在图案和器形上，有些与吐鲁番盆地的洋海二号墓地及苏贝希三号墓地接近，其他器形上也显示出一定的古老性，在铜刀、铜镜、骨镞和石磨盘等形制特征上也有明确的差别。所有这些都显示出，黑沟梁与东黑沟墓地都是延续了较长时间的，而且考古学文化性质复杂，落实到族属的问题上，就是汉代及

---

① 新疆文物考古研究所：《阿合奇县库兰萨日克墓地发掘简报》，载《新疆文物》1995 年第 2 期。
② Victor H. Mair, "Horse Sacrifices and Sacred Groves among the North (west) ern People of East Asia". 余太山、李锦绣主编：《欧亚学刊》第六辑，中华书局，2007 年，第 22—53 页。
③ 内蒙古自治区文物工作队田广金、郭素新编著：《鄂尔多斯式青铜器》，文物出版社，1986 年，第 205—209 页。
④ 磨占雄：《新疆巴里坤黑沟梁墓地与东黑沟墓地的考古类型学比较研究》，载《考古与文物》2010 年第 5 期。

之前不同民族所留下的墓地。须注意以墓葬形制特征印证族属问题的复杂性。① 所以，目前还只能说，就发掘并透露的部分资料看，其中有些墓葬可能是匈奴人的，另有一些可能是在当地生活过的其他民族的；其年代下限可能到了西汉。

三、关于"人牲"问题

包括黑沟梁墓地在内，从墓葬及房址中，都发现了可能是殉葬人牲的现象。因为涉及所谓"石围居址"的性质以及人牲祭祀的问题，故在此有必要略作分析。这种所谓"人牲"的共同特征是：

（1）尸骨凌乱而残缺，因此推论尸体是被肢解后埋葬；

（2）安厝的位置不在正常的墓室中，分别出现在封堆下墓口附近地面、墓穴填土中、墓室内。（图七）

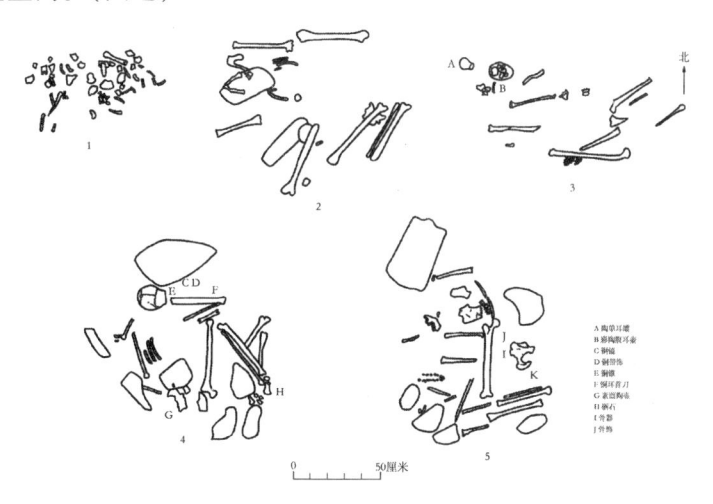

图七　M015RS1－5平面图
（据《新疆巴里坤县东黑沟遗址2006—2007年发掘简报》重绘）

上述非正常处置尸体的方式，确实是表现了死者的悲惨地位和从属性，从随葬品上也可以看出他们与墓主人有别。不过，要说这些人是当地的土著，被匈奴人征服了，并被宰杀作祭牲，似乎也牵强了点。因为根据史实，在本地被匈奴所征服的部族，固然有月氏，而在战国到汉代这个时期内，除了匈奴与月氏外，希腊史书提及的伊赛多涅斯人以及汉文史书的乌孙、蒲类，都有可能也在这里出没过，甚至可能还有不知名的其他部族，它们之间可能是征服与被征服的关系。

如何解释这种非正常的死者？我认为，至少不能一概论之。因为以人作牺牲献祭，涉及复杂的宗教信仰问题。大致来讲，就史书记录看，匈奴和斯基泰君主

---

① 吕恩国：《新疆的偏室墓不一定是月氏遗存——简评〈由考古证据论月氏的迁徙路线〉》，载《吐鲁番学研究》2001年第2期。

丧葬时是有"从死者"和殉葬者的，而且据说人数很多，似与殷商天子可比。①这种情况都可以归入殉葬，可以理解他们并非是出于献祭的祭品，故也谈不上"人牲"。没有史料显示，在匈奴的祭祀中曾使用了人牲。②

四、关于祭法的推测

这座台式建筑连同旁边的五座石构居址，与南西伯利亚地区早年由格拉科娃发掘的托波尔河畔阿列克谢叶夫卡遗址－祭祀遗迹－墓地组合有相似处，该组合有下述特点：（1）五座可能连体的长方形地穴式房屋，用粗壮的圆木篷盖，屋子中央有大型石火塘及几座灶（吉谢列夫推测："每一房屋都有几个分别开伙的人群，可能是几个亲属同居一屋的家庭"）。（2）位于遗址西北边缘山坡上的祭祀遗迹，由埋藏烟熏痕迹的陶罐、动物烧骨、烧焦的小麦粒和秸秆的坑穴组成，表示采用了"烧祭"加瘗地埋祭的法式。③

关于石构台式建筑遗迹乃一集祭祀、储放粮食——可能还有会议诸功能于一体的复合型建筑，这还是一个推测，需要今后更多发现和研究证实。根据我们对古代内亚地区祭祀问题的了解，在此试对东黑沟遗址的祭祀方法作一推测。

（1）祭场设施

高台是祭祀的场地，祭祀是在此石构房屋中举行的，火塘是核心。其南侧平放的石板可能是摆放祭品之处，相当于祭坛。这座火塘可能仅当祭祀时点燃。从最后一次使用后留下的堆积看，里面没有那种类似后世"烧饭"④的被投掷的祭牲的烧骨。可以推测，祭祀的仪式是在这座建筑里举行的。

（2）祭品

上、下部灰坑中掩埋的羊骨，属于祭品的可能性大于食后弃掷的骨头。如是，则可推论羊是主要的祭牲。但在一些灰坑中所残余的谷物，可能也被作为祭品焚烧并掩埋了。

（3）燔祭或烧祭

间歇期地层中的灰坑（H19）和灰堆，可能都是采用燔祭或烧祭方式祭祀后的遗迹。在上部使用面的灰坑和火塘、灶，是较晚期的祭祀遗迹。此时也可能采用了燔祭的方式。

---

① 《史记》卷一一〇《匈奴列传》（第2892页）："其送死，有棺椁金银衣裘，而无封树丧服。近幸臣妾从死者，多至数千百人。"《汉书》卷九十四上《匈奴传》（第3752页）作"数十百人"，可信。关于斯基泰，希罗多德在《历史》（王以铸译，商务印书馆，1997年，第292—293页）第四卷中特别记载，其国王安葬时将身边嫔妃和侍臣屠杀了殉葬入墓，并在墓地上屠杀少年和马（Ⅳ，71—72）；在同卷第62节，他也提到用战俘作牺牲献祭，是每百人里挑选一人，宰杀时只取其鲜血献祭，尸体抛弃荒野。

② [日]江上波夫：《匈奴的祭祀》，载刘俊文主编：《日本学者研究中国史论著选译》第九卷《民族交通》，中华书局，1993年，第1—36页。

③ 吉谢列夫：《南西伯利亚古代史》（上册），新疆社会科学院民族研究所，1981年，第49页。

④ 刘文锁：《敖包的祭祀》，载《历史人类学学刊》第七卷第一期，2009年4月，第1—42页。

五、东黑沟遗址的生态考古学问题

虽然有很多问题等待未来考古资料的积累和研究来解答，就目前资料来对一些历史问题进行揭示和探索是十分必要的。

在相当于周至汉王朝的时代，在内亚腹地的沿天山地带，有一支支的游牧部落选择这里为栖息地，吸引他们的是本地的生态环境和资源优势。

在东天山地带，地形的优势特别明显。山体两麓遍布的河谷提供了丰足的季节草场。发源于山谷的河流，在山的南北两面洼地，都形成了湖泊：山北的巴里坤湖，山南的南湖。南湖由于流域内河流的开发和蒸发，现在已经干涸。不过，在这座干湖西岸发现的那些墓地和遗址，类似于罗布泊的情况，证明该区域在青铜时代以来被利用的历史。这座湖泊不见于历史记录。

分布在巴里坤湖（蒲类海）南岸的东黑沟遗址，其出现和性质，显然与湖泊有关。它是否属于以巴里坤湖为基地的夏营地？这一问题对于我们判断东黑沟遗址的性质来说，是有关联的。参照关于匈奴的研究成果，重大的祭祀是在夏季五月举行的。[①] 对于较大规模和较为强大的游牧部落来说，他们是可以将其季节性营地在山南北之间移动的，以充分地利用生态环境所提供的条件。这一游牧文化的生态考古学问题，留待将来继续探讨。

[①] 《史记·匈奴列传》（卷一百十，第2892页）："岁正月，诸长小会单于庭，祠。五月，大会茏城，祭其先、天、地、鬼神。"《后汉书》（卷八十九，第2944页）："匈奴俗，岁有三龙祠，常以正月、五月、九月戊日祭天神。"另见前揭《匈奴的祭祀》和《敖包的祭祀》。

楚文化西渐历程考察

朱　萍　中央民族大学民族学与社会学学院文博系

楚国是周初成王时分封的一个子爵诸侯国[1]，从春秋初年楚武王始，经过不断地开疆拓土，至楚庄王（公元前613—前591年）时得以成就霸业，由"土不过同"[2] 的僻隅小邦一跃成为拓地千里的泱泱大国。国势最强盛时，其地"南卷沅、湘，北绕颖、泗，西包巴、蜀，东裹郯、淮，颖、汝以为洫，江、汉以为池，垣之以邓林，绵之以方城……楚国之强，大地计众，中分天下"[3]。楚国向外扩张的过程中，楚文化也随之传播到这些地方，所到之处或终止了当地文化的发展序列，将其纳入楚文化体系[4]；或对当地文化产生深远影响，使其文化结构带上了浓郁的楚文化特征；其影响不仅波及当时整个南部中国，而且还向北推移，给中原文化以强劲冲击。[5]

楚国对外扩张的重点是中原和江淮地区，即"欲以观中国之政，请王室尊吾号"[6]，但也并未忽视对其大后方——西部地区的经营。后方稳定，为其称霸中原了却后顾之忧，并有了丰富的物质资源保障；后方若不稳定，则易腹背受敌，不仅会使争霸战略受阻，且将危及国家的稳定。三峡、成都平原地处楚国西部，地域辽阔，物产丰富，所谓"得其地足以广国，取其财足以富民缮兵"[7]。战国时期秦将司马错对秦惠王的一段话，正说明了三峡、成都平原的巴、蜀两国对秦、楚争霸战争的重要意义："蜀有桀、纣之乱，其国富饶，得其布帛金银，足给军用。水通于楚，有巴之劲卒，浮大舶船以东向楚，楚地可得。得蜀则得楚，楚亡则天

---

[1]《史记·楚世家第十》卷四十："当周成王之时，文、武勤劳之后嗣，而封熊绎于楚蛮，封以子男之田，姓芈氏，居丹阳。"（[汉] 司马迁撰，[宋] 裴骃集解，[唐] 司马贞索隐，[唐] 张守节正义：《史记》，中华书局，2005年，第1389页。）

[2]《左传·昭公二十三年》，杨伯峻编著：《春秋左传注》，中华书局，1995年，第1448页。

[3][汉] 刘安等：《淮南子·兵略训》卷十五，何宁撰：《新编诸子集成（第一辑）·淮南子集释》，中华书局，1998年，第1060页。

[4] 马世之：《中原楚文化研究》，湖北教育出版社，1995年，第92页。

[5] 马世之：《中原楚文化研究》，湖北教育出版社，1995年；皮道坚：《楚艺术史》，湖北教育出版社，1995年，第1页。

[6][汉] 司马迁：《史记·楚世家第十》卷四十，[汉] 司马迁撰，[宋] 裴骃集解，[唐] 司马贞索隐，[唐] 张守节正义：《史记》，中华书局，2005年，第1391页。

[7][汉] 司马迁：《史记·张仪列传第十》卷七十，[汉] 司马迁撰，[宋] 裴骃集解，[唐] 司马贞索隐，[唐] 张守节正义：《史记》，中华书局，2005年，第1800页。

下并矣。"① 战国晚期，司马错也正是"因蜀攻楚黔中，拔之"②，从而为最终灭楚、一统天下做了充分准备："秦即取蜀……又取黔中，则断楚人之右臂，而楚之势孤矣……于是灭六雄而一天下，岂偶然哉，由得蜀故也。"③

楚国对西部地区的经营始终是其对外扩张战略的重要组成部分，但由于传世文献记载的缺失或谬误，楚国西扩的很多历史问题一直未得到充分的认识与肯定。近年来，随着三峡、成都平原等地周秦时期考古发掘和研究工作的突破性进展，一系列重大发现为我们重新认识该问题提供了大量新材料。本文拟在前人研究的基础上，通过考古资料和文献史料的对比研究，探讨楚文化西向传播及楚国经营西部的整个历史过程。

商代晚期至春秋早期，三峡、成都平原等地的考古学文化均以本地传统文化为主，同时也在一定程度上受到外来文化的影响。尤其值得关注的是，峡东地区在西周中晚期至春秋早期时出现了大量来自鄂西北、沮漳河下游的文化因素。鄂西北地区和沮漳河下游一带是楚文化的重要分布区，特别是后者，作为楚国都城纪郢所在地④，从公元前689年楚文王熊赀始都郢⑤至公元前278年秦将司马错拔郢⑥的400多年中，始终是楚国的政治、经济、文化中心和楚文化的中心分布区。西周中晚期时，鄂西北和沮漳河下游一带以大口瓮、小口瓮为代表的文化西向传播至峡东一带，并在很短的时间内迅速发展起来，至春秋早期，其数量已超过本地以釜形鼎、釜为代表的土著文化，成为当地占主导地位的文化因素。这一"瓮文化"因素在峡东地区的出现和发展，开创了商周时期峡东和沮漳河下游之间文化交流、互动的局面，为将来楚文化的西向传播奠定了基础；从历史文化背景的角度观察，则为楚国第一阶段的西向扩张埋下了伏笔。

春秋中期，风格独特的楚文化正式形成。⑦ 也就在此时，楚文化开始了分阶段的西向传播。根据对考古学文化现象及历史资料的综合分析，笔者认为楚文化向

---

① ［晋］常璩：《华阳国志·蜀志》卷三，［晋］常璩撰，刘琳校注：《华阳国志校注》，巴蜀书社，1984年，第191页。

② ［汉］司马迁：《史记·秦本纪第五》卷五，［汉］司马迁撰，［宋］裴骃集解，［唐］司马贞索隐，［唐］张守节正义：《史记》，中华书局，2005年，第152页。

③ ［宋］郭允蹈：《蜀鉴》卷一，［宋］郭允蹈：《蜀鉴》，中华书局，1985年，第4页。

④ 郢都故址"纪南城"就在今江陵县城北8公里处，见湖北省博物馆：《楚都纪南城的勘查与发掘（上）》，载《考古学报》1982年第3期；湖北省博物馆：《楚都纪南城的勘查与发掘（下）》，载《考古学报》1982年第4期；高介华、刘玉堂：《楚国的城市与建筑》，湖北教育出版社，1995年，第95—133页。

⑤ 《史记·楚世家第十》卷四十："五十一年……武王卒师中而兵罢。子文王熊赀立，始都郢。"（［汉］司马迁撰，［宋］裴骃集解，［唐］司马贞索隐，［唐］张守节正义：《史记》，中华书局，2005年，第1391页）《汉书·地理志》也有类似记载："江陵，故楚郢都，楚文王自丹阳徙此。"（［汉］班固：《汉书·地理志第八上》卷二十八上，［汉］班固撰，［唐］颜师古注：《汉书》，中华书局，1999年，第1261页）

⑥ 《史记·楚世家第十》卷四十："二十一年，秦将白起遂拔我郢，烧先王墓夷陵。楚襄王兵散，遂不复战，东北保于陈城。"（［汉］司马迁撰，［宋］裴骃集解，［唐］司马贞索隐，［唐］张守节正义：《史记》，中华书局，2005年，第1417页）

⑦ 杨权喜：《楚文化》，文物出版社，2003年。

西的强有力扩张可分为开始、过渡、高潮、分化和遗风五个阶段，不同阶段的波及范围、影响程度各不相同。但要说明的是，由于各地遗存文化面貌发生变化的时间各异，相关地区进入各阶段的具体时间也不尽相同。

一、开始阶段

公元前634年，楚国以夔子不祀祖先祝融、鬻熊为借口出兵伐灭同姓附庸国夔国①，将三峡东部一带纳入楚疆。伴随着楚国的军事占领，峡东地区旋即被纳入楚文化分布区，遗存的文化面貌与楚文化中心区保持着很强的一致性；同时，以花边口沿釜、尖底杯为代表的峡西文化对峡东的影响也较西周时期明显减弱。这说明楚文化在春秋中期时对峡东一带的影响已非常强烈，峡西文化被迫后撤。楚文化西渐、楚国经营西部的序幕由此正式拉开。

春秋晚期，在峡东一带已取得稳固地位的楚文化以峡东为基地进一步西扩，影响所及最远到达今重庆云阳一带。云阳李家坝遗址②出现了明显具备楚文化特征的鬲、甗等陶器，峡东土著文化的代表器类釜形鼎也随之西向传播至李家坝一带。但此时楚文化与峡西文化的交流主要是民间的日常往来，即两个相邻文化间因长期接触而产生的文化双向流动，楚国的国家意志尚未介入其中，楚文化对当地文化的影响深度有限。

相比较而言，成都平原春秋中晚期的楚文化因素较峡西地区更加浓厚。公元前611年，楚庄王联秦、巴之军伐灭治于今湖北省西部与重庆市东部一带的庸国；庸国灭亡后，其支系开明氏经由巫山、奉节北部陆路西迁入蜀，并取代蒲卑氏蜀国建立开明氏蜀国。③庸国原为楚之附庸，文化面貌属于楚文化系统，开明古族的西迁，为成都平原带来了大量楚文化因素，更建立起了蜀、楚两国统治阶层之间长期交流、往来的桥梁。目前已发现的成都平原青羊宫文化墓葬中，能早到春秋晚期的墓葬仅中医学院古墓④一座，但当地战国早中期墓葬出土了数件具备春秋中

---

① 《左传·僖公二十六年》："夔子不祀祝融与鬻熊，楚人让之，对曰：'我先王熊挚有疾，鬼神弗赦，而自窜于夔。吾是以失楚，又何祀焉？'秋，楚成得臣、斗宜申师灭夔，以夔子归。"（杨伯峻编著：《春秋左传注》，中华书局，1995年，第441页）

② 四川联合大学历史系考古专业：《1994—1995年度四川云阳李家坝遗址的发掘》，载四川大学考古专业编：《四川大学考古专业创建三十五周年纪念文集》，四川大学出版社，1998年，第374—422页；四川大学历史文化学院考古系、云阳县文物管理所：《云阳李家坝遗址发掘报告》，载重庆市文物局、重庆市移民局编：《长江三峡工程文物保护项目报告·重庆库区考古报告集》1997卷，科学出版社，2001年，第208—243页；四川大学历史文化学院考古系、云阳县文物管理所：《云阳李家坝遗址发掘报告》，载重庆市文物局、重庆市移民局编：《长江三峡工程文物保护项目报告·重庆库区考古报告集》1998卷，科学出版社，2003年，第299—347页。

③ 孙华：《蜀人渊源考》，载《四川文物》1990年第4期；孙华：《蜀人渊源考》（续），载《四川文物》1990年第5期。

④ 成都市博物馆考古队：《成都中医学院战国土坑墓》，载《文物》1992年第1期。

晚期风格的楚式铜器，如战国早期早段百花潭 M10[①] 出土铜箍口鼎的年代可早到春秋中期晚段，战国早期晚段金沙巷 M2[②] 出土铜敦（图一）为春秋晚期晚段兽钮、蹄足式，战国中期早段罗家坝 M33[③] 出土铜箍口鼎、敦、尊缶、浴缶也具备春秋晚期特征。地处川西北的牟托一号石棺墓[④] 出土随葬品的文化因素较复杂，墓葬年代虽为战国早期，但该墓所出楚式铜子母口鼎（图二）、盏的年代特征都属春秋中期阶段。以上现象说明，楚文化早在春秋晚期甚至春秋中期即已对成都平原的考古学文化产生了深刻影响。

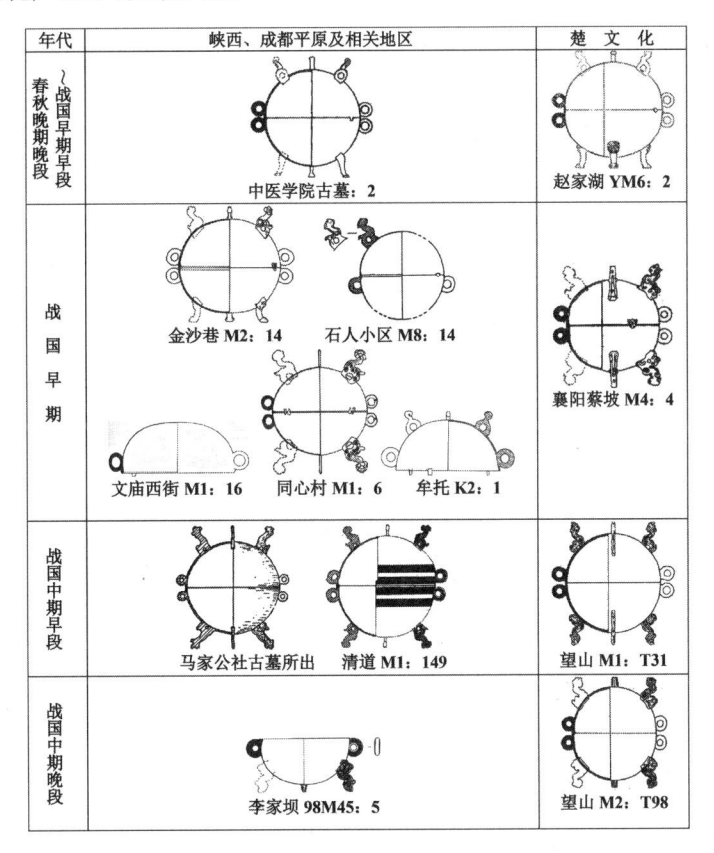

年代	峡西、成都平原及相关地区	楚 文 化
～战国早期早段 春秋晚期晚段	中医学院古墓：2	赵家湖 YM6：2
战国早期	金沙巷 M2：14　石人小区 M8：14　文庙西街 M1：16　同心村 M1：6　牟托 K2：1	襄阳蔡坡 M4：4
战国中期早段	马家公社古墓所出　清道 M1：149	望山 M1：T31
战国中期晚段	李家坝 98M45：5	望山 M2：T98

图一　铜敦对比图

---

① 四川省博物馆：《成都百花潭中学十号墓发掘记》，载《文物》1976 年第 3 期。
② 成都市文物考古工作队：《成都市金沙巷战国墓清理简报》，载《文物》1997 年第 3 期。
③ 《四川文物》编辑部：《罗家坝遗址考古发掘又获重大发现》，载《四川文物》2003 年第 5 期；四川省文物考古研究所、达州地区文物管理所、宣汉县文物管理所：《四川宣汉罗家坝遗址 2003 年发掘简报》，载《文物》2004 年第 9 期；《四川文物》编辑部：《罗家坝遗址笔谈》，载《四川文物》2003 年第 6 期。
④ 茂县羌族博物馆、阿坝藏族羌族自治州文物管理所：《四川茂县牟托一号石棺墓及陪葬坑清理简报》，载《文物》1994 年第 3 期。

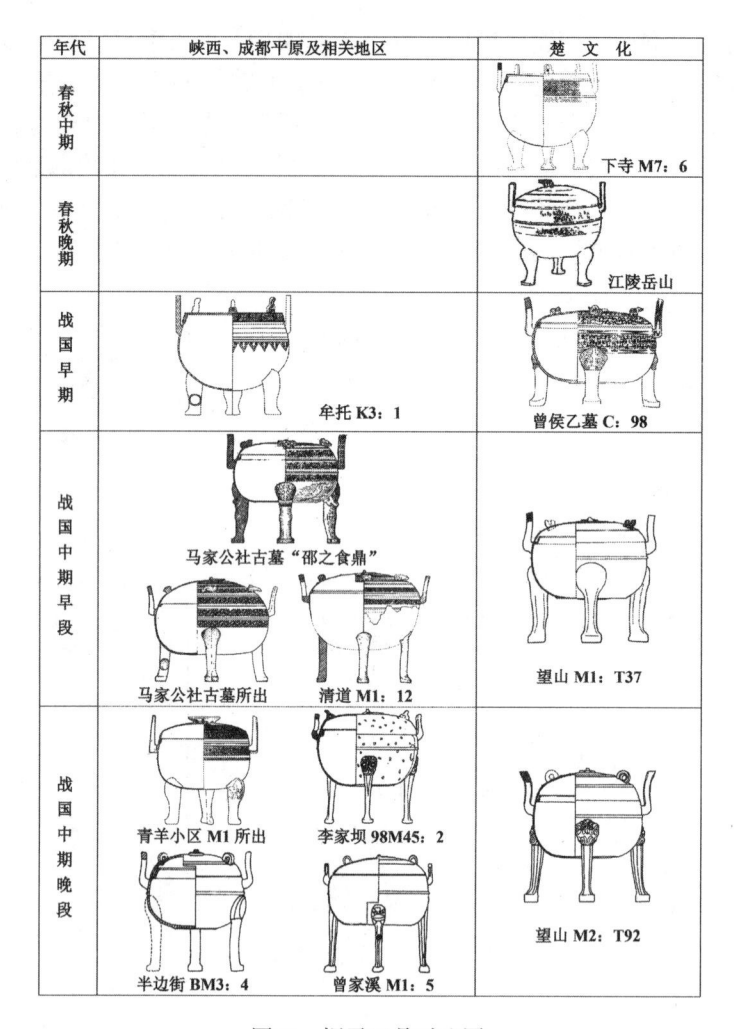

图二 铜子口鼎对比图

二、过渡阶段

由于春秋时期频繁的征伐战争极大地消耗了楚国国力，加上统治阶层内部争权夺利，楚国国势在战国早期有所减弱，对西部地区的经营步伐趋缓，未在春秋晚期的基础上有更大的发展，楚文化西渐进入过渡阶段。

峡东战国早期墓葬出土随葬品中，楚式铜礼器、仿铜陶礼器组合相继出现，楚式器物的种类及绝对数量在当地文化中所占比例进一步增多，峡东考古学文化的地方特色逐渐消失。随着峡东地区楚文化特质的增强，典型楚文化的进一步西扩也逐渐加强，峡西地区所受楚文化影响也较春秋中晚期时明显：楚文化的影响范围已深入到万州地区；具备楚文化特征的遗存也呈逐渐增多的趋势，除李家坝遗址外，云阳明月坝①以及万州中坝子②、麻柳沱③、黄陵嘴④等遗址均出土了一定数量的楚式器物。但本阶段峡西出土楚器仅限于日常生活用器鬲、甗、釜形鼎、罐等，仿铜陶礼器、铜礼器尚未出现；器物形制特征与典型楚器之间也存在一定程度的区别。总的来说，楚文化因素在峡西考古学文化中所占比例仍较小，其对当地文化的影响程度尚不显著。

成都平原战国早期墓葬的数量不多，其中既有等级较高的大型墓商业街M1⑤，也有等级较低的小型墓金沙巷M2、百花潭M10和同心村87M1⑥，在规模等级悬殊如此之大的墓葬中均发现了楚文化因素，说明经过春秋中晚期的长期渗透后，战国早期楚文化对成都平原的影响已很广泛，不仅高等级人物接受了楚文化，中下层民众也在一定程度上部分接受了外来的楚文化。根据楚文化因素在考古遗存中所占比例分析，此时成都平原青羊宫文化中的楚文化因素已较浓厚，器物有铜器、漆器两类，未见陶器；铜器器类有鼎、敦、壶、簠、盘、勺、匕、胄顶、矛、鐏等，其中敦的数量最多，均为扁椭圆体，或兽钮、蹄足，或卧兽形钮、足。这些铜器在形制、纹饰特征方面与典型楚器保持着很强的一致性，尚未在吸收的基础上有所创新，其中有部分很可能是在楚地铸造后流入当地的。与铜器保持楚式

---

① 四川大学历史文化学院考古学系：《重庆云阳县明月坝遗址商周遗存发掘简报》，载《四川文物》2009年第2期。

② 西北大学考古队、万州区文物管理所：《万州中坝子遗址发掘报告》，载重庆市文物局、重庆市移民局编：《长江三峡工程文物保护项目报告·重庆库区考古报告集》1997卷，科学出版社，2001年，第347—380页；西北大学考古队、万州区文物管理所：《万州中坝子遗址东周时期墓葬发掘报告》，载重庆市文物局、重庆市移民局编：《长江三峡工程文物保护项目报告·重庆库区考古报告集》1998卷，科学出版社，2003年，第593—606页；西北大学考古队：《万州中坝子遗址第三次发掘简报》，载重庆市文物局、重庆市移民局编：《长江三峡工程文物保护项目报告·重庆库区考古报告集》1999卷，科学出版社，2006年，第235—252页。

③ 上海大学文物考古研究中心、万州区文物管理所：《万州麻柳沱遗址发掘报告》，载重庆市文物局、重庆市移民局编：《长江三峡工程文物保护项目报告·重庆库区考古报告集》1997卷，科学出版社，2001年，第381—421页；重庆市博物馆、万州区文管所、复旦大学文博系：《万州麻柳沱遗址发掘报告》，载重庆市文物局、重庆市移民局编：《长江三峡工程文物保护项目报告·重庆库区考古报告集》1998卷，科学出版社，2003年，第539—559页；重庆市博物馆、复旦大学文博系：《万州麻柳沱遗址考古发掘报告》，载重庆市文物局、重庆市移民局编：《长江三峡工程文物保护项目报告·重庆库区考古报告集》1999卷，科学出版社，2006年，第498—521页。

④ 广西壮族自治区文物工作队、重庆市文物局、重庆市万州区文物管理所：《万州黄陵嘴遗址发掘报告》，载重庆市文物局、重庆市移民局编：《长江三峡工程文物保护项目报告·重庆库区考古报告集》2001卷，科学出版社，2008年，第1132—1173页。

⑤ 成都市文物考古研究所：《成都市商业街船棺、独木棺墓葬发掘简报》，载《文物》2002年第11期；成都市文物考古研究所：《成都市商业街船棺、独木棺墓葬发掘报告》，载成都市文物考古研究所编：《成都考古发现（2000）》，科学出版社，2002年，第78—136页。

⑥ 四川省文物管理委员会、荥经严道古城遗址博物馆：《四川荥经同心村巴蜀墓发掘简报》，载《考古》1988年第1期；荥经严道古城遗址博物馆：《四川荥经县同心村巴蜀墓的清理》，载《考古》1996年第7期；四川省文物考古研究所、荥经严道古城遗址博物馆：《荥经县同心村巴蜀船棺葬发掘报告》，载四川省文物考古研究所编：《四川考古报告集》，文物出版社，1998年，第212—281页。本文所研究的部分墓地在不同年度进行过多次发掘，有的未连续编号，为便于区分本文在未连续编号的墓葬编号前冠以发掘年度，如"同心村87M1"即为同心村墓地1987年发掘的1号墓葬。

风格特征不同的是，战国早期阶段以商业街 M1 漆器群为代表的青羊宫文化早期漆器与楚漆器之间既有明显的渊源关系，变化也很显著，说明其对楚漆器工艺的吸收、借鉴有着非常明显的选择性，并赋予了自己的一些特点。器物形制特征方面最大的变化表现为在漆案原应平整的面、底各起一宽檐，宽大的足跗包住了整个器足的一半有余（图三）。纹饰方面最突出的特征莫过于以龙纹为主体的装饰手法。龙纹虽也是春秋晚期、战国早期阶段楚漆器纹饰的主要题材，但任何一件楚漆器上的龙纹都没有商业街 M1 漆器龙纹这样突出的地位，龙纹的体态造型、装饰手法、纹饰构图也独具特色。

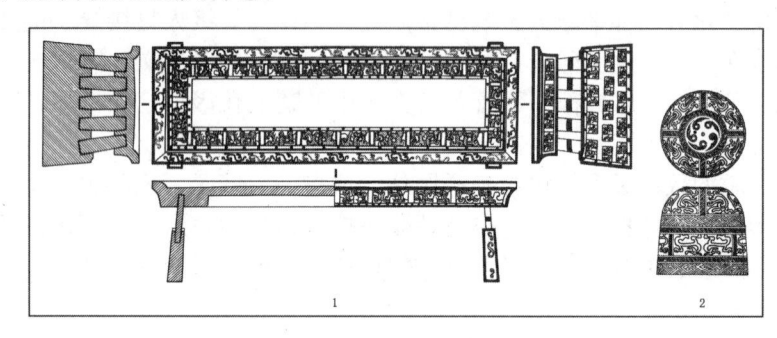

图三 商业街 M1 漆器、曾侯乙墓漆器纹饰对比图
1. 商业街 M1 B 型漆案（2 号棺：9 为案面，2 号棺：13、16 为左、右案足）
3. 曾侯乙墓漆杯形器（M1：E.159）

值得特别关注的是，战国早期阶段楚文化的西向传播不仅使成都平原深受影响，成都平原北部、深处"徼外"的岷江上游山区也有相当数量的楚文化因素出现在高等级贵族墓葬中。牟托 M1 及三座器物坑出土鼎、敦、盏等楚文化铜器在岷江上游地区是相当特殊的一类铜器群，当地早期或晚期遗存中均不见类似器物；如此多的楚式铜礼器集中出于一墓，在同时期的成都平原亦属罕见。除 K3 出土"与子鼎"外，这批楚式铜礼器的基本特征是铸造工艺差、仿制痕迹明显且形制、纹饰的年代特征普遍偏早，据此笔者认为牟托墓出土楚式铜器是在当地铸造的。

最后，必须强调的是，尽管成都平原战国早期墓葬出土楚式器物的绝对数量较春秋晚期多，但这些铜器中有相当部分具备春秋楚器风格，战国早期的时代特征反而不甚强烈。商业街漆器群与曹家岗 M5（春秋晚期晚段）[1]、曾侯乙墓（战国早期早段）[2] 所出典型楚式漆器的关系也说明，楚文化漆器工艺最早应在春秋晚期即已对成都平原产生影响，至战国早期影响程度已明显减弱，当地的漆器生产也才在吸收、继承的基础上有所创新，从而形成地方特色。以上现象说明，战国早期阶段，楚文化对成都平原的影响不及春秋中晚期时强烈，但两地之间的联系也并未中断。造成这一现象的原因在于，作为外来民族的开明氏经过春秋晚期

---

[1] 湖北省宜昌地区博物馆：《当阳曹家岗 5 号楚墓》，载《考古学报》1988 年第 4 期。
[2] 湖北省博物馆：《曾侯乙墓》，文物出版社，1989 年。

以来与当地土著蜀人长时间的交流、融合、渗透，至战国早期时，统治地位已基本稳固，继而开始谋求强国之路。首先，发动了对秦国和南方土著民族的征伐战争，以扩充领土、掠夺资源①；在早期蜀王开疆拓土、国势逐渐增强的基础上，第五代蜀王开明尚开始在蜀地大力推广礼制改革。据《华阳国志·蜀志》等史书记载②，这次改革的内容非常完备，除建立庙宇外，还包括制定礼乐、辨明方位、去帝号称王、迁都成都、建立基层行政组织。③ 由于此前楚文化与成都平原古文化之间的交流主要建立在楚、蜀两国贵族之间的往来基础之上，战国早期蜀国统治政策重心的转移，势必影响到楚文化向成都平原的传播，加上此时楚国也正处于衰弱时期，因此战国早期阶段成都平原与楚国之间的交流有限，楚文化对当地的影响较之春秋晚期时有所减弱。

三、高潮阶段

战国中期，吴起改革之后的楚国国力大增，新的征伐战争势在必行，楚文化也随之以更为强烈的态势传播至周边地区，楚文化的西渐由此进入高潮阶段。

公元前377年，国力同样处于强势阶段的蜀国越巴攻楚④，妄图将其势力范围由峡西向东扩张至峡东一带。但楚、蜀之间悬殊的实力差距使主动东进的蜀国遭到了彻底失败，楚国不仅击退了进犯的蜀军，而且借援巴之名出兵灭巴国、逐蜀军，将三峡西部地区广阔的巴国故地纳入楚国统治范围⑤，并大举移民当地监督巴国傀儡政权，同时进行以盐卤业为主的生产活动。伴随着军事进攻、移民占领这一国家意志而展开的楚文化的西向传播，势头更加猛烈，影响更加深刻，波及渗透范围更为广阔，与土著文化之间的冲突、碰撞也更加明显。

距巴之王陵枳（今重庆涪陵）及其故都江州（今重庆市）、平都（今重庆丰

---

① 《华阳国志·蜀志》卷二："开明，号曰丛帝。丛帝生卢帝。卢帝攻秦，至雍，生保子帝。帝攻青衣，雄张僚僰。"（[晋]常璩撰，刘琳校注：《华阳国志校注》，巴蜀书社，1984年，第185页）
② 《华阳国志·蜀志》卷三："九世有开明帝，始立宗庙，以酒曰醴，乐曰荆，人尚赤，帝称王……未有谥列，但以五色为主，故其庙称青、赤、黑、黄、白帝也。开明王自梦郭移，乃徙治成都。"（[晋]常璩撰，刘琳校注：《华阳国志校注》，巴蜀书社，1984年，第185—186页）
③ 罗开玉：《蜀王开明九世改革初论》，载《四川师范大学学报》（社会科学版）1992年第6期；赵殿增：《早期中国文明·三星堆文化与巴蜀文明》，江苏教育出版社，2005年，第571—576页。
④ 《史记·楚世家第十》卷四十："肃王四年，蜀伐楚，取兹方。于是楚为扞关以拒之。"（[汉]司马迁撰，[宋]裴骃集解，[唐]司马贞索隐，[唐]张守节正义：《史记》，中华书局，2005年，第1407页）
⑤ 《史记·秦本纪第五》卷五："孝公元年……楚自汉中，南有巴、黔中。"张守节《正义》云："楚北及魏西与秦相接，北自梁州汉中郡，南有巴、渝，过江南有黔中、巫郡也。"（[汉]司马迁撰，[宋]裴骃集解，[唐]司马贞索隐，[唐]张守节正义：《史记》，中华书局，2005年，第145页）

都)、垫江(今重庆合川)不远的忠县半边街墓地①,发现了迄今为止地理位置最偏西、规模最大、文化因素最单纯的楚文化墓地。1997年至2000年的考古发掘工作清理典型楚文化墓葬40余座,年代集中在战国中期至战国晚期早段。这一时期的半边街墓地,文化因素较单纯,墓葬形制、随葬品组合、形制、纹饰的楚文化特征浓厚(图四),与当时楚文化中心区江陵地区的楚墓有着很强的共性。墓葬中虽伴出少量青羊宫文化、越文化因素器物,但数量极少,并不影响墓葬的楚文化性质及其归属。而且楚文化中心区的墓葬也常伴出青羊宫文化和越文化的器物,这是考古学文化相互交流的正常现象。

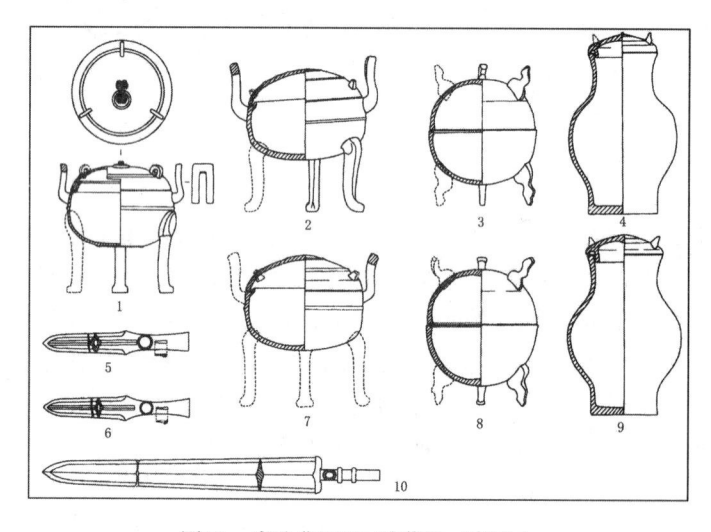

图四 半边街 BM3 随葬品(部分)
1. 铜鼎(BM3:4) 2. 陶鼎(BM3:1) 3. 陶敦(BM3:3)
4. 陶壶(BM3:2) 5. 铜矛(BM3:12)
6. 铜矛(BM3:23) 7. 陶鼎(BM3:5) 8. 陶敦(BM3:10)
9. 陶壶(BM3:9) 10. 铜剑(BM3:14)

云阳李家坝遗址因地理位置距离峡东较近,从春秋晚期开始即已受到楚文化的影响,但战国中期晚段时该遗址文化面貌的变化仍是非常明显的:楚文化因素在遗存中所占比例大幅增加,发掘报告使用了"数量多"、"较多"等文字来形容这些陶器的数量。器物形制、纹饰特征一改过去与典型楚器存在区别的现象,而与之完全相同,甚至发展演变规律也与楚文化中心区相符。墓葬出土陶器、铜器组合中也出现了楚文化最具特色的鼎、敦、壶组合形式(图五)。虽然此时的墓葬中仍伴出青羊宫文化铜器鍪、柳叶形剑、戈、削、斤等,并继续沿用前期即已出

---

① 北京大学考古文博学院三峡考古队、重庆市忠县文物管理所:《忠县崖脚墓地发掘报告》,载重庆市文物局、重庆市移民局编:《长江三峡工程文物保护项目报告·重庆库区考古报告集》1998卷,科学出版社,2003年,第680—734页;北京大学考古文博学院三峡考古队、重庆市文物局、忠县文物保护管理所:《忠县㳽井沟遗址群崖脚(半边街)墓地发掘报告》,载重庆市文物局、重庆市移民局编:《长江三峡工程文物保护项目报告·重庆库区考古报告集》2000卷,科学出版社,2007年,第905—963页。

现的本地文化陶釜等,但这些因素在随葬品中所占比例有限,并不足以否定该遗址文化面貌的巨大变化。更为重要的是,李家坝墓地中有三座战国中期早段墓葬被战国中期晚段墓葬打破。这三组打破关系,看似不多,但该墓地目前已发现的战国中期早段墓葬仅8座,被打破的比例占到了三分之一。根据考古发现可知,四川盆地青铜时代墓葬与中原地区(广义,包括楚文化)一样,实行聚族而葬的族墓地制度。虽然目前尚不能明确四川盆地也设专人负责管理墓地的规划,但从已有的发现来看,同一墓地中相同文化的墓葬之间也绝无打破关系。如余家坝[①]、大坪[②]、半边街、镇安[③]、冬笋坝[④]、宝轮院[⑤]、什邡城关[⑥]、同心村[⑦]等墓地,墓葬分布相当密集,但并无一例打破关系。[⑧] 李家坝墓地的面积较大,墓葬之间的空隙也还很多,并不存在因墓地太小、不够使用而造成墓葬相互打破的理由。并且被打破的墓葬规模都较大,97M31还有殉人,而打破的墓葬除97M33规模较大外,97M17、M25、M26三墓均为小型墓,即使是因墓地不够使用而发生打破关系,同一文化的同一墓地内也不可能发生墓主身份地位低的小型墓打破墓主身份地位高的大中型墓的情况。那么,该墓地墓葬之间的打破关系只能有一个解释:打破与

---

① 山东大学考古系:《四川开县余家坝战国墓葬发掘简报》,载《考古》1999年第1期;山东大学考古学系、重庆市文化局、开县文物管理所:《重庆开县余家坝墓地2000年发掘简报》,载《华夏考古》2003年第4期;山东大学东方考古研究中心、重庆市文化局、开县文物管理所:《重庆市开县余家坝墓地2002年发掘简报》,载《江汉考古》2004年第3期;山东大学考古学系、重庆市文化局、开县文物管理所:《开县余家坝墓地发掘简报》,载重庆市文物局、重庆市移民局编:《长江三峡工程文物保护项目报告·重庆库区考古报告集》2000卷,科学出版社,2007年,第671—688页;山东大学考古学系、重庆市文化局、开县文物管理所:《开县余家坝墓地2001年发掘报告》,载重庆市文物局、重庆市移民局编:《长江三峡工程文物保护项目报告·重庆库区考古报告集》2001卷,科学出版社,2008年,第1429—1448页。

② 重庆市文物局、重庆市移民局编:《长江三峡工程文物保护项目报告·万州大坪墓地》,科学出版社,2006年。

③ 北京市文物研究所三峡考古队、重庆市涪陵区博物馆:《涪陵镇安遗址发掘报告》,载重庆市文物局、重庆市移民局编:《长江三峡工程文物保护项目报告·重庆库区考古报告集》1998卷,科学出版社,2003年,第850—894页;北京市文物研究所三峡考古队、重庆市涪陵区博物馆:《涪陵镇安遗址发掘报告》,载重庆市文物局、重庆市移民局编:《长江三峡工程文物保护项目报告·重庆库区考古报告集》1999卷,科学出版社,2006年,第747—785页;北京市文物研究所、重庆市文物局、重庆市涪陵区博物馆:《2001、2003年度涪陵镇安遗址发掘报告》,载重庆市文物局、重庆市移民局编:《长江三峡工程文物保护项目报告·重庆库区考古报告集》2001卷,科学出版社,2008年,第1930—1981页。

④ 四川省博物馆:《四川船棺葬发掘报告》,文物出版社,1960年。

⑤ 四川省文物考古研究所、广元市文物管理所:《广元市昭化宝轮院船棺葬发掘简报》,载四川省文物考古研究所编:《四川考古报告集》,文物出版社,1998年,第197—211页。

⑥ 四川省文物考古研究所、什邡市文物保护管理所:《什邡市城关战国秦汉墓葬发掘报告》,载四川省文物考古研究所编:《四川考古报告集》,文物出版社,1998年,第112—185页。

⑦ 四川省文物考古研究所、荥经严道古城遗址博物馆:《荥经县同心村巴蜀船棺葬发掘报告》,载四川省文物考古研究所编:《四川考古报告集》,文物出版社,1998年,第212—281页。

⑧ 大坪墓地有三组打破关系,分别是战国中期墓打破春秋晚期、战国早期墓,但相关墓葬未保存成组的器物以供比较,打破者与被打破者的文化属性尚难以判断。镇安遗址M6打破M7,半边街墓地DM50打破DM47,均为秦代墓葬打破战国晚期晚段墓葬,此时的峡西地区正值长期战争之后的混乱时期,墓地的严格规划亦未能实现,因而出现了个别墓葬相互打破的情况。同心村墓地85M21A、B两墓之间的打破关系较特殊,两墓方向一致,完全叠压在一起,两棺之间相距仅10厘米,明显是有意为之,但目的尚不明。

被打破墓葬所代表的是不同族群的遗存。地理位置距李家坝遗址不远的云阳帽盒岭[①]、马粪沱[②]墓地也出土了具备一定规模的、年代集中于战国中期晚段至晚期早段的典型楚人墓葬，这为笔者的以上观点提供了有力证明：楚文化确实在战国中期时以非常强烈的态势进入云阳一带，造成了当地文化发展进程的一度中断。

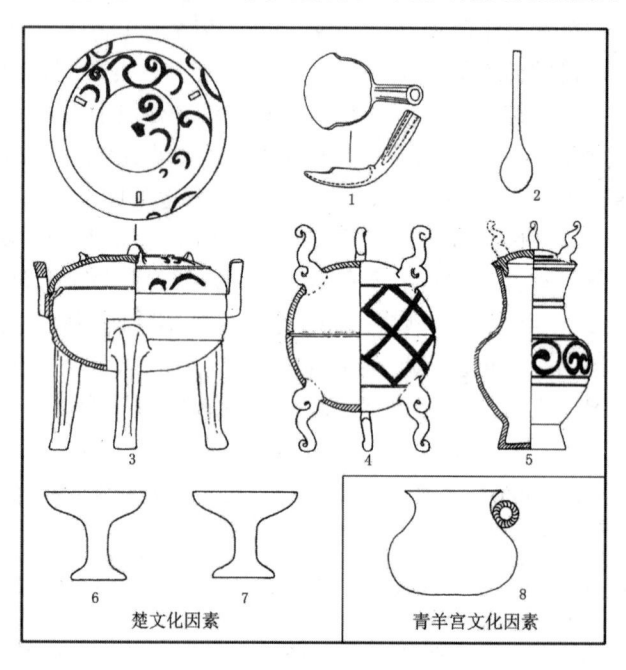

图五　李家坝97M33随葬品
1. 陶勺（97M33：5）　2. 铜匕（97M33：3）　3. 陶鼎（97M33：2）
4. 陶敦（97M33：4）　5. 陶壶（97M33：6）　6. 陶豆（97M33：7）
7. 陶豆（97M33：8）　8. 铜鍪（97M33：1）

再来看成都平原。楚国占领巴地后，西部疆域扩大到今重庆中西部地区而与蜀疆相接，楚文化与成都平原古文化相互交流的峡江道由此打通，其对成都平原的渗透必将随之加强。

战国中期阶段成都平原出土的楚式器物除铜器、漆器外，还出现了尊缶、浴缶、盆等陶器。铜器种类更加丰富，有食器鼎、簋、甗、敦、盖豆、匕，酒器壶、尊缶（图六）、勺，水器浴缶、盘、鉴、匜，乐器编钟，兵器剑、镞、镦、胄以及服饰器带钩等。鼎分箍口鼎和子母口鼎二型，后者根据鼎盖捉手分为柱形圈状捉

[①] 中国历史博物馆故陵考古队、云阳县文物管理所：《云阳故陵楚墓发掘报告》，载重庆市文物局、重庆市移民局编：《长江三峡工程文物保护项目报告·重庆库区考古报告集》1998卷，科学出版社，2003年，第391—415页。

[②] 郑州市文物考古研究所：《重庆市云阳县马粪沱墓地2002年发掘简报》，载《文物》2004年第11期；郑州市文物考古研究所、重庆市文物局、云阳县文物保护管理所：《云阳马沱墓地2001年度发掘报告》，载重庆市文物局、重庆市移民局编：《长江三峡工程文物保护项目报告·重庆库区考古报告集》2001卷，科学出版社，2008年，第626—681页。

手、衔环钮器盖二式。敦有扁椭圆体、蹄足和圆体、卧兽形钮、足二式。壶分提梁壶和铺首衔环壶二型。这些楚式铜器较之战国早期阶段最大的变化在于，改变了过去尽量模仿典型楚器、与之保持一致的作风，在纹饰方面进行了大胆地改制与创新，赋予其新的特征和内涵。最典型的代表是清道 M1① 出土的铜尊缶，盖面、颈、肩部满饰纹饰。此后，这一风格即成为青羊宫文化铜尊缶纹饰的固定格式，一直沿用到秦代。其他铜器的主体纹饰虽多源自楚文化，但常将青羊宫文化特有的心形纹、蘑菇形纹、变形蝉纹等作为辅助纹饰题材使用。除马家公社古墓② 所出尊缶形制较特殊外，其余器物的形制特征多与同一时期的楚器保持一致，融不同年代特征于一器的情况目前只见青羊小区 M1③ 所出铜鼎一例。当然，以马家公社古墓"邵之食鼎"为代表的由楚地直接舶来的铜器则与楚器完全保持一致。

较之器物数量、种类的增加，纹饰风格的革新更为重要的是，马家公社古墓随葬品的组合形式说明，此时的楚式铜鼎、壶、尊缶等已成为青羊宫文化的重要礼器。马家公社古墓出土青铜器多以五件为一组的现象学者们多已注意到，并将之与《华阳国志·蜀志》所记蜀开明氏"以五色为主，故其庙称青、赤、黑、黄、白帝"④ 相联系，得出蜀人"尚五"的结论。⑤ 2001 年，金沙村遗址⑥ 的发掘证明，蜀人"尚五"习俗的历史非常悠久。金沙村遗址很可能是三星堆古城衰落之后成都地区新出现的另一个政治、经济、文化中心，是古蜀王国在商代晚期至西周时期的都城所在⑦，该遗址出土的玉剑鞘就以五件为一组。稍晚的新一村文化的核心礼器"列罍"也是五件一套。这里要重点讨论的是由马家公社古墓出土各器类在组合中所处地位的不同反映的楚式鼎、壶、尊缶在青羊宫文化礼器中的显要地位，以及该文化对楚文化因素的选择与认同问题。

马家公社古墓出土五件成组的器类中，几乎包括了该墓所出全部青羊宫文化器物；外来的楚文化因素列于五件成组的有鼎、壶、尊缶、匕、编钟、剑六类，其中的铜容器鼎、壶、尊缶是青羊宫文化中最常见的楚文化器类，延续时间也最长，至战国晚期甚至秦代墓葬中仍有出土。两件成组器类中，只有一类本地文化器类——铜釜甑，其余均为楚器，有敦、盖豆、浴缶、盘、鉴、瓿、勺、匜八类，这八类器物除敦较常见外，其余均少见于成都平原。再结合蜀人"尚五"的习俗，笔者认为能列入五件成组的器类应是蜀人最重视的器类，在礼器组合中的地位最突出。鼎、壶、尊缶三类容器能位列其中，说明它们已为蜀人完全接受，成为该

---

① 王有鹏：《四川绵竹船棺墓》，载《文物》1987 年第 10 期。
② 四川省博物馆：《四川新都战国木椁墓》，载《文物》1981 年第 6 期。
③ 成都市文物管理处：《成都三洞桥青羊小区战国墓》，载《文物》1989 年第 5 期。
④ [晋] 常璩：《华阳国志·蜀志》卷三，[晋] 常璩撰，刘琳校注：《华阳国志校注》，巴蜀书社，1984 年，第 187 页。
⑤ 段渝：《论新都蜀墓及所出"邵之食鼎"》，载《考古与文物》1991 年第 3 期。
⑥ 成都市文物考古研究所、北京大学考古文博院：《金沙淘珍》，文物出版社，2002 年。
⑦ 俞伟超：《金沙淘珍》序言，载成都市文物考古研究所、北京大学考古文博院：《金沙淘珍》，文物出版社，2002 年，第 1—2 页。

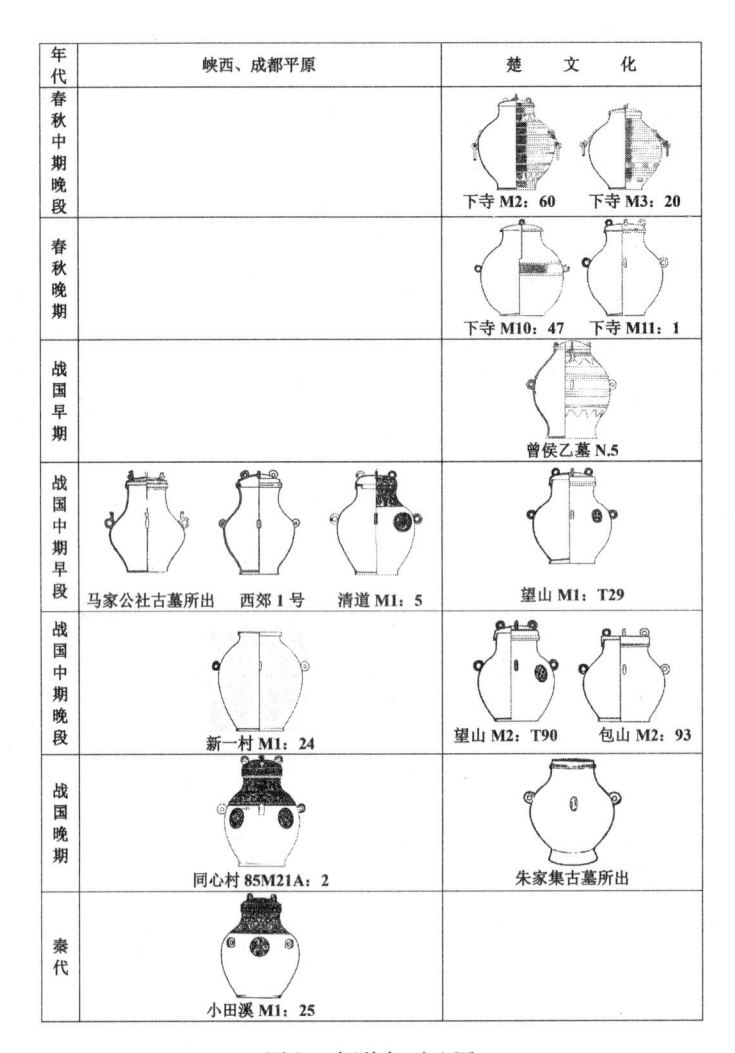

年代	峡西、成都平原	楚文化
春秋中期晚段		下寺 M2：60　下寺 M3：20
春秋晚期		下寺 M10：47　下寺 M11：1
战国早期		曾侯乙墓 N.5
战国中期早段	马家公社古墓所出　西郊1号　清道 M1：5	望山 M1：T29
战国中期晚段	新一村 M1：24	望山 M2：T90　包山 M2：93
战国晚期	同心村 85M21A：2	朱家集古墓所出
秦代	小田溪 M1：25	

图六　铜尊缶对比图

文化最为重要的礼器，完全融入当地文化之中。这也从一个侧面反映出，青羊宫文化对楚文化的吸收是有选择性的，必须是时人能接受的、与其价值观念、审美观念相一致的器类才加以吸收、借鉴，并或多或少地融入当地文化的一些因素，使之更符合自己的需要，随葬品如此，墓葬形制亦如此。这或许就是楚文化其他典型器类，如束腰鼎、小口鼎等铜器及镇墓兽、虎座飞鸟等漆器不见于成都平原的原因之一。

墓葬形制方面受楚文化影响最深的当属马家公社古墓。关于该墓墓葬形制所含文化因素，笔者认为应将墓葬形制视为一个整体，并结合随葬品特征、墓主族源及历史文化背景进行综合分析。通过对这些因素的全面考察，笔者认为马家公社古墓墓葬形制中的非青羊宫文化因素应是受楚墓葬制影响所致，但较之典型楚墓也并非完全相同，而是有所改变、并融入了一些新的特征。

四、分化阶段

公元前316年秦灭蜀①，楚、蜀两国间直接的交流、联系基本中断；公元前278年秦将白起攻破楚国都城郢，楚顷襄王兵溃东逃，江汉平原一带大片楚国故地纳入秦国版图。这两大事件彻底改变了楚文化的西向传播态势——楚文化对峡东、峡西、成都平原的影响步骤不再一致，这三个地区的楚文化因素出现了不同的风格特征，楚文化中新形成的文化因素此后很少再传入峡西、成都平原，峡东地区内部也出现了分化的现象。

秦灭巴、蜀后随即以枳为军事基地出兵夺取位于乌江以东、长江以南的楚商于地②，拉开了楚、秦三峡争夺战的序幕。此后，两国在今湘西、三峡一带展开了长期的拉锯战。秦国为实现对楚国西、北两侧的迂回包抄，先后运用外交③、军事④手段夺取楚国领土；而楚国为与强秦相抗衡，甚至在郢都失陷东迁陈、寿后都始终未放弃收复失地，曾两度组织反攻，夺回今秭归、巫山、奉节沿江一带及湘西部分地区，致使长江水路交通在秦灭楚之战中未发挥任何作用，秦国直至灭楚的第二年才最终占领这块土地。

从考古发现来看，战国晚期晚段楚文化对峡东地区的影响并未因楚国的东迁而停止，新的楚文化因素仍在源源不断地涌入当地，尽管影响范围已不及战国早中期时广阔。峡东的考古学文化面貌从西周时期开始就保持着很强的一致性，仅只在最西端的巫山、奉节一带个别时期、个别遗址中出现数量稍多的峡西、成都平原文化因素，但从总体来看，区域内文化面貌的差异并不明显，同质性较强。至战国晚期晚段，该区考古学文化虽仍以楚文化为主，但根据墓葬出土随葬品分析，其文化面貌已出现了分离的态势，具备了明显的地域特征：东部的宜昌地区仍能见到少量楚文化因素，但多与一定数量的青羊宫文化、秦文化因素伴出，墓主多为秦人。地理位置稍偏西的秭归、巫山、奉节一带仍保持着非常浓厚的楚文化风格，根据此时楚文化陶器中新出现的时代特征及这些陶器的来源地又可将其分为两类：第一类以子母口深腹圜底鼎、长椭圆体敦、颈部稍矮的壶为代表，这

---

① 《史记·秦始皇本纪第六》卷六："孝公既没，惠王、武王蒙故业，因遗册，南兼汉中，西举巴、蜀，东割膏腴之地，收要害之郡。"（[汉]司马迁撰，[宋]裴骃集解，[唐]司马贞索隐，[唐]张守节正义：《史记》，中华书局，2005年，第197页）

② 《华阳国志·巴志》卷一："司马错自巴涪水取楚商于之地为黔中郡。"《华阳国志·蜀志》卷三："司马错率巴、蜀众十万，大舶船万艘，米六百万斛，浮江伐楚，取商于之地为黔中郡。"（[晋]常璩撰，刘琳校注：《华阳国志校注》，巴蜀书社，1984年，第33、第194页）

③ 《史记·楚世家第十》卷四十："秦因留楚王，要以割巫、黔中之郡。楚王欲盟，秦欲先得地。楚王怒曰：'秦诈我而又强要我以地！'不复许秦。秦因留之……顷襄王三年，怀王卒于秦，秦归其丧于楚。"（[汉]司马迁撰，[宋]裴骃集解，[唐]司马贞索隐，[唐]张守节正义：《史记》，中华书局，2005年，第1413页）

④ 《史记·秦本纪第五》卷五："使司马错发陇西，因蜀攻楚黔中，拔之。"（[汉]司马迁撰，[宋]裴骃集解，[唐]司马贞索隐，[唐]张守节正义：《史记》，中华书局，2005年，第152页）

些陶器在战国晚期晚段主要流行于原楚都江陵一带;第二类以子母口浅腹大平底鼎、扁椭圆体敦、不对称形敦、高长颈壶为代表,此类陶器常见于河南淮阳、安徽寿县、长丰及鄂东、湖南一带战国晚期晚段楚墓。这两类不同风格、不同来源地的楚文化器物在数量上存在较大差异,第二类明显多于第一类。

  峡西大部分地区从战国晚期中晚段、成都平原从战国中期末开始即已不见典型楚文化因素,楚文化仅以遗风的形式继续影响着当地文化。也就是说,这两个地区已提前进入遗风阶段。但地处峡西东端的开县余家坝墓地的情况则不同,当地的考古学文化面貌在战国晚期晚段发生了一次突变,但变化的方向却与峡西大部分遗址相反:余家坝墓地战国中期晚段至晚期早段的楚文化因素并不显著,墓葬中常是一或两件楚式陶器与数件青羊宫文化铜器伴出。但战国晚期晚段,楚文化因素突然浓烈起来,个别墓葬出土器物的形制特征、组合形式、数量规制都与本阶段峡东第二类楚文化风格一致。这一现象正是楚、秦三峡拉锯战的具体表现。

五、遗风阶段

  尽管峡东、峡西、成都平原进入本阶段的时间各不相同——峡东的宜昌地区为战国晚期中晚段,秭归、巫山、奉节一带为秦代,峡西在战国晚期中晚段,成都平原在战国中期末,但特征却是一致的——典型楚文化因素虽已消失,但遗风犹存,并在一定程度上继续影响着当地文化,直至西汉中期才最终融入汉文化。

  公元前222年"王翦遂定荆江南地"① 之后,秭归、巫山、奉节一带已属秦占领时期,但遗存的文化面貌却并非单一的秦文化,特别是墓葬(如巫山麦沱M43、M45、M48②,秭归官庄坪M43③、庙坪M26④ 等),无论墓葬形制还是随葬品特征(陶鬲、盂、盆、豆、盖豆、折肩罐等,铜壶、鐎壶、勺等),所反映的都是以楚文化因素为主、中原文化因素为辅的文化面貌;秦文化墓葬的典型特征(更准确地说应该是其固有的自身特征)比较少见。这与云梦睡虎地⑤秦代遗存以秦文化为主、楚风罕见的现象形成鲜明对比。由此可见,秦统治时期的峡东大部分地区虽已完全纳入秦国版图,楚国势力已最终退出,但秦文化对当地文化的影响却微乎其微,历史悠久、积淀深厚的楚文化并未随着楚政权的崩溃而消亡,仍

---

  ① [汉]司马迁:《史记·秦始皇本纪第六》卷六,[汉]司马迁撰,[宋]裴骃集解,[唐]司马贞索隐,[唐]张守节正义:《史记》,中华书局,2005年,第167页。
  ② 重庆市文化局、湖南省文物考古研究所、巫山县文物管理所:《巫山麦沱古墓群第二次发掘报告》,载重庆市文物局、重庆市移民局编:《长江三峡工程文物保护项目报告·重庆库区考古报告集》1998卷,科学出版社,2003年,第119—147页。
  ③ 国务院三峡工程建设委员会办公室、国家文物局编著:《长江三峡工程文物保护项目报告·秭归官庄坪》,科学出版社,2005年。
  ④ 湖北省文物事业管理局、湖北省三峡工程移民局编:《长江三峡工程文物保护项目报告·秭归庙坪》,科学出版社,2003年。
  ⑤ 湖北省博物馆:《1978年云梦秦汉墓发掘简报》,载《考古学报》1986年第4期。

顽强地存在了很长一段时期，直至西汉初年。这和湖北、湖南、河南南部、江西北部、安徽西部等地楚文化在秦统治时期的继续存在和影响①是完全一致的。

再看峡西地区。战国晚期中晚段，忠县半边街墓地的文化面貌开始发生变化，但这一变化是以非常缓慢的速度进行的，是一个渐变过程。该墓地典型楚文化因素最晚不超过战国晚期中晚段就已消失，但楚文化对当地文化的影响仍或多或少地存在着。墓葬形制方面，楚文化特征鲜明的长方形竖穴土坑木椁墓仍有少量残余，并保持着楚墓在棺底填塞白膏泥的一贯作法。随葬品方面，仿铜陶礼器组合已比较少见，日用陶器长颈罐、盂、豆的组合形式仍占一定比例，但陶器的形制特征已非典型楚器。随葬陶釜、豆的青羊宫文化狭长形竖穴土坑单棺墓直至秦代才成为半边街墓地的主流。李家坝墓地的文化面貌在战国晚期中晚段也出现了新的特征，但与半边街墓地典型楚文化因素逐渐消失、文化面貌发生渐变不同的是，李家坝墓地文化面貌的改变是以非常迅疾的速度进行的，是一个突变过程：典型楚文化因素突然消失，而代之以大量秦文化因素，成都平原青羊宫文化因素也大量涌入当地。本期与前期墓葬之间的打破关系也较多，这与文化面貌的突变是一致的。峡西地区其他秦代遗存的秦文化因素较峡东稍多，但仍有相当数量的青羊宫文化因素及少量楚文化因素。

秦灭蜀之后，对蜀地实行的是间接统治，即采取以蜀治蜀的羁縻政策，三封蜀王后裔为蜀侯，但三位蜀侯均先后被废。秦国在第三次平定叛乱后，未再封蜀侯，而改为实行郡县制，在蜀国故地设郡守实行直接统治。②为了进一步削弱楚、蜀两国土著势力、巩固统一战争的阶段性成果，战国晚期晚段至秦代，秦国曾大举移故楚之民入川，这一统治政策也在一定程度上促进了"楚文化"的西向传播：为四川盆地带来了融合了秦文化与中原文化的、具备新的文化面貌的"楚文化遗风"。

成都平原在战国中期末即已进入遗风阶段。此时成都平原的楚文化因素或为青羊宫文化早、中期阶段楚文化因素的延续，或为与秦文化、中原文化融合之后的楚文化遗风，前者以铜器、陶器为代表，后者主要是漆器。铜器集中出土于等级较高的大中型墓葬，器类组合的变化不大，比较明显的是铜敦不再出现，而尊缶成为最流行的器类。因此时成都平原已基本断绝了与楚文化的直接交流，未能及时吸收战国晚期阶段楚文化中新出现的时代风格，大部分铜器、陶器继续保持着战国早、中期的年代特征。使用本地特有纹饰、符号、构图方式装饰楚器的情况仍在继续，铜器的铸造、装饰工艺也与楚器不同。漆器方面，羊子山 M172③ 出

---

① 蔡靖泉：《楚文化在秦统治时期的存在和影响》，载《江汉考古》1997年第1期。
② 《华阳国志·蜀志》卷三："周赧王元年，秦惠王封子通国为蜀侯，以陈壮为相……六年，陈壮反，杀蜀侯通国。秦遣庶长甘茂、张仪、司马错复伐蜀，诛陈壮。七年，封子恽为蜀侯……赧王十四年，蜀侯恽祭山川，献馈于秦王。恽后母害其宠，加毒以进王。王将尝之，后母曰：'馈从二千里来，当试之。'王与近臣，近臣即毙。王大怒，遣司马错赐恽剑，使自裁。恽惧，夫妇自杀……十五年，王封其子绾为蜀侯……三十年，疑蜀侯绾反，王复诛之，但置蜀守。"（［晋］常璩撰，刘琳校注：《华阳国志校注》，巴蜀书社，1984年，第194—200页）。
③ 四川省文物管理委员会：《成都羊子山第172号墓发掘报告》，载《考古学报》1956年第4期。

土漆盒器身满饰夔龙纹，似与战国早期商业街漆器群对龙纹的特别偏爱有一定关系。但这样的例子目前仅此一件，且与早期漆器之间的空白期太长，发展演变脉络并不太清楚。除了可能源自本地早期文化的漆器工艺，发展程度较高的楚漆器工艺仍在继续影响着成都平原的漆器生产，这以羊子山 M172 所出方扣漆器及青川郝家坪漆器群[①]为代表。这批漆器虽已不是严格意义上的楚文化漆器，但与典型楚漆器在器类、形制、纹饰（图七）等方面都有着密切的渊源关系。郝家坪墓地的文化面貌具有楚文化与秦文化、中原文化、青羊宫文化相融合的特征，但其中的楚文化因素较其他文化更为浓厚。结合陈平区分江汉地区战国晚期、秦汉时期秦人墓、楚人墓的方法[②]，这批墓葬的主人应是被秦国强制迁徙入川的楚人，其文化面貌除保持楚文化的部分特征外，也吸收了部分秦文化、中原文化及徙入地的文化。

除了以上明确来自楚文化的器物外，楚文化对成都平原的强烈影响还体现在以下三方面：

第一，将楚文化器物的部分器形、装饰风格运用到本地典型器类之上，制作出大量"混合型"铜器，但仍以本地文化特色为主，楚文化因素一般只起装饰作用，如带铺首系链器盖的铜鍪、柳叶形剑身带一字格的改装剑等。这样的器物在战国早中期时也有，但数量不及本期多、融合特征亦不及本期明显。

第二，除将楚文化因素运用于装饰当地典型器类外，本阶段还出土不少基本特征仿自楚器，但形制、纹饰均有很大变化的器类，如小田溪墓地[③]出土的铜盆、"罍"等，可将类似器物视为在楚文化长期影响之下产生的自创之器。

第三，墓葬形制方面，除战国中期阶段常见的一些特征外，本阶段青羊宫文化墓葬在楚文化木椁墓影响下发生的最大变化是，在最具地方特色的船形棺中另置一小棺，形成"船椁"。

以上现象与楚文化的关系表面上看来似乎并不十分明显，但笔者认为这些因素较之那些被视为楚文化的因素更能说明问题。这些因素必须在楚文化的长期、强烈影响之下才有出现的可能，导致这些因素产生的、楚文化中的原型还必须为青羊宫文化所完全接受、将其视为本文化内涵的一部分，唯此才可能在仿制的基础上加以创新、并将其与本文化特有器物融为一体。楚文化、青羊宫文化经过春秋中晚期至战国早中期数百年的影响与被影响、融合与被融合的过程，到此时出现这些特征亦属正常。这一现象反映出青羊宫文化在楚文化的长期影响之下，文化面貌所发生的变异及其与包括楚文化、中原文化在内的外来文化不断融合的

---

① 四川省博物馆、青川县文化馆：《青川县出土秦更修田律木牍》，载《文物》1982 年第 1 期。
② 陈平：《浅谈江汉地区战国秦汉墓的分期和秦墓的识别问题》，载《江汉考古》1983 年第 3 期。
③ 四川省博物馆、重庆市博物馆、涪陵县文化馆：《四川涪陵地区小田溪战国土坑墓清理简报》，载《文物》1974 年第 5 期；四川省文物管理委员会、涪陵地区文化局：《四川涪陵小田溪四座战国墓》，载《考古》1985 年第 1 期；四川省文物考古研究所、涪陵地区博物馆、涪陵市文物管理所：《涪陵市小田溪 9 号墓发掘简报》，载四川省文物考古研究所编：《四川考古报告集》，文物出版社，1998 年，第 186—196 页。

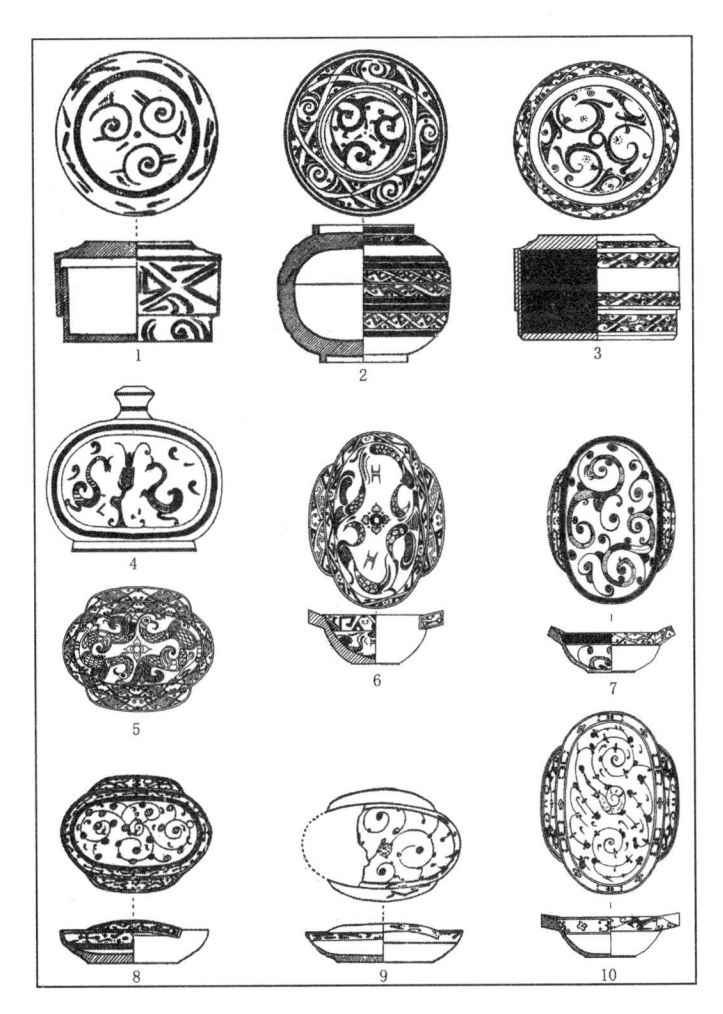

图七　郝家坪漆器、楚漆器纹饰对比图
1. 奁（青川 M26：4）　2. 圆盒（青川 M13：2）　3. 奁（九店 M712：16）
4. 扁壶（青川 M1：10）　5. 耳杯（马山 M1：17—1）
6. 耳杯（九店 M712：12）　7. 耳杯（长沙 M185：12）
8. 耳杯（青川 M26：8）　9. 耳杯（青川 M37：3）　10. 耳杯（长沙 M185：13）

过程。

图片来源

本文图片均来自发掘报告、相关著作，正文中未列出者如下：

1. 成都市文物考古研究所、成都市文物考古工作队：《成都西郊石人小区战国土坑墓发掘简报》，载《文物》2002 年第 4 期。

2. 成都市文物考古研究所：《成都市文庙西街战国墓葬发掘简报》，载成都市文物考古研究所编：《成都考古发现（2003）》，科学出版社，2005 年，第 244—

265页。

3. 湖北省宜昌地区博物馆、北京大学考古系：《当阳赵家湖楚墓》，文物出版社，1992年。

4. 湖北省博物馆：《襄阳蔡坡战国墓》，载《江汉考古》1985年第1期。

5. 湖北省文物考古研究所：《江陵望山沙冢楚墓》，文物出版社，1996年。

6. 镇江博物馆、重庆市文物局、重庆市文物考古所、重庆市万州区文物管理所：《万州曾家溪墓地考古发掘报告》，载重庆市文物局、重庆市移民局编：《长江三峡工程文物保护项目报告·重庆库区考古报告集》2001卷，科学出版社，2008年，第979—1020页。

7. 河南省文物研究所、河南省丹江库区考古发掘队、淅川县博物馆：《淅川下寺春秋楚墓》，文物出版社，1991年。

8. 刘彬徽：《楚系青铜器研究》，湖北教育出版社，1995年（图二江陵岳山古墓所出铜鼎、图六朱家集古墓所出铜尊缶）。

9. 四川省博物馆：《成都西郊战国墓》，载《考古》1983年第7期。

10. 成都市文物考古研究所：《成都十二桥遗址新一村发掘简报》，载成都市文物考古研究所编：《成都考古发现（2002）》，科学出版社，2004年，第172—208页。

11. 河南省文物研究所、河南省丹江库区考古发掘队、淅川县博物馆：《淅川下寺春秋楚墓》，文物出版社，1991年。

12. 湖北省荆沙铁路考古队：《包山楚墓》，文物出版社，1991年。

13. 湖北省文物考古研究所：《江陵九店东周墓》，科学出版社，1995年。

14. 荆州地区博物馆：《江陵马山一号楚墓》，文物出版社，1985年。

15. 湖南省博物馆、湖南省文物考古研究所、长沙市博物馆、长沙市文物考古研究所：《长沙楚墓》，文物出版社，2000年。

夜郎考古若干问题的思考

杨 勇 中国社会科学院考古研究所

夜郎考古，指的是通过考古学的手段和方法对古夜郎的历史、文化及其发展演变等进行的探索与研究。20世纪80年代以来，已有不少学者结合考古发现对夜郎考古的有关问题进行了专门讨论。[①] 近年来，贵州赫章可乐、威宁中水、普安铜鼓山等地考古工作逐步深入，为从考古学上探索夜郎历史和文化提供了不少新的线索。然而，相对于滇文化的考古发掘与研究，夜郎考古仍显滞后，其中最为突出的问题是至今未能从考古学上确认属于古夜郎的文化遗存。究其原因，主要是长期以来各种自然或人为因素对古遗址造成了巨大的破坏，加上相关考古工作开展的不够充分，从而使夜郎故地属古夜郎时期的考古材料积累较少，无法展开系统而深入的研究。此外，在如何看待并开展夜郎考古的问题上，学术界也一直存在不同的思路，进而直接影响到具体研究工作的开展。根据近年来对夜郎考古及其相关问题的思考，笔者希望本文的讨论能有助于推进这方面的研究。

一、夜郎考古的学术背景和意义

提出并开展夜郎考古，有着重要的学术背景和意义。从大的方面来说，夜郎考古属于历史时期边远地区考古的范畴，其对研究中国西南地区古代疆域、民族、文化、对外交流和中原化进程，乃至认识中国古代统一多民族国家的形成和发展，均具有较重要的意义。就更具体的层面而言，主要有以下两点：

首先，夜郎考古是探索古夜郎历史和文化的需要。战国秦汉时期，在今云贵高原及川西高原一带分布着诸多少数民族，文献中称为"西南夷"。《史记·西南夷列传》记载西南夷君长"以什数"、"以百数"，其中影响较大者如夜郎、滇、邛都等。在秦汉帝国统一和拓疆过程中，西南夷渐被中原统治者所关注，至汉武帝时期，随着汉王朝对边疆各地展开强大的统一攻势，其大部分地区被正式纳入了中央王朝的政治版图。夜郎是西南夷诸部族中较重要的一支，《史记·西南夷列

---

① 主要有王海平：《关于夜郎考古的几个问题》，载《贵州文史丛刊》1987年第3期；宋世坤：《关于"夜郎考古"的几个问题》，载《贵州省博物馆馆刊》1988年第5期；宋世坤：《夜郎考古综论》，载《贵州民族研究》2000年第1期；梁太鹤：《夜郎考古思辨与述评》，载《贵州民族研究》1997年第2期；宋先世：《夜郎文化与民族考古》，载《贵州民族研究》2006年第5期；彭长林：《关于"夜郎文化"的思考》，载《贵州文史丛刊》2006年第4期。

传》云"西南夷君长以什数,夜郎最大……";《汉书·西南夷两粤朝鲜传》的说法略有变化,称"南夷君长以什数,夜郎最大……"。此外,《华阳国志》、《后汉书》等古籍中亦有关于夜郎的记载。"夜郎自大"的典故更是童叟皆知。不过,由于文献记载简略,人们对古夜郎的了解较为有限,夜郎的诸多历史问题至今还是未解之谜。对古夜郎历史的探索,可追溯至明清时期,当时贵州的一些地方官员和文人就此进行过多方面的考证。20世纪70年代,关于夜郎的讨论一度较为热烈,但在夜郎的概念、"都邑"、地域和社会性质等问题上,学术界众说纷纭,莫衷一是。[1] 进入21世纪,关于夜郎历史文化的研究再度受到重视,特别是关于夜郎中心所在地的问题,争论激烈。毋庸置疑,囿于文献,有关古夜郎历史和文化的诸多问题,只能有待大量考古发现以及考古学的研究来解决。从这一意义上说,夜郎考古实际已成为夜郎史研究的最根本途径。

其次,夜郎考古是夜郎故地考古工作的一个重大学术课题,同时也是整个西南夷考古的重要组成部分之一。如众所知,战国秦汉时期是西南夷地区古代历史发展进程中的一个关键的转折阶段。在此期间,西南夷地区从史前或原史时期过渡到历史时期,由之前的"徼外蛮夷"之地演变为中央王朝的地方政区,同时当地西南夷土著族群创造的青铜文化在进入鼎盛阶段后,转而又走向衰落,并逐步为铁器文明所取代。因此,在西南夷地区的区域史研究和区域考古当中,战国、秦汉时期占有十分重要的地位。而由于文献记载有限,关于这一时期西南夷地区的考古工作,尤其是对当地西南夷土著文化遗存进行的考古发掘与研究,学术意义和价值更是不言而喻。根据文献记载,夜郎在西南夷中影响较大,很早就引起了汉朝的注意,后来汉武帝开西南夷即以唐蒙出使夜郎作为开端。汉朝统一西南夷后,又独赐滇和夜郎王印,亦反映出当时夜郎地位的重要。所以,就夜郎故地的考古工作而言,寻找、确认战国、秦汉时期的夜郎文化遗存并进行研究,无疑是一项极其重要的内容和任务,历来为学术界所关注。对整个西南夷考古来说,关于古夜郎的考古学探索与研究也是不可或缺的,其不仅是该领域重要的学术增长点,而且鉴于夜郎在当时西南夷地区的地位和影响,夜郎考古将有助于从整体上大幅推进西南夷考古及相关研究工作。

二、夜郎考古的时空问题

考古学是一门以时间和空间为基轴的科学,几乎所有的考古学研究都是以时间和空间为坐标进行的[2],夜郎考古亦不例外。由于文献记载不详,学术界在古夜郎的年代、地望尤其是中心聚邑的地理位置问题上一直存在争议。尽管说这些问题的最终解决,需要寄希望于将来的考古发现和考古研究。但反过来,从如何开

---

[1] 宋世坤:《关于"夜郎考古"的几个问题》,载《贵州省博物馆馆刊》1988年第5期。
[2] 白云翔:《安阳西高穴大墓是否为曹操高陵之争的考古学思考》,载《光明日报》2010年1月26日。

展夜郎考古的角度讲，又的确需要首先对历史上夜郎及其旁小邑的年代和地域分布有一个基本的认识。因此，有必要就夜郎考古的时空问题展开专门讨论。

根据《史记·西南夷列传》和《汉书·西南夷两粤朝鲜传》等文献的记载，夜郎是汉代西南夷地区的众多土著部族之一，且影响较大。但也有学者在探讨夜郎的社会形态时，主张夜郎不仅仅是一个夜郎部族，还应包括其附近与之关系密切的诸"旁小邑"。如童恩正先生提出，夜郎是一个由夜郎王和各部族（旁小邑）共同组成的具有两级统治机构的复杂酋邦性质的人群集团。① 梁太鹤先生则认为，各"邑君"（部族君长）与夜郎王之间存在一种联盟性质的关系，维系联盟的纽带是一定的血缘及亲属关系。② 此外，受《后汉书·南蛮西南夷列传》等文献记载的影响③，古今不少研究者进而认为汉代的南夷地区存在一个范围较广且包含诸多族群的大夜郎国。④ 这样，对古夜郎这一历史概念或其社会形态的理解大致有三种：其一为部族；其二为部族联盟（或酋邦）；其三为国。就考古而言，大夜郎国的说法出现较晚，其是否为史实很值得怀疑，加上中国古代关于国的概念本身较为模糊，尤其是边远地区少数民族建立的所谓"国"，其性质和形态多不同于中原地区，所以开展大夜郎国考古的学术意义不大。况且，在现阶段夜郎部族的考古遗存尚未得到确认的情况下，谈大夜郎国考古难免过于空洞，亦无法具体实施和操作。因此，所谓夜郎考古，主要是着眼于对夜郎联盟的考古学探索及研究。要指出的是，就考古学上的夜郎文化而言，其主体无疑应当由夜郎联盟的中心人群——夜郎部族的考古遗存构成，故严格意义上的夜郎考古，或者说夜郎考古的核心内容和目标，其实是对夜郎部族的考古学探索及研究。但问题在于，我们现在对夜郎及其旁小邑的文化还缺乏认识，也无从了解它们之间具体的联系和区别。因此，把夜郎旁小邑纳入考察和研究的范畴中来，是夜郎考古的现状所决定的，而且就方法和逻辑看，也必须如此。明确了夜郎考古的具体历史对象，便可围绕之来进一步探讨夜郎考古的时空问题。

时间上，根据文献可知，夜郎及其旁小邑在中国西南地区的活动以西汉时最为频繁，相关记载主要见于《史记》、《汉书》、《后汉书》和《华阳国志》等史籍或志书。关于汉武帝开西南夷以前即"前郡县"时期的夜郎，其史迹不详。不过，《华阳国志》曾记载楚顷襄王遣将军庄蹻伐夜郎事⑤，再考虑到西汉时夜郎在西南夷地区已具较大影响，基本可推定夜郎在战国时已出现于云贵地区。西汉晚期成帝年间夜郎王兴被诛杀以后，夜郎在云贵地区开始沉寂下去。但值得注意的

---

① 童恩正：《中国西南地区古代的酋邦制度——云南滇文化中所见的实例》，载《中华文化论坛》1994年第1期。
② 贵州省文物考古研究所：《赫章可乐二〇〇〇年发掘报告》，文物出版社，2008年，第401页。
③ 《后汉书·南蛮西南夷列传》："西南夷者，在蜀郡徼外。有夜郎国，东接交阯，西有滇国，北有邛都国，各立君长。"
④ 这方面的情况可参见梁太鹤《夜郎考古思辨与述评》，载《贵州民族研究》1997年第2期。
⑤ 《华阳国志·南中志》："周之季世，楚顷襄王遣将军庄蹻泝沅水出且兰以伐夜郎，植牂柯，系船于是。且兰既克，夜郎又降，而秦夺楚黔中地，无路得反，遂留王滇池。"

是,《后汉书》中多次提到东汉时九真郡即今越南北部一带曾有夜郎部族分布和活动。① 综合文献记载及相关分析,大体上可以将夜郎考古的时间范围设定在战国、秦汉时期。关于这一时段之外夜郎民族及夜郎文化的源流问题,在目前夜郎考古尚未取得重要进展,尤其是对夜郎的考古学文化还缺乏一定认识的情况下,很难展开研究。况且这类问题仅依靠考古学恐难以解决,必须要结合历史学、民族学、语言学等其他相关学科作综合性的考察。

空间问题相对复杂,却十分重要,因为对夜郎及其旁小邑地理位置的不同看法,既涉及对现有考古材料的解释,更关系到如何从区域上确定夜郎考古的重点。历史地理学的研究大多认为,在西汉晚期夜郎王兴被诛杀以前,夜郎及其旁小邑的活动地域大致在今贵州以及云南东部的一些地区。此看法已为多数学者所接受,但这一地理范围仍较为宽泛,夜郎及其旁小邑的主要活动区域究竟位于何处,夜郎部族的中心聚邑又在哪里,对此类问题学术界则一直说法不一。之所以出现分歧,主要和大家对文献记载的解读存在差异有关。另外,也有学者在分析该问题时受到了现有考古遗存分布以及自然地理环境等方面因素的影响。在此问题上,笔者认为西汉时夜郎及其旁小邑的地理分布应不出今贵州西部及滇黔交界一带。具体说来,该范围北大致到毕节,东大致到贵阳以西,南大致到兴义、安龙等地,西大致到曲靖盆地以东。这一区域内已经发现或将来可能发现的战国、秦汉时期的土著文化遗存,都有可能同夜郎或其旁小邑有关,因此可暂作为夜郎考古的主要空间范围。当然,夜郎考古的空间范围与古夜郎的实际地域分布是两个不同的概念,二者不可完全重合,夜郎及诸旁小邑的具体位置和分布需要在上述空间范围内通过考古发现及相关研究来进一步确认。对于学术界在夜郎及其旁小邑地理位置上的争议,以及究竟应如何分析和确定夜郎考古的空间问题,笔者认为以下几点应予重视:

首先,在探讨夜郎地理位置及空间范围时,应审慎理解所谓"夜郎最大"的说法,同时避免将自然地理环境对社会文化的影响绝对化。长期以来,由于《史记·西南夷列传》说"西南夷君长以什数,夜郎最大……",故很多人以为夜郎是西南夷中最大的族群。实际上,在《汉书·西南夷两粤朝鲜传》中,这一说法已改为"南夷君长以什数,夜郎最大……"。另外,《史记·西南夷列传》中数次提到夜郎君长时均称侯,而言滇之君长为王,似乎在暗示夜郎的势力不及滇。因此,夜郎可能只是南夷地区最大的部族,而非整个西南夷中最大的部族。还要指出的是,自然地理环境较为褊狭、恶劣的地方,一般文化发展相对滞后,但并不代表不能生长出强势的族群。以先秦时期的巴和蜀为例,巴地处川东峡江及丘陵地带,自然地理环境及文化发展水平明显不及据守川西平原的蜀,但巴人彪悍骁勇,崇尚武力,因此国力并不弱。《华阳国志·巴志》言"巴蜀世战争",表明巴

---

① 《后汉书·循吏列传》记建武初任延为九真太守,善治,"于是徼外蛮夷夜郎等慕义保塞,延遂止罢侦候戍卒"。又,同书《孝安帝纪》和《南蛮西南夷列传》均记永初元年"九真徼外夜郎蛮夷举土内属"之事。

能够长期与蜀相抗衡。笔者推测，夜郎的情况很可能与巴人相似，其所处自然地理环境虽不优越[①]，文化可能也不及滇，但因好战和桀骜不驯的民族性格，仍能够在南夷地区一度称雄，如果再加上夜郎自以为大这一因素，司马迁等称"夜郎最大"就不值得奇怪了。《史记·西南夷列传》记唐蒙上书曰"窃闻夜郎所有精兵，可得十余万"，一般被看做夜郎规模较大的一个重要证据。不过，该说法所指十余万精兵应当包括了夜郎旁小邑甚至其他南夷部族，而且其中不排除一种可能，即唐蒙为获取汉武帝对其行动的支持而夸大了夜郎的声势。总之，把夜郎当成西南夷中最大的族群，且以滇作为标尺来推测其聚落规模、生存环境、空间分布及文化发展水平等，或有失偏颇。

其次，考察夜郎的地理位置及空间范围，不能只关注夜郎本身，相邻族群的地域分布情况以及汉朝在当地设立的郡县制体系等相关资料，也可起到间接的旁证作用，应充分利用这方面的考古发现及相关研究成果。例如，《史记·西南夷列传》等文献明确记载，夜郎以西为靡莫之属，其中以滇为最大；又载："滇王者，其众数万人，其旁东北有劳浸、靡莫，皆同姓相扶。"因此，确认滇与夜郎之间的这些靡莫之属的考古遗存及其地域分布，便能够间接推定当时夜郎的西界。滇文化的考古发现较多，也很明确，可知当时的滇位于滇池附近。而在滇池地区以东和以北的滇东高原，即曲靖、泸西、弥勒、嵩明、东川等地，都曾发现一些与滇文化大致同时期的土著青铜文化遗存，其中有很多可能就和滇之东、北旁侧的"劳浸、靡莫"有关。这些遗存均为墓葬，从文化特征和内涵看，一类与滇池地区的滇文化非常相近，其族属可能为滇人，但也可能是与滇"同姓相扶"的靡莫之属；还有一类地方特点比较突出，以曲靖八塔台、横大路等墓地为例，即笔者所称的"八塔台文化"[②]，一般认为其族属与滇人不同，而应与劳浸、靡莫有关[③]，另外也有学者推测可能是古夜郎的遗存。[④] 这些观点都应予以重视，且今后需多加关注并作更深入的研究。不过，从八塔台文化的面貌、内涵和地域分布等分析，

[①] 《汉书·西南夷两粤朝鲜传》记成帝河平年间夜郎与鉤町、漏卧举兵相攻，朝廷议出兵诛夜郎王兴，"议者以为道远不可击"，又有言夜郎"温暑毒草之地"、"不毛之地"者。夜郎的自然地理环境，由此可见一斑。

[②] 杨勇：《战国秦汉时期云贵高原考古学文化研究》，科学出版社，2011年，第195—198页。

[③] 云南省文物考古研究所：《曲靖八塔台与横大路》，科学出版社，2003年，第189页；蒋志龙：《试论石寨山文化的两个类型——石寨山类型和八塔台类型》，载《云南文物》2000年第2期。

[④] 孙华：《西南考古的现状与问题——代〈南方文物〉"西南考古"专栏主持辞》，载《南方文物》2006年第3期；《滇东黔西青铜文化初论——以云南昭通及贵州毕节地区的考古材料为中心》，载《四川文物》2007年第5期；张合荣：《夜郎地理位置解析——以滇东黔西战国秦汉时期考古遗存为主》，载《南方民族考古》第七辑，科学出版社，2011年。

笔者目前更倾向于认为其是劳浸、靡莫的遗存①，此看法如能得到进一步的证实，无疑将成为探讨夜郎地域范围的一个重要坐标。又如，汉武帝开西南夷后在当地推行郡县制，由于政区的划分不可能凭空随意而定，而是在很大程度上受到了原有族群分布及文化格局的影响②，因此通过考察汉朝在西南夷地区推行的郡县制体系及其演变，可间接了解当时土著族群的分布状况。据文献记载，汉武帝开西南夷后所设置的犍为郡和牂牁郡都与夜郎及其旁小邑直接有关，其中犍为郡南部和牂牁郡西部最有可能是西汉时夜郎及其联盟的活动区域。有鉴于此，有关汉代西南地区的政区地理研究及其成果，尤其是犍为郡和牂牁郡郡界的划定，对探讨夜郎的地理位置来说，参照作用不可小觑。

最后，讨论古夜郎的地理位置及夜郎考古的空间问题，还需要有动态的眼光。虽然古夜郎属于"耕田，有邑聚"之族，但由于自然条件相对贫瘠，加上战争以及外部势力进入等因素，整个战国、秦汉时期其活动地域可能发生过一定的变化。西汉晚期以前这方面的情况不是很清楚，但从文献中可依稀看到一些踪迹。例如，《史记·西南夷列传》所记唐蒙入夜郎见夜郎侯多同，与之"约为置吏"，置犍为郡，以及后来"上罢西夷，独置南夷夜郎两县一都尉，稍令犍为自葆就"等，都暗示夜郎位于犍为郡内。③ 但据《汉书·西南夷两粤朝鲜传》关于西汉成帝年间夜郎与钩町、漏卧举兵相攻的记载，夜郎应与钩町、漏卧等部族相邻或相距不远，而后两者地理位置均比较偏南，尤其是钩町，一般认为其大致位于今广西西林至云南广南一带。④ 而且，后来为平定这几个部族间的战乱，西汉专门派陈立出任牂牁太守并诛杀夜郎王兴于牂牁境，也表明当时的夜郎应地处牂牁郡内。如果不是文献记载有误或我们对文献解读存在偏差的话，这种前后地理位置的不同，便极有可能与族群迁徙有关。西汉晚期即夜郎王兴被杀之后，夜郎进行迁徙的迹象更为明显。据文献记载，一方面东汉时夜郎在西南夷地区沉寂下去，基本再不见其踪影；另一方面，如前所述这时在九真郡即今越南北部一带却有夜郎部族分布和活动。对此，很早就有学者指出，九真一带的夜郎部族是西汉末从牂牁南迁而来的，而背景与汉成帝时夜郎王兴被杀有关。⑤ 无独有偶，关于夜郎南迁目前已有考古学上的一些线索。近年来，在越南北部及柬埔寨等地均发现可能源自黔西北地

---

① 从八塔台文化的整体面貌看，其和同时期贵州西部一带的土著文化区别较为显著，而与滇池地区的滇文化相比，双方在出土器物方面却有颇多相似之处，表明彼此存在较密切的联系。就分布范围而言，八塔台文化墓地目前主要发现于曲靖盆地，但笔者在曲靖以西的寻甸考察时，也曾见过类似的大型土堆墓地，推测与八塔台文化是同一类型的墓葬遗存。如果八塔台文化属于夜郎的话，那么当时夜郎的西境至少可至寻甸坝子，距滇池也很近，这也似与文献记载不符。因此，笔者认为八塔台文化最有可能是"劳浸、靡莫"的遗存，而与夜郎关系不大。

② 方国瑜：《中国西南历史地理考释》，中华书局，1987年，第29—34页。

③ 席克定：《"南夷夜郎"两县考》，载《贵州文史丛刊》2008年第2期。

④ 蒋廷瑜《西林铜鼓墓与汉代句町国》，载《考古》1982年第2期。

⑤ 蒙文通：《越史丛考·古代中国南方与交趾间之民族迁徙》，人民出版社，1983年。

区可乐文化①的一些考古遗存，如镂空牌形茎首剑和套头葬等②，虽然目前还不能将可乐文化和夜郎文化完全等同起来，但二者存在密切关系估计问题不大，故笔者推测越南、柬埔寨等地发现的这些遗存很可能与当时迁入中南半岛的夜郎族群有关。对此问题，国外一些从事东南亚考古的学者也开始逐渐关注。这表明，夜郎考古在某种意义上已成为一个国际性的学术问题，其空间范围实际也扩展到了中南半岛。当然，这主要是东汉以后夜郎考古的情形了。应当承认，我们目前对历史上夜郎的迁徙过程及地域变动情况还缺乏更具体的了解，不过也正因如此，在夜郎考古的空间问题上，才需要重视并考虑这一因素。从另一个角度看，有关夜郎的迁徙和空间变化问题其实也是今后夜郎考古研究中应予关注的一个重要方面。

三、夜郎考古的基本方法和路径

经过多年努力，对上述夜郎考古时空范围内有关文化遗存的考古调查、发掘及研究取得了一定的成绩，但由于至今未能从考古学上确认属于夜郎部族的遗存，夜郎文化的神秘面纱仍没有揭开，因而夜郎考古实质上还处在一种探索的阶段。在此背景下，如何来有效开展并推动夜郎考古，对其具体方法及途径的思考和讨论就显得尤为必要。

考古学的基础在于田野工作。夜郎考古同样如此，没有新的考古发现及其提供的新资料，相关研究就无法向前推进或有所突破。从夜郎考古的现状看，当前最迫切的任务莫过于尽快找到夜郎部族的考古遗存并揭示夜郎文化的面貌。然而由于考古发现本身具有偶然性和不确定性，我们不能将希望完全寄托在"夜郎王印"这类能"自报家门"的考古遗存的出土上。相反，只能靠开展更多的田野工作，不断地积累考古资料，进而通过考古学的研究尤其是文化谱系的研究来逐步解决问题。

关于具体的田野工作，笔者认为首先是要从面上尽快填补一些地域上的空白。以贵州西部为例，目前除赫章可乐、威宁中水和普安铜鼓山等地发现有一定规模的夜郎时期考古遗存外，其余地区多是零星出土少量器物或无这方面的发现。这一局面的形成有多方面的原因，但不可否认，考古工作开展的多寡及粗细程度不同与此不无关系。而较多地域空白的存在，妨碍了这一地区夜郎时期考古学文化谱系的构建，也使得我们无法认识和把握夜郎故地的整体文化面貌并从中辨识所谓的夜郎文化。因此，通过进一步的调查、勘探和发掘来逐步填补田野工作的地域空白，是夜郎故地战国、秦汉时期考古工作的当务之急。鉴于古代族群和文化的分布与现代行政区域未必相吻合，这方面的工作应打破现存行政区划的限制，

---

① 杨勇：《试论可乐文化》，载《考古》2010年第9期。
② 杨勇：《战国秦汉时期云贵高原考古学文化研究》，科学出版社，2011年，第355—359页。

而根据实际情况并通过不同地区和部门之间良好的协作来进行。其次，应尽可能地对同一地点或同一区域的墓葬、聚落等不同性质的考古遗存做全方位的调查和发掘，目的是为了获得更全面而系统的资料，以便能够对当时生活于此的部族及其文化进行更完整、更立体的考察，从而有利于相关研究的深化。由于古夜郎地区地理单元分割明显，古代族群和文化的分布又与此密切相关，因此该工作可以按盆地或河流流域为单位来逐一开展。

需要说明的是，目前及今后一定时期之内开展的田野考古工作其具体对象未必都是夜郎或其旁小邑的考古遗存，但作为探索夜郎文化的必要过程和途径，这些工作无疑都可看作是夜郎考古的范畴。此外，夜郎故地适合人类生产和生活的地点主要是一些褊狭的山间盆地及河流台地，且古今大体未变，这就致使古代文化遗存很容易遭到破坏，尤其是当今大规模的社会经济建设，随时可能对考古遗存构成大的威胁，因此，对夜郎考古的田野工作还应有一定的紧迫感。

对已有考古材料进行及时的研究，也是推进夜郎考古学术课题必不可少的环节。多年来，学术界围绕夜郎故地战国、秦汉时期的考古发现开展了各种各样的研究，就其内容而言，有相当一部分实际都属于夜郎考古的范畴，如关于考古遗存族属即其与夜郎关系的探讨，以及利用考古发现对古夜郎历史和文化进行的讨论等。应当承认，通过这些研究，深化了对相关考古材料的认识，并为夜郎考古的进一步开展奠定了基础。但无须讳言，这些研究同时也遇到了不少的困难和问题，需要我们予以关注并反思。譬如大家讨论较多的遗存族属问题，因缺乏文字类的直接证据，很多研究只能依据遗存所在的地理位置及其所反映的社会文化面貌和特征来作一般的推论。然而如上所述，由于文献记载简略，夜郎具体位于何处，学术界并无统一看法。另外，关于古夜郎的社会文化面貌，文献提供的信息也十分有限。虽然《史记·西南夷列传》记载夜郎为"魋结，耕田，有邑聚"之族，不少考古遗存也反映了这样的社会和文化特征，但这些特征并非夜郎特有，而普遍存于当时的滇东黔西诸部族中，故不能作为判断遗存族属的主要依据。又如通过考古材料对古夜郎历史和文化所作的探讨，虽不能说毫无意义，但由于研究材料本身是否为夜郎遗存尚不确定，故严格来讲，这些研究实际都存在明显的逻辑上的缺陷。如何避免此类问题，并合理、有效地推进与夜郎考古相关的研究工作，笔者认为有必要从理论方法的层面做一些探索。

战国、秦汉时期，西南夷地区的社会发展进程要相对落后于中原地区，包括夜郎及其旁小邑在内的土著族群大都处于部族社会阶段，且自身没有文字出现，因此对他们进行的考古学研究应不同于当时中原地区的历史考古。但考虑到该地区已进入青铜时代甚至是早期铁器时代，并受到中原文化不同程度的影响，特别是中原文献对很多土著族群也有了一定的记载，虽未能详尽，但主要族群的分布、习俗及一些重要历史事件都讲的大体清楚，且有些记载已被考古发现所证实，如《史记·西南夷列传》所记西汉王朝"赐滇王王印"一事，因晋宁石寨山 M6 出土 1 枚"滇王之印"金印而成为信史，故这种考古学研究也有别于纯粹的史前考古。

综合来看，包括夜郎考古在内的西南夷考古大体上应属所谓"原史考古学"的范畴。[①] 如何进行原史考古研究，中国考古学在这方面虽已有不少实践，但尚缺乏深入的理论思考和总结。笔者认为，就一般方法和内容而论，原史考古更接近于史前考古，重点是进行考古学文化及其谱系的研究。虽然原史考古也要结合文献记载或其他史料就有关的历史问题进行探索和研究，不过，因可供参考的文献等材料较少，有的甚至不能确定真实性，故这方面的研究通常也要以考古学文化及其谱系的研究作为基础。

就夜郎考古而言，虽然《史记·西南夷列传》等文献对古夜郎的有关史迹作了专门记载，且大多可信，但关于夜郎及其旁小邑具体位置和文化面貌等方面的记述却语焉不详，加上夜郎故地开展的考古工作相对较少，故至今未能确认属于夜郎的文化遗存。在此情况下，夜郎考古当前主要应结合田野工作开展考古学文化及其谱系的研究，而非专注于探讨遗存的具体族属及其他一些和夜郎史有关的问题。从上述夜郎考古存在的问题中不难看出，在考古学文化谱系不够清晰的情况下，孤立地对个别遗存进行族属问题的研究，并试图从中确认夜郎文化和探索夜郎历史，不仅困难重重，其目标亦恐难达成。因此，从考古学文化的角度对夜郎故地相关考古资料展开研究，是现阶段夜郎考古在研究方面的主要任务，也是摆脱其研究层面目前所处困境的有效办法。当然，随着今后考古发现的不断增多以及考古学文化研究的渐趋深入，还需逐步构建、完善并研究夜郎故地战国、秦汉时期的考古学文化谱系。只有对相关考古学文化及其谱系有了较全面、深入的认识，夜郎文化的确认及夜郎史有关问题的探索才具备坚实的基础。

关于战国、秦汉时期夜郎故地的考古学文化研究，在具体方法上还需要进一步地讨论。

首先，作为一种原史考古的实践，同时也是探索古夜郎历史和文化的重要手段，夜郎故地的考古学文化研究应注意突出历史学的意义，尤其需要多考虑考古学文化与其背后人群即族的关系问题。为此，在考古学文化命名与研究的过程中，除了要看一般的器物及其所反映的物质与技术方面的情况，还应多关注与人们精神观念有关的一些文化因素，如埋葬方式和丧葬习俗，以及人体装饰品及其佩戴和使用方式等。因为这些涉及精神观念层面的文化因素不仅是构成考古学文化的重要内涵之一，而且对识别不同的族群文化往往更具"标识性"意义。有学者在谈到民族识别的方法时，主张"首先由信仰入手，然后旁及其他因素，因为思想信仰这一层面具有最高的稳定性和生命力，蕴藏着这个民族最多最明显的文化特征"[②]。这一观点对我们研究夜郎故地这样族群关系复杂地区的考古学文化，尤其具有启发意义。笔者曾根据黔西北赫章可乐发掘的一批战国、秦汉时期的土著墓

---

① 关于"原史考古学"，可参见《中国大百科全书·考古学》，中国大百科全书出版社，1986年，第16页。

② 容观夐：《海南省苗族族属问题》，载黄光学主编：《中国的民族识别》，民族出版社，1995年。

资料提出过可乐文化的考古学文化命名,并展开研究。① 应当承认,如果严格按照史前考古关于考古学文化命名的一般原则,可乐文化的提出显然条件还不充分。但该文化不仅出土器物有一定的特点,而且在埋葬方式、葬俗习俗上也有明显与众不同的地方,突出表现在部分墓葬采用的套头葬和覆面葬等奇特葬俗上。而这些奇特葬俗无不反映当地部族某种特有的精神信仰和灵魂观念,因此可视之为考古学文化的重要内涵,并作为提出考古学文化的基本依据之一。

其次,古夜郎所在的云贵高原地区地理结构"破碎",古代族群和文化多被分割在众多大小不同的地理单元中,一般很难形成平原地区那样地域覆盖广泛的文化,因而文化的多样性特征较为突出。同时,由于是多民族聚居之地和民族迁徙的重要通道,不同文化的空间分布也相对较为复杂,虽然总体上有一定规律,但局部有时会出现犬牙交错的情形。所以,在夜郎故地的考古学文化研究过程中,应充分考虑这一特殊的自然和人文地理特质,尤其是考察考古学文化的空间分布和相互关系时,一定注意多从地理环境和族群关系的角度来分析问题。

再次,从考古发现看,西南夷地区的考古学文化虽具有明显的多样性特征,但不同文化尤其是相邻文化之间也存在着一定的联系,并呈现出某些共性特征。根据司马迁《史记·西南夷列传》的描述,当时的西南夷地区可划分成若干层次不同的文化区或族群分布区,那么也可推断,至少在同一文化区或族群分布区内,各部族之间在文化上应是有一定联系的。因此,有关夜郎故地的考古学文化研究不应当是孤立的,而应被视作整个西南夷地区考古学文化研究的一个有机的组成部分。在整个西南夷考古的框架中来研究夜郎故地的考古学文化,更容易洞察该地区考古学文化的地域特征及其在整个西南夷考古学文化谱系中的地位,从而有助于对夜郎文化的探索。此外,对夜郎故地有关考古学文化的研究,还需要将视野放大到西南夷之外的更大的空间范围。上述越南和柬埔寨等地发现的可乐文化因素,即是一个很好的例子。这种相同考古学文化因素出现在相隔遥远的另一地点的现象,显然是有历史背景的,如果与相关的文献记载结合起来进行分析,往往可获得一些意外的认识或启发。

最后,夜郎故地属于当时的边远地区和少数族地区,"异俗殊风"较多,因此在考古学文化的研究中,民族学和人类学的视角显得尤为重要。西南夷地区经过两千多年的发展,虽然古代各民族历经分化、迁徙和融合而不断演变,但多民族聚居的格局至今未变。而且,因该地区自然生态环境对文化的较大影响,加上历代中央政府对当地少数民族的统治策略羁縻成分偏多,古代民族的很多文化习俗得以长期延续和保存。所以,运用各种民族志材料,并结合人类学的相关理论来阐释有关考古材料,对深化考古学文化的研究大有帮助。要指出的是,历代史籍、志书和游记等文献中有很多关于当时西南地区少数民族的记载,不仅内容丰富,而且有不少是作者亲临实地时的所见所闻,可信度较大,故其实都可以作为一种

---

① 杨勇:《试论可乐文化》,载《考古》2010 年第 9 期。

有价值的民族志材料来运用。通过民族志材料和人类学的理论方法来研究战国、秦汉时期夜郎故地的考古学文化，可从各种不同的角度大大加深对当时土著族群的社会历史及文化的认识，这对推进夜郎考古来说，显然不无意义。

中原因素在汉代西域考古学文化演变中的作用[1]

肖小勇　中央民族大学民族学与社会学学院文博系

丝绸之路对欧亚大陆具有深远的历史影响，被认为是古代中国、欧亚草原、南亚、中亚、西亚和地中海之间商品贸易、民族迁徙和思想、文化传播之路，也是沟通农耕文明和游牧文明的桥梁。对丝绸之路进行研究是国际性大课题，涉及各个时期各个地域的路线走向、民族关系、宗教传播、文化变迁、社会发展等各个方面。西域是其中的重要领域，其与丝绸之路的历史关系不仅对于丝路研究，也对西域史研究具有重要意义。本文利用考古学材料，就两汉前后丝绸之路对古代西域民族、社会、文化变迁的作用进行分析和讨论。

一、西域概念的产生与含义

一般认为西域是中国史籍用来表示玉门关、阳关以西地区的地理概念[2]，或者是历史、地理和政治概念的综合体。[3] 最早出现西域名称的是《史记》，凡三处。元狩二年（公元前121年）汉武帝嘉霍去病受降匈奴浑邪王："骠骑将军去病率师攻匈奴西域王浑邪，王及厥众萌咸相粺，率以军粮接食……"（《史记·卫将军骠骑列传》）。该句几照录于《汉书·卫青霍去病传》，断句改为："票骑将军去病率师征匈奴，西域王浑邪王及厥众萌咸奔于率，以军粮接食……"查余文所列受封赏者，无西域王。《史记·匈奴列传》所列匈奴世传国官号，亦无西域王。又汉文帝四年（公元前176年）冒顿单于遗汉书举"定楼兰、乌孙、呼揭及其旁二十六国"而不以西域称，似匈奴其时并无西域之概念。故疑此改不妥。此语或为西域始出，但此西域显非正式概念而仅泛指匈奴西边，是定性浑邪降汉功绩的政治语言，因此"西域王"亦非正式头衔。以其以为还有个匈奴西域和河西甚至今青海

---

[1] 本文为中央民族大学自主科研项目"古代西域游牧文化研究：考古学视角"（项目号：0910KYZY20）、国家文物局文物保护科学和技术研究课题项目"新疆地区早期游牧文化遗存调查与研究"（项目号：20110118）、教育部新世纪优秀人才支持计划资助项目（项目号：NCET—10—0109）、国家社会科学基金重大委托项目《新疆通史》基础研究项目"罗布泊地区早期居民与考古学文化研究"（项目号：XJTSB071）成果。

[2] 余太山主编：《西域通史》，中州古籍出版社，1996年，第1页。

[3] 田卫疆：《"西域"的概念及其内涵》，载《西域研究》1998年第4期。

等地也属于西域①，应是一种误解。元鼎六年（公元前111年）丞相庄青翟等奏立皇子为诸侯王，提到"极临北海，西（溱）月氏，匈奴、西域，举国奉师"（《史记·三王世家》）。另一处是司马相如责唐蒙通夜郎檄文，语及"康居西域，重译请朝"（《史记·司马相如列传》）。这两处的"西域"显为实指，虽未涉及具体范围，但从文意，不含匈奴、月氏、康居是明显的。则西域作为一个地理区域的概念，至迟在公元前111年已经形成。而对其范围作出明确界定，则要到《汉书·西域传》：

> 西域以孝武时始通，本三十六国，其后稍分至五十余，皆在匈奴之西，乌孙之南。南北有大山，中央有河，东西六千余里，南北千余里。东则接汉，阸以玉门、阳关，西则限以葱岭。

这很清楚就是指今塔里木盆地，一个十分封闭的地区。但《汉书·西域传》也记述了这个范围之外的地方，这被视为一个矛盾，并成为西域两分法定义的重要理由。两分法定义认为西域存在广义和狭义之分，狭义的西域是具体的②，广义的西域则是笼统的，概指"玉门关、阳关以西地区"。但两分法显然掩盖了这个名称的实质意义。

汉代对西域的这个定义固然与西域都护府的设置有关，也是一种政治宣示。首先，汉朝将西域视为一个整体；其次，这个整体与匈奴、乌孙、康居、大月氏、安息、奄蔡诸外国不同，属汉朝实际统辖的疆域，有特殊行政区的意思。这个话语的设置，对汉代经营西域地区以及西域社会的整体意识和对中原王朝的认同起到巨大作用，展示了高超的政治智慧。西域概念可能随着后来朝代的更替和形势的变化而被渗入了所谓广义的一面，即包含泛指葱岭以西地区的含义。一则可能与各时期统辖疆域的变化有关，一则可能是我们今天因习中国传统空间观的抽象，笼统地表示一种方位。故本文中的西域，仅限于《汉书·西域传》定义的范围。

二、西域与丝绸之路

许多观点认为，中国与内亚甚至欧洲的交流早在史前时期已经存在。使这种交流成为可能的交通路线，现在被普遍通称为丝绸之路。西域早期居民可以比较可靠地追溯到青铜时代，此时已有原始形态的欧洲人和东西方人种混合的现象。③史前文化的一些特征似乎也与安德罗诺沃甚至更早的阿凡纳羡沃等欧亚大陆的草

---

① 杨建新：《"西域"辩正》，载《新疆大学学报（哲社版）》1981年第1期；苗普生：《新疆史纲》，新疆人民出版社，2004年，绪论。
② 有的指今新疆南疆，有的指今整个新疆。
③ 韩康信：《新疆古代居民种族人类学研究》，《丝绸之路古代居民种族人类学研究》，新疆人民出版社，1993年，第1—32页。

原文化存有联系。①《尚书》、《尔雅》等中国先秦文献以及汲冢所出《逸周书》、《竹书纪年》和《穆天子传》有关昆仑与西王母的记载,又将西域与中原直接连接起来。甚至据说在中国内地还发现有产自和田的商代玉器。② 而中国与更远西方的早期交往也可以在西方文献关于中国名称和丝绸的记载中找到蛛丝马迹。③ 看起来这些都指向早在先秦时期甚至更早西域就有可能在中西方之间扮演中间人的角色。

但更多的迹象表明西域早期可能是比较孤立并且被长期封闭于中原之外的。波斯西方文献记载发生于距西域最近的重大事件中,公元前6世纪波斯西流士征服大夏、康居、粟特,公元前4世纪亚历山大远征至费尔干纳盆地,都止于西域的西缘。有足够证据显示西汉初期与西域是隔绝的。张骞穷河源,以为河源出于阗,汉武帝"案古图书,名河所出山曰昆仑云",才将阗南山与昆仑对应。至"宣、元后,单于称藩臣,西域服从",西汉才掌握西域土地山川王侯户数道里的情况。隔绝局面的形成甚至可以追溯到战国时期的筑长城界中国。当亚历山大从西面靠近西域时,忙于中原兼并战争的燕、赵、秦却不得不同时应付北方游牧民族的侵袭。于是,秦灭义渠之后沿陇西、北地、上郡,赵武灵王破林胡、楼烦后自代并阴山下至高阙,燕却东胡后自造阳至襄平修筑长城。秦统一后在此基础上并连修缮以拒匈奴,使之西起临洮东达辽东,长万余里。楚汉战争之际,匈奴冒顿单于破东胡,击走月氏,并楼烦、白羊河南王,收复蒙恬所夺河南地,建立强大的草原帝国。汉高祖不得不通过和亲的方式与匈奴单于达成以长城为界互不侵犯的和约,文帝时再次明确,"匈奴无入塞,汉无出塞,犯约者杀之"。长城在阻挡匈奴袭扰的同时,也将中原封闭于北方游牧世界之外了。当然真正的封闭者是人而不是物。

西汉前期对长城以外完全缺乏了解说明了封闭的程度是严重的。对月氏,汉武帝要靠询问投降的匈奴人来了解;而关于乌孙的情况,也是张骞在匈奴时听到的。这两个国家都是汉对匈奴作战的结盟对象,汉代初期就活动在离长城并不算太远的河西走廊。因此就不难理解,为什么张骞在大夏见到产自四川盆地的竹杖、蜀布时感到奇怪。汉武帝曾试图打通避开匈奴的西南路线而发间使四道并出,结果也不得不因北方为氐、筰,南方为巂、昆明所闭而作罢。在这种情况下,中原与西域是不可能相通的,因而不可能有从中原经西域至中亚的丝绸之路。"大宛闻

---

① E. F. Kuzmina, "Cultural Connections of the Tarim Basin People and Pastoralists of the Asian Steppes in the Bronze Age", in Victor H. Mair edited *The Bronze Age and Early Iron Age Peoples of Eastern Central Asia*, Vol. I, 1998, pp. 63–93.

② 郑振香、陈志达:《近年来殷墟新出土的玉器》,载中国社会科学院考古研究所编著:《殷墟玉器》,文物出版社,1982年,第8—18页。但夏鼐认为"殷周时代中国玉器的产地问题有待于进一步探讨",见夏鼐:《有关安阳殷墟玉器的几个问题》,载中国社会科学院考古研究所编著:《殷墟玉器》,文物出版社,1982年,第1—7页。最近对安阳市新出土殷墟玉器的检测结果也支持后一种观点,见干福熹、承焕生等:《河南安阳市新出土殷墟玉器的无损分析检测的研究》,载《文物保护与考古科学》第20卷,2008年第4期。

③ 方豪:《中西交通史》,上册,第一编,岳麓书社,1987年。

汉之饶财，欲通不得"，正好从另一个角度说明了当时的隔绝状况。

但并不是说中国产品不能出塞。事实上，中原的絮、缯、酒、食物通过关市、贡奉、战争等形式不断输出到匈奴，其中一部分可能通过匈奴而被输往欧亚草原和其他各地。张骞在大夏见到的邛竹杖、蜀布，就是商贾从今四川经印度长途转运过去的。同时游牧民族的皮毛等制品传入中原。中原与西域即使存在某种商品联系，也是间接的转手贸易。

直至汉武帝时期这种局面才开始有所改变，故谓"西域以孝武时始通"。公元前119年，汉武帝封张骞为中郎将第二次西使联络乌孙以图彻底打击匈奴，与公元前138年第一次出使单纯为建立军事联盟不同，这次重在与西北诸国建立直接的政治和贸易关系。使团规模达到三百人，每人马两匹，牛羊以万数，赍金币帛直数千巨万，多持节副使，道可使，使遣之他旁国。持节副使到达的国家有大宛、康居、大月氏、大夏、安息、身毒、于阗、扜罙及其旁诸国。所到之国的使节于张骞回国（公元前115年）后的几年也陆续随副使到达长安，"西北国始通于汉"，实现了西汉与中亚地区的双向交往。这次出使之所以顺利，是因为汉已击破匈奴居河西的浑邪王，以其地置武威、酒泉二郡（元狩三年，公元前120年），"而金城、河西并南山至盐泽空无匈奴"，清除了匈奴这一自长安至西域交通的最大障碍。后又分置张掖、敦煌两郡（元鼎六年，公元前111年），筑长城亭障至盐泽。[①] 李广利伐大宛（太初三年，公元前102年）后，中原与中亚间交往的安全通道正式建立。这条道路的具体路线是：自长安出发，从河西走廊至玉门关、阳关西出，分为南北两道：南道沿昆仑山北麓，经鄯善扜泥城（今若羌县城附近）[②]，西南沿今车尔臣河，经且末（今且末西南）、扜弥（今于田东）、于阗（今和田）、皮山至莎车，然后翻越葱岭（今帕米尔）至大月氏、安息（伊朗北部）；北道沿天山南麓，经车师（今吐鲁番）、渠犁（今库尔勒）、乌垒（今轮台东）、轮台、龟兹（今为库车）、姑墨（今阿克苏）至疏勒，然后西逾葱岭至大宛（今费尔干纳）、康居（阿姆河、锡尔河流域）和奄蔡（黑海、咸海间）。为了加强对西北诸国的统治，汉又在西域中心乌垒城置西域都护府，统辖西域军政事务，督察外国军事动静，保护交通的安全畅通。除此之外，又于交通要地屯田积谷，以供给往来的使者和商旅。通过这些措施，这条连接中原与西域乃至更远的西方的交通道路，迅速发展为连接东西方之间最便捷的交通路线。这条道以两汉至前凉时期最盛，又以丝绸贸易为主要特色，李希霍芬将其命名为丝绸之路。丝绸之路的建立和安全运行，极大地促进了中原与西域的政治、军事、文化和贸易往来。

---

① 载赵破奴、王恢伐楼兰（元封三年，公元前108年），"于是酒泉列亭鄣到玉门矣"。及破大宛，"西至盐水，往往有亭"。《史记·大宛列传》中华书局，1959年，第3172、第3179页。

② M. 格伦纳德最早提出，鄯善国都扜泥城在今若羌县城一带，斯坦因则认为在米兰遗址。参见 Aurel Stein, *Serindia: Detailed Report of Explorations in Central Asia and Westernmost China*, Oxford: Clarendon Press, 1921; Vol. II, Chap. IX, Sect. I. 孟凡人进一步考定其在若羌县城附近的且尔乞都克古城遗址（孟凡人：《楼兰新史》，光明日报出版社、新西兰霍兰德出版社有限公司，1990年，第210页）。

由于中原产品大量输出到西域,"贵汉物"的西北诸国不久就转而"贱汉物"了。丝绸之路的意义还不仅于此,它加速了西域考古学文化的转变,促进了西域社会政治的重构。

三、丝绸之路开辟前的西域考古学文化

汉通西域前,西域尚处于史前社会。目前尚无公认的石器时代文化发现①,大约可以确认的西域史前史,是青铜时代至早期铁器时代文化。较多观点认为西域青铜时代可以早到公元前 2000 年,大约于公元前 1000 年前后进入早期铁器时代,公元前 2 世纪前后进入历史时期。因这个序列主要基于不多的 C14 数据得出,又无地层关系校验,而文化面貌变化又不明显,因而常常引起究竟是青铜时代还是早期铁器时代的争论。

目前被认为属于青铜、早期铁器时代的文化,罗布泊、昆仑山北麓、帕米尔高原和天山南麓地区都有分布。罗布泊地区小河 5 号墓地、古墓沟墓地被认为属于青铜时代文化。这两处墓地地面形态不同,小河 5 号墓地属于沙山形坟丘,坟丘上立柱、立木和栅栏,而古墓沟无坟堆,但地面上也有立柱、立木,其中部分墓葬立木形成带辐射状列木的围桩。前者于地面分层叠垒墓葬,后者于地下挖掘墓室。除此之外,两处墓地埋葬方式、习俗、葬具、随葬品基本相同。于无底棺或独木棺上覆牛皮或羊皮,羊皮上放红柳枝;死者着毡帽、腰布和皮靴,外裹毛布并扎出内包麻黄草、粟粒的小包;均随葬一只草篓,其他随葬品较少,但古墓沟墓地还随葬木盆、碗、杯等日用木器。② 属于这一类型的实际还应包括 L. F.、L. Q.、L. S.、L. T.、孔雀河三角洲 36、37 号墓、LП墓地和 L5 墓地、铁板河 I 号墓地。它们的文化形态与上述二者没有本质差别,除一些局部细节外,基本相同。③ 这种一致性说明它们可能具有共同的文化传统,属于同一时代的文化。不过与其说是约距今 4000 年前的青铜文化,考虑到这是该地区仅见的史前遗存,不如认为是受汉文化影响之前已长期存在的本土文化。

昆仑山北麓地区被认为属于史前文化的遗址有且末县的扎滚鲁克、加瓦艾日

---

① 陈戈提出新疆地区发现的细石器因无地层和测年数据,不能确认属于中或新石器时代;也没有真正像样的、准确的新石器时代文化发现。余太山主编《西域文化史》,中国友谊出版公司,1995 年,第一章。

② 关于小河 5 号墓地的有关材料,均来自 Folke Bergman *Archaeological Researches in Sinkiang*(Stockholm, 1939)和新疆文物考古研究所:《2002 年小河墓地考古调查与发掘报告》(《新疆文物》2003 年第 2 期)。古墓沟墓地的资料,参见新疆社会科学院考古研究所(王炳华执笔):《孔雀河古墓沟发掘及其初步研究》,载新疆文物考古研究所编:《新疆文物考古新收获(1979—1989)》,新疆人民出版社,1995 年,第 92—102 页。

③ Aurel Stein, *Innermost Asia*, Oxford: Clarendon Press, 1928, Vol. II, pp. 263 – 6, 743 – 4, 734 – 6, 736 – 737. Folke Bergman, *Archaeological Researches in Sinkiang, Especially the Lop – Nor Region*; Stockholm: Tryckeri Aktiebolaget Thule, 1939, pp. 136 – 140. 黄文弼:《罗布淖尔考古记》,中国西北科学考察团丛刊之一,1948 年,第 98—101 页。穆舜英:《楼兰古尸的发现及其研究》,载穆舜英、张平主编:《楼兰文化研究论集》,新疆人民出版社,1995 年,第 370—391 页。

克墓地的早期墓葬、民丰县尼雅北部类型遗存、于田县圆沙古城周围早期墓葬、流水墓地。这个区域的一个共同特点是多数墓地同时包含史前和汉晋时期墓葬，地区差异明显。扎滚鲁克Ⅰ号墓地被分为三期文化，其中二期是主体，时代从公元前8世纪到西汉。加瓦艾日克墓地的早期墓葬也被认为属于这一期。文化特点是：墓葬地表无封土，分长方形竖穴土坑墓（带棚架者为主）、单墓道长方形竖穴棚架墓；单人葬、2—5人合葬（含分层）、多人丛葬或解肢葬；多仰身屈上肢于腹部；无特定葬具，多在身下铺毛毯、羊皮、芦苇、树枝；随葬食物羊排骨、殉羊头、肩胛骨、牛角、马头（牙、下颌、肩胛骨）、狐狸腿；随葬器物有陶钵、罐、木纺轮、梳、角杯、勺、漆器、少量铜刀、多出铁刀等器，纺织品包括毛和丝织品。[1]

民丰县尼雅北部类型遗存包括一处房址和采集到的大量石、陶、青铜器，主要有石磨盘、石镰、穿孔石器、夹砂陶罐、杯和青铜刀等器形，陶器装饰弦纹、折棱纹、乳丁纹压印几何纹。[2] 因均属地面有选择性的采集品，可靠性不强。

于田县克里雅河上游流水墓地墓葬开口面有石堆、石围，墓室为土坑竖穴。以多人合葬为主，多二次分层葬，完整者多仰身屈上肢于胸腹间，头向东，二次葬的人骨散或堆放于墓室西部。陪葬山羊（少量马）头骨和四蹄。单人葬较少，有尸床。随葬品有夹砂陶、铜、石、玉、金、骨角、铁器。陶器有罐、钵、杯、盆，罐盆组合。纹饰多三角纹、弦纹、菱形纹、网纹和波纹，偶见"目"纹、麦穗纹。铜器有刀、扣、珠、马具、耳坠、手镯、镜。石器多珠、眉笔、碳精块、玉佩。金器有耳坠、珠饰和腰带。骨器则为贝壳、蚌壳和珠饰。也发现角质马镳、骨镞等。4座墓出土铁器。时代早到公元前1000年。[3] 克里雅河下游的圆沙古城及其墓地测定年代在公元前387至公元56年。古城形状不规则，城墙周长995米，用胡杨棍夹红柳枝构成骨架，外砌泥块或胡杨枝、芦苇夹淤泥、畜粪而成；城门有门道、门框、门板。古城外发掘墓葬20座，竖穴土坑，有的有胡杨木棍围圈，有的有圆木棺。死者仰身屈肢。随葬品有少量夹砂黑陶罐、壶、石纺轮、木纺轮、梳、碗和小铜件。[4]

帕米尔地区香宝宝墓地和下坂地墓地早期墓葬虽显示一定的差异，但大体相似，可能属于同一个文化系统。前者年代相当于春秋战国时期，后者约为公元前1000年至公元500年。分石堆墓和石围墓，墓室略呈圆形，竖穴，多为单室，个别为双室和多室。葬俗分为火葬和土葬，火葬又分墓中火化和火化后入葬两种；土葬墓墓室多有盖木，葬者多侧身屈肢，也有仰身直肢、俯身屈肢、侧身无腿、

---

[1] 新疆维吾尔自治区博物馆等：《新疆且末扎滚鲁克一号墓地发掘报告》，载《考古学报》2003年第1期。

[2] 岳峰、于志勇：《北方地区遗址的调查》，载中日共同尼雅遗迹学术考察队编：《中日共同尼雅遗迹学术调查报告书》第二卷，第35—41页。

[3] 巫新华、艾力：《新疆于田县流水青铜时代墓地》，载《考古》2006年第7期。

[4] 新疆文物考古研究所等：《新疆克里雅河流域考古调查概述》，载《考古》1998年第12期。

二次葬及殉人葬。随葬品较少，主要为夹砂陶釜、罐、碗、钵、杯、纺轮；铜镞、管、扣、镯、环、耳环、指环、珠、牌饰；铁刀、管、镯、指环；金牌；木取火器、盘；石、骨、玛瑙串珠。[1]

天山南麓地区史前遗址主要有阿合奇县的库兰萨日克、温宿县的包孜东、轮台县的群巴克、和静县的拜勒其尔、哈布其罕、察吾乎沟、拜城县克孜尔水库墓地和少量遗址。库兰萨日克墓地年代从战国到西汉，墓葬地面有石堆或石围石堆，多为单墓室，个别为三墓室，为圆角长方形土坑竖穴，部分墓室口部有盖木，除个别墓有木框外，均无葬具，骨骼少而乱，应为二次葬，有单人葬和合葬，仅三座墓随葬陶瓶、钵、罐、杯，置于二层台或壁龛内，其他随葬品有金马、鹰鹿饰、戒指、耳环、铁矛、环、器柄、铜牌、骨弓弭、石珠等。[2] 其余各墓地被认为均属于察吾乎沟口文化。[3] 察吾乎沟口文化时代约在公元前 1000—前 500 年，墓葬地面有石围或石堆，墓室为竖穴石室，部分口部盖石板或木棚，以多人合葬为主，二次葬骨骼散乱，完整者仰身或侧身屈肢，头向西北。随葬品以陶器最丰富，为夹砂红陶，带流罐特征明显，单耳杯、釜、壶、钵等器形较常见，彩陶花纹主要有三角、网格、棋盘格、菱形、回纹等。普遍随葬青铜刀、锥、戒指、镜、牌、马具。铁器较少，主要是刀、锥、环等。另外也有石磨、锥、纺轮和木盘、勺、纺轮、箭，以及骨器及羊、马、牛骨。[4]

据 C14 数据，古墓沟墓地的年代被认为可能早到距今 3800 年前，其余均在公元前 1000 年以内。需要指出的是，即使是这种结论，也往往是用极少或个别墓葬的测年数据代表整个墓地的年代（有的墓地被认为延续千余年），并且往往认为年代比较晚的数据是不可靠的而被排除掉。另一个普遍做法是干脆将墓地中年代较晚的墓葬直接划出去作为另类来处理，以使得整个墓地看起来年代比较早。所出青铜器、铁器都不多，且都是刀、饰品等小件，没有形成制度性的组合特征，这往往被不合适地解释为属于青铜时代的结果[5]，而实际可能是青铜和铁器在社会经济和日常生活中并不占十分重要的地位。这种情况一方面说明可能与其经济生产方式有关系，一方面说明无论是青铜还是铁器，都不是很发达，并且显然铁器的出现并不如想象的那么早。尽管很多观点认为察吾乎沟口文化涵盖了天山南麓和昆仑山北麓，但其依据显然仅限于个别器物局部看起来有所近似的特征，即以个别器物局部特征相似得出整个文化同源的结论，显然是不合逻辑的。跨塔里木盆地的文化共同性远没有产生，地区差异却很明显。罗布泊史前文化完全不用陶器，且末地区流行黑陶，于田地区即使是同一条河流上、下游的墓地也明显不同，和

---

[1] 新疆社会科学院考古研究所：《帕米尔高原古墓》，载《考古学报》1981 年第 2 期；吴勇：《新疆喀什下坂地墓地考古发掘新收获》，载《西域研究》2005 年第 1 期。
[2] 新疆文物考古研究所：《阿合奇县库兰萨日克墓地发掘简报》，载《新疆文物》1995 年第 2 期。
[3] 韩建业：《新疆的青铜时代和早期铁器时代文化》，文物出版社，2007 年，第 66—76、第 120 页。
[4] 王明哲主编：《新疆察吾乎——大型氏族墓地发掘报告》，东方出版社，1999 年。
[5] 宋亦箫：《新疆青铜时代考古研究现状述评》，载《西域研究》2009 年第 1 期。

田地区尚未见典型的青铜文化，帕米尔地区流行的侈口束颈罐，又称缸形器，在其东部地区几乎不见，天山南麓各墓地则普遍盛行器形差别甚大的红陶器。同一地理区内的文化共同性十分明显，跨地理区差别显著，说明地区内交往比较充分，跨地理区的接触是有限的，这显示了人们活动范围的广度和受地域限制的程度。另外必须注意到，天山地区的墓葬、昆仑山的流水墓地和帕米尔地区的墓葬还是表现出了一些相似的因素，比如地面都有石围、石堆或石围石堆，然而再进一步，帕米尔地区的墓地都有火葬习俗，但其他地区却没有发现，显示了相似中的不同。其相似性是基于区域共同传统，还是纯环境条件所致，需要更细致的分析。重要的是不能将同源关系和接触关系这两种不同的概念混为一谈。最后需要强调的是，这些墓地几乎都没有地层关系，即使在发掘数百座墓葬的察吾乎沟口墓地，也没看到铁器在时代分布上有什么显著变化[1]，陶器的演变也显然是渐进性的，形制和组合性改变都不明显，分界特点不明确。这些特点说明，尽管理论上西域并不会因地理封闭而孤立于外部世界，其史前文化的发展却是自主和缓慢渐进的，总体格局稳定，不存在颠覆性外来影响。

四、汉通西域与西域社会变迁

丝绸之路重构了完全不同的西域。通过《史记》和《汉书》关于西域记载的对比，可以看到西汉对西域认识的变化，这个变化又折射西汉、西域交往的变化。《史记》的信息来源主要是张骞所见所闻和伐大宛过程中的见识，因而仅简略提到楼兰、姑师等少数当道几国。《汉书》则系统、详备地记述西域诸国山川地理人口道里，反映了西汉对西域从不知到知之甚详的认识过程。这正是两汉全面介入西域政治、经济和社会生活的结果。西域在匈奴统治下的兵众分弱，无所统一状态，与史前考古文化反映的相对孤立形势是相符的。西汉以西域都护府统辖西域和西北边防，参与西域诸国内部事务，东汉至魏晋改以西域长史。与此相配合，徙民屯田轮头、渠犁、鄯善、车师等地。这些措施使西域社会出现融合的趋势。

除直接在西域设置军政统辖机构和屯田制度外，对西域诸国的政治统治，主要通过印绶制度来实现。所谓印绶制度，就是对西域诸国国王及各级官吏进行册封，赐以印绶作为符凭，佩印绶者获得正当性和合法性。据《汉书·西域传》，西域佩汉印绶者，自译长、城长、君、监、吏、大禄、百长、千长、都尉、且渠、当户、将、相至侯、王，达376人，而康居、大月氏、安息、罽宾等国不在其内。尼雅遗址出土汉文简牍提到"汉精绝王"，可以作为印绶制度实际施行的一个考古证据。西域诸国则向汉行质子制，即国王向汉遣子入侍为质，但西域诸国间不得相互实行。李广利伐大宛回师路过扜弥，发现扜弥太子赖丹在龟兹为质，就指责龟兹不当并直接将赖丹带到长安。对印绶和西域都护制度的集体认同说明西域也

---

[1] 陈戈：《察吾乎沟口文化的类型划分和分期问题》，载《考古与文物》2001年第5期。

逐渐形成,即西域这个地理概念,逐渐有了政治和社会的属性。印绶制度的重要,到了任何不当的改变都会引起严重问题的程度。王莽更印绶曾致匈奴、西域反叛。东汉光武帝更莎车王贤西域大都护印绶为汉大将军印绶,贤怨愤,就自称大都护,移书诸国,诸国竟也服属。不过仅4年后,鄯善等西域18国即遣子入侍,流涕稽首请汉出都护。印绶和西域都护制度关乎西域的社会稳定,因而得到普遍认同。

西汉也直接在西域诸国行政系统中设官立职。据《汉书·西域传》,车师是汉、匈争夺最为激烈的对象,处于汉征车师的前沿诸国,就均设有相应官职,如鄯善有却胡侯、击车师都尉、击车师君各一人;龟兹有击胡侯、却胡都尉、击车师都尉各一人,却胡君三人;尉犁有击胡君一人;危须有击胡侯、击胡都尉、击胡君各一人;焉耆最多,有击胡侯、却胡侯、击胡左右君、击车师君、归义车师君各一人、击胡都尉、击胡君各两人。击破车师而分之之后,车师前国有归汉都尉一人,车师后国有击胡侯一人。这些官职很明显带有汉式色彩,并且具有很明显的针对性。中原与西域关系的密切不仅促进了双方的交流,也为丝绸之路安全运行提供了保障。

西域都护认同的背后实际是西域人民对中原王朝的认同。其形成除政治的因素外,可能还有经济和文化的原因。在经济上,相对原先统治西域的匈奴,中原的农业经济方式与西域以田作为主的经济形式更加接近。文献明确提到西域诸国大多属于定居的城郭之国,有田畜,这与游牧的匈奴、乌孙不同。当然西域也有一些山国,就是居住于天山、昆仑山河谷地带的国家,其经济形式以游牧为主,与绿洲国家有一定差别,但因为与绿洲国家实际的上下游地理联系,山区河谷游牧诸国往往与盆地绿洲城国也结成一定的经济关系。寄田仰谷就在山区与绿洲国家之间普遍流行。山区中随畜逐水草游牧的婼羌就跟定居绿洲田作的鄯善、且末结成寄田仰谷的关系。绿洲城国之间因土地质量多寡有别,也存在寄田仰谷的现象,比如鄯善因地沙卤少田,寄田仰谷旁国。这样的寄仰经济方式,使相关国家之间的联系变得更加紧密,有利于形成较为共同的文化特质。文献没有提到西域诸国居民的体貌和语言特征,但特别说明大宛以西诸国"皆深目,多须髯","虽颇异言,然大同,自相晓知",似乎暗示大宛以西居民与大宛以东居民存在着体质特征上的差异,并且语言上属于另一个语族,即大宛可能是一条语言和人种体质特征的分界线,宛西诸国属于深目的人种,具有共同的语言源头,而宛东则与之不同。这一点是非常重要的,它给我们提供了重要的语言学和种族人类学信息。这些因素构成西域对中原王朝共同认同有利的经济和文化基础。

汉晋时期西域人口出现融合现象,一是大国兼并,一是西域屯田[1],一是战乱迁徙[2],在当时影响较大。出土简纸文书显示西域长史军中有月氏兵,尼雅汉简记有"月支国胡支柱"等月氏人。楼兰汉简中也常有带"胡"字的人名,其中有些

---

[1] 仅楼兰屯田即达15000人。马国荣:《谈谈汉代西域的屯田》,载《西域史论丛》第一辑,新疆人民出版社,1985年,第130—138页。

[2] 如《汉书·西域传》记载,宣帝元康四年(前61),"尽徙车师国民令居渠犁"。

还是中原驻军中的士兵。佉卢文书、钱币等在南北两道都有大量发现,特别以尼雅、楼兰遗址为最,显然有一批使用这种文字的群体。佉卢文书中还包括许多印度人名、印度式人名和变体印度人名,也有可能与伊朗语存在联系的非印度名,当然也有粟特文书。与来自不同地域的人相互杂居相应,这一时期的考古文化面貌也明显呈现多元融合的特点,其中又以中原汉文化的主导作用最为明显。

考古遗存明显较前期类型增多,除墓葬外,城址、居址数量大幅增加,普遍出现佛教遗址和丝路交流文物。虽然文献记载西域大率土著,有城郭,但考古发现的史前城址极少,其形制特点目前仍不清楚。克里雅河下游发现的圆沙古城时代约当西汉,但因文化面貌原始而被认为应属史前一类。其形制如前所述,平面呈不规则圆形,城墙以立柱夹红柳枝构成框架,再垒砌泥土、树枝畜粪作为墙体和护城坡。[①] 平面形状大致近似的还有尼雅遗址南城址、安迪尔、麦得克和营盘古城,但这些城址的年代下限均在公元3—4世纪以后,并且使用夯土和土坯垒筑,其形状是基于功能还是源于本土的早期模式,仍有待进一步探讨。更普遍的是四方形城址,这类城址在南、北两道普遍发现,以罗布泊地区最为集中,时代都在东汉以后至魏晋前凉时期,如楼兰地区的 L.A.、L.E.、L.K.、L.L.,最近发现的小河五号墓地西北城址[②],克里雅河下游的喀拉墩古城等,以及北道上的众多城址,都是这种类型,城墙大致朝向基准方向,城墙结构与敦煌长城烽燧遗址相同,体现了汉文化的城市设计思想和建筑方法。沿南北两道的烽燧遗址与敦煌边塞相连,直达轮台、龟兹,构成统一的防线,是中国古代防御思想的产物。有一种观点认为,自河西而西的边塞烽燧,主要的任务并非防御匈奴侵边,而是维护丝绸之路的安全。

聚落结构中出现宗教场所和中西方建筑风格。和硕县辛塔拉遗址是少数经发掘的青铜时代遗址,C14 年代为距今 3500 年前。遗址仅发掘 4 条探沟共 41 平方米,中心部发掘至第 4 层深 5 米,见土坯墙基,边缘区清理出土坯砌的灶和炕及灰坑等遗迹,出土石、陶、铜器。因发掘面积过小,遗址的时代和形制有待进一步探明。发掘的多数遗址尽管不能排除起源于史前的可能性,但目前能够确定的只能是其汉晋时期废弃时的情形。在楼兰、尼雅和喀拉墩遗址中,有一种木骨泥墙和更简易的芦苇屋,如果是本地传统的建筑样式,并且这个传统可以追溯至史前时期,那么便可以从中窥探到史前建筑的一些踪影。这些遗址完整地再现了汉晋时期的聚落形态。聚落形成中心区和次中心区结构,在中心区和次中心区设寺起塔,佛塔往往成为标志性建筑。中心区和次中心区的佛教建筑构成这一时期聚落普遍的景观特点。而建筑方面,尼雅遗址使用了汉式斗拱技术,特别是"斗"

---

① 中法克里雅考古队:《新疆克里雅河流域考古调查概述》,载《考古》1998 年第 12 期。
② 吕厚远等:《罗布泊新发现古城与 5 个考古遗址的年代学初步研究》,载《科学通报》2010 年 55 卷第 3 期。

的使用较多，并且合乎中原建筑学上关于"斗"的各部分比例。① 与之形成对照的是大型建筑上雕塑犍陀罗式装饰主题的印度——科林斯式柱头，还有一种两端成涡卷形向下内卷的珀塞玻利斯式斗拱也常见于尼雅和楼兰居址，也塑造在米兰佛寺的壁柱上。犍陀罗式装饰图案和源自希腊艺术的图式和雕刻技术，是楼兰和尼雅建筑装饰的独特风格，建筑物内当然也不乏西亚的玻璃珠、印度式的手工艺品和中国内地的铜镜、漆器、钱币和丝绸。

除楼兰和尼雅地区外，西域被确认纯属汉晋时期的墓地较少。洛浦山普拉墓地以前被认为属于早期铁器时代，现在确认其时代在公元前1—公元4世纪末。② 主要有刀形土坑墓和竖穴土坑墓。尼雅遗址共发现5处墓地，以竖穴沙室为主，部分墓葬墓室周围有围板或围木，部分墓葬两端有立木。除个别墓葬显示出早期特征外，其时代应属汉晋时期。且末扎滚鲁克墓地的分期比较独特，作为主体的二期文化跨春秋战国至西汉，三期最晚到公元6世纪，有土坑竖穴墓、刀形墓和土洞墓。营盘墓地包括竖穴土坑和竖穴偏室两种墓葬，地面多有木桩。楼兰地区汉晋墓地较多，主要有L.H.、L.C.（孤台）、平台、老开屏墓地，孔雀河三角洲的丛葬墓和单葬墓，黄文弼在孔雀河北岸发掘的3处汉晋墓地和贝格曼在小河发现的3处汉晋墓地。这一时期除竖穴墓外，新出现半地穴建筑式墓、刀形墓和洞室墓。半地穴式墓见于楼兰地区，洞室墓见于营盘和扎滚鲁克墓地。刀形墓见于山普拉、扎滚鲁克、加瓦艾日克、34号墓地、37号墓地、平台墓地、L.C.（孤台）墓地。竖穴墓一般都有葬具，主要有两种形制：半原木棺和箱式棺，营盘墓还有一种槽形或船形棺。箱式棺比较普遍，营盘、楼兰、尼雅和山普拉诸墓地都有发现，但不见于且末地区。一些箱式棺上还绘云气、花卉、朱雀、玄武图案。这种棺内死者着棉布或丝绸衣裤，随葬漆器、汉式铜镜。刀形墓都是丛葬墓，丛葬人数多者数百，少者几个，不用棺，多以尸床或席垫为葬具，死者着丝绸或毛布衣裤或裙，随葬丝织饰物、漆木器、汉式铜镜。山普拉墓地还出土人首马身武士纹毛裤。竖穴墓除早期流行的单人葬外，新出现合葬习俗，分双人夫妻合葬和多人合葬。部分墓中还用丝织物做的九窍塞，塞在死者的鼻孔里。也有蒙覆面的习俗，即在死者脸上盖一方丝巾或面具。随葬品中，漆器、五铢钱、化妆盒、玻璃珠均有出土。一些墓地还出土文字材料，如山普拉墓地早期墓葬出土书写汉字的木函，晚期墓葬填土中出土古于阗文陶片和绢书；尼雅墓地一座墓葬出土写有佉卢文字的绢带，孔雀河三角洲34号墓地丛葬墓1出土一块原色丝绸，一面写有佉卢文，而另一面有两个汉字"锦十"。L.C.墓地出土4件汉文文书。扎滚鲁克墓地也出土1件汉文文书。无论从墓葬形制、葬具、葬俗还是随葬品，都显示了丝绸之路带来的重大影响，折射出现实社会生活的变迁。近年在库车县发掘了晋

---

① 王宗磊：《尼雅遗址古建筑工艺及其相关问题的初步考察》，载中日共同尼雅遗迹学术考察队编：《中日共同尼雅遗迹学术调查报告》第二卷本文编，第201—207页。
② 新疆维吾尔自治区博物馆等：《中国新疆山普拉——古代于阗文明的揭示与研究》，新疆人民出版社，2001年，第46页。

十六国的砖室墓,显示了中原特别是河西墓葬形制对西域的重要影响。

西域与昆仑山、帕米尔、天山以外世界除了地理上的阻隔,本无社会层面的封闭,因此早期的文化交通应无不可逾越的障碍。跨越高原与山脉的贸易在史前时期完全可能以某种方式进行,事实上在丝绸之路开辟前的六七十年里西域就以赋税的形式向匈奴输出产品,但由于匈奴的封锁,中原被排除在与西域的贸易之外。通过与农业民族贸易换取食物等农产品关乎游牧民族的生存,而对于以农业为主兼营畜牧的西域民族往往并不十分紧迫和必须,就像中原与匈奴的贸易关系一样,西域与周围游牧民族的贸易缺乏经济原动力。由于西域政治分弱,缺乏文化核心,经济脆弱单薄,既不可能作为供应地也不可能作为目的地支撑起强大的经济贸易和文化交流,因此没有中原参与,西域的对外交往必极为局限,这是其史前文化演进缓慢的原因。丝绸之路的开辟使西域成为政治、军事、文化与贸易的中间地带,由于中原庞大的产品供应、市场需求和强力政治、军事推动,经由西域的中西方交往和贸易迅速喷发出强大的活力,也推动了西域文化的融合和社会的深刻转变。

西夏陵陵园形制布局溯源及陵园形制寓意探析

孟凡人　中国社会科学院考古研究所

一、西夏地方民族政权的建立与灭亡

西夏，是以党项族为主体建立的国家。党项族是羌族的一支，原居今青海省东南部黄河河曲一带（史称析支）。南北朝末期始见于史籍，隋末唐初活动范围逐渐扩展，与唐朝关系密切，并被唐朝两赐李姓。唐末拓跋思恭率部镇压黄巢起义，升任夏州定难军节度使，晋爵夏国公，统领夏（今陕西靖边北白城子）、绥（今陕西绥德）、银（今陕西米脂）、宥（今陕西定边东）四州。入宋以后，党项首领屡受宋封。如宋太祖时李彝殷（后改殷为兴）死后赠封为夏王；太宗时赐李继捧姓名赵宝忠，任定难军节度使，赐李继迁姓名赵宝吉，任银州观察使；真宗时封李德明为西平王，任定难军节度使。虽然如此，但西夏却与宋朝"和"、"战"不断反复，西夏甚至联辽抗宋，故辽亦先后封李继迁为夏国王，封李德明为大夏国王。

西夏在与宋的战争中不断拓地，如1002年李继迁攻陷北宋灵州（今宁夏灵武），升为西平府；1020年李德明西迁怀远镇（今宁夏银川），改称兴州。1032年李德明死，其子李元昊即位后非宋所赐赵姓，改姓嵬名氏，发布秃发令，升兴州为兴庆府。1034年始建年号开运，继改广运，攻宋府州（今陕西府谷），又在环州（今甘肃环县）、庆州（今甘肃庆阳）击败宋军，1036年颁行新制西夏字。天授礼法延祚元年（1038），嵬名元昊，以兴庆府为都城，正式称帝，国号大夏，又自称"邦泥定国兀卒"（"邦泥定国"意为"白上国"，"兀卒"意为"青天子"）。这时夏国的领域，"东尽黄河，西界玉门，南接萧关，北控大漠"，即今宁夏绝大部分、甘肃大部、陕西北部、青海和内蒙古部地区已为其所有。西夏建国后改用自己的年号，建都城、立官制、定兵制、改仪服、制礼乐、造文字、设蕃学。其典章文物制度多采自宋朝，即所谓"得中国土地，役中国人力，称中国位号，仿中国官属，任中国贤才，读中国书籍，用中国车属，行中国法令"，此后西夏不断发展壮大。

元昊在称帝之初的天授礼法延祚三年、四年、五年，在三山口（今陕西延安西北）、好水川（今宁夏隆德东）、定川寨（今宁夏固原西北）大败宋军，七年与宋媾和。是时元昊以夏国主名义称臣，北宋每年给予西夏丰厚的"岁赐"，改所赐敕书为诏而不名，许夏国自置官署。同年，夏辽关系激化，辽兴宗亲率大军征夏，辽军溃败，夏辽议和，从此直至崇宗李乾顺之末，形成北宋、辽和西夏三足鼎立局势。仁宗仁孝即位前后直至西夏亡前不久，又形成南宋、金和西夏鼎立的局面。从1205年开始，蒙古成吉思汗不断攻夏，1227年即位仅一年的李睍在赴降蒙古时被执杀，随之蒙古军队攻陷都城中兴府（桓宗时改兴庆府为中兴府），西夏灭亡。

二、西夏陵概况[①]

（一）西夏陵的位置和保存状况

西夏陵位于宁夏回族自治区银川市西35公里，地处贺兰山中段南部东麓山前洪积扇上。该洪积扇属老年性堆积，结构紧密，承载力强，适于开凿陵墓。陵区以贺兰山为背屏，东依都城兴庆府（今银川市），远眺黄河，俯视银川平原，属"上吉之地"。

蒙古征西夏，贺兰山下是重要战场之一，使西夏陵遭到严重破坏。蒙古灭西夏后，又有组织地彻底摧毁了西夏陵。破坏后大量的砖瓦等建筑构件和夯土，在建筑物周围形成原生的倒塌堆积。此后再遭盗掘和自然破坏，部分原生堆积层被盗扰，形成二次再生堆积，西夏陵终成废墟。现在西夏陵上面覆盖一层风积沙，大多数陵园只见露出地表的陵塔残迹和断断续续的残垣断壁，陵园形制大体尚能依稀可辨。

（二）西夏陵陵区的构成

西夏陵有4个陵区9座帝陵（图一）。

西夏陵所在地段，地势平坦开阔，西高东低，海拔高度1100—1200米，有榆树沟、山嘴沟、甘沟、泉齐沟四大沟谷。西夏陵南起榆树沟，北迄泉齐沟，东至西干渠，西抵贺兰山下，东西宽4.5公里，南北长10余公里，总面积近50平方公里。上述四大沟形成四个自然区域，各为一陵区，从南向北编号为一至四区。

一区在最南端，占地面积约0.2平方公里，有L1、L2二陵。L2在L1西北，二陵位置南北相错。二区在一区之北，占地面积约1.3平方公里，有L3、L4二陵。L3居东，L4在L3西北，紧临山脚，二陵相距约3公里。三区在二区之北，占地面积约3平方公里，有L5、L6二陵。L5居东，南大致与L3相对（二陵相距约4公里），L6在L5之西略偏南，紧临山脚，L5与L6相距1.5公里。四区在最北端，有L7、L8、L9三陵。三陵被现代建筑严重破坏。L7大半被毁，仅余陵塔和西南角部分建筑遗迹。L8、L9除陵塔残迹外，地面建筑遗迹基本无存。L7在南面，L8在L7之北，二陵相距约500米。L9在L7西北、L8之西，三陵相距分别为400米和280米。

[①] 许成、杜玉冰编著：《西夏陵》，东方出版社，1995年。

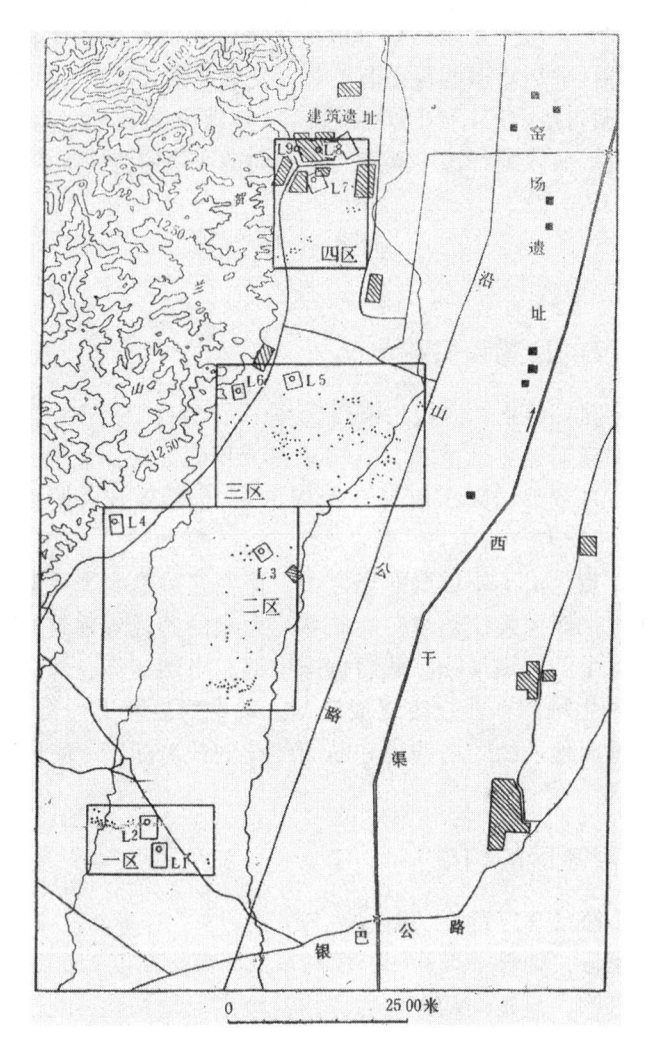

图一　西夏陵陵墓总分布图
（采自许成《西夏陵》）

（三）陵园形制布局（图二、图三、图四）

西夏陵的9座帝陵，形制大同小异。各陵主题配置和布局相同，即均由月城和陵城相连形成凸字形平面。月城南面中间有门和门阙，北与陵城南神门间为神道后段，其两侧置石象生台座。陵园四面神墙中间开门，有门阙，四隅有角阙。陵城内中轴线略偏西，从南向北分置献殿、鱼脊形墓道、地宫和陵塔。月城之南，神道两侧依次置二或三碑亭和二阙台，陵园外围四隅置四角台。其中L1、L2、L7以四角台为准有封闭式的外城，陵园平面近方形。陵园面积8万平方米，陵园方向175度，陵塔9级，有中心台（其他陵无），碑亭3座，石象生台座6条。L7仅残存外墙，陵园平面长方形，陵园面积8万平方米，陵园方向170度，陵塔7

级，碑亭 2 座，石象生台座破坏无存。L5、L6 在陵城外，四角台之内有南面敞口的夹城。L5 陵园平面近方形，陵园面积 10 万平方米，陵园方向 175 度，陵塔 7 级，碑亭 3 座，石象生台座 6 条。L6 陵园平面长方形，陵园方向 175 度，陵园面积 10 万平方米，陵塔 7 级，碑亭 2 座，石象生台座 4 条。L3、L4 陵城外无外城和夹城，四角台连线略呈梯形。L3 陵园平面长方形，陵园方向 150 度，陵园面积 15 万平方米，陵塔 7 级，碑亭 2 座，石象生台座 4 条。L4 陵园平面呈窄长方形，陵园方向 160 度，陵园面积 10 万平方米，陵塔残存 5 级，碑亭仅发现一座，石象生台座破坏无存。L8 和 L9 残毁，形制不明。

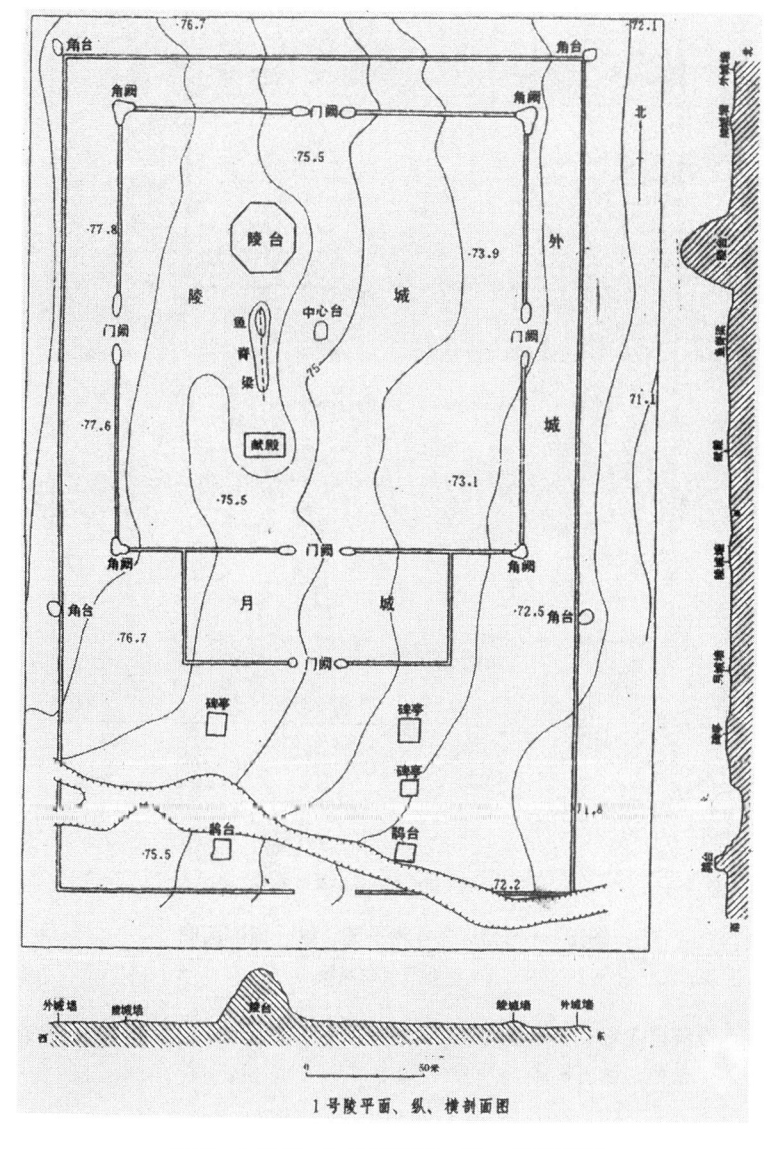

图二　1 号陵、2 号陵平面、纵、横剖面图
（采自许成《西夏陵》）

(续)

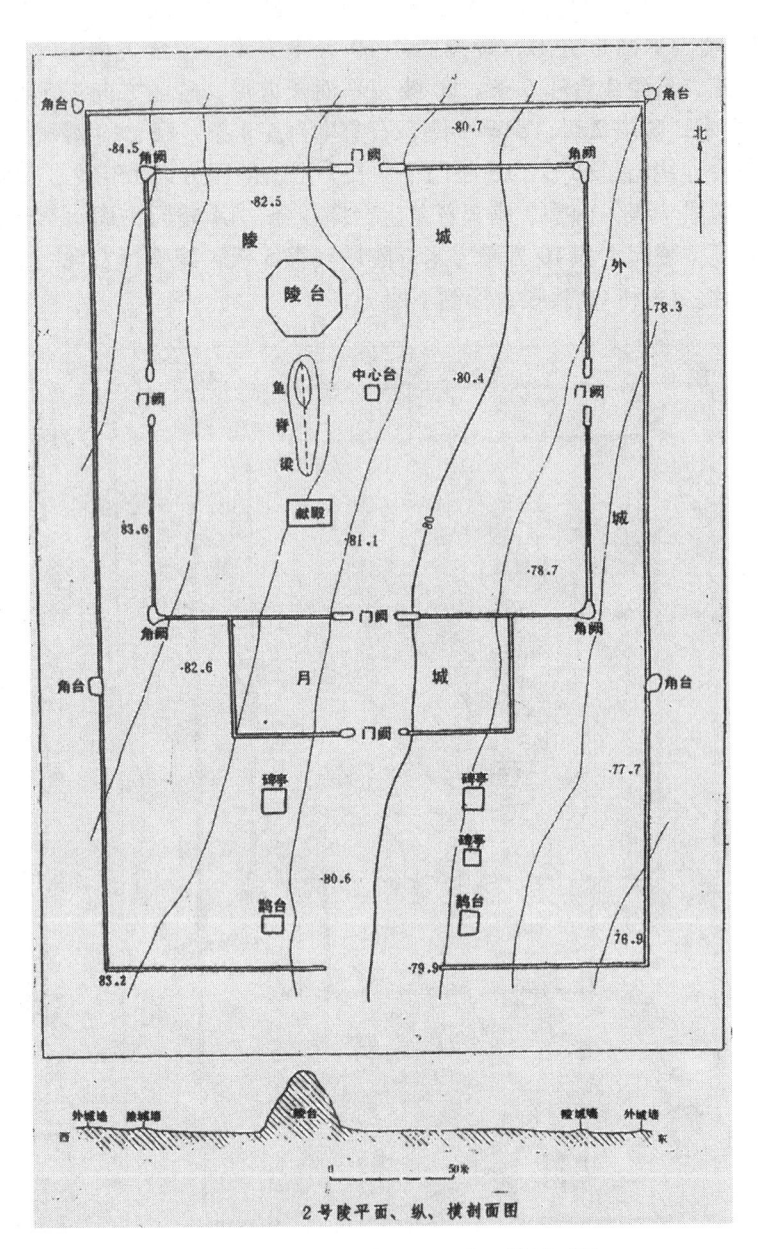

图二 1号陵、2号陵平面、纵、横剖面图
(采自许成《西夏陵》)

另外，在西夏陵区北端有一处建筑遗址，遗址平面长方形，东西宽160米，南北长350米，遗址内残存遗迹十余处（图五）。①

――――――――――
① 宁夏文物考古研究所：《西夏陵园北端建筑遗址发掘简报》，载《文物》1988年第9期。

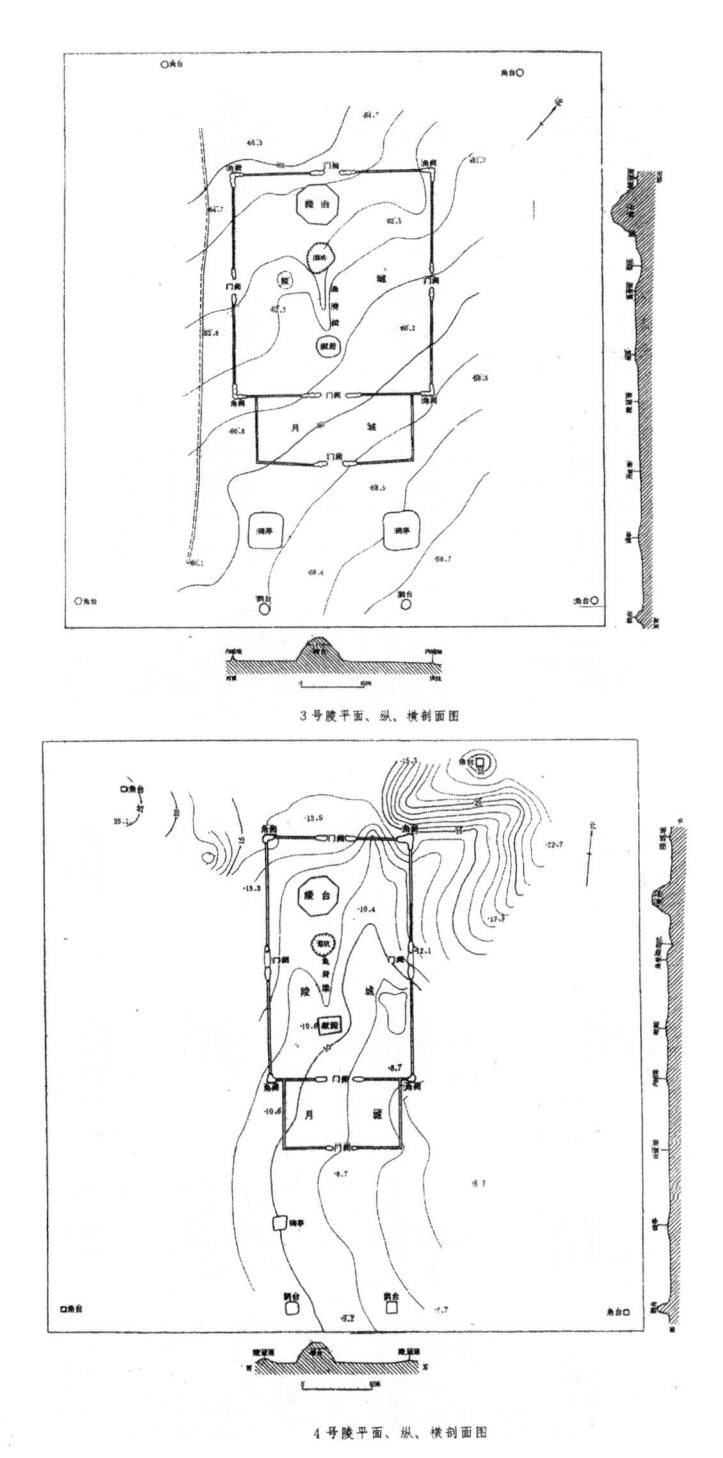

图三 3号陵、4号陵平面、纵、横剖面图
（采自许成《西夏陵》）

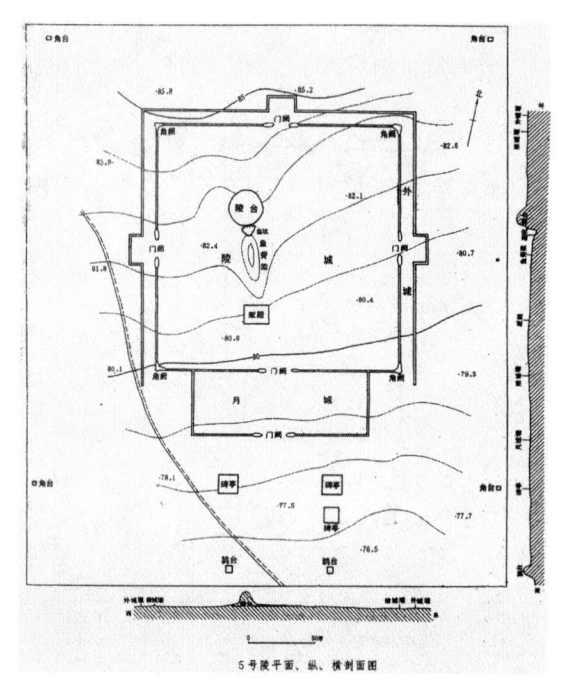

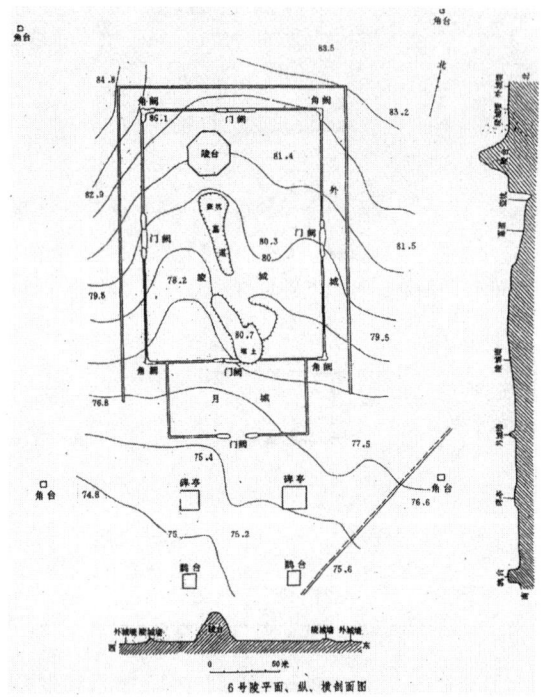

图四　5 号陵、6 号陵平面、纵、横剖面图
（采自许成《西夏陵》）

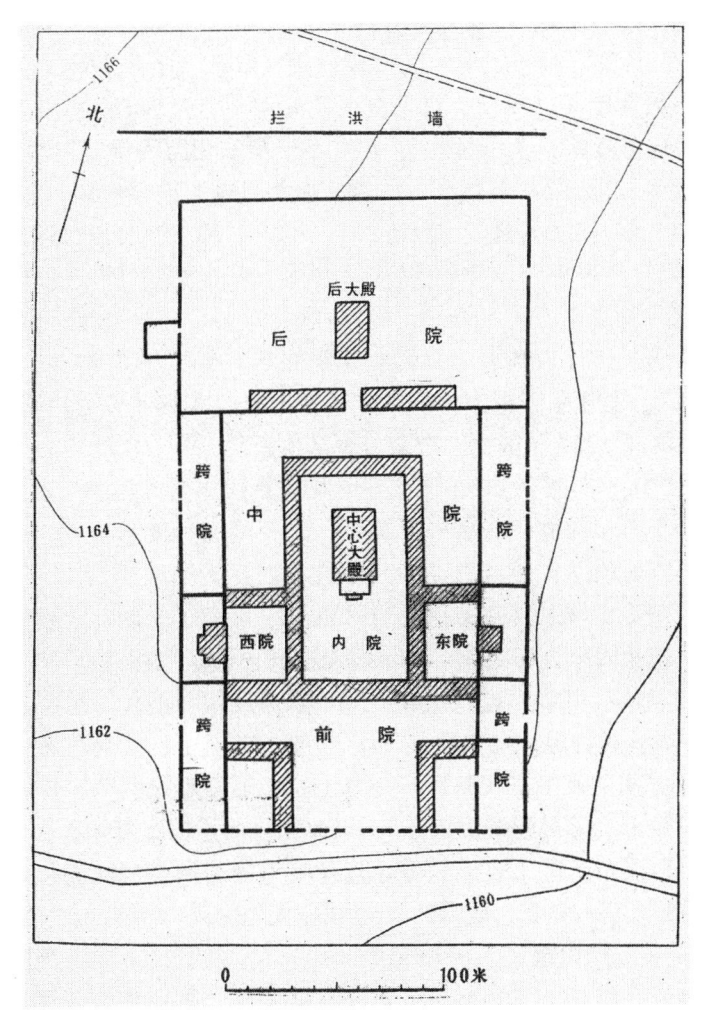

图五　西夏陵北端建筑遗址平面图
（采自许成《西夏陵》）

（四）西夏陵的陵号与年代

《宋史·夏国传》记载，西夏共有12帝，9个陵号。即李继迁（赵宝吉）宋"景德元年（1004）正月二日卒，年四十二"；宋祥符五年（1012），"德明追上继迁尊号曰应运法天神智仁圣至道广德孝光皇帝（另一处又记追尊继迁'庙号武宗'）。元昊追谥曰神武，庙号太祖，墓号裕陵"。李德明（赵德明），卒于宋天圣九年（1031）十月，"时年五十一，追谥曰光圣皇帝，庙号太宗，墓号嘉陵"。元昊（改姓嵬名，更名曩霄，始称皇帝），宋庆历八年（1048，即西夏天授礼法延祚十三年）正月卒，"年四十六"，"谥曰武烈皇帝，庙号景宗，墓号泰陵"。谅祚卒于宋治平四年（1067年，即西夏拱化五年）十二月，年二十一，"谥曰昭英皇帝,庙号毅宗,墓号安陵"。秉常卒于宋元祐元年(1086年,即西夏天安礼定元年)"秋七年乙丑","时年二十六","谥曰康靖皇帝,庙号惠宗,墓号献陵"。乾顺卒于南宋绍兴九年(1139年,即西夏大德五年)六月四日,"年五十七","谥曰圣文皇帝,庙号崇宗,墓号显陵"。仁孝卒于南宋绍熙四年(1139,即西夏乾祐二十四年)九月二十日,"年七十","谥曰圣德皇帝,庙号仁宗,陵号寿陵"。纯祐南宋"开禧二年(1206,即西夏天庆十三年)正月二十日废,遂殂,年三十","谥曰昭简皇帝,庙号桓宗,陵号庄陵"。安全于南宋嘉定四年(1211年,即西夏皇建二年)八月五日卒,年四十二,"谥曰静穆皇帝,庙号襄宗,陵号康陵"。遵顼卒于南宋宝庆二年(1226年,即西夏乾定四年)春,年六十四,"谥曰英文皇帝,庙号神宗"。德旺卒于南宋宝庆二年丙戌七月,年四十六,"庙号献宗"。睍即位后仅一年,于1227年国亡,被蒙古军队执杀。

上述12帝中,李继迁、李德明卒于元昊建夏国之前,其庙号和陵号为元昊追谥。最后三帝中遵顼和德旺有庙号无陵号,末帝睍庙号陵号皆无。遵顼、德旺死于亡国前一年,时值蒙古成吉思汗率大军进攻西夏,国难当头,形势危急,已无力为其建陵,睍为亡国之君并被杀,当然更无陵可言了。因此,现在所发现的西夏九陵即为继迁至安全九帝之陵,其情况与前述史籍记载相符。

清吴广成《西夏书事》卷八记载:宋"景德元年春正月,保吉(继迁)卒","秋七月葬保吉于贺兰山,在山西(东)南麓。宝元中,元昊称帝,号为裕陵"。卷十一载,宋"明道元年(1032)……冬十月,夏王赵德明卒,年五十一","葬于嘉陵,在贺兰山,元昊称帝后追号"。以此结合前述情况可知,德明虽然追尊继迁为帝,但当时尚未建国,故无陵号。其墓应为德明所建,元昊称帝才追谥庙号和陵号。德明卒年,《宋史·夏国传》记载在天圣九年(1031),《续资治通鉴长编》和《西夏书事》记载卒于明道元年(1032)。由于《宋史·夏国传》记载德明景德元年继位,年二十三,卒年五十一,据此推算德明应卒于明道元年。1032年,德明死元昊即位,元昊随之废宋所赐赵姓和拓跋旧姓,改姓嵬名,自称"兀卒"("青天子"之意)。这个背景与前述《西夏书事》记载德明死始有陵号是一致的,即嘉陵似应始建于1032年或其之后不久,而德明的帝号与庙号则是元昊建国自称皇帝后追谥的。也就是说,西夏陵有完整的帝号、庙号和陵号,均应始于1038年元昊正式建国称帝之时。但是,应当指出1032年德明卒,元昊即位自称"兀卒",因而德明葬后嘉陵号,所以西夏建陵应当始于1032年或其后不久。至于西夏陵营建年代的下限,显然是止于1211年的康陵。

(五)西夏九陵的陵主问题

在西夏九陵中,只有七号陵因出土"大白上国,护城圣德,至懿皇帝,寿陵志文"碑额，可确定为仁宗仁孝之寿陵。① 其余八陵陵主，由于目前八陵的考古调查或部分发掘资料，尚不能提供准确断定年代的证据，使之无法与八帝卒年相对应，给判断陵主问题造成极大的困难，所以八陵陵主迄今不明。在这种情况下，退而求其次，只能根据一些线索，对陵主问题略作推测。

前已介绍西夏九座帝陵分为四区，除第四区破坏严重，情况不甚清楚外，其余三区从有无外城或夹城及其相关结构来看，乃是每区各为一个类型。这种类型上的差异，既显示出其间有早晚之别，又表明每区两陵的年代应是前后相接的。其次，从已发掘的六号陵（原编八号）所出钱币来看，除"光定元宝"（神宗遵顼所铸）出于"陵台（塔）盗坑"不计外，余者都是北宋钱币，其中最晚的宣和年号钱铸于宣和年间（1119—1125），正当崇宗李乾顺时期。② 属于六号陵的182号（原编一〇八号）陪葬墓③，所出汉文和西夏文残碑碑额有"梁国正献王之神道碑"字样，残碑中又记有"龙老至正德三（年）/谥曰忠毅公"（正德三年即1129年），并出现"毅惠两朝"（毅宗谅祚、惠帝秉常）、"崇宗践位"（崇宗乾顺）等字样。据此判断，梁国正献王生存的年代应为惠帝乾道年间至崇宗正德三年（1068—1129）之间，梁国正献王很可能是乾顺母梁氏家族中的一位显贵。④ 以此结合前述六号陵的情况，可进一步推测六号陵陵主似为崇宗乾顺。而与六号陵同在第三区的五号陵是该区中的尊穴，故五号陵的陵主则可能是崇宗之前"毅惠两朝"中惠宗秉常。又前引《西夏书事》记载，继迁迁葬贺兰山西（东）南麓（第一区），前述七号陵（仁宗陵）在北端第四区，五号、六号陵在四区之南的第三区，这种情况表明，西夏九陵四区应是从南向北，按诸帝卒年序列依次而建的。依据这个序列，葬于贺兰山西（东）南麓第一区的一号、二号陵有外城和三座碑亭，在九陵中只有一号、二号陵陵塔九级，地位最高，以此结合《西夏书事》的记载，一号、二号陵处于尊穴的一号陵应为太祖继迁陵，二号陵则为太宗陵（一号、二号陵因在西夏建国之前，是西夏名义上的祖陵）。前已指出七号陵为仁宗陵，五号、六号陵似乎为惠宗和崇宗陵，这样处于第四区的八号、九号陵应为纯祐和安全之陵，第二区的三号、四号陵就应是景宗元昊陵和毅宗谅祚陵。三号陵在二区中处于尊穴，陵园规模在九陵中最大，陵园单体建筑均呈圆形，上置佛塔式建筑，在九陵中形制和结构最特殊，其位置又在一号、二号陵之北，这种情况完全符合元昊是建国之君和西夏佛教事业发展的奠基者，并是西夏陵实际上的祖陵的地位。总之，以上所述有据可依，逻辑合理，故对九陵陵主的推测当大体不误。

---

① 许成、杜玉冰编著：《西夏陵》，东方出版社，1995年，第148页；宁夏文物考古研究所、银川西夏陵区管理处：《西夏三号陵——地面以及发掘报告》，科学出版社，2007年，第324页。
② 韩兆民、李志清：《关于西夏八号陵墓主人问题的商榷》，载《考古学集刊（5）》，中国社会科学出版社，1987年。
③ 宁夏回族自治区博物馆：《西夏陵区一〇八号墓发掘简报》，载《文物》1978年第8期。
④ 宁夏回族自治区博物馆：《西夏陵区一〇八号墓发掘简报》，载《文物》1978年第8期。

除上所述，一些研究者认为西夏九陵的位置与北宋帝陵一样，都是按《地理新书》所载角姓贯鱼葬法堪舆取穴的。在此类研究中，有以一号至六号陵为一组，七号至九号陵为一组[①]；或以一号至四号陵为一组，从五号陵起再附昭穆葬图[②]；或说一号至五号陵与《地理新书》昭穆贯鱼葬角姓取穴法组合，而六号至九号陵并不符合昭穆关系。[③] 上述诸说之间差异较大，且无一说能够将九陵纳入西夏陵完整的贯鱼葬法之中，并据此较精准地断定各陵陵主，故是值得商榷的。而且，我们认为，北宋虽然赐姓西夏王赵姓，但元昊建国时已废赵姓，改姓嵬名，所以西夏陵在元昊三号陵之后是否按赵姓角音贯鱼葬法取穴，是有很大疑问的。退一步来说，西夏确是按北宋帝陵赵姓贯鱼葬法取穴，前述几种说法也不符合北宋帝陵穴位的实际情况。北宋八陵分四区，各陵不是以整体，也不是以三代为准实行昭穆葬，而是四个陵区各按实际情况处之，四个陵区无完整的昭穆葬法。[④] 如果西夏陵也按四个陵区分别实行昭穆葬，第四区八号、九号陵大体东西并置，对此可以两者是叔伯兄弟（纯佑仁孝之子，安全仁孝弟仁友之子）同在昭位（七号陵仁孝陵在尊穴）予以解释。但是，第三区五号、六号陵亦大致东西并置则无法解释。总之，按北宋帝陵角姓贯鱼葬法分析西夏陵九陵位置关系并进而确定陵主，目前尚无成功之例。因此，不排除西夏九陵取穴方式或另有所依。

综上所述，应当指出除七号陵外，其余八陵陵主是谁均无确凿实证支撑，本文所论也仅限于推测，说到底西夏陵八陵陵主（七号陵除外）问题仍为悬案。由于西夏陵九陵陵主的确定，事关西夏陵的整体研究，所以此问题就成为今后西夏陵研究领域亟待解决的主要任务之一。

（六）西夏陵陵园形制布局可纳入唐宋帝陵范畴

西夏自元昊建国迄亡，立国约190年。期间《宋史》称"夏国"，《辽史》和《金史》称"西夏"，共传10帝，并追谥李继迁、李德明为皇帝，现存9陵。所谓"皇帝"和"陵"乃西夏自称（宋和辽仅封其为王），实际上西夏只是割据的地方民族政权，其自称的"皇帝"和"陵"均不属中国正统朝代序列。但是，从西夏的情况看，其建国前与唐朝和宋朝关系密切，并被唐朝和宋朝分赐李姓和赵姓，建国后又采用宋朝"典帝文物制度"。在这种情况下，现在所见西夏陵的形制布局不仅比拟于唐宋帝陵，并与之有较明确的承袭演变关系，而且对后代帝陵形制布局也有一定的影响。因此，完全有理由将西夏陵的形制布局纳入唐宋帝陵范畴进行比较研究。

西夏陵自发现以后，学者们对其形制布局进行了长期的探讨研究，成绩斐然。

[①] 许成、杜玉冰编著：《西夏陵》，东方出版社，1995年，第149页。

[②] 韩兆民、李志清：《关于西夏八号陵墓主人问题的商榷》，载《考古学集刊（5）》，中国社会科学出版社，1987年。

[③] 郭黛姮主编：《中国古代建筑史》第三卷，中国建筑工业出版社，2003年，第217页。

[④] 拙文《北宋帝陵》中有详细分析（待刊）。

但在这些成绩之中仍有不足,比如认为西夏陵形制布局源于宋陵就未免有些偏颇,而对于西夏陵角特殊的形制布局之寓意又鲜有涉及。有鉴于此,本文以下拟以西夏陵形制布局之源及其寓意为重点进行探讨,略申拙见。

三、西夏陵陵园形制布局溯源

(一) 关于西夏陵仿宋陵说

明《万历宁夏志》卷上(二十三)陵墓条记载:"贺兰山之东,数冢巍然。传以为西夏僭窃时,所谓嘉裕陵者。其制度、规模、仿巩县宋陵而作。"现在研究西夏陵者,几乎均持此说。但是,从西夏陵陵园形制布局来看,只有角台、阙台、陵城前置石象生,陵城有神墙、神门、门阙和角阙,陵城内建献殿和地宫等主要构成要素及其部分配置情况,大体与北宋帝陵相同或近似。

首先,西夏陵陵园外围置四角台,其性质和作用约相当于北宋帝陵的兆域封堠篱寨。北宋帝陵陵园总体占地面积称兆域,兆域范围以"封堠"为标志,即在陵园外围边界上以相隔一定距离的土墩(封堠)为界标,并在封堠之间植以多刺的灌木或乔木,由此将封堠连接围合成兆域,故兆域又称篱寨。[①] 西夏陵在形制较清楚的一号至六号陵中,一号、二号陵在四角台间筑墙(七号陵残,情况亦应如此),形成外城(与宋陵有别)。其余诸陵园四角台间均无墙,角台间或如宋陵植篱寨(角台,可补宋陵封堠无存之阙)。其次,西夏陵城的位置、形制和性质如宋陵上宫,陵城内献殿的位置如宋陵(宋陵尚未发现较完整的献殿遗迹)。西夏陵无鹊台,其最前面的阙台相当于宋陵之乳台(后文有说)。至于献殿、墓道、地宫、陵塔南北一线,偏置于陵城中线之西,则是西夏陵独有的特点。此外,西夏陵分四个陵区,陵区内有陪葬墓,在西夏陵东部有砖瓦窑和石灰窑址等态势,亦大体如宋陵。

此外,还有下宫问题。西夏九陵均无下宫,故现在都认为西夏陵无下宫。但是,在西夏陵北端发现的一座建筑遗址,却很值得注意。该建筑遗址位于第四陵区之北,西距九号陵210米,西南距七号陵400米。遗址平面呈长方形,南北长350米,东西宽160米,有三进院落,中院和后院各有殿址,中院两侧有跨院(图五),其形制布局与北宋帝陵下宫相似[②],故遗址的性质很可能即是下宫。也就是说,西夏陵各陵均未见下宫,可是在西夏陵基本形成四陵区之后,即在仁宗仁孝七号陵之时或其后不久,则在陵区北端修建了一座为各陵所共用的下宫。下

---

① 河南省文物考古研究所编:《北宋皇陵》,中州古籍出版社,1997年。
② 参见傅永魁、刘洪淼:《河南巩县永昭陵区的考察》,文中记述了永昭陵下宫钻探试掘情况(《考古学集刊(8)》,科学出版社,1994年;河南省文物考古研究所编:《北宋皇陵》,中州古籍出版社,1997年,第168页);冯继仁:《北宋皇陵建筑构成分析》,文中对北宋皇陵下宫形制布局进行了研究,并绘宋陵下宫平面示意图(北京大学考古系:《考古学研究》(二),北京大学出版社,1994年)。

宫的位置虽然与北宋帝陵下宫在上宫西北略有区别，但却与南宋攒宫的下宫在上宫之北较为相似（仁宗时与南宋有较多交往）。①

综上所述，西夏陵陵园形制布局的一些主要构成要素确如北宋帝陵，配置情况也较相近。但是，西夏陵陵园形制布局与北宋帝陵最大的差别，是出现了北宋帝陵所无的双碑亭和月城，并将石象生置于月城内两侧。双碑亭和月城的出现，是西夏陵陵园形制布局最突出的重要特点之一。就这个较宋陵的巨大变化来看，很难断言西夏陵陵园形制布局均仿宋陵。因此，下面将进而追溯西夏陵陵园形制布局之源。

（二）西夏陵陵园形制布局源于唐陵

现在几乎都认为西夏陵陵园形制布局"仿巩县宋陵而作"，其实北宋帝陵陵园形制布局是在唐陵基础上演变而来的。② 因此，西夏陵与宋陵在陵园形制布局上相同或相似之处，归根结底还是与唐陵的关系问题。下面拟分部位略述之。

1. 外城

文献记载，唐陵上宫有两重墙垣，《长安图志》所载《唐昭陵图》、《唐乾陵图》均墙垣两重，现在乾陵上宫神墙外 200 余米处已发现外城垣遗迹，其南面开门。③ 因此，西夏陵有的陵园设外城或夹城，应与唐陵有一定关系。

2. 阙台、双碑亭、月城与石象生

唐乾陵陵园南端置二鹊台，鹊台是进入封域的标志。在鹊台之后有乳峰双阙，乾陵之后唐陵建乳台，乳台双阙（三出阙）是陵园门阙，其后为神道和两侧石象生行列（图六）。西夏陵陵园二阙台后接神道，置碑亭和石象生，阙台的性质如唐（宋）陵之乳台，故西夏陵无鹊台。又唐乾陵在上宫南神门（朱雀门）南 21.6 米，东面立"无字碑亭"，西面立"述圣碑亭"，碑亭为面阔进深各三间的方亭。上宫四神门外各筑两阙，并在南门朱雀门外双阙之北，朱雀门南两侧置六十一王宾石像（东 29 尊，西 32 尊）。④ 西夏陵阙台（乳台）、双碑亭（少数三碑亭）、月城及月城内两侧石象生的配置态势大体如唐乾陵。即西夏陵缩短了阙台至月城间神道的距离，在阙台后置二（或三）碑亭，将唐陵至于乳台后的石象生改置于唐乾陵六十一王宾石像处，又将唐乾陵南神门外双阙变成月城门阙，并在相当于六十一王宾石像的外围砌墙，仿瓮城形制营建月城。月城内神道位置及东西两侧配置石象生的态势，亦如乾陵朱雀门前神道两侧六十一王宾石像。

3. 陵城神墙、神门、门阙、角阙和献殿

唐陵上宫平面大体呈方形，四面夯筑神墙，墙顶双坡铺板瓦，墙身抹白灰和

---

① 孟凡人：《南宋帝陵攒宫的形制布局》，载《故宫博物院院刊》2009 年第 6 期。
② 北宋帝陵上宫、下宫形制、阙台形制、鹊台、乳台、神道和石象生组合等，均在唐陵基础上发展变化。
③ 陈安利《唐十八陵》，第 5 页上《长安图志》载有《唐高宗乾陵图》，第 52 页记述了在乾陵内城之外发现外城遗址（中国青年出版社，2002 年）。
④ 陈安利：《唐十八陵》，中国青年出版社，2002 年，第 51 页。

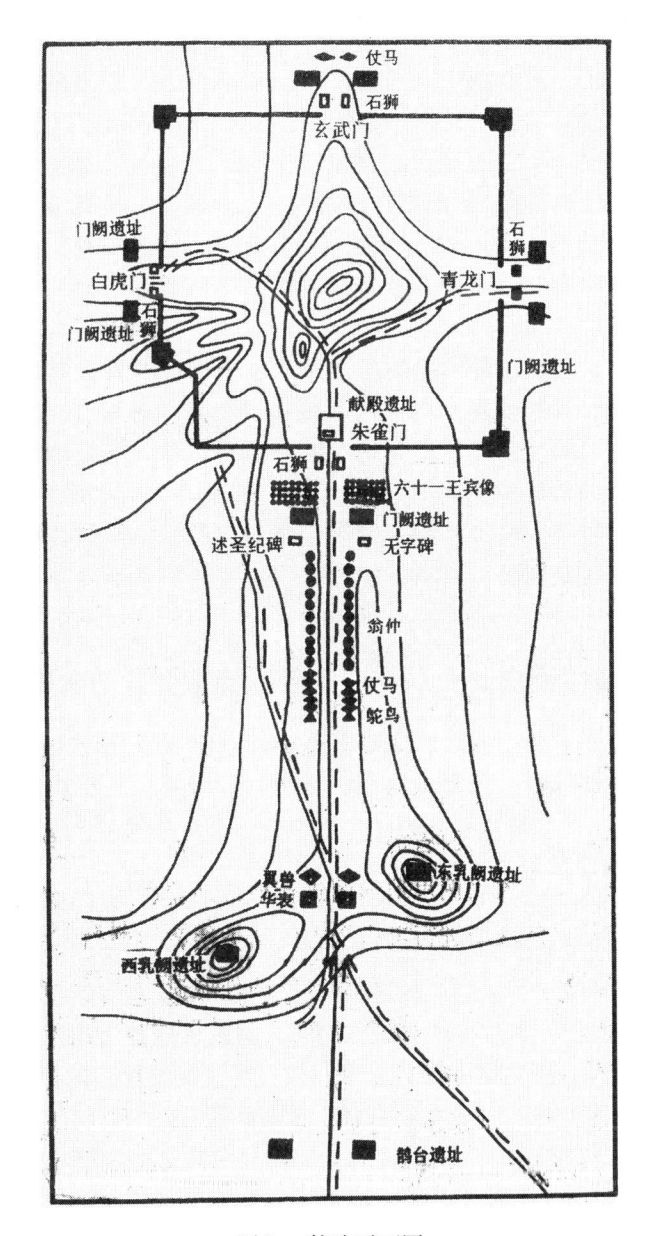

图六 乾陵平面图

朱浆，下砌散水。① 四面神墙各开神门，两侧有门阙，其中唐乾陵门阙三出阙，门楼楼阁式。有的唐陵上宫侧面门为过殿式，如唐桥陵上宫东、西门未探出路土，在东门洞内断面处见到白灰墙皮②，四周应有围墙。这种门实际上是一座殿，无通

---

① 陈安利：《唐十八陵》，中国青年出版社，2002年，第25页。
② 按，西夏陵墙体等施赭红色，仅三号陵碑亭见白墙皮，西夏陵陪葬墓墙体等施白色。唐陵墙体抹白灰和朱浆，唐桥陵上宫东门洞内见白灰墙皮；宋陵墙体等施红色。看来西夏陵施色主要是仿宋陵。

行功能。① 唐乾陵之后各陵上宫四隅置角阙，角阙平面多为方形或圆形，阙上有建筑。② 上宫内献殿置于南神门内，平面呈方形或长方形。③ 西夏陵陵城平面呈方形或长方形，夯筑神墙，墙顶覆瓦。神墙四面开神门，两侧有门阙（三号改三出阙）；有的陵城东、西、北三门或东、西二门不通行。上宫四隅置角阙（三号陵角阙为三出阙变体，上有建筑）；献殿在南神门内，平面呈长方形（三号陵八角形台基上建外圆内方形献殿）等，均与唐陵相似。此外，唐陵南神门门楼楼阁式，余三面不通行的神门过殿式，对西夏陵城四城门迄今不明的形制，也有较为重要的参考价值。

上述情况表明，西夏陵陵园除陵塔之外的主要构成要素及其形制和配置状况几乎都与唐陵有关，其中特别是构成西夏陵主要特色的外城、夹城、阙台、双碑亭、月城及月城内石象生的配置形制均脱胎于唐陵。前述西夏陵仿宋陵，除角台和下宫等外，余者均与唐陵相同。因此，西夏陵陵园的形制布局，实际上是以唐陵模式为基础，并吸收宋陵一些因素发展变化而成的，说到底其形制布局是源于唐陵。这种状况，应是西夏与唐朝长期的密切的政治关系和文化交流在西夏陵上的反映。

（三）西夏陵陵园形制布局在唐宋陵基础上变异的原因

关于西夏陵陵园形制布局在唐宋陵基础上的百衲衣，在此主要谈西夏陵前区独特布局形式，以及献殿、墓道、地宫、陵塔、陵塔南北一线并偏置于陵城中线之西的两个问题。

1. 西夏陵陵园前区形成独特布局的原因

西夏是地方割据的小国，故其帝陵的规模不可能比拟于唐宋帝陵。由于西夏帝陵规模较小，所以陵园前区神道和石象生行列不宜过长，其长度必须与陵园和陵城规模保持适度而恰当的比例关系。在这种情况下，西夏陵陵园的神道不仅较唐陵神道大为缩短，而且在依循宋陵缩短神道之制时，又较宋陵神道略短。其次，石象生行列（调查资料统计，西夏陵石象生约30件左右）是缩短神道的最大障碍。为解决这个问题，遂仿唐乾陵六十一王宾石像配置形式，将石象生行列分段至于南神门外神道两侧，并在其外围护月城，从而改变了宋陵石象生行列拥挤在乳台与南神门间短神道上的状况。此外，石象生行列分段置于南神门外神道两侧之后，从阙台至月城门间神道则过于空旷，所以有仿唐乾陵在乳台（即西夏陵阙台）之后置二亭碑（有的置三亭碑）。

上述情况表明，西夏陵前区的独特布局形式，乃是在陵园规模较小，必须较以往帝陵缩短神道的前提下权变的结果。而这种权变又恰有唐乾陵碑亭和六十一王宾石像配置模式可以借鉴，因而就形成了将神道按前后相连的两段设计，前段置阙台

---

① 陈安利：《唐十八陵》，中国青年出版社，2002年，第27、第28页。
② 陈安利：《唐十八陵》，中国青年出版社，2002年，第29页。
③ 陈安利：《唐十八陵》，中国青年出版社，2002年，第30、第31页。

和碑亭、后段置月城和石象生的独特布局形式。这种布局形式，既达到了神道长度与陵园和陵城规模比例合宜的要求，又使神道空间序列层次疏密结合，错落有致。而神道以月城石象生组群凝重收尾，并与陵城相依，使二者相辅相成，则更增强了神道、月城和陵城应有的庄严、肃穆的纪念氛围。

2. 献殿、地宫、陵塔南北一线偏置的原因

西夏陵献殿、墓道、地宫、陵塔南北一线偏置于陵城内中线之西（以三号陵来看，偏5°，方向为145°），此现象为历代陵园中的孤证。沈括《梦溪笔谈》卷十八《技艺》中记载："西戎用羊卜，谓之跋焦，卜师谓之厮乩。以艾灼羊髀骨，视其兆，谓之死跋焦。其法：兆之上为'神明'，近脊处谓之'坐位'，坐位者主位也；近旁处为'客位'。盖西戎之俗，所居正寝，常留中一间，以奉鬼神，不敢居之，谓之'神明'，主人乃坐其旁，以此占主客胜负。"在佛教传入西夏以前，党项人一直崇信鬼神，所谓跋焦占卜法，就是西夏人信奉的灸勃焦占卜法。按照这种占卜信仰，居中处皆为鬼神位，凡人事皆不可当此禁忌之位（西夏一号、二号陵陵城中心台，或即表示鬼神之位）。故西夏陵献殿至陵塔南北一线均偏置于陵城中线之西，现在西夏陵的研究者多持此说。[①]

四、西夏陵陵园形制寓意探析

（一）西夏陵陵塔、陵城和陵园整体形制之寓意

1. 西夏陵陵塔的性质与寓意

西夏陵陵塔的出现或受北宋帝陵三层高陵台的启迪，从西夏陵大型陪葬墓有的在墓室之上耸立塔式高封土来看[②]，西夏陵陵塔原本或是仿制宋陵之陵台。但是，西夏陵却将陪葬墓塔式高封土改置于地宫之后，变成佛塔式的陵塔。这种巨大的变化，不仅使陵与陪葬墓在规制上形成严格的等差，而且其性质和寓意也进一步深化和升华。

据考古资料，正式发掘的三号陵和经考古清理的六号陵，在陵塔前均发现有圆形夯土建筑基址，三号陵圆形建筑基址大致位于地宫之上，六号陵圆形建筑基址则在地宫之后[③]，说明此类建筑基址应与地宫封土无关。由于圆形建筑基址在陵塔前，故必与陵塔有较深的内在关系。我们认为，西夏陵起塔，乃是西夏"皇室"笃信佛教的反映。佛塔意译为坟，源于对佛陀舍利之崇拜。佛涅槃后起塔供奉，西夏陵在地宫之后亦起塔供养，显然有比附之意。因此，陵塔的位置和形制结构

---

① 许成、杜玉冰编著：《西夏陵》，东方出版社，1995年，第153页。
② 许成、杜玉冰编著：《西夏陵》，东方出版社，1995年，第72—77页。
③ 宁夏文物考古研究所、银川西夏陵区管理处：《西夏三号陵——地面以及发掘报告》，科学出版社，2007年，第287页；宁夏回族自治区博物馆：《西夏八号陵发掘简报》，载《文物》1978年8期。八号陵后改编为六号陵。

与封土无关，但其却与前述的塔式高封土和宋陵的陵台一样，仍不失为陵的重要标志。除此以外，陵塔更重要的是将死去的西夏皇帝比附佛教的"涅槃"。陵塔前的圆形建筑基址可能就是供养象征"皇帝涅槃"的佛塔及与西夏"皇室"世俗祭祀活动相结合的"祭台"或"祭坛"。由此创造出隆重纪念死者的庄严氛围，以示西夏皇帝在西夏人佛教"涅槃"信仰中的崇高地位，并使之在人间和冥府中成为代表皇帝身份地位的象征。

总之，陵塔的设置根植于西夏人对佛教涅槃的信仰，但同时又不离开当时现实社会的传统，所以陵塔的设置也是当时西夏人的葬俗（如陪葬墓塔式封土）和西夏皇帝丧葬规制的反映。因此，陵塔无论对死者还是生者，都必然有较深的寓意。对此，前面已略作推测，但其真正的含义，迄今尚无共识性的确解。

2. 西夏陵陵城仿宫城，并被喻为"涅槃城"，陵园整体形制仿都城

唐宋帝陵上宫形制仿宫城，此后明陵陵宫与地宫前后相连而分置，更明确仿宫城前朝后寝之制。① 由此可见，自唐以后上宫仿宫城已形成传统，从西夏陵陵城来看，陵城平面呈方形或长方形，神墙四面开神门，有门阙，四隅置角阙，凡此均属宫城规制。而陵城内的献殿相当于宫城大殿，地宫相当于宫城之寝。又陵城南神门与月城相连，月城内两侧石象生行列则象征皇帝生前之卤簿。上述情况表明，西夏陵陵城显然是比拟于宫城。

此外，由于佛塔与涅槃密切相关，故陵塔与陵城相结合，又可将陵城喻为"涅槃城"②，以使死者不生不灭，到达安乐解脱之圣者所居；命终，往生极乐世界（详见后文）。除上所述，若进而言之，西夏陵有外城者，似表现宫城（陵城）之外有外城。有夹城者，似以陵城为宫城，夹城为皇，四角台连线范围为外城；陵城外无围护者，似以陵城为宫城，四角台连线范围为外城。也就是说，西夏陵陵园的整体形制均在不同程度上模拟都城，其核心和重点表现的则是宫城（陵城）。

（二）三号陵陵园形制寓意探析

1. 三号陵是西夏陵体系中真正的祖陵

现在多认为一号、二号陵是西夏陵的祖陵。但是，在西夏九陵中，只有位于一号、二号陵之北第二陵区的三号陵规模最大，形制和结构最复杂。前已推定，三号陵陵主是西夏建国之君李元昊，一号、二号陵陵主是西夏建国前的李继迁和

---

① 《唐十三陵》，第52页。明陵陵宫大殿面阔九间，进深五间，象征"九五"之尊，如大内正殿之制。明陵地宫（玄宫）"仿九重法宫为之"，如明定陵玄宫前、中、后三殿，正与紫禁城乾清宫、交泰殿和坤宁宫的布局相合；左右配殿与乾清宫两旁东西六宫位置相应。

② "涅槃城"经论所载有二义。一乃譬喻之语，盖涅槃系证不生不灭，到达安乐解脱之圣者所居，故以城为喻（《楞伽经》卷三）。二指极乐世界，盖极乐无为之涅槃界，故为证涅槃寂静妙果之都城，习称"毕命直入涅槃城"，即命终，往生极乐世界（《长阿含经》卷四，《楞严经》卷十）。参见《佛光大辞典》4154页"涅槃城"条，书目文献出版社，1989年影印本。

李德明，三号陵以北四至九号陵陵主是元昊之后诸帝的陵园。这样，西夏陵就以三号陵为界，分为建国前后两大部分。即卒于西夏建国前葬于三号陵之南第一陵区的一号、二号陵，是元昊建国后追谥的帝陵，其对西夏王国来说只是名义上的祖陵。西夏建国后，以三号元昊陵为首陵，故是西夏王国实际上的祖陵，元昊之后的四至九号陵陵园规模和形制均在三号陵之下，也意在"逊避祖陵"（开明十三陵"逊避祖陵"即长陵之先河），所以三号陵才是西夏王国正式的真正的祖陵。由于三号陵是祖陵，地位崇高，陵园形制结构最复杂，因而在西夏诸陵形制寓意最完备[①]，表现得也最充分。有鉴于此，探讨三号陵陵园形制的寓意，对其他诸陵无疑也具有重要参考价值。

2. 三号陵陵园形制重在表现"涅槃"信仰和往生佛国净土极乐世界

（1）三号陵园建筑设计以"天圆地方"为核心理念。

三号陵陵园月城呈长方形，陵城平面略呈方形，四角台连线为长方形之变体而呈梯形，碑亭基座亦呈方形，"方形"成为三号陵的基本框架。其次，碑亭方形基座上的亭呈塔式，门阙和角阙平面和立面呈圆形或圆弧形，其上建立呈圆形的覆钵式塔；献殿台基八角形上建towards外圆内方形献殿，陵塔呈圆形覆钵式（图七）。上述情况表明，三号陵陵园设计在总体上是方与圆的结合，充分体现出中国传统的"天圆地方"的理念。具体言之，陵园主体建筑为方形，其上的塔式建筑及门阙、角阙、阙台和角台等辅助建筑为圆形。"方"代表大地，具静态特征，"圆"代表天，具向上的动势，两者结合，重在表现长眠于陵宫的陵主灵魂升天的态势。

（2）三号陵诸塔林立，陵城及陵园形成塔院和塔林。

三号陵陵城四神门门阙和四隅置塔，陵城内北端又耸立陵塔作为陵墓的标志，整个陵城犹如一座塔院。三号陵陵园四角台、二阙台、二碑亭和月城南门两侧门阙之上亦置塔式建筑。上述情况表明，三号陵陵园诸塔林立，陵园置于塔林之中，因而使整个陵园犹如佛国净土、极乐世界。

（3）三号陵陵城更像宫城，更似"涅槃城"。

前文已指出，西夏诸陵陵宫的形制仿宫城，其中三号陵的陵城四神门门阙为三出阙，四隅角台呈复合式三出阙样式，三出阙属宫城规制之列。西夏宫城规制不明，从西夏保存较好的重要城址黑城来看，残存遗址的城西北角台及相邻两侧城墙上置塔。据此似可认为，西夏都城、宫城和重要城址的门阙、角阙上置塔已成通例，三号陵陵城上诸塔当是上述情况之反映。因此，门阙和角阙三出阙与诸塔的出现，使三号陵陵城较其他诸陵的陵城更像宫城。

前文已说明西夏诸陵陵塔与陵城相结合，又可将陵城喻为"涅槃城"。具体到三号陵，其陵城门阙和角阙上诸塔与陵塔相得益彰，形成更加浓厚的"涅槃"色彩，所以三号陵的陵城较其他诸陵陵城更似"涅槃城"。

---

① 三号陵陵园形制寓意中所提到的三号陵形制布局和结构，见宁夏文物考古研究所、银川西夏陵区管理处：《西夏三号陵——地面以及发掘报告》，科学出版社，2007年。

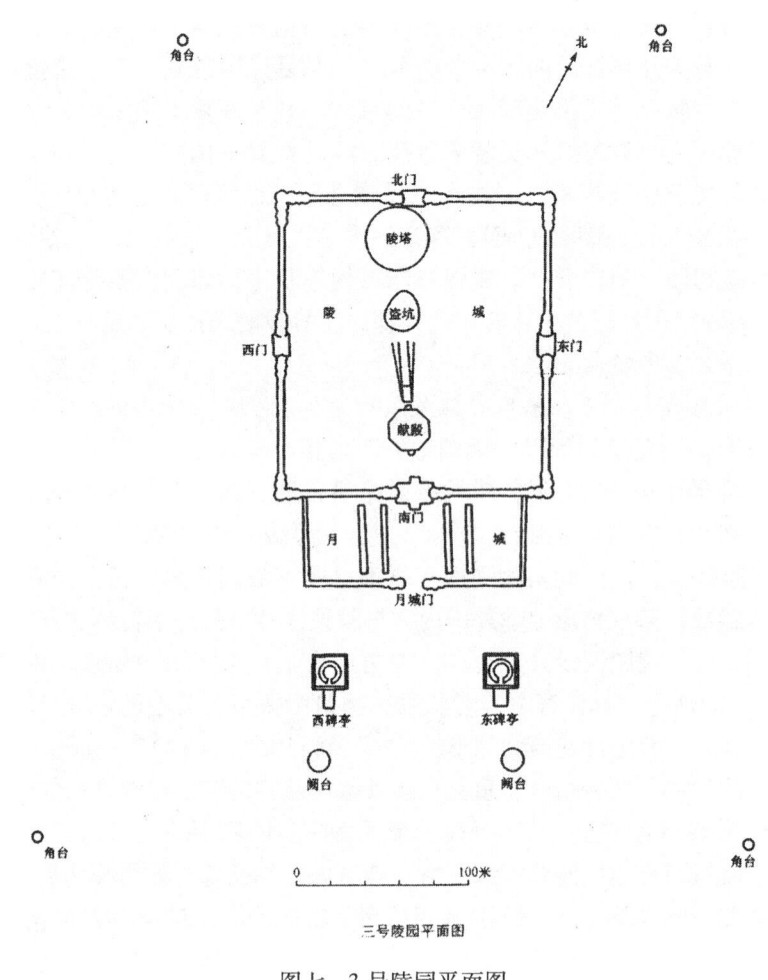

图七 3号陵园平面图
（采自《西夏三号陵》）

综上所述，三号陵陵园特殊的形制结构，以"天圆地方"为陵园设计核心理念，并以此为准，形成三号陵园形制的基本框架。这样就使元昊既葬于以宫城为模式的陵城之中，长眠于大地，又使之处于"天圆"之下，营造出天地交融、视死如生的氛围，重在凸显元昊死后在冥府中仍居至高无上、唯我独尊的地位。并且，三号陵园诸塔林立，以佛教涅槃信仰为主线，将元昊之死比附于"涅槃"，将陵城喻为"涅槃城"，使整个陵园仿佛置于"佛国净土、极乐世界"之中，充分体现出三号陵陵主希望死后往生佛国净土极乐世界的强烈夙愿。上述情况表明，西夏陵以唐宋帝陵为样本，按照当时当地的实际情况予以取舍变化，形成了西夏陵的新规制。在此基础上，西夏陵特别是其中的三号陵，更将佛教涅槃信仰和对塔的崇拜纳入其中，并使之与陵园有机结合，融为一体，从而创造出新型的西夏陵陵园形制布局和结构。此种类型的陵园形制，为西夏所独有，因而成为中国古代陵园形制布局中的奇葩。

明清时期水族墓葬文化研究

宋先世　贵州省文物考古研究所

水族是中华民族大家庭中成员之一，是我们统一的多民族国家56个民族体系中不可或缺的一个组成部分。其语言属汉藏语系壮侗语族侗水语支。根据2000年第五次全国人口普查数据统计，水族人口在全国共有406902人，其中90%以上分布在贵州省境内，主要活动区域为黔南桂北珠江水系中部上游的都柳江和龙江流域，云贵高原上苗岭山脉东麓雷公山南麓一带。水族村寨多按姓氏聚族而居或成片聚居，通常由数十户或上百户组成一个村寨，杂姓村寨和单家独户零散居住者较少，地域性特征比较明显，这也是水族传统文化得以较好地保存至今的一个重要因素。

水族自称"睢"，秦汉以前居于岭南邕江流域的"邕虽山"，该流域为古代"骆越"活动的区域。秦始皇统一岭南后，在该地置南海、桂林、象三郡，设吏治理。由于战争的影响，水族先民离开原址北上，经今广西壮族自治区北部的河池、南丹一带沿龙江溯流而上，往今黔、桂边境迁移，开始从骆越的母体中分离出来，逐渐向单一民族发展。至今在水族语言中仍保持了"百越"民族大量入声字音和短促调，以及许多南方动物诸如"大象"等的词汇，在水族墓群装饰石雕上，大象亦是一个常见的吉祥动物形象。水族民间神话传说和歌谣中，也多有记叙其祖先在两广地区生活的内容。从水族"干栏式"建筑民居、以稻作农业为主的生产方式、使用铜鼓作礼乐器、将鱼作为图腾并视为生活中最重要的一个元素等方面观察，均表现出水族先民在历史上与岭南"百越"族群有着深厚的渊源关系。

据历史文献记载，唐贞观三年，统治今水族地区的东谢首领谢元深入朝，唐以其地置应州，授元深为刺史，同时在应州下置都尚、婆览、应江、陀隆、罗荣五县，除陀隆一地外，其余全是今天水族的聚居区域。唐玄宗开元元年至廿九年，又在这一带置羁、劳、抚水三羁縻州，其中的抚水州下辖京水、抚水、多逢、古劳四县，即今贵州省荔波县和广西壮族自治区环江毛南族自治县一带。宋太祖开宝三年之后，又在水族地区先后设置荔波、陈蒙、合江、抚水等州。《宋史》卷四百九十五·列传第二百五十四·蛮夷三记载："抚水州在宜州南，有县四：曰抚水，曰京水，曰多逢，曰古劳。唐隶黔南。其酋皆蒙姓同出，有上、中、下三房及北遐一镇。民则有区、廖、潘、吴四姓。亦种水田、采鱼。"至今蒙、潘、吴姓等仍为水族人口中最为常见的姓氏。

水族是一个有着深厚民族文化底蕴和悠久历史文化传承的民族，在长期的社会发展中，创造了本民族灿烂的历史文化，形成了自身一系列的民族传统文化特征，就其典型的民族特色而言，有以"水书"为主要载体的形象独特的水族文字；有以丰收时节农历九月为岁首的自己的历法"水历"；有前后延续七七四十九天的世界上最长的年节"端节"，以及在水历九月、十月"卯"日分四批在四个不同的水族聚居地点举行的"卯节"；有以"马尾绣"为代表的水族民间传统技艺，等等；不一而足。在重要节庆和祭奠中，吹奏少数民族乐器芦笙和芒筒、击打铜鼓和木鼓，是这一系列活动过程中必不可少的仪式和内容。在水族石结构墓葬中，仿铜鼓纹饰的石雕是所有雕刻中最重要的装饰，其中既有与真实铜鼓鼓面花纹完全相同的写实作品，也有抽象地以几道同心圆为主、辅之以简略的几何纹饰的写意创作，但无论雕刻繁简与否，一律都是被放置在墓的地面首层靠死者头部的位置，以彰显其要。

在现今水族聚居的三都水族自治县及其周边地区，至今还保留着这样一批造型独特的水族古墓，它们多分布在水族聚居的村寨附近，以公共墓地墓群聚葬的方式埋葬，地下部分采用竖穴土坑，将棺木葬具和遗骸埋葬地下，地上部分则使用加工整齐的石料构筑成一至多层、表面形状呈长方体"箱式"结构、外部整体形象类似于房屋建筑结构式样的一种极富地方性、民族性特色的墓葬群体；以及与之共存，带有抽象石俑、石雕等水族历史文化元素符号，用不规则石块堆砌的长方形墓冢和用加工规整的石料围砌、叠砌成的长方形、圆形石室、石围墓群。

关于水族地区这种奇特的带有典型性的长方体箱式石结构墓葬的称谓与命名，在以往的调查研究及相关报道中，并不完全统一。

宋兆麟、严汝娴先生将这种带有部分石刻装饰内容的民族墓葬界定为"画像石墓"。[①] 席克定先生把这一类水族墓葬称为"干栏式石板墓"。[②] 更多的同仁、学者则直接称之为"石板墓"。而在当地民间，村民又称为"苗坟"、"苗罐坟"、"生基坟"等不一而足。

就"画像石墓"的划分来说，历来多指墓室内装饰有画像石刻内容的墓葬，主要流行于汉代中原地区及相邻的鲁南、陕北、川中等地，是那个朝代"生不极养，死乃崇丧"的产物。死者的后代为了尽"孝"道，用青石砌造仿照人间住宅的墓室，还有些墓前砌有祭奠死者的祠堂，画像就刻在墓的四壁、顶部和祠堂的壁上。而在水族地区发现的明清时期墓葬中，既有形制相同的，也有形制不同的；在同一形制的墓葬中，既有装饰石刻内容的，也有不加以任何装饰的；更重要的区别是汉画像石墓绝大多数建筑于地下，一般内空较大，宛若厅堂，画像石刻多装饰于内；而水族墓葬通常体量较小，一般长仅 2 米左右，宽不超过 1 米，故其只是一种类似于模型明器做法，浓缩了房屋建筑结构特点的象征性的地面建筑，其石刻也只能装饰于外壁而无法雕刻于内，因此将其划入画像石墓似为不妥。

关于"干栏式"石板墓的称谓，这是源于部分水族"箱式"墓葬地面石室两侧有长方形条石作支撑，形制仿佛如南方少数民族干栏式房屋结构样式而言。

---

① 宋兆麟、严汝娴：《三都荣耀村水族画像石墓》，载《贵州民族研究》1983 年第 1 期。
② 席克定：《贵州水族石板墓葬》，载《贵州文物》1984 年第 2 期；《灵魂安息的地方——贵州民族丧葬文化》，贵州人民出版社，1990 年 12 月。

追溯"干栏"一词,系古代越语的汉字记音,原称为"干阑",其名称最早见于《魏书·僚传》:僚人"依树积木,以居其上,名曰'干阑'。干阑大小,随其家口之数"。这种依靠树木脱离地面构筑居室的人居方式,类似于半巢居状态,其制当源于原始巢居的形式。《韩非子·五蠹篇》记载:"上古之世,人民少而禽兽众,人民不胜禽兽虫蛇。有圣人作,构木为巢,以避群害,而民悦之,使王天下,号曰'有巢'。"张华《博物志》说:"南越巢居,北朔穴居,避寒暑也。"

浙江余姚河姆渡遗址发现的带有榫卯结构、成排成行纵横分布、大量竖插的原木桩和板桩以及横架在其上的木质梁、板构件等,已经被公认为我国早期的干栏式建筑。而广西壮族自治区此后在顶蛳山遗址中发现的居住区内成排有规律的柱洞,也已"成为中国南方通过考古发现来确认史前人类居所构造形式的重要依据"[①]。进入秦汉以来,在云南、四川、贵州、湖南、江西、广东等南方地区的考古发掘中,陶制干栏式建筑模型更是作为一种常见的明器大量相继出土。与之相应的是民间干栏式建筑的日趋成熟,成为我国南方多个少数民族使用至今的人居建筑形式。如壮族、侗族、水族、傣族、布依族等民族的住房建筑形式即由此发展而来。在西伯利亚、东南亚、美洲、大洋洲、非洲的一些地区也同样有干栏式建筑。这种建筑形式,"人栖其上、牛、羊、犬、豕、畜其下",既可人、畜分立并存,又能有效地避开潮湿环境及各种居住于地面的不良之患。

然而综观水族地区发现的水族"箱式"墓葬,在墓壁外围使用扁平或方形条石作加固支撑的墓型只是少数,还有更多主体结构相同,但没有使用此类建筑构件的墓葬,以及同属水族墓葬形制完全不同的墓型。再者,"干栏式"的概念是指在竹、木桩体上构筑主体悬空的建筑,而所谓的"干栏式"石板墓,都是在地下以竖穴土坑放置棺木葬具,并在其地表用石料掩盖其上,既作为地下墓穴的盖板,同时又作为地面建筑部分的基础使用,地面主体部分直接就叠压在基础上,没有任何一点"干栏式"建筑悬空的特征。就墓冢营建者主观理念来讲,这里面也许或多或少地吸收了部分干栏式建筑的元素,但是就其客观功能而言,更主要的是为了使整个拼镶的石结构墓体更为坚实稳固,所以凡是在使用这种支柱的地方,其上下两端与墓体结合部位都毫无例外地使用传统的榫卯结构,以强化整体扣合的力度,防止墓壁坍塌。即便是在这些立柱上面阴刻或浮雕部分装饰内容,表现的也是审美意识与造型艺术的结合。如果将其视为水族墓葬的标志性符号,那就应当在所有的同类型墓葬上都有而不是仅仅见于其中的部分墓葬。因此,使用"干栏式石板墓"这一名称来称呼水族墓葬,既不确切,也不全面,有失偏颇牵强,不能客观准确地反映出水族墓葬的局部与整体特征。

至于"石板墓"的提法,同样不足以表现和概括水族墓群中各种形制墓葬的面貌特点。就其字面上的"石板"二字,虽然表达了使用石质板材作为墓葬建筑材料这一事实,但是水族墓群中还包含大量简易的使用未经加工的天然石块堆砌的不规

---

① 覃芳:《文明曙光——岭南人的祖先》,广西人民出版社,2009年,第140—141页。

则墓葬，在石板寨上水达墓地西区还发现有使用整块长方体石料而不是使用"石板"来拼镶的墓体，"石板墓"的称谓显然不能将它们涵盖其中。再者，从通常的概念出发，"石板墓"指的是使用石板作为墓穴的四壁及铺底和盖板，遗体纳入其中，并且这一类墓葬的石板基本上都被掩埋于地下或封土之中，正因为此，这些石板的加工程度往往比较粗糙，边缘也不够平整，远远不如水族墓葬中使用的石板材料加工规整和精细，更何况我们称为"石板墓"的水族墓葬全部都是在地面构筑的纪念性建筑，空间狭小，根本不能容纳遗体和葬具，只能起到一种装饰作用，与传统意义上的"石板墓"不可相提并论。还有，从"石板墓"延续的时间和分布的地域以及使用石板墓的民族主体来看，这一墓型自新石器时代到明清、从南方到北方甚至国外，多个民族都在使用或曾经使用过，极易产生歧义。

有鉴于此，在研究过程中我们认真梳理和思考了水族墓葬的名称和定义问题，认为不宜使用"画像石墓"、"干栏式石板墓"以及"石板墓"的提法来命名水族墓葬，上述名称不能准确和完整地来反映和揭示水族墓葬的整体及个体面貌。至于民间传说的"苗坟"、"苗罐坟"、"生基坟"等当然更不能作为我们称呼水族墓葬的名称。

根据我们掌握的材料及对整个水族聚居地区现存墓葬情况的调查了解，我们认为可以划定为"水族墓葬"的坟墓并不是只要是水族族人所葬就归入其中，比如现在所埋的和民国以后的晚期墓葬，等等，这里面必须体现出能够代表水族传统文化的个性特征和民族属性，以及限定在一定的时空范畴内。水族墓葬应该具备以下几个基本特征：

（1）分布范围不超过水族现在和历史上聚居的地域；
（2）墓葬年代不超过明清时期，上限为明代，下限为晚清；
（3）包含水族传统文化元素，未完全异化者。

具体分析，符合以上三个要素的水族墓葬类型较多，但最具基本典型特征的墓型当数在地面用加工整齐的石材构筑的长方体单层、双层和三层仿房屋建筑结构式样的"箱式"石结构墓。之所以使用"箱式墓"这一称谓，一是避免延续使用旧有的"画像石墓"、"干栏式石板墓"、"石板墓"等名称造成认识上的混淆和歧义，二来我们所指的这一类墓型，其外观长方体的形状与箱体无异，无论单层或多层上小下大的叠砌形式，均如一个个陈列于兹的石箱，更何况其功能除了在外表上体现出仿房屋的形态外，其内部根据民间调查的陈述，主要也是作为"箱体"来使用，用于置放死者生前使用的少量生产或生活物品。据言男性多随葬工具用具，女性多陪葬服饰用品，但是这只是一个民族学调查的材料，我们在实际考古发掘调查中，所有的箱体内均空无一物，是原先就没有随葬物品还是后期因自然或人为因素而消失不得而知。不过从多数未被盗扰的墓来观察，箱体结构至今完整，没有从中取出物件的痕迹。所以即便是随葬有东西，我们估计最多也只能是服饰类易于朽蚀风化的棉麻甚至纸质制品。再者，据民族学调查的材料，水族称这种类型的墓为"木底巴伦"，其意即为"石箱"，与我们"箱式"墓的称谓正相吻合。

除了长方体"箱式"墓以外,我们在水族地区所见符合前面要求的水族墓葬还有以下几种类型:

(1) 长方形石室墓。这类墓的基本特征是用经过加工的石材构筑长方体墓室,墓室内部空间通常比"箱式"墓大,并且里面多填充泥土,不像"箱式"墓除了少量用整块石材构筑箱体而呈实心外,其余的全部都是内部空心不作填充。还有"箱式"墓既有单层也有多层,而长方形石室墓只有一层,未见多层者。从外观来看,长方形石室墓大致有两种形式:一种墓体较大,墓顶多为仿瓦屋面,前面有龛式碑,见于三都水族自治县石板寨上水达墓地及杨拱乡板劳村等,其中一例位于上水达墓地的 M3,长方体外形较大,无碑,平顶,但是在墓顶前后安置有石雕双鱼纹仿牛角造型的水族元素构件,墓后地上亦竖有水族墓葬特有的抽象石俑造型。另外一种体形较小的长方形石室墓,有碑或无碑均可,墓顶封盖,整体呈闭合状。

(2) 长方形石围墓。用石料围砌墓壁作墙体,内填封土,多有龛式碑,除了具备一些长方形石室墓的基本特征之外,两者之间最大的区别就是一个墓顶是封闭的,一个是开放的。长方形石围墓碑帽多有典型水族墓葬双鱼纹仿牛角或"山"字形石雕的特征,另外在墓壁上沿多数也做成仿屋檐结构的式样,只不过相对要显得简化得多。

(3) 圆形石围墓。就其墓型来说已经完全汉化,与现在的墓型基本无异。但是从其碑帽造型和墓上装饰的雕刻图案以及圆形石墙上沿仿屋檐形状的特点考察,仍然遗存有部分水族墓葬的元素。加之这些墓所处的位置,与前面几类墓型夹杂共处,墓主的姓氏也多与现在居住的水族姓氏相吻合,理应是水族墓群之中的一个组成部分。还有这类墓多有明确的纪年,可以为我们判断年代提供一个较为准确的参考依据。

(4) 不规则石块堆砌的长方形乱石墓。这种墓在水族墓葬中所占比例最大。虽然从外观来看不具备什么特点,在其他地区其他时代其他民族中也常见,但是通过我们的调查发掘,这一类墓首先是分布在水族聚居村寨的水族公共墓地中,除地面简单的处理方式与其他墓型不同外,其地下掩埋死者的葬具与形式是完全相同的。还有在部分此类墓葬尤其是榕江县水尾水族乡水尾大寨水族公共墓地中,随处可见代表水族墓葬特殊习俗的各种几何形构图抽象人物造型的石俑竖立在这种不规则石块堆砌的墓冢后,这种强烈的民族文化符号,使我们无法将它与水族墓葬分割开,当视为水族墓群有机整体中较为普遍的类型。

此外,还见有一个特例。我们在三都水族自治县周覃镇水备村发现一座双室石结构墓,其墓形类似于两个单层长方体"箱式"墓结合在一起,这是在整个水族墓群中唯一所见形制特殊的一座。

至此,我们得出两个关于水族墓葬的概念:第一个是狭义的,它特指我们所说的用加工规整的石材仿房屋建筑结构式样构筑的单层或多层水族特有的"箱式"墓。这是水族墓葬中最具典型特征的代表墓型。第二个是广义的,除了水族"箱式"墓以外，还包括了上面 1 类至 4 类分布在水族地区、与"箱式"墓同时代、具有一定水族文化特征的长方形石室墓、长方形石围墓、圆形石围墓、不规则石块堆砌的长方形乱石墓以及形制特殊的双室墓。这些墓型各具特色，共处一隅，共同组成了体现水族传统历史文化风貌一个侧面的墓葬群体。

通过肇始于 2006 年荔波县水甫村水族墓地的调查发掘，以及此后数年之间对水族分布区域内反复进行的考古野外调查，我们走遍了水族聚居的绝大多数自然村寨，排查了每一处历史上曾作为水族公共墓地的处所，调查记录了目前还保留在世的每一个水族墓群以及每一座典型水族墓葬，对这些在一定程度上代表和反映水族历史文化的遗存，分别进行了调查发掘、数据采集，信息提取，以文字、测绘、拓片、照相等不同技术手段进行记录，掌握了大量翔实可靠的第一手资料和数据。

以田野资料为依托，我们可以看出水族墓群尤其是水族墓葬中最具代表性的长方体"箱式"仿房屋建筑结构式样的石结构墓葬，其分布的主要范围和中心区域均围绕三都水族自治县，包括与之相邻的荔波县、榕江县、独山县靠近三都的部分地区，最为集中典型的区域则是三都县与荔波县结合部位的九阡镇、周覃镇与水甫村一带。可谓水族典型墓葬分布的"金三角"。

在笔者调查统计的 206 座水族墓葬中，有各种方式纪年的墓葬共有 54 座，达到总数的 26.21%，超过了四分之一。其中绝大多数（49 座）有明确的年号纪年或年号干支纪年，可与公元纪年相对应。只有 5 座可知其相对年代而绝对年代不能完全认定。从目前掌握的纪年数据看，首先可以明确的是所有这些墓都没有跨出清代的范畴，最早的一座是葬于嘉庆八年的水甫 M5 潘母吴氏墓，最晚的是葬于光绪三十四年的上水达 M24 潘玉生墓。如果我们再进一步按帝王年号划分，则只涉及清后期从爱新觉罗禺琰到爱新觉罗载湉五位皇帝所处的年代，计有葬于嘉庆年间的墓 9 座（16.67%）、道光年间的墓 24 座（44.44%）、咸丰年间的墓 12 座（22.22%）、同治年间的墓 3 座（5.56%）、光绪年间的墓 3 座（5.56%）、在此时段内绝对年代不明的 3 座（5.56%）。

在这 54 座纪年墓中，按墓型划分计有：长方体单层"箱式"石结构墓 3 座、长方体双层"箱式"石结构墓 10 座、长方体三层"箱式"石结构墓 1 座、长方形石室墓 12 座、长方形石围墓 6 座、圆形石围墓 20 座、其他墓型不辨的墓 2 座。

根据这批纪年墓所跨的年代以及所涵盖的墓型，我们大致可以看出这些水族墓葬的基本年代多以清代中后期为主。当然任何一种成熟的墓型在此之前都会有一段孕育、产生、发展的过程，但是从实际的情形和当地社会的发展变迁及墓型的衍变状况来看，这个进程不会延时太久，而越早的墓保存下来的越少，故我们认为现在所见的这些水族墓葬，极少有跨出清代的范畴。

对于大量存在的不规则石块堆砌的乱石墓而言，既无任何碑铭更无任何年代的记载。这种墓在水族墓葬中所占比例最大。至于它的成因，曾有专家学者根据民族学的材料，将之与当地世居少数民族处理诸如坠崖、溺水、暴病、难产等一系列非正常死亡的现象联系起来，认为是属于此类情形。然而综观此类墓葬，第一均是密集有序地与其他墓型相间排列分布在水族公共墓地中,而按照民间的传统习俗,非正常死亡者是不能进入家族墓地划定的区域范围内的,从它们所处的具体位置上可以排除这种嫌疑;第二是通过发掘工作,我们对地下不同类型的墓葬进行解剖后发现,在不同墓型之间未见有任何处理方式上的不同,均是在竖穴土坑中放置木质葬具,将遗骸纳入其中,而按照民间的惯例,非正常死亡者的尸体通常都是要经过火烧焚化处理,这更是一种实质性的区别。故我们没有任何理由将乱石墓划归到非正常死亡者的行列。

之所以会有大量简陋的乱石墓存在,这应该是与死者家庭的经济状况有关。明清时期在黔南桂北一带少数民族聚居的地方,社会经济的发展相对于其他地区要表现得滞后,即使是在同一块地域(村寨)、同一个基层的社会组织(家族)中,家庭经济条件的好坏也是不尽相同的,这种现象时至今日依然存在。这就不可避免地在安葬死者的时候出现完全不同的情形。据当地传统的说法,在水族地区建造一座考究的"箱式"石结构墓,当时所耗费的工时与财力大略相当于十头牛的价值,而这样的丧葬消费水平,对于那个年代绝大多数的家庭而言无疑是难以承担的。故在任何一个水族墓地,用材讲究、加工规整、构建有型的墓都只是少数,大多数墓葬相对而言简单得多。这显然是那段历史时期社会生活的一个缩影。乱石墓与"箱式"墓在数量上的比例,也在一定程度上体现出贫困与富裕家庭的多寡结构。

至于水族墓群的时代上限,目前未见有确切的更早依据。

虽然也有个别意见认为水族的这批墓葬中有早到明代者,例如水族学者王品魁先生根据碑文中水族文字记载的内容,将的查M1、M2定为明代中后期的墓葬,认为的查M1记载的"第一"是指水历中元的第一个甲子,即明世宗嘉靖四十三年至明熹宗天启四年之间,并以此认定墓主生于明嘉靖二十一年,卒于明万历十六年。[①] 实际情况是否如此,还有待讨论。观该墓的形制结构,无论是龛式墓碑还是圆形石围墓冢,与明代墓葬仍存较多差异。需要更多的材料来论证支持。

从贵州大量发现的明代墓葬来看,用宽大厚重的石板拼镶而成的长方形石室墓是其主流,这一点或多或少地在水族"箱式"石结构墓中还能找出一点痕迹,这也许是"箱式"墓最早诞生时所参考借鉴的墓葬形制来源之一。有所不同的是,贵州明代以石质板材构筑的墓葬无论单室、双室还是多达七八室的多室墓,均是采取在同一水平面上的并列结构,而水族"箱式"墓,则是采用上小下大重叠起来向空中发展的塔形建筑模式。前者是为了将家庭抑或家族成员聚葬在一起而使用异穴同冢、一个墓室内放置一具遗体的做法,后者则是将遗骸葬于石构建筑的地下,地面的建筑主体不用封土掩埋成冢,而是直接裸露在外,耸立于墓穴之上,向世人昭示其独具风格的存在。

除了年代的记录之外,在墓碑上我们所获取的信息中,死者的性别年龄也是

---

① 王品魁:《水族画像石墓和水文字石墓》,载《黔南民族》1992年第2期。

一项值得关注的内容。根据我们对52座记载有相关内容的墓葬所进行的统计，男性死者有28人（53.85%），女性死者有23人（44.23%），性别不明者1人（1.92%）。这个数据假设不考虑后期破坏可能会导致统计数据不完全正确的因素，其男女结构也还比较接近现实的比例。同时男性墓多于女性墓在一定程度上亦体现出封建时代男尊女卑，男性在死亡安葬环节同样较之女性更受重视的风气。

至于水族墓葬中死者的寿命，调查所见最长寿的达84岁（拉佑M1韦母、尧古M11蒙母吴氏），年龄最小的一例则只有14岁（水尾M1潘阿更）。

死亡者的平均年龄根据29例有确切时间记载的数据统计为64.14岁。29人中按年龄段来划分，10—19岁之间的只有1人（3.45%），20—29岁之间1人（3.45%），30—39岁之间1人（3.45%），40—49岁之间1人（3.45%），50—59岁之间5人（17.24%），60—69岁之间7人（24.14%），70—79岁之间7人（24.14%），80—89岁之间6人（20.69%），90岁以上无。从这个数据我们可以看出，死亡年龄在79岁之前是呈逐步递增的态势，过了80岁则又开始逐步递减，说明当时大多数人是死于79岁之前，80岁以上的长寿老人开始减少，而84岁在当时是一个上寿极限。至于在49岁之前死亡的每个年龄段都仅有一人，表明这只是一种个别现象，不代表正常情况下的死亡年龄，50岁以后死亡人数明显增加，这几点也与上面统计的平均年龄数据相吻合。

在对水族墓葬的研究中，有关水族民族文化特征的解析是最为重要的一环。

在前面的探讨中，我们已经涉及了几个方面的内容：第一是水族墓葬分布区域与水族聚居区域之间在地理位置上的聚落形态关系；第二是水族墓葬所处时代与水族作为一个当地世居少数民族在历史空间上的共存关系；第三是水族墓葬建筑形式与水族"干栏式"传统民居之间的渊源关系。此外，还有一些极具典型特征的内容可资佐证。

一是，在葬俗上的"伴祖添葬"现象。在发掘水甫37号和38号墓的过程中，我们发现两者之间具有一种特殊的关系：即两座墓位于同一封土堆下，系典型的异穴同冢，但是在平面上相互之间又具有明显的打破关系，后埋的38号墓打破先葬的37号墓圹，显示出两者之间在埋葬时间上具有一定的早晚差别，且墓向也不完全一致。按常理推论，通常会认为是过去常见的夫妻合葬墓，后经过相关的民族学调查，始得知这是源于水族特有的一种丧葬习俗，称为"伴祖添葬"，即有晚辈去世后，为了不用再另行选择吉地和吉日，就在前辈安葬的地方就近靠着安埋，陪伴祖先，亦沾祖先的光，受祖先的庇佑。通过这种葬俗的发现，也体现了该墓葬的水族文化特点。

二是，在葬式上的"二次葬"习俗。水族对安葬死者的时间是十分看重的，族里有人死亡必须请水书先生看日子，根据死者的生辰八字和死期选择安埋的黄道吉日，如果推算出没有近期的日子，则需要等到合适的时日才能下葬，等待的时间数月至数年不等，据说最长的有等十几年的。在这过程中，死者的灵柩不能入土，只能放在附近停丧待葬，或进行浅葬假葬，这种丧葬行为反映在墓葬中，即表现为死者的人体骨骼所处位置不可避免地会发生位移,体现出二次葬与死后即下葬的人体结构的不同。我们在清理水甫3号墓时,就发现有二次葬的现象,死者的头骨和肢骨摆放比较散乱,与正常死后即安葬的人体遗骨有明显的差别,当是由该民族特殊的丧葬习俗所致。

三是,雕刻与陪葬石俑的行为。在水族墓葬中最为明显的一个特征是在墓上或墓后雕刻有各种造型不同的石俑。可分为两种:一种是装饰在墓上的石雕人物,多为身穿少数民族服饰的写实人物形象,通常是雕刻在墓壁两旁立柱上,也有个别如杨翁大寨的阿刘公墓,石俑是装饰在墓碑左右两边。在上水达墓地还见有在前后墓壁上半浮雕石俑形象的。更多的一种是采用立体几何造型,雕刻出单个或成组的抽象人物形象,陪葬于墓后地上,数量则从1个至10余个不等。也有采取较为简单的方法,在一块石料上浮雕出并列的抽象人物形象,以3人以上组合为主,最多的一例是水懂大寨1号墓,在同一块石面上浮雕了18个并列的抽象人形。

四是,墓壁上装饰的石刻内容。在水族"箱式"墓上,最直接明显的表象特征莫过于其上面所雕刻的石刻内容,通过这些浸透着墓葬制作者思想文化意识的作品,我们可以看出其中包含着的浓烈的少数民族文化元素。例如水甫3号墓上九个人物手拉手的石刻,与水族民间信奉的"生母娘娘"如出一辙,相同的图案与远在北方的鄂温克民族的始祖像亦十分相似[1],传达出不同民族之间在宗教信仰上的异曲同工之妙。水懂大寨1号墓上雕刻的一幅芦笙乐舞图,一组身穿民族服饰、手执芦笙、芒筒,且吹且舞的少数民族形象栩栩如生。南方少数民族礼乐重器铜鼓雕刻每每装饰于死者头部显要位置,体现出铜鼓在水族人民心目中的重要地位。这和当地民族把铜鼓视为礼仪重器的文化特征高度一致。尽管铜鼓纹饰的形式有繁有简,多数为写实的式样,仿照实际器物的花纹雕刻而成,也有少数简单的仅雕刻出几道直径大小不一的同心圆,但是无论繁简,其透出的信息其实都是一样的,即铜鼓在水族社会文化生活中拥有的重要地位。清代《三合县志略》记载:"水家……好吹芦笙,击铜鼓。"[2] 而且水族在过去基本上是每家每户必备铜鼓,少的村寨至少有几面,多的可达几十面,每逢节庆、祭奠、丧葬等大型活动,敲击铜鼓是必不可少的重要仪式和内容。鉴于铜鼓的珍贵和重要性,虽然为防盗窃不随葬实物而仅用石刻来代表,其意义显然是相同的。在南方少数民族中使用铜鼓的不止水族一个民族,但同时使用铜鼓纹装饰又使用这种特殊墓葬形式的则只见于水族地区而在其他民族中不见。此外,还有大象的雕刻,也在述说着水族这个民族来自岭南邕江之畔的历史。尧古墓地上雕刻的一幅数头水牛吊挂于栏杆上,几个人物站立其上准备屠牛的"牛牺图"和水族墓葬中大量存在的"卧牛望月"图、"牧牛图"等,充分表现出作为一个农耕民族,水牛与人们生活的

---

[1] 白丽民主编:《鄂温克民族传统社会与文化》,科学出版社,2007年,第181页。
[2] 胡羽高:《三合县志略》,民国,三都县志办复印。

息息相关。还有无处不见的鱼的形象，更是水族文化的一个代表性符号，无论是平面雕刻的"三鱼图"还是立体雕刻的仿牛角造型双鱼纹装饰，在水族墓葬中都是不可或缺的一个核心内容。在墓葬顶部雕刻装饰中，鱼的形象常常被放在十分突出的地位，而且通常置于墓顶前后的两端或两侧，以及龛式碑的碑帽上。这种风格造型从早期一直延续到中晚期，甚至到了民国时期的圆形墓葬中也还在沿用。这与水族喜鱼、养鱼、食鱼、敬鱼的传统紧密相连。长期以来，"饭稻羹鱼"是水族社会经济生活的一个写照①，鱼不仅是作为一种动物、食物存在，更是被视为一种神灵来崇拜。尤其是在举办丧事的活动中，水族独有的"忌荤食素"风俗更是把对鱼的敬重表现得淋漓尽致。在此过程中，死者亲属及族人是不能吃任何肉食的，但是只有鱼及水产品除外。无论是在婚丧嫁娶还是逢年过节、祭祖待客、祈福消灾等活动中，鱼都被摆在极其重要的位置。②

有了以上众多的实例与实证，我们现在没有任何理由再怀疑分布在黔南水族聚居地区以长方体"箱式"墓为代表的类型各异的墓葬群体所独具的水族文化特征，它们是水家儿女在已逝的历史时期中创造的一种固化的文明，其中凝聚了水族人民在丧葬行为过程中对人的精神与物质世界的感知与认识，是那个时代留给我们的一笔珍贵的民族文化遗产。值得我们更多地去关注、更好地去保护，使之传承久远，为多民族的中华文明增添浓墨重彩的一笔。

参考文献

1. 宋先世：《试析贵州水族墓葬的民族文化特征》，载中山大学人类学系、中国社会科学院边疆考古研究中心编：《边疆民族考古与民族考古学集刊》，2009年第一辑，文物出版社。
2. 宋先世：《水族墓葬石刻艺术初探》，载《贵州民族学院学报（哲学社会科学版）》2011年第2期。
3. 潘朝霖、韦宗林主编：《中国水族文化研究》，贵州人民出版社，2004年。
4. 邝福光：《水族源流初探》，载《贵阳师范学院学报》1984年第1期。
5. 石国义：《从睢的寻踪论及水族的源流演化与民族过程》，载贵州民族学院历史系编：《贵州民族论丛》，贵州民族出版社，2002年。
6. 王品魁、莫俊卿：《水族来源初探》，载《贵州民族研究》1981年第3期。
7. 水族简史编写组：《水族简史》，贵州民族出版社，1985年。
8. 刘世彬：《中国水族文化散论》，贵州人民出版社，2005年。
9. 石国义：《水族村落家族文化》，贵州人民出版社，2007年。
10. 刘剑：《在死亡中追求永生——水族"控拟"葬礼的人类学考察》，载《贵州民族研究》2007年第5期。

---

① 韩荣培：《"饭稻羹鱼"——水族传统文化的主题》，载《贵州民族研究》2004年第2期。
② 潘朝霖：《水族鱼图腾析》，载《广西民族研究》2001年第3期；《水族鱼图腾探源》，载贵州民族学院历史系编：《贵州民族论丛》，贵州民族出版社，2002年1月，第216页。

民俗文物研究

加强民族文物研究

宋兆麟　中国国家博物馆

今天我要讲的第一个小题目是我为什么要搞民族考古。我在北京大学读的是考古学专业，毕业后分配到中国历史博物馆，也就是现在的中国国家博物馆，做陈列设计工作。我觉得做学问除了个人的努力和勤奋以外，更重要的是你有没有好的机遇。我觉得我的同学里有很多人的学识或能力都比我强，但如果毕业时分配的工作不好就不好发挥了。因为我在博物馆工作，就在这方面获得了便利，有很多好的条件：第一是博物馆资金充足，那时候我们出差的机会多，这样你想搞学问就可以去，做民族调查或是考古工作都可以。第二是博物馆的工作讲究多学科、全方位，不像考古所局限性比较大，比如，山东队只能在山东，河南队只能在河南。我本来是做陈列设计和历史考古工作的，但是1961年国家文物局请翦伯赞、吴晗、翁独健等几位专家到呼伦贝尔做暑期考察，回来以后他们提了一个意见，说少数民族地区即将发生重大的变化，传统文化会很快消失，建议国家把各民族典型的文物抢救和收集起来，作为将来研究和展览使用。国家文物局采纳了这个意见，把这个任务交给了历史博物馆。因为我于1958年参加过广西（桂北）民族调查组的工作，而且当时尚年轻，所以馆里就让我来做这个工作。我所负责的民族文物的收集工作，包括大兴安岭的鄂伦春族、西双版纳的傣族、泸沽湖的纳西族和凉山的彝族。那几年我基本在地方工作，有的地方要待上一年，文物大概收集了几万件。这里就出现一个问题，民族考古概念的提出是在1980年以前，当时很多老专家已经意识到其紧迫性和必要性，但是他们没有来得及去实践，这些实践活动在1949年以后才开始实行。

我读书的时候除了在北京大学学习考古学之外，经常来中央民族大学上课，当时的《原始社会史》是林耀华先生教的，《民族志》是陈永龄、宋蜀华先生教的，我们的人类学也是在这里学习的。我参加民族文物调查以后就遇到一个问题，考古学也学了，民族学的工作也做了，当然既有丰收的喜悦，也有顾虑，但这样做下去行不行？又搞考古学，又搞民族学，是"半瓶醋"，这个问题很严重，我自己顾虑非常大。是不是要走下去？当时我请教了考古学家苏秉琦先生，他几句话就把我说通了，他说"半瓶醋"有什么不好，你考古学学的"半瓶醋"，民族学学的"半瓶醋"，加一起不就把瓶子给倒满了嘛。他说你可以把两个学科结合在一起，只有这种"半瓶醋"才能结合起来，专搞考古或者专搞民族学不一定能把一瓶醋装满。他的启发对我来说很重要，所以从那以后我就坚持了下来。

我们讲的民族考古大概有几个类型，一个是在中国的边疆地区专门从事中国古代民族考古的工作，如王炳华，他做的是新疆考古，与内蒙古考古、西南考古应该是一个类型。我不是这个类型，我就是泛泛地搞，做了很多民族调查。但是我可以用民族学的材料来研究考古学的问题，就是说，我对这两个学科进行比较研究，这样范围就宽一点。

第二，我想重点讲一下民族文物的问题。我觉得学术界对民族文物的研究比较欠缺。比如，我们现在在全国很难找到从事民族文物鉴定和民族文物研究的专家。国家文物局曾经想要成立一个民族文物鉴定的小组，但是没有合适或能胜任的人选，这就看出问题的严重性了。那么什么是民族文物呢？我认为有广义和狭义之分。广义上就是自古以来各民族遗留下来的资料，狭义上就是近现代各民族的文物，这方面的材料非常多，我今天带来了两件文物标本来说明这个问题。最近《光明日报》作了很多次讨论，叫"绝学研究"。就是说，有些民族文化要灭绝了，得抓紧时间抢救。其中我就看到了有关东巴象形文字的文章，文章说东巴象形文字是世界上唯一的象形文字。我看了以后未敢苟同。我在西南地区做的考察比较多，收集的象形文字资料也比较多。象形文字在西南不是只有纳西族有，当地七八个民族都使用象形文字。这一件文物上描绘的是4只老虎在地球上的不同位置，象征春、夏、秋、冬四个季节，打开以后就是历书，过去四川的这个民族称为"尔苏人"，现在归为藏族，实际上是纳西族在雅砻江被藏化的一个民族，这个民族关于象形文字的书大概有三五十种。这件文物是纳木依的，在四川，是近现代的民族文物，年代应该是清代。另一件是《消寒图》。很多人不知道过去冬至的时候人们除了吃、玩以外，小姑娘还要画《消寒图》，或是梅花，或是几个字，反正一定是81个，每天点一点，点完以后冬天就结束了，也就是说，冬至过81天后春天就来了。大家可能记得这首歌："七九河开，八九燕来……"这种《消寒图》在中国非常多，形式大概不下10种，是汉族的，这也是民族文物。是不是有一种"民族文物就是少数民族文物"的错觉？我认为不能这么说，外国人看中国人首先是看汉族，外国人研究中国的民族文化首先是研究汉族，具体到某一个少数民族，他们则不一定看得见。就是说，少数民族文化在很多方面和汉族文化有着千丝万缕的联系，包括《消寒图》在内，这种文物在民族地区也相当多。我认为这些应该属于民俗文物或民族文物。当然古代的民族文物也很多，古代的民族文物应该是考古学家特别是民族地区考古学家重点研究的。对近代的民族文物没有人研究，中央民族大学应该抓好这一块。

民族文化的特点就是看得见、摸得着，它属于物质文化。有的人说国家搞的非物质文化的抢救，就是对民族文化的抢救，这个说法不全面。因为文化是一个整体，不能把文化割裂开，只搞一部分，不搞另外一部分，那是不合适的。中国的民族文化很复杂、很丰富，不管文化的定义有多少种，我认为文化一方面是物质的，另一方面是非物质的，而非物质的仅仅是文化的一部分，用它来概括全局是不合适的。需要特别强调的是，民族文物有没有价值？为什么连搞民族学的人都不重视民族文物呢？他们有一个很大的误区，就是认为民族文物没什么价值。实际上不是这样的，你真正研究以后会发现它的价值特别大，而且涉及很多行业。我举几个例子来说明这个问题。大概是去年，保利拍卖行要拍卖一张名为《元人秋猎图》的画，描绘的是元朝人在秋天打猎的场景。经故宫博物院的专家鉴定它的年代是元代，所以价格很高，起拍价达1600万元，但是仔细看这幅画就会发现一个问题：画面上有两处画的是人在抽旱烟。大家应该知道中国的烟草是在明末传入的，元代还没有。因此，这幅画就不可能是元代的，也不会是明代的，严格上讲应该是清代的。这幅画最后由于很多专家反对而流拍了。另外，我们看电视剧也能发现一些问题，如电视剧《三国演义》中曹操喝酒时拿的酒杯是商代的青铜爵，三国时该不该有？还有他的战士饿了，在路边拿起玉米就烤了吃，三国时的人吃玉米是不可能的。

我认为文物涉及的问题较多。比如，关于曹操墓的争论很大，有一派说是，另一派说不是。据我所知北京大学的宿白先生就持反对意见，原考古所所长徐苹芳先生也持反对意见。我认为关键在实物上。我读过的两本专著认为曹操墓是假的，而有人认为是真的，证据是死者口里发现的一块翡翠。翡翠在中国什么时候才开始有？三国的时候有没有？翡翠是什么地方的？怎么传到中国的？曹操的时候该不该有？还有最近我到农业博物馆观看了一个展览，讲的是中国古代农业的发展历程，其中有一个场景是汉武帝时推广的一种犁，叫做"二牛三夫"，其中"二牛"就是二牛抬杠，"三夫"是指一个人牵牛、一个人控制犁辕、一个人扶犁。我认为展览中的牵牛与扶犁的模型是没问题的，但是中间控制的人骑到犁辕上就有问题了。搞民族学的人就知道，丽江泸沽湖的人就用"二牛三夫"，其中一个人站在犁辕旁边控制犁辕，深耕的时候按一下，浅耕的时候往上抬一下。

另外，以往研究者一般都认为台湾土著民族是南方古代越人的后裔，但是越人的很多文化现象在土著人那里都看不到。有几个现象值得注意：（1）越人不种小米，黄河流域的人种小米，台湾土著人也种小米；（2）台湾有的土著人拔牙，就像山东大汶口文化的人一样；（3）还有一部分土著人穴居。这三个特点至少在南方越人的文化传统里没有，但在黄河流域的文化传统里有，所以能不能说台湾土著民族形成的过程中也有黄河流域的人的功劳？民族学研究者应该要考虑这个问题。所以我认为民族文物的价值特别大。

第三，我要讲一讲怎么收集民族文物。过去许多人比较重视民族调查，现在则由于经费等问题而不那么重视了。搞民族学的人，我认为应该像考古学专业的人一样有实习课，而且有两种，一种叫教学实习，一种叫生产实习。比如，我们学考古，教学实习大概是用一两个月，生产实习是半年，要做的是发掘一个遗址。我认为很多考古学知识的应用都是在生产实习期间获得的。学民族学的人应该做民族调查，我说的调查不是老师带着学生转一圈就回来了，这不算调查。民族学调查少者3个月，多则10个月，有的地区要走很多遍。泸沽湖、海南岛、凉山我都去过6次以上，因为对有些问题要反复地调查才能解决，走马观花根本发现不了问题。比如，对于泸沽湖的摩梭人有没有文字这个问题我研究了20年也没搞清楚,最后一次我专攻这个题目,去了2个月发现了7个版本的象形文字,证明当地也有象形文字。这激励我进一步去探索周边地区其他民族的情况。我把调查范围扩大到7个县,结果发现其他五六个民族也有象形文字,但都不一样,而且发现这五六个民族是古羌人南迁以后形成的民族,在那里形成了一个象形文字的文化带,东巴象形文字仅仅是其中一环,还有很多其他象形文字。所以为了搞清楚一个问题就要反复地多次调查,调查的时候收集资料要全面一点,千万不要只收集一个方面。理解的和不理解的都要收集,不理解的拿回来慢慢理解、研究。我刚才说的这几本关于象形文字的书,当时我收集的时候并不太明白,但是我拿回来后经过大概20年的研究就慢慢明白了。就是说,收集材料一定要全面、细致。如果不这样做,再去调查就难了。我年轻时抱负远大,全国的每个地方我都想去,但实际上做不到。

在收集文物时我的做法有三。第一是记录,我有几十本民族调查记录簿,每天都要做详细地记录,遇到什么现象我都记。第二是拍照,当时拍照不容易,底片很贵,但是照片的收藏价值非常大,它可以记录很多过程,能保留很多即将消失的现象。我大概拍了几万张照片。我再举个例子说明照片的价值。我第一次去泸沽湖时是春节前两天到的,村干部说你累了可以到我们的温泉去洗个澡。第二天他就派个干部领我去温泉洗澡,我看到男男女女都在一个温泉洗澡,就不敢靠前。但根据当地的习俗,男女同泉而浴是很正常的现象。我拍了两张男女同泉而浴的照片。这两张照片洗出来后的效果非常好,到现在我都觉得这两张照片非常有价值,因为那个环境早就已经没有了。所以说拍照是很重要的。第三是收集实物,这和我在博物馆工作有关。当时我在兴安岭收集的时候文物较多,有萨满的衣服、捕鹿的哨子,共收集了1000多件,后来我又到西双版纳收集了1万多件,到泸沽湖收集了几千件,在凉山也收集了很多。我所收集的这些实物现在已经很难找到了。我记得在泸沽湖时到一个乡里去,乡长说:"宋老师,我们库房有一大堆东西你要不要?"我说要。到那一看,有土司的服装、金银器、文书等,我说我全要了,这些东西现在都是无价之宝。在西双版纳收集文物时有一个文物工作室的傣族文物特别多,各种文书有上百种。当时我们除了收集文物外还请一批傣族的老知识分子把工作室里的经书全部抄写下来。虽然是抄本,但是却有研究价值和展览价值。结果到"文化大革命"时期,那个文物室被砸、东西被烧,我的抄本成了宝贝。这就是说,在收集文物时要下很大的决心,要有远见。对民族文物的收集要到民族地区去,要去参观博物馆,去见收藏家,他们的东西也非常多,值得看一下。

我的成就得益于田野调查,就是说民族考古一定要做田野调查。田野调查特别重要,它是收集资料和研究的过程。关于这个问题我请教过几位老专家。有一次我问林耀华先生,在他做学问的过程中最重要的是什么。他直言:"田野调查是终身受益的,用语言说不清楚,民族学家如果没做过田野调查,就像是瘸腿跳舞一样。"在我的著作中都有我做民族调查的心得体会,而且那种心得体会都是比较亲切的，也有很多插图。退休后我除了参加社会活动以外，就是写田野调查回忆录，根据我的照片、笔记、实物来写，一共写了12本，现在大概已经出版了5本，目前我正在策划出版套书，书名叫做《边疆民族考察记》。这种调查中得到的资料是很珍贵的，后来的人看不到了。另外，我觉得搞民族学的人最好要经常做调查，你每次做的调查记录仅仅代表当时的状况，过了几年就变了。泸沽湖我去了6次，每次都不一样，最初每个姑娘、小伙子都得会唱情歌，不会唱的话就找不到对象，他们叫"阿柱"。现在很多人都不会唱情歌，靠跳舞的时候抠手心来交朋友，一抠手心就表示我对你有意思，但以前绝不是这样。

严格地讲，田野调查就是实践，实践就是你要实干，要到民族地区去，研究民族问题不去民族地区是不可能的。所以，一个真正的民族学家、民族考古学家应该多做调查。

最后我要说几句话，在座有很多青年学生，我认为做学问就是一个接力赛跑，民族考古也是这样，一棒一棒地接着跑，每个人都应该跑好自己的一棒。年轻人应该有远大的志向。有句话说得好，不想当将军的士兵不是好士兵，我们也可以说不想当专家的学生不是好学生。你们应该超越老师，超越前人。希望中央民族大学出现更多有才华的民族考古学家！

（根据会议主旨发言录音整理，整理人：鄂思琪、陈海波）

传承与变迁[①]

——周原地区现代丧葬习俗的调查与研究

马 赛 中央民族大学民族学与社会学学院文博系

周原遗址位于陕西省宝鸡市扶风县和岐山县交界的法门、京当两乡，是周人崛起之地和祖庙重地，也是影响中国数千年的周礼的形成、发展、继承和传承过程中的重要地区。自20世纪40年代以来，周原遗址的考古工作已经持续进行了70年，发掘了数以千计的墓葬，使得我们对此地西周时期的墓葬特征和丧葬习俗有了相当的了解。

通过对文献记载的整理、对上古时期丧葬礼俗的研究以及对当地现代丧葬习俗的了解，我们意识到上古时期形成的很多习俗至今仍在当地顽强地传承。现代葬礼中丧、葬、祭的整个过程，在仪式安排、使用的器物等多个方面都不同程度地保留了周礼中的一些习俗和观念。这也引导着我们对当地现代的丧葬习俗进行了一次比较全面的调查和了解，并在此基础上进一步探讨其与上古周礼之间的传承与变迁关系。

调查点主要集中在周原遗址范围内的召陈、齐家、齐镇、贺家等村，目前村人对后事的处理还保留着土葬的传统。每个村子都有自己独立的墓地，按照传统的丧葬习俗进行埋葬，并未受到当今火葬制度和其他由于土地资源短缺等原因导致的政治、经济方面的过多影响，保留了相当丰富的传统文化因素。同时，周原地区的村落目前大多仍保持着传统的聚族而居的特点，很多村子中的村民都是同一姓氏，形成了同姓大家族为主体的村落，村子内的诸多家庭大都保持着密切的亲属关系。这也为我们了解家族墓地的埋葬形式提供了很好的资料。

以往有关周原地区的丧葬习俗主要记载在周原所在的扶风、岐山两县的县志中。《扶风县志》在第二十六编"社会"第三章"风尚习俗"第二节"礼仪习俗"中，分葬前和埋葬两部分对扶风县的丧葬习俗进行了简略的记述，并探讨了1949年前后的变化情况。[②]《岐山县志》[③]中也记录了从出讣闻与报丧到开吊、入殓、安葬等过程，并对七期、周年等纪念活动进行了记载。此外，还有一些非正式出版物，如崔思诚主编的《西岐民俗录》[④]，分为婚俗、生育习俗和葬俗三部

[①] 本文为教育部人文社会科学研究青年基金（项目号：10YJC780010）及中央民族大学自主科研计划项目（项目号：0910KYQN29）成果。

[②] 扶风县地方志编纂委员会：《扶风县志》，陕西人民出版社，1993年，第601页。

[③] 岐山县志编纂委员会：《岐山县志》，陕西人民出版社，1992年，第554—555页。

[④] 崔思诚编：《西岐民俗录》，宝鸡市星光印刷厂，1993年。

分，更加深入、详细地介绍了西岐地区的丧葬习俗，并且对丧葬过程中用到的各种物品（如纸扎、面食、铭旌等）和文书（如墓志、丧联等）进行了详细的记录。

此外，还有一些研究文章中也或多或少地对周原地区或关中邻近地区的葬俗有所介绍。如《案底葬俗与〈周礼〉记述的比较研究》[1]一文在将现代葬俗与周礼进行对比的基础上，对相似性及其原因进行了分析。此外，《关中地区丧葬中的互惠共同体——以临潼区S村丧葬仪式为例》[2]、《丧葬仪式与村落共意——以陕西关中S村为例》[3]、《农村丧葬仪式的现代性与民间传统——对于陕西关中地区紫石村的个案研究》[4]以及《陕西关中丧葬礼俗的文化探究》[5]等文章，也对关中地区丧葬习俗有所涉及和记录。

本次调查主要在2006年冬及2011年夏进行，内容包括对葬礼的参与与观察，对村中长者、阴阳先生、纸花店老板的访谈以及对现代墓地的调查等，调查的内容涉及现代丧葬习俗及现代墓地制度两个方面。本文主要对周原地区现代丧葬习俗进行整理，分葬礼过程、丧服、器用制度、特殊葬俗和阴阳先生五个部分展开。葬礼是整个丧葬活动展开的主要过程；特殊葬俗是针对特殊群体的特殊安排，反映了人们对非正常死亡的看法和处理方式；阴阳先生是整个葬礼过程中非常特殊的一个角色，因此单独记述；丧服和器用是完成整个丧葬过程的物质载体，也是最能与考古发现结合起来进行民族考古学研究的内容，因此专门进行了整理。

一、葬礼过程

自去世至丧葬活动结束，主要有沐浴、更衣、口含、停床、守灵、入棺、报丧、请阴阳先生、迎客、待客、献祭烧纸、勾穴打墓、出殡、下葬、出煞、祭奠和种树立碑等步骤和活动。上述步骤并非完全按照时间次序依次进行，很多步骤是由不同的人同时进行的，以下文中会有所说明。

1. 沐浴

即由家人擦拭死者遗体，一般在死后进行，有时也在人即将去世时进行。一般由儿女来进行沐浴，无儿无女的可以由其兄弟姐妹来进行沐浴。

---

[1] 赵宇共：《案底葬俗与〈周礼〉记述的比较研究》，载《民俗研究》1998年第3期。
[2] 董敬畏：《关中地区丧葬中的互惠共同体——以临潼区S村丧葬仪式为例》，载《西北民族研究》2008年第3期。
[3] 董敬畏：《丧葬仪式与村落共意——以陕西关中S村为例》，载《社科纵横》总第27卷，2012年第1期。
[4] 陈小锋：《农村丧葬仪式的现代性与民间传统——对于陕西关中地区紫石村的个案研究》，东北师范大学硕士学位论文，2009年。
[5] 李松柏：《陕西关中丧葬礼俗的文化探究》，载《西北农林科技大学学报》（社会科学版）第2卷第4期，2002年7月。

2. 更衣

沐浴结束后，为死者更换寿衣。寿衣一般包括以下部分：

衣裤：一般内穿衬衣，外套薄棉衣，男的最外套袍子，女的最外穿袄子，下穿白色筒形裙。

鞋：脚上穿白袜子、黑鞋，鞋码要大一号，男女一样，以防止身体僵硬，不易穿着。

帽子：男款有诸葛亮式帽（纶巾，上面有"萬"字），还有小圆帽、带沿帽等。女款帽子上插有黑花。

寿衣无论男女都是单数件，衣服最少5件，上身3件，下身2件，一年四季的衣服都要有。新中国成立初期，戴清代样式的帽子，家里条件好的穿袍子，腰系七尺腰带。女的穿裙子，上身穿袄，外套单衣。20世纪六七十年代后就少见了。现在的寿衣是专门做的，一般是预先准备的，比较宽大，按照本来穿着的尺寸，放大一两尺（如原先穿七尺，现在就是八九尺）。如果死得比较突然，就要买宽大一些的衣服。

此外，还要用布带绑住上身和双腿，防止身体扭曲。下葬时方予松开。

3. 口含

即在逝者的口中放入硬币等物。

人刚死时，趁嘴能掰开，填入口含物。新中国成立前一般是放入铜钱，有钱人放入银元，现在一般放入硬币，数量不限。

4. 停床

将死者放在一个尽量与地面隔开的床上。此时，最为亲近的亲戚（男的是其兄弟姐妹、子孙，女的则是其娘家人）可来吊唁。

当地讲究人殁以后不能留在炕上，要在屋子里支个床，一般是在两个板凳上放置一块木板。所支的床不能与炕有接触，因为炕接地气，令人的魂无法升天。要让尸体尽量与土地分隔，意思是让灵魂和家里的土地分开，尽快走，以防死者灵魂回来找生者。

死者脸上盖遮脸纸，脚要用黑布绑上。此时用纸将脸盖住，一是怕吓人，二是亲戚来了可揭看遗容。冬天盖干净被子，或者盖被面。如果是夏天，尸体易腐烂，在家停放的时候要放入冰棺之中（冰棺是别人买了专门用于出租的）。冰棺盖是透明的，上面盖有被面，来客瞻仰遗容时就把被子掀开。

5. 守灵

当地老人告诉我们，以往真正的"孝子"要在棺材旁睡，地上铺草，头枕土块，跪在用草做的垫子上，叫做"枕砖跪草"。因为母亲是在地上生孩子，而洗干净的孩子才放在床上，这样做是为了纪念母亲，其中土块代表母亲生孩子时的血水。

现在已无上述习俗，但儿孙要守灵，陪伴死者，也有防止猫和老鼠伤害尸体的意思。但不睡草，只残留了烧纸下跪时跪草垫的习俗。

从人殁一直到下葬，儿女都要守灵，以保证死者遗像前的香和蜡烛不灭。

6. 入棺

入棺没有固定的时间。如果是在夏天，停床之后会先放入冰棺之中，下葬之前几小时才放入木棺中（防止尸体腐烂）。如果是在冬天，停床之后即放入木棺之中亦可。

棺底放置柏木叶，有防腐作用；其上放褥子，褥子上放硬币，一般多少岁放多少枚（如82岁放82枚，1元或分、角硬币均可）；枕头上是男绣鹤、女绣鸡，寓意吉祥；脚底放麴（麴为大米磨成粉、发酵后做成块），寓意发家致富；为避免尸体在搬动中晃动，一般尸体塞满灰包，灰包内一般为旧衣服或卫生纸；死者袖子内插一把黑扇，双手各握一个银块（并非真银），类似元宝形，身上盖被子，盖至胸部，脸上盖黄色方形遮脸纸（烧纸），以避免生人恐惧。死者手里还攥着纸币，意思是死者到了另一个世界的时候不能缺钱花。

7. 报丧

报丧是把死者的死讯报予亲戚朋友知道，人殁之后就开始进行。

主要亲戚（死者为男的报舅家，女的报娘家）当天报，其他亲戚第二天报即可。

报丧时拿孝物，男的给孝帽、长达臀部的孝褂，女的给孝衫，送白布。送到之后愿意自己缝就自己缝，自己有的话也可以穿自己的。

主要亲戚来查看丧事的准备情况，主要看丧事的准备事宜是否妥当、体面。

8. 请阴阳先生

人殁之后开始请阴阳先生。阴阳先生的职责很多，如负责写纸质灵位、出门牌、开七单、选择下葬时间、选择墓位等。阴阳先生的具体职责和行事过程见本文第五部分。

9. 迎客

下葬前一天，早上吃过早饭后开始搭灵堂，灵堂后方放置遗体，前方摆上"童男童女"、死者遗像、两根大红蜡（要从晚上燃烧到第二天早上）、香、酒、纸、献果（没有数量限制）、献饭（两碗，下面是馍、上面铺肉并插上筷子）。准备迎客。

一般在下葬前一天中午12点后开始迎客。有客人来时，儿孙按辈分及年纪依次排队到村口迎客，客人准备了花圈、铭旌、供馍等向内走，其后管事的人拿着一个花圈进入。

儿孙迎客的穿着和过程是：儿孙头戴麻冠，手执柳杖，低头放慢步子，以示悲伤。作揖、磕头，一般为作一个揖，磕一个头，再作揖，再磕一个头，其后再作揖，则磕两个头，这时客人还一个揖，儿孙再还一个揖，之后就往家走，到灵堂祭奠先人。每来一拨客人，都要如此。

客人到家后祭奠死者的具体过程是：第一步，上香，香要举过头，鞠躬要低过膝，共三次，其后将香插入香炉，再跪下三叩首；第二步，敬酒，三叩首；第三步，烧纸，三叩首，共为九叩首（图一）。

整个过程中有乐队在死者门口奏乐。使用的乐器和演奏的乐曲根据乐队的不同而有所区别。有些比较传统的乐队使用相对比较传统的唢呐，演奏的曲目也比较哀伤，而有的则吹喇叭、吹小号、打鼓、敲锣、弹电子琴（图二）。选曲也比较随意，既有比较哀伤的哀乐，也有一些通俗歌曲、流行歌曲，有时甚至有《走进新时代》等比较欢快的曲目。曲目的内容似乎并不重要，乐队的到场以及音乐音量对全村人的召集作用却更被人所重视。

图一　迎客

图二　乐队奏乐

迎客下头（即磕头）人员的选择：

迎客下头的人，一般是死者的儿子、孙子、堂侄等。但是二儿子一般不下头，除非其他儿子都不在场。比如，如果家里只有两个儿子，在大儿子不在的情况下，二儿子也可以做，而如果有三个儿子，就由大儿子和小儿子完成。

10. 待客

即请客人（外村来的亲戚、本村的亲戚、邻居等）吃饭。迎客一般要持续一下午，到晚饭的时候才开始待客。饭菜由专门的服务队来做（按桌算钱，一般一桌为30—40元左右），吃完饭后，晚上有时还会请人唱秦腔、放电影、演皮影戏等。

11. 献祭烧纸

死者下葬之前一天晚上，孝子要在村民的帮助下"抬柩"一次。

大儿子献饭：有6碗的、有3碗的，要三拜九叩。一般是手把盘举过头顶，以视恭敬，献饭底部为馍，上盖肉片，中间点缀胡萝卜片（图三）。

图三 献饭

若死者为女性，先由其娘家人祭奠，三拜九叩；若为男性，则先由其舅家人祭奠，三拜九叩；接下来由外甥三拜九叩，接着由女婿三拜九叩，最后由自家人三拜九叩，整个祭奠过程结束（图四）。

烧纸的过程是：当天晚上，乐队奏乐，主持人念其亲戚名字，亲戚中一人从管事手上接过香，用蜡烛点燃，作一下揖，插在香炉上。其亲人和孝子们一起叩首三次。管事倒一小杯酒，一位亲戚接过，洒在地上。众亲戚和孝子们一起叩首三次，作一下揖。接着一位亲戚从管事手中接过纸钱，用蜡烛点燃，大家一起痛哭，再磕三个头，站起来作三个揖。孝子们起立鞠躬，如果有人哭得厉害，管事就拉人起来。最后，孝子们上香，叩首三次，作揖一次，洒酒，叩首三次，作揖一次，烧纸，痛哭，叩首三次，作揖一次。

图四 献祭烧纸

12. 勾穴、打墓

人殁后就要开始挖坟，找阴阳先生看风水、勾穴。

现今当地有公坟，墓葬都要在公坟中埋葬，但具体埋在公坟的哪个位置，则由阴阳先生负责看。划墓穴、确定具体位置叫踩穴。墓道长3米，墓室也长3米。外墓道叫做明庭，里面叫做室。过去是直着向下挖，掏一个窑洞，放入棺材，封门、填土。现今是箍墓，用砖围砌墓室，叫做砖室墓（墓葬平剖面示意图、图五）。

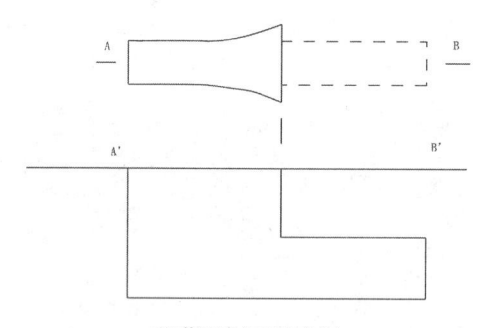

墓葬平剖面示意图

图五　墓葬形制图

箍墓有两种方法：第一种是明箍，把墓室里的土全挖出来，使其比明庭稍宽，再转头从下往上垒，上面填土夯实，与地面相平。另一种是暗箍，把明庭挖开，向一端挖墓室，用砖垒壁。现在箍墓用的设备是挖掘机。

我们观察了一次葬礼的墓室，门口的顶部画着对称的两个双喜红灯笼，中间画的是双龙戏珠，下面是对称的两个花瓶，左书"富贵平安"，右写"吉祥如意"，中间是一幅《八仙过海图》。门上贴有一副对联，左联为"一世俭朴遗嘉风"，右联为"终生勤劳留典范"，横批为"德高望重"。

埋人时放入棺材，推进去，随葬品放置完毕后，将墓门用砖砌上。

一般月忌（每月的初五、十四、二十三）、四绝（立春、立夏、立秋、立冬）、四离（春分、夏至、秋分、冬至）日的上午不打墓。

13. 出殡

一般在清晨出殡。出殡前，子孙哭得越伤心代表其越孝顺，对其子孙后代也越好。

　　出殡前，先是孝子在灵堂里烧纸，把前一天下午迎客的那一套再重新做一次。先迎女婿、外甥的铭旌；接下来，死者如果是女的，那么迎的是娘家的食馅和花圈，如果是男的，则迎的是舅家的食馅和花圈；食馅迎完再迎花圈，要分开；接着迎的是女婿、外甥送的"亭子"，这个"亭子"要挂在墙上（"烧七"及周年的时候要对着这个亭子叩拜，亭子前面放置香炉和遗像，在死者去世三周年的时候拿到墓地烧掉）。

　　事先准备一个斗，里面装着五色粮食和一些土，大麦、小麦、高粱、黄豆、红豆、苞谷、谷子都可以放，只要是有五种就可以，寓意五谷丰登、生根发芽，不能有油籽儿，斗里还要放一个刷子，意味着扫墓，斗里再混合一些土，在抬棺之前由大儿媳抓三把斗里的东西放在棺材的大头上面（图六）。

图六　斗与粮食

　　棺材由 8 个人抬，现在也有用灵车拉的，孝子贤孙们从哪条路去就还要从哪条路回。儿孙拉纤，儿子扯白纤，拉成两行，孙子扯红纤（图七）。长子顶火盆（即烧纸的那个瓦盆，长子一手拉纤、一手扶火盆，因为这种动作很难做，所以舅家人要帮忙扶火盆），一般必须是让大儿子顶盆，如果大儿子不在，就换小儿子顶，如果儿子们都不在，那就由孙子顶（必须是大儿子的儿子）。总之，一般情况下，谁继承家业，就由谁来顶盆。

图七　出殡祭奠与拉纤

　　顶盆的儿子到十字路口要摔碎烧纸用的盆，散了纸钱，以示驱散鬼（图八）。

二儿子手捧遗像，媳妇手捧献饭。儿孙们下地时脚上要穿布鞋，必须拖着走，不能提上来，鞋是用白布做的，或者是用普通的布鞋上缠白布，下葬的时候白布要一起被埋进去。女人头上还要插张黄纸，这张黄纸和子孙们的鞋、麻冠、腰上系的带子、老人的衣服一起要被埋入墓里。

图八　十字路口摔盆

13. 下葬

一般月忌（每月的初五、十四、二十三）、四绝（立春、立夏、立秋、立冬）、四离（春分、夏至、秋分、冬至）时，全天不下葬，确实避不过才提前埋葬。死者属相不能与下葬日期犯冲，如属马的选丑日，犯重丧，要死两个人。解决办法是做假函，写上4个字，冬、夏不一样，用木或纸做，放在棺上一同下葬，相当于埋了两个棺。

有的人在为死者下葬时请阴阳先生用罗盘确定棺材是否在乾位，洒"十二丁香"，摇铃念咒，手拿黄纸。大多数人不请。

下葬时，头人手持铭旌，乐队走在前面，孝子走在中间，将白布系在棺材上，后面的村民用木棍抬着棺材，棺材上一般罩有棺罩。我们参与的一次葬礼，罩着的是黄底红花的"双喜"字带龙凤纹棺罩。此外，还要摆上供桌，桌上有遗像、纸质灵柩、纸钱、水果、两碗献饭——底下是面条，上铺黄瓜条、肉片，中间是胡萝卜，摆成花形，插上香。

到了墓地，把砖头垫在棺材下面，卸下棺材。在墓口横放、斜放两个木棍，村民用绳子系棺材，将之拖到墓口（图九）。

几个村民背靠背，脚顶脚，把棺材推入墓室，解开绳索，并将折断的铭旌放在棺材上。插葱的酵母陶罐被放在墓室的左边，左边是上首，代表男性，寓意为希望男性子孙发达（取酵母发酵之意）、聪明（大葱的谐音）。把玻璃茶几放在棺材前面，茶几上摆放西凤老窖酒、香烟、杯子、牙膏、纸钱、药、香蕉、葡萄、香皂、毛巾、水壶、烟灰缸、眼镜、磁带、盆等，暖壶、"童男童女"、"摇钱树"放在棺材前面的桌子两旁。糊着黑底黄花的门板顶上是云纹、双龙戏珠图，中间是波涛纹，兽形门扣手，有一副对联，左联为"云山石外暗"，右联为"洞中日月明"（图十）。用水泥砌砖封门，烧纸消耗了门板和砖块之间剩余的空气（图十一）。孝子将穿戴着的纸帽、纸鞋扔进墓道，并把土往回填。整个过程中，乐队一直在旁边吹奏（图十一）。

图九　下葬

图十　墓内布置及封门板

图十一　封门砖及乐队

坟头用砖砌成门券形。下葬以后，孝子把剩下的土洒在坟上，叫做谢土。孝子、孝女跪在麻袋上对着村子的方向磕头谢礼，然后对着坟头磕头。填完土之后，在坟丘上插花圈，男性逝者插舅家的，女性逝者插娘家的，之后把哭丧棒也插上，儿子、侄子的哭丧棒插在上方，孙子、重孙的哭丧棒插在下方。再把斗里的五色粮食由孩子们洒在坟丘上，撒的时候不能用手拍。烧掉剩下的花圈，孝子在坟前烧香（图十二）。

坟丘垒好之后要给帮忙填土的人磕头，以示感谢（图十三），过去孝子贤孙还要拖着抬棺材用的绳子走，现在已不用此法，改用车拉。回家之后要给土地神、灶神及其他神位磕头，晌午要做席，请客人们吃饭，要敬酒、发烟，吃完饭客人们才各自回家。端到墓前的"献饭"要再端回家，放在亭子前供着，下午才可以吃掉。

图十二　埋葬后的布置　　　　　图十三　谢村人

父母下葬后，孝子拿着工具到墓地转悠，叫做"打怕怕"，表示要和父母做伴。家里人要在死者下葬后到舅家（男）或娘家（女）去谢礼，感谢其恩义。

14. 出煞

出煞，就是驱鬼。由于死者年龄和死亡原因不同，煞气的轻重和出煞的方式也各有差异：

七八十岁正常死亡的，称为"低头煞"，煞气最轻，由阴阳先生画几道符在床头烧掉，煞气就没了。

"驾煞"，指50多岁死亡，煞气稍重，为使死者灵魂腾云驾雾，同样是由其家人或者阴阳先生烧符即可。

"躲煞"，煞气比上述更重一些。需要在下葬后的第七个晚上打开家门，到邻居家躲1个小时，煞气即可以自行消散。

"引煞"，煞气最重。如是年轻人冤死的，需要拿东西做引，煞气才会消失。一般是买一只白公鸡，准备好桃树条、铧、十二丁香、朱辰砂，家人躲出去，只留几个胆大的男性，用树条打鸡，再抱着鸡往门外走，敲铧，在屋里撒朱辰砂，阴阳先生在门口喊"化为黑气三丈六尺高"。这样，煞气就可以集中到鸡身上，把鸡扔在沟里，煞气即可消散。

15. 烧七

烧七，指逢一七、三七、五七、七七（有的人家五七不烧）要给死者烧纸。烧七的时候要"三拜九叩"，有时简化为"三拜三叩"。三七对于女儿来说尤为重要，有心思的女儿可以用纸糊的衣服等给死者烧掉，以示送去。烧七的时候子女还要穿孝服，先在家里的亭子面前拜，再到墓地拜，要带着献饭、酒、纸、白蜡，在坟上插三炷香（点燃的）。

16. 百日、周年及其他祭奠

给死者烧百日的时候亲戚都要来，一起上坟、烧纸，在其去世一周年和两周年的时候也如此。三周年的时候要大办，场面隆重，要唱戏、立碑、栽树。

在死者去世后的每年清明节都要去祭奠，十月初一要去送寒衣并祭奠，大年三十到元宵节还要把"死者灵魂请回家过年"。遇到家中改善生活、有客人来访或过节的时候，也要向死者献祭，谓之"泼汤"。死者的后人遇到结婚或其他喜事时要去坟上向死者"报告"。

17. 种树、立碑

死者去世三周年的时候立碑,家境贫寒或有其他原因也可以不立。如果夫妻中一方先死,也可以暂时不立,等到另一方死后三周年时再合立一个碑。

二、丧服制度

丧服是孝子表示孝道以及区分亲戚亲疏关系的重要方式。

1. 孝帽

根据与死者的亲戚关系远近、性别,分四种不同的帽子(图十四、图十五):

A 型:牛皮纸加棉花的孝帽,"下头"的男性戴此类孝帽,这是与死者关系最为密切的男性亲人。

B 型:宽带白布条,不"下头"的男性戴。

C 型:扎白布、脑后垂双带,女儿、侄女、孙女戴,是与死者关系最为密切的女性亲人。

D 型:白布扎于脑后,其他女性戴。

此外,重孙的帽子上要戴红花。

图十四　A(左)、B(右)型孝帽

图十五　C(左)、D(右)型孝帽

2. 孝服

根据与死者亲戚关系的远近，可分为两种（图十六）：

A 型：长衫（孝衫），"下头"的人穿。

B 型：短衫（白褂褂），不"下头"的人穿。

图十六　A（左）、B（右）型孝服

3. 披红

即给孝子贤孙披红布条，用来表示亲属的孝心（图十七）。

若死者为女性，须由女方娘家（即舅家）来给儿子披红；若死者为男性，则须由女方娘家来给死者儿媳披红，披红一般用红色被面。

此外，如果有没过门的媳妇，也要披红。

图十七　披红

三、丧葬过程中的器用制度

1. 棺材（见图十八）

如果是死者生前准备的棺材，一般选择有闰月的那一年做棺材，认为那样比较吉利。一般来说，上年纪或者体弱多病的人都会提前准备棺木。在棺首部位配有圆镜，多是为了美观。棺材有的是买现成的，有的是买好材料请人到家里来制作，也有的是买好白木棺材找人来家髹漆。

寿材多选用松木，少数用柏木（稍贵），过去用桐木或杨木，还有更贫寒的人家只是用席子裹起来。

棺板一般为3寸厚，棺材长2.3米，棺首宽1尺7到1尺8，棺尾1尺2到1尺3。棺材的高度是棺首1米多一点，棺尾70厘米到80厘米。棺材样式一般为头大尾小。

过去棺材内一般刷有土漆，现在用调和漆，土漆防腐效果好，还有用土漆与棉布合铺于棺材内部，具体操作是用一层漆一层布相叠，共铺5层，这样能够更好地起到防腐作用，但现在基本已不使用。棺材外面一般刷漆，男女不同，男性一般为黑漆、上绘龙图，女的棺盖用红色，上绘凤图。棺首画24孝故事，棺尾画莲花，侧面画其他孝道故事。

若棺材已做好，而人尚在世，做好的寿衣需放在棺材里，一来便于保管，二来放满棺材以图吉利。

图十八　棺材

2. 哭丧棒（图十九）

哭丧棒又称柳棒、柳杖，由孝子贤孙在迎客、哭丧、出殡时拄着，以示哀伤难以抑制。儿子、侄子使用白色的哭丧棒，孙子、曾孙用红色的哭丧棒。形制为：中间一根柳棒，上贴白色或红色的纸条。

图十九　哭丧棒

3. 斗子（图二十）

斗子是一种斗形纸扎，上面绘有金银财宝等图案，寓意富足，客人来时作为礼物携带。送给主家后，一般在下葬后于坟前焚烧。

图二十　斗子

4. 筒子（图二十一）

筒子是一种筒形纸扎，用竹签扎成圈，在上面糊上纸，并打上铜钱形窟窿。筒子分成彩色和白色两种，彩色的筒子是在三周年的时候烧，白色的是在死者刚去世的时候烧。

图二十一　筒子

5. 花圈（图二十二）

花圈与城市中常见的相同。花圈要带到墓地，部分插在坟堆上，其他的烧掉。

花圈的材质为布或纸，布的略贵，纸的便宜，还有一种伞形的花圈，花圈需由客人购买，女儿、外甥、女婿亦可以买，儿子不买，孙子若已经结婚了可以买，没结婚的不买。

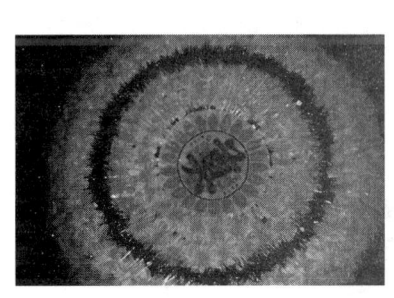

图二十二　花圈

6. 火盆和酵母罐（图二十三）

二者均为陶质。火盆为烧纸用。酵母罐内装有酵母，随葬墓中，寓意发达。火盆和酵母罐一般是一起买的，都是由儿子买。

图二十三　火盆和酵母罐

7. 礼馍和食盒（见图二十四、图二十五）

礼馍是由客人送予主家。礼馍的形制多样，有普通馒头形状，也有做出各种花样并以彩色涂抹的，亦有花卷形状的。馍的数量一般是12个、9个或6个。

食盒用来盛装礼馍，由客人送予主家。食盒一般由纸花店出租，或无偿借给需要者使用。礼馍，一般馍店有售。

图二十四　食盒

图二十五　礼馍

8. 亭子（图二十六）

亭子是用一片布做成的，上面画有仙人、亭台楼阁，因此叫做"亭子"。一般是自家人买来挂在自家墙上。"亭子"前面放置香炉和遗像，烧七及周年的时候要对着这个"亭子"拜，三周年的时候拿到墓地烧掉。

9. 铭旌（图二十七）

铭旌一般由女婿和外甥送，亦可由两人一起送。铭旌上要写上自己的名字，下葬的时候盖在棺材上面。

此次调查中见有一铭旌，上书："一生艰辛风范存　大淑德舅（岳）母郭老孺人之铭旌　叩首　公元二零零四年九月十二日"；另一铭旌上书："淳朴一生百世流芳　大德望岳（舅）父（岳祖）齐老大人之铭旌"。

10. 随葬品

随葬品主要有：墓里放入罐，罐里放酵母，上面插一根大葱，寓意发家致富、万寿长青、后辈聪明（图二十八）；放入"童男童女"和"摇钱树"。"童男童女"为陶制，"摇钱树"是用硬塑料制成；还要放入桌子，桌子上摆放一些日常用品，如牙刷、牙膏、水缸、肥皂、毛巾等，死者为女性还要放入梳子（图二十九）。此外，还要放入一些死者生前喜爱的东西。比如，死者生前喜欢下棋，就可以把棋放进去，过去还有放入烟袋锅子的，讲究的人还要放入纸糊的电视机。

图二十六　亭子　　　　　图二十七　铭旌

在棺盖上盖上铭旌。有的在墓中放中药，有防腐、辟邪的作用，但并非都放，具体由阴阳先生决定。中药店卖的十二丁香、七种香，可辟邪、镇压邪气、保护墓主平安。

此外，还有五色粮食，被洒在棺材周围，有小麦、大麦、高粱、大米等，不能有油籽（大麻、芝麻、油菜），不能放红小豆。据说红小豆寓意最凶恶的小红煞，家里会更快更多地死人。也有人说五色粮食是在大麦、小麦、高粱、黄豆、红豆、苞谷、谷子中选的，只要是五种就可以。

图二十八　插葱的酵母罐　　　　　图二十九　墓内随葬品

11. 白对联

家中有人去世后，需将家里之前过年的时候贴的红对联扯下，由阴阳先生视死者情况写白对联贴上。人殁之后头一年，贴白对联；人殁之后第二年，贴蓝色的或者黄色的对联；人殁之后第三年，贴红对联。三周年过完之后则一切正常。

四、特殊葬俗

1. 凶死

所谓凶死是指非正常的意外死亡，但没有非常严格的定义。一般情况下，是指中年以前有特殊原因死亡的。如果有儿女，即使年轻时生病去世了，一般也不算凶死。但如果死于车祸等则属于凶死。人在中年以上，无论因病因事，即使是车祸等意外死亡，都不算凶死。

若是凶死，一般情况下不选日子，而是尽快打墓，第三天天不亮尽快下葬。原因是：（1）年轻人凶死后煞气大，长时间放在家中不吉利；（2）避免家里人过于伤悲。如果死在家里，墙上、门上、棺材上都要贴符咒。以前凶死者都不埋入公坟，要埋在路边，现在有子女的可以埋在公坟的南边，没子女的则还是埋在路边。

2. 夭折

10岁以下夭折的孩子一般要裹在衣服里，埋在沟边、崖边洞里；大于10岁则裹席子，十七八岁就做个简单的棺材。

以前，严格来说，小孩子死的时候是用木匣装着，不进祖坟，不用封土，不立碑，在偏僻的地方埋着就可以。没成婚的人都不可以进祖坟。现今小孩死了可以进祖坟，但是不立碑；凶死和无后的人可以进祖坟，也可以立碑；没有后人的则是由侄子给立。

五、阴阳先生职责

在做调查时，我们看到一位阴阳先生家中有《三元总录》、《增补万全玉匣记》和罗盘等物品，他会参考上面的各种规则来给死者看阴阳。他不愿意向我们过多介绍具体的操作方法，只大致说明他主要负责的以下几项工作：

1. 下葬时间

一般凌晨12点以后，需要将死者尸体从冰柜抬入棺材，不能放入太早，一般在凌晨三四点，埋葬时间一般为第二天早上八九点。

岐山地区一般是早上八九点下葬。家庭经济条件差的3天就埋，条件好的5天埋，也有7天埋。现在一般为5天，长的为7天或9天。下葬要选单日，双日不可。

2. 下葬地点

划墓穴、确定具体位置，叫做踩穴。按习俗，放头的地势要高，要在乾位。所谓"头枕高山，脚蹬玉泥潭，辈辈出富汉"。具体看位置时要用罗盘（图三十）。

图三十　罗盘

3. 写纸质灵位（图三十一）

共写两份，例如：

（1）新故（原先写公故，指公元年死的）李公老大人之灵柩，男××奉祀（放在棺材旁边，埋人时烧掉）。

（2）新故李公老大人之灵位，男××奉祀（下葬后放在家中，用来烧香祭祀）。

4. 出门牌

70岁以上死亡的叫讣告，70岁以下的则叫讣闻，贴在门上。原先大户人家才有，现在无此限制。例如：

图三十一　灵位

不孝男××罪孽深重祸延
　　　　　胞兄××胞弟××举（拭）目送葬
新故李公老大人×相生于×年×月×日×时，享年（寿终）×旬哀此
　　　　　×相终于×年×月×日×时

孤子××（以前只写大儿子，现在都写，以右为上，依次排序）孙××重孙××泣血稽首

堂兄××堂弟××泣泪稽首

农历××年××月×日×时

孤子，指父死、母在；哀子，指母死、父在；孤哀子，指父母双亡。

六、丧葬习俗的传承与变迁

通过上述对周原地区现代丧葬习俗的整理可以看出，虽然其中很多环节加入了相当多的当代文化因素，如演奏时的现代乐器、花圈等，但仍保留了相当多古老的习俗和传统，如口含、缀足等。我们把《礼仪·士丧礼》、《仪礼·既夕礼》中与当代丧葬习俗的相同或相似之处列表对比如下：

周代礼仪	现代丧葬习俗
1. 死于适室。幠用敛衾	1. 死者换老衣后，冬天以棉被、夏天以被面盖
2. 郑玄注：疾时处北墉下，死时迁之当牖下	2. 人死之后要从炕上放在炕旁的木板上，这叫停。不能放在炕上，因为炕是与家里土地相连的，而木板以木棍支起，与家中土地分隔。意思是让灵魂和家里的土地分开，尽快走
3. 楔齿用角柶，缀足用燕几	3. 人死了，要用布带绑上身和双腿，防止身体扭曲，下葬时松开
4. 亲者襚，不将命，以即陈。庶兄弟襚，使人以将命于室	4. 亲戚前来的时候要带随礼，带礼馍、纸钱等
5. 为铭各以其物	5. 外甥、女婿等要向死者赠送铭旌
6. 外御受沐入。主人皆出户外北面，乃沐。栉挋用巾，浴用巾，挋用浴衣	6. 老人死后，儿女为其沐浴
7. 商祝袭祭服襐衣次。主人出南面左袒。扱诸面之右。盥于盆上洗贝。执以入。宰洗柶。建于米。执以从。商祝执巾从入。当牖北面彻枕设巾。彻楔受贝。奠于尸西。主人由足西床上坐东面。祝又受米奠于贝北。宰从立于床西在右。主人左扱米。实于右三。实一贝中央。亦如之。又实米	7. 口含，向人的口中放入硬币等物。人刚死嘴能掰开，填一个东西，新中国成立前是铜钱，有钱人是银元，现在含硬币。不填米粒
8. 小敛、大殓	8. 更衣，沐浴结束后，为死者更换寿衣
9. 小敛奠、大殓奠等各种祭奠（乃奠。举者盥。右执匕却之。左执俎横摄之。入阼阶前西面错。错俎北面。右人左执匕。抽肺予左手兼执之。取鼏委于鼎北。加肩不坐。乃朼载载两髀于两端。两肩亚。两胉亚。脊肺在於中。皆覆。进柢执而俟。夏祝及执事盥。执醴先。酒脯醢俎从。升自阼阶。丈夫踊。甸人彻鼎中待于阼阶下。奠于尸东。执醴酒北面西上。豆错。俎错于豆东。立于俎北西上。醴酒错于豆南。祝受巾巾之。由足降自西阶。妇人踊。奠者由重南东。丈夫踊）	9. 晚上祭奠：大儿子献饭，有六碗的、三碗的，也要三拜九叩。一般上手把盘举过头顶，以视恭敬，献饭底部为馍，上盖肉片，中间点姜胡萝卜片 出殡前的祭奠：出殡前，儿孙哭得越伤心代表越孝顺，兆头越好。先是孝子在灵堂里烧纸，把前一天下午迎客的那一套再做一次，先迎女婿、外甥的铭旌，接下来，死者如果是女的，那么迎娘家的食馓和花圈，死者如果是男的，那么迎舅家的食馓和花圈，食馓迎完再迎花圈，要分开，接着迎女婿、外甥送的"亭子"，这个"亭子"要挂在墙上。之后在门外棺前再行一次祭奠，三拜九叩
10. 奉尸敛于棺。乃盖。主人降出	10. 入棺

续表

周代礼仪	现代丧葬习俗
11. 筮宅。冢人营之。掘四隅。外其壤。掘中。南其壤	11. 勾穴、打墓：人殁就要开始挖坟，找阴阳先生勾穴，打墓
12. 商祝执功布以御柩。执披	12. 由8人抬棺材，现在也有用灵车拉的，儿孙拉纤，儿子扯白纤，拉成两行，孙子扯红纤
13. 至于圹。陈器于道东西北上。茵先入。属引。主人袒。众主人西面北上。妇人东面。皆不哭。乃窆。主人哭踊无筭。袭。赠用制币玄纁束。拜稽颡。踊如初。卒袒。拜宾。主妇亦拜宾。即位。拾踊三。袭。宾出则拜送。藏器於旁加见。藏苞筲於旁。加折。却之加抗席。覆之加抗木。实土三。主人拜乡人。即位踊袭如初	13. 到墓地，下棺，放置随葬品，叩拜。给村人磕头拜谢

通过上述比较可以看出，周原地区当代丧葬习俗中有很多与周礼中的记载相同或者相似的地方。在丧葬礼仪的各个方面，程序上的相似度最大，周代礼仪中记载的招魂、饭含、报丧、迎宾、祭奠、赗赙、小敛大殓、筮宅、打墓、井椁、卜日、迁祖、下葬13个环节中，只有招魂、井椁、迁祖3个环节没有保留，其余环节都保留下来。而根据赵宇共先生《案底葬俗与〈周礼〉记述的比较研究》①一文所述，招魂环节在20世纪90年代的案底村的葬礼中还可见到，其消失应当也是近些年的事情，而井椁环节的消失明显是由墓葬形制发生变化所致，迁祖环节的消失则是由于祖庙这一场所的消失而导致的。

综合而言，丧葬过程和仪式在几千年间被顽强地传承，而有所改变的环节多是由于物质载体的消失而导致的。

丧葬过程中使用的器物也给予我们很多启示。如通过调查我们发现，棺上放置棺罩是当前非常普遍的一种现象，目前的棺罩大多是用红色的、装饰有吉祥纹样的被罩或床单。棺上放置棺罩的习俗在《仪礼》中就有记载，称为"荒帷"，近年来，山西大河口墓葬中还出土了保存非常完整的荒帷②，颜色、材质都非常接近，只是现在棺罩是直接盖于棺材之上，而当时还有木结构支撑。据我们了解，目前陕西凤翔等地还保留着使用木结构支撑物支撑棺罩的现象。由此可见，在物质条件允许的条件下，习俗传承具有顽强的生命力。丧服制度是又一明显例证。现今的丧服有着严格的区分，与死者亲属关系的亲疏程度影响着丧服的形制，这与《仪礼·丧服》中的记载有颇多相似之处。

此外，墓中随葬品的种类和寓意也颇值得探究。从放入墓中的所有器物来看，大致可分为5类：第一类是日常用品，如脸盆、暖壶、杯子等，这些是为了给死者死后到另一个世界使用的，意义在于器物本身的功能；第二类也是日常生活用品，如电视、汽车等，但器物本身因价值昂贵而无法随葬，所以用纸扎等形式取

---

① 赵宇共：《案底葬俗与〈周礼〉记述的比较研究》，载《民俗研究》1998年第3期。
② 山西省考古研究所等：《山西绛县横水西周墓发掘简报》，载《文物》2006年第8期。

代；第三类是日常生活中并不存在，而只是为了寄托家人美好愿望的器物，如"摇钱树"、"童男童女"等；第四类则是比较特殊的器物，如酵母罐，器物本身并没有特别的意义，而作为容器盛装了具有特殊意义的物品。盛装的功能其实可以用现实生活中使用的任何一个容器来完成，但实际上一般情况下人们都会选择买纸花店专门出售的罐子而不选择家中实用的罐子。显然，这很可能是由于人们认为特殊功能的实现必须是由特殊的容器来完成，而不能用普通容器。对火盆的选择也有可能是同样的道理，村民家中可以用来烧火的金属盆、瓷盆很多，但却没有被选用，而是选用了纸花店出售的陶盆，这应该与火盆烧纸所承担的沟通生死的作用以及最后摔盆所承载的家产继承的寓意功能有一定的关系。此外，还有第五类器物，如铭旌等，应属反映亲属助丧行为的器物。

通过以上观察，为我们了解考古发掘墓葬中随葬品的含义提供了一些新的思路。我们常常将随葬品分为实用器和明器两类，分别指现实生活中使用的和专门为随葬制造的两类器物。如果依此视角观察上述器物，则除了第一类为实用器外，其他几类均属明器。其中，第二类、第三类类似汉墓中常见的房屋、楼阁、人俑等明器，第五类则类似我们常说的"赗赠"之物，而唯独第四类物品是我们以往在分析随葬品时比较少考虑的。从目前的分析来看，这类器物应该在当时生活中并不少见，但却不使用实用器随葬，而是用专门制作的器物随葬。那么，这类器物如果出现在墓葬中，就很有可能含有其本身作为承载特殊功能的容器使用的可能性。这样的分析也为我们今后思考墓葬随葬品的意义提供了更多的思路。

（中央民族大学考古学专业 2010 级研究生张琦、朱长余，2011 级研究生李聪、鄂思琪，文物与博物馆专业 2011 级研究生沈敏参与了 2011 年度调查和资料的整理工作，在此表示感谢！）

秦王夫人[①]

——以社会生存状态为主的观察

丁 岩 陕西省考古研究院

秦人历史悠久,其君王事迹文献上多有记载,但却鲜见记载君王夫人们的文献。[②] 本文从历史记载、社会婚姻、宫廷政治、身后待遇等方面,对这些夫人们的基本情况做了初步的观察与研究。

一、在历史的背影中

在秦人的传说时代,女修是这个部族最早的明确的祖先,同时也是最后一位女性首领。在她之后,男性成员便步入这个社会舞台的最前沿,作为秦君王配偶的夫人也就随之出现。但是,大多数的夫人没有被记载,就此隐没于历史之中。

女修以下,大业至大骆,《史记·秦本纪》明确记载了秦的11代君王[③],而仅仅记载了4位夫人。关于这4位夫人,只知道她们与秦人不属于同一族。大业的夫人女华属于少典族,大费的夫人是姚姓之玉女,戎胥轩的夫人是申侯先祖之女,大骆的夫人是申侯之女。尽管其他情况不得而知,但还是可以明确看出,秦君王的配偶一定来自异姓他族,这一传统历史久远。

秦人的历史时代大约为680多年,从周孝王封非子为附庸开始(公元前890年)[④] 至秦亡(公元前206年),期间秦公、王、帝等共37代,国君41位[⑤],他们夫人的总数当以百计,然而被文献记载的王后、太后和妃子等人数却极其有限,大约11位。

从秦侯(公元前857年)至春秋初期(公元前771年),几乎没有一位秦王夫人被记载。随后在长达320多年的春秋时期,仅有3位留下记载,约250年间的战国时期(公元前476—前221年)情况好转,留下记载的夫人达到了8位。而此后在秦帝国的15年间,没有留下一位皇后的记载。

---

① 本文为国家社会科学基金项目(西部项目)阶段性成果,批准号:12XKG003。
② 本文的秦国君或者秦王泛指秦国各个阶段的最高首领,包括大夫、侯、公、王、帝等,夫人则泛指国君的配偶,包括王后、妃子及国君的太后等。
③ 林剑明:《秦史稿·秦世系表》,中国人民大学出版社,2009年,第360—361页。
④ 林剑明:《秦史稿·秦世系表》,中国人民大学出版社,2009年,第360—361页。
⑤ 林剑明:《秦史稿·秦世系表》,中国人民大学出版社,2009年,第360—361页。

纵观秦人漫长社会的发展与历史变迁，在很长的一段岁月中，绝大多数秦王夫人被历史隐没了，也被摒弃在社会记忆之外。直到战国中期，曾经弥漫在秦王夫人身上的云雾才渐渐消退，她们又一次站在社会舞台中，有的甚至站在历史舞台的最前沿。

二、来自遥远的地方

自秦襄公被周平王封为诸侯，"与诸侯通使聘享之礼"① 开始，在"同姓不婚"礼制的约束和指导下，秦国与诸侯之国乃至东周天子之国进行婚姻往来（表一），他国女子从本国前往遥远的西方秦国，嫁作秦君的夫人。② 值得注意的是，这些秦王夫人之所以能够记载于文献，大多是因为她们的事迹涉及秦国的一些重大事件。

春秋时期，文献记载的3位秦公夫人，来自3个国家，均是姬姓女子。其一，宪公的鲁姬③，应是鲁国的王室女子，姬姓。鲁国的都城曲阜距离秦都雍城近1000公里。其二，宪公的王姬④，应是东周天子之女，姬姓。东周王城距离秦都雍城约500公里。其三，穆公夫人，晋姬，是晋献公之女，姬姓。晋都绛城至秦都雍城约400公里。关于穆公夫人文献记载故事较多，成语"秦晋之好"大概由她开始，流传至今。

在沉寂了300年左右，到战国中晚期秦迁都咸阳之后，秦君王的夫人们再次浮现在历史的视野中，共8位。

第一位，惠公的夫人，出子的母亲，姓名、生平、籍贯均失载。《史记·秦本纪》仅仅涉及她和儿子的死况，"杀出子及其母，沈之渊旁"。

第二位，惠文王的王后，即惠文后，武王的母亲，楚人，姓氏失传。其简要生平《史记·秦本纪》有载，"（昭襄王）二年（公元前305），彗星见。庶长壮与大臣、诸侯、公子为逆，皆诛，及惠文后皆不得良死。集解徐广曰：'迎妇於楚者。'"在《史记·穰侯传》中另外记载："武王母号曰惠文后，先武王死。"楚国首都在鄢郢，距离秦都城咸阳约500公里。⑤

第三位，惠文王的妃子，昭襄王的生母。《史记·秦本纪》记载："昭襄母楚人，姓芈氏，号宣太后。"又《史记·穰侯传》记载："昭王母故号为芈八子，及昭王即位（公元前306年），芈八子号为宣太后。"

---

① 《史记·秦本纪》，中华书局，1982年，2005年印刷。本文有关《史记》所引，均出自该版本。
② 一般而言，他国王室女子应该住在自己的国都，本文借此认为她们是从国都出嫁往秦国的。
③ 《史记·秦本纪》记载，"武公弟德公，同母鲁姬子。正义，生出子。德公母号鲁姬子。"
④ 此王姬见于1978年宝鸡出土秦公钟的铭文，参考林剑明：《秦史稿》，注释4，中国人民大学出版社，2009年，第34、第42页。
⑤ 本文提供的秦都城与其他各国都城之间的距离，均是两城直线距离基础上的大约数字，仅仅是对都城之间遥远距离的说明。

第四位，武王后，魏女，当是姬姓，可能是魏王室之女。无子，武王死后，被迫回到母家魏国。《史记·秦本纪》记载："武王取魏女为后，无子。"又载："（昭襄王）二年……悼武王后出归魏。"魏国都城在大梁，距离秦都城咸阳约500公里。

第五位，唐太后，昭襄王的妃子，孝文王的生母，生平失载，籍贯不明，大概是唐姓之女。《史记·秦本纪》记载："五十六年秋，昭襄王卒（公元前251），子孝文王立……尊唐八子为唐太后，集解徐广曰：'八子者，妾媵之号，姓唐。'而合其葬于先王。"文献记载，昭襄王葬于芷阳，故此，唐太后也应葬于芷阳。唐太后的籍贯有待探讨。

第六位，夏太后，孝文王的妃子，庄襄王的生母，也即秦始皇的祖母，原称夏姬，庄襄王元年（公元前249）尊为夏太后。《史记·始皇本纪传》记载："秦王立一年，薨，谥为孝文王。太子子楚代立，是为庄襄王。庄襄王所母华阳后为华阳太后，真母夏姬尊以为夏太后。"夏太后大概姓夏，籍贯亦不清楚。

第七位，华阳太后，孝文王的王后，楚人。华阳夫人无子，以异人（即子楚，后来的庄襄王）为子。《史记·始皇本纪》记载："十七年（公元前230）……华阳太后卒。"[①] 秦孝文王时，楚国首都在陈郢，距离秦咸阳约800公里。

第八位，帝太后，庄襄王的王后，秦始皇的生母，赵人，富人家姬，姓氏不载。《史记·始皇本纪》记载："十九年（公元前228）……始皇帝母太后崩。"其在嬴政即位之后被尊为王太后，称始皇之后，号帝太后。赵国都城邯郸，距离咸阳近600公里。

依据现有文献，春秋战国时期的11位夫人中，母家籍贯有明确记载的有6位，其中的姬姓国家女子有4位。另外，三晋女子有3位，楚国女子有3位，由此可知，三晋、楚国都是与秦国婚姻交往频繁的国家，这应该是秦与晋、楚两国的地缘、政治有着密切关系的缘由。在这些婚姻交往的过程中，不仅"同姓不婚"的礼制起着主导作用，大概还存在着国家关系、政治角逐等重要的因素。

来自异国他乡的这些窈窕女子，最远的行程近千公里，最近的也是四五百公里，迎娶途中，行程艰难，人们劳累不堪，想必这些新娘子们也大都怀着一颗忧喜参半、忐忑不安的心。

纵观春秋战国时期秦王夫人们的生平，可以看到，诸侯国之间的婚姻毕竟也还只是婚姻，对于国家之间实质关系的走向有着一定的影响，但是在大多数情况下，还是无能为力的。当然，也有个别的例外。

三、"母以子贵"的欣喜与悲伤

前述这些秦君王夫人的生平故事之所以能够流传下来，可能得益于有关文献

---

① 在相关情况还不甚明确之际，鉴于华阳夫人的尊贵身份，本文还是系其籍贯于楚国当时的都城陈郢，无论怎样，该认识的准确程度与否对于本文主旨的阐述并无大的妨碍。

保存较好的原因，但是不可否认，更为重要的原因是在她们身上发生了一些影响秦国的重大事件。那么，都有些什么事件呢？

在"嫡长子继位"传统的形成与传递中，生子成为国君夫人最为重要的生活内容之一。当幸运降临时，国君夫人会为自己的夫君——国家的君王——生育一位男孩，随后，在一般情况下顺理成章地被确定为太子，并自然地继承王位成为新国君。新国君的母亲，如果还在世，便被尊为国家最尊贵的女人——太后。

上述情况是一般王后、夫人的幸喜故事，这样的事例很多，对于秦王夫人也是一样。有子与无子的王后、太后或者妃子在家庭和社会上的地位大不相同。在秦王的家庭中、在宫廷的政治生活中，发生了许多"母以子贵"的幸喜故事。

其中最为著名的故事之一，就是穆公晋姬以自己孩子——太子成功要挟君王的事件。该事件发生在公元前645年，"穆姬闻晋侯将至，以大子罃、弘与女简璧登台而履薪焉；使以免服衰绖逆，且告曰：'上天降灾，使我两君匪以玉帛相见，而以兴戎。若晋君朝以入，则婢子夕以死；夕以入，则朝以死。唯君裁之！'"① 这大概也是穆姬迫不得已的下策，反映出作为秦君夫人在母家兄弟临难之前，用一般言说无法左右的无奈，只有以自己和子女，主要是太子为人质来要挟君王。如果穆姬没有身为太子的儿子，她大概还是解救不了自家兄弟的窘况。"母以子贵"在此表现得淋漓尽致。

一般情况下，国君的妃子似乎注定会默默无闻地度过一生。然而，由于种种偶然的原因，妃子的儿子在众多公子之中被立为太子，随后也继承了王位，或者直接即君王之位，由此，这位新国君的母亲——先王的妃子转身就被尊为太后，享有至为尊贵的待遇。

惠文王妃子之一的宣太后，在儿子没有继承王位之前，当然是默默无闻的，然而，当儿子（昭襄王）偶然地继承了同父异母兄弟武王的王位，她就享受到了意外的尊贵，即刻就由先王众妃子之一的"八子"身份被尊为宣太后。此后，发生了关于宣太后种种张扬的或者不张扬的故事。身为国家至尊之一的宣太后，势重位隆，权倾朝廷，执掌国政数十年。② 这是有关秦王妃子"母以子贵"的一个典型事例。

唐太后，是昭襄王的妃子，为唐八子，其子孝文即位之前大概她已经去世，去世之后幸运却降临了。因为悼太子早死，所以孝文王就被立为太子，进而践祚王位。孝文王即位之初就尊她的母亲唐八子为太后，并使其享有与先王合葬的殊荣。这里，生前身为妃子的她，在死后享受到"母以子贵"的传统待遇。

夏太后也是幸运的，她是孝文王的妃子，也是庄襄王子楚的亲生母亲，原称夏姬。《史记·吕不韦传》明确记述："子楚母曰夏姬，毋爱。"不过，她的儿子刻意地成为王后华阳夫人的养子，不久成为新国君。这位新国君即位之初所做的

---

① 原著：左丘明，撰：陈戍国《春秋·左传校注·僖公十五年》（上），岳麓书社，2005年，第203页。

② 《史记·穰后传》、《史记·匈奴列传》。

重要事情之一,就是尊自己的母亲夏姬与先王的王后华阳夫人同为太后,享有一样至尊的待遇。

该事件同时体现了华阳夫人无子的窘迫。《史记·吕不韦传》记载,华阳夫人面对夫君孝文王,"乃因涕泣曰:'妾幸得充后宫,不幸无子,愿得子楚立以为適嗣,以讬妾身。'"她以收养儿子的方式得以保住了尊贵地位,但即便如此,夏太后还是与她共享了尊贵的太后之位。

在"母以子贵"的幸喜之外,自然也有不幸与悲伤的事例。

战国早期,当出子失去了王位时,母亲与他也一同被杀。《史记·秦本纪》记述:"出子二年,庶长改迎灵公之子献公于河西而立之。杀出子及其母,沈之渊旁。"①

战国中期的惠文后也很悲惨。她的夫君惠文王死后数年,继承王位的儿子——武王也死了,而接替武王王位的是惠文王妃子的儿子——昭襄王,即前述的"宣太后"的儿子,惠文后的地位即刻一落千丈,最后甚至是"不得良死"②。

武王后的结局也很悲惨,她的丈夫——武王(惠文后的儿子)英年早逝,自己又无儿子,竟然被迫无奈回到了母家魏国。《史记·秦本纪》记载:"(昭襄王)二年……悼武王后出归魏。"

另外,还有众多妃子,因为她们的儿子无法继承皇位,所以她们自己也就没有留下姓名、籍贯和生平经历。这些情况均是"母以子贵"在传统社会中再次的反面例证。

一个极端的事例是,秦始皇死时,没有子女的众多妃子都因殉葬而死,《史记·始皇本纪》记载:"'先帝后宫非有子者,出焉不宜。'皆令从死,死者甚众。"这些如花朵一般的妃子们,在"母以子贵"的男权社会中,在极权的专制环境中,她们的生命就这样戛然而止了。

这些秦王夫人们在"母以子贵"的欣喜或者悲伤的故事中被记载于历史,值得注意的是,它们的共同特点就是:都与王位继承有直接的关联。

四、身后的哀荣

作为秦国国君的王后、太后、妃子的夫人们,活着时一般都享受着最为尊贵的待遇,在视死如生的观念下,她们身后的待遇又是怎样的呢?

---

① 《史记·秦本纪》。
② 《史记·秦本纪》:"(昭襄王)二年,彗星见。庶长壮与大臣、诸侯、公子为逆,皆诛,及惠文后皆不得良死。集解徐广曰:'迎妇於楚者。'"但是,《史记·穰侯传》记载:"武王母号曰惠文后,先武王死。"

考古发现，战国中期以前的秦王使用中字形级别的大墓[1]，有学者推测夫人们应该使用长方形竖穴土坑级别的墓葬。[2]

考古勘探发现的战国中晚期惠文王及其后数位秦王与王后的陵园中，数座中字形或亚字形陵墓的主人被推测为王后或太后。

咸阳原上的2座长方形秦陵园，其中的Ⅰ号陵园推测为公陵，北部规模较小的亚字形墓葬的墓主为惠文后；推测Ⅱ号陵园为永陵，北部规模较小的亚字形墓葬的墓主为武王后即魏后。[3]

如前文所引，尽管惠文后甚至"不得良死"，但是无论惠文后死的情况怎样，依据目前的考古发现，推测她还是享用了标志王、后级别身份的亚字形大墓。这应符合当时的礼制，也符合惠文后的王后身份。

如前文所引，"（昭襄王）二年……悼武王后出归魏"，从永陵陵园内有两座亚字形陵墓的情况分析，不论魏后是否死在魏国，最后还是"归葬"于秦，并与夫君合葬。

前有惠文后享用亚字形大墓，稍后的武王魏后也享用亚字形大墓，似为顺理成章之事。现有的考古发现与研究表明，惠文后是秦王夫人中较早使用亚字形大墓的王后。武王后尽管后来被迫回到母家魏国，但死后还是归葬到夫家秦国，这些情况应该是真实地反映了当时的礼仪制度和精神世界。

临潼芷阳勘探中发现了四座大型秦陵园[4]，有关该4座秦陵园归属的讨论很是热烈，但是它们有一个共同点：推测有亚字形大墓的Ⅰ号、Ⅳ号陵园，是昭襄王、唐太后的合葬陵园或者庄襄王、帝太后的合葬陵园，而Ⅱ号、Ⅲ号是宣太后或者悼太子的陵园。[5]（表二）

如此，文献记载葬于芷阳的三位太后，依据考古材料可知其中的唐太后、帝太后使用的是亚字形大墓，宣太后使用的是中字形大墓。这些情况应该与当时秦国的政治形式相适应，与她们尊贵的身份相适应，与她们生前炙手可热的权势也相匹配。

---

[1] "秦君葬制，不像同时期的诸侯国那样如山西曲沃北赵晋侯墓地，夫、妇两个一组异穴并葬，而秦陵并无妇人并列附葬于君夫墓的葬制，已被西陲、雍城的葬埋实迹所证实，关于秦公夫人的葬制研究，目前还是空白，没有一个可以确指的秦公王后墓。"田亚岐、徐卫民：《雍城秦公陵园诸公墓主考释》，载《秦汉研究》（第二集），三秦出版社，2007年。

[2] 2011年12月6日，丁岩就此请教长期在凤翔秦雍城工作的秦汉考古研究专家田亚岐先生。

[3] 刘卫鹏、岳起：《咸阳塬上"秦陵"的发现和确认》，载《文物》2008年第3期；陕西省考古研究院：《咸阳"周王陵"考古调查、勘探简报》，载《考古与文物》2011年第1期。

[4] 陕西省考古研究所、临潼县文管会：《秦东陵第一号陵园勘查记》，载《考古与文物》1987年第4期；陕西省考古研究所、临潼县文物管理委员会：《秦东陵第二号陵园调查钻探简报》，载《考古与文物》1990年第4期；陕西省考古研究所秦陵工作站：《秦东陵第四号陵园调查钻探简报》，载《考古与文物》1993年第3期；王学理：《咸阳帝都记》，第四章"都下陵墓"，咸阳市文物考古研究所编，三秦出版社，1999年。

[5] 赵化成：《秦东陵刍议》，载《考古与文物》2000年第3期；丁岩：《长安神禾原战国秦陵园年代述考》，载《文博》2010年第2期。

西安长安区神禾原战国秦陵园内的大墓是亚字形，据发掘者推测，大墓主人是孝文王的妃子夏姬，也就是庄襄王的生母夏太后——秦始皇的亲祖母[1]，由此，夏太后也使用了亚字形级别的大墓。

另外，据分析，历史上昭襄王后和始皇帝后也享有最高级别的葬制待遇，也应该有其陵墓，但是文献中没有片言只字的记载，目前也没有相关的考古发现。

这些生前享有尊贵待遇的夫人们，身后也享有了高级别的埋葬礼制，规划整齐的宏大墓园、高规格建制的墓葬形制、丰富珍贵的随葬品等都是尊贵待遇的表现与标志。夫人们身后世界的待遇，大都与其生前的待遇相一致，当然也有部分夫人生前的待遇并非如此，而死后的埋葬规格却尊贵至极。

另外，秦始皇在位期间修建了三位太后的陵墓，分别是始皇七年的夏太后陵墓、十七年的华阳太后陵墓、十九年的帝太后陵墓。还有，他父亲庄襄王的陵墓也当是由他完成，而他自己的陵墓也在即位之初就开始了修建。这些浩大的工程给百姓横添了不知多少繁重的工作，百姓不仅要为生存（衣食住行及水利工程等）的生产而工作，还要为非生存的大型工程（比如陵墓）而奔波，超强度的压迫可想而知。

借着封建礼制由头，王后们生前养尊处优，死后更是消耗有加，凭空又增添了社会负担。

结　语

源远流长的秦人社会，不论在传说时代还是在历史时代，秦王的夫人大都来自异姓他族，这是文明社会的标志之一。但是，由于等级社会的诸多原因，她们多被遮掩于历史的背影中。

春秋之始，秦国得以"与诸侯通使聘享之礼"，他们君王的夫人就此来自遥远的国度，完成浸染着国家关系的婚姻。

在"母以子贵"的社会观念中，这些夫人们有的有着无限的幸运、有的却陷入无可奈何的悲惨境地，她们的喜怒哀乐、生平故事，无不深深地烙有时代的痕迹。

作为秦的高贵的夫人，在生前她们享受着最为尊贵的待遇，或者遭受异常的窘迫，在死后却大都享有高规格的丧葬待遇，同样也增添了社会负担。

---

[1]　张天恩、侯宁彬、丁岩：《陕西长安发现战国秦陵园遗址》，载《中国文物报》2006年1月25日第一版。

表一　春秋战国时期的秦王夫人

国君		秦　王　夫　人					
		王后	尊为太后	籍贯	卒年	葬地	墓葬发现
春秋	宪公	王姬		周王城			
		鲁姬		鲁曲阜			
	穆公	晋姬		晋绛			
战国	惠公	出子之母			公元前385年		
	惠文王	惠文后		楚鄢郢		永陵	亚字形
			宣太后	楚鄢郢	公元前265年	葬芷阳郦山	中字形
	武王	魏后		魏大梁		公陵	亚字形
	昭王		唐太后		公元前250年？	合葬于先王（于芷阳）	亚字形
	孝文王		夏太后		公元前240年	独别葬杜东	亚字形
		华阳太后		楚陈郢	公元前230年	会葬寿陵	
	庄襄王	帝太后		赵邯郸	公元前228年	会葬（芷阳）	亚字形

表二　有关秦东陵芷阳大墓墓主的讨论观点

陵园	墓葬		观　点			
			程学华	尚志儒	张海云、王学理	赵化成
芷阳东陵	Ⅰ	2座亚字形	M1，昭襄王唐太后 M2，孝文王华阳太后	M1，孝文王华阳太后 M2，庄襄王帝太后	昭襄王 唐太后	庄襄王 帝太后
	Ⅱ	中字形	悼太子	宣太后	悼太子	悼太子
	Ⅲ	中字形	宣太后	悼太子	宣太后	宣太后
	Ⅳ	1座亚字形	庄襄王 帝太后	昭襄王 唐太后	庄襄王 帝太后	昭襄王 唐太后

参考：A. 赵化成：《秦东陵刍议》，载《考古与文物》2000年第3期。
　　　B. 丁岩：《长安神禾原战国秦陵园年代述考》，载《文博》2010年第2期。

（张天恩博士给予了热情指导，在此诚挚感谢！）

说 "七"

——求索青铜时代孔雀河绿洲居民的精神世界

王炳华　中国人民大学国学院

感觉到的事物不一定能理解。只有理解了的事物，才能被更深刻的感觉，并接近、进而把握其实质。

1979年12月末，笔者觅得并主持发掘了孔雀河古墓沟，立即感觉到了新奇、从无所见的种种文化现象，但又是相当不理解。对它是新石器时代、抑或是青铜时代的遗存都无法断定，翻来覆去好几遍，才怯生生地说它是青铜时代，是孔雀河绿洲古代居民步入文明时段的考古遗存[①]，至于它的具体文明内核，即使摆在面前，还是并不清楚，也没有真正理解。至今，经过整整30年，不断咀嚼那些深刻印在脑海中的问题，不断学习吸收前人、师友的成果，才慢慢地、一步步感知，一点点理解孔雀河人——古代西域先民们的精神世界，有勇气开始一辨其原委。

"七"，这个神秘的数字，就是这方面的典型一例。

"七"，是一个在原始思维过程中具有特殊意味的数字概念。我国学者对这类神秘数字早有关注、分析，提出过种种解析、假说、理论。

新疆东部罗布淖尔荒原上的孔雀河绿洲是亚洲中部内陆一处相对比较封闭的地块（图一）。南北大山、东西沙漠，与四围交往并不方便。自20世纪初叶尤其是20世纪70年代末至今，考古工作者对这片地区的青铜时代文化遗存进行了翔实的调查，也进行了一些发掘。出土文物等考古资料，因特别干燥的环境，保存得相当好。而其社会发展阶段，又正处于从蒙昧转向文明的过程中，绝对年代可以早到距今4000年前。这些特点给我们提供了一个解析人类文明早期阶段精神世界状况比较好的典型。全面、认真剖析相关文化遗存，不仅可以感受初步迈向文明之门时原始先民们的物质生活，而且可以具体触摸其精神生活领域的种种遗痕，这是弥足珍贵的。因为这种古远的精神世界状况，因文字还未发明，不可能见于记录，但却有幸载附在看似平常的出土文物之中。因此，它是认识古代先民迈向文明之门最初时段重要又不易获得的物质遗存；更因其未受后人增删、润色、改造而朴素无华，就更加稀珍难求，具有说服力。

笔者自1979年发掘了这一时段的遗址古墓沟后，2000年，情有难舍，又与友人步、驼相继，自库鲁克山直下罗布淖尔沙漠，再访了这一时段中孔雀河水系内

---

① 王炳华：《孔雀河古墓沟发掘及其初步研究》，载《新疆社会科学》1983年第2期。

的墓葬遗址——小河（F. 贝格曼于1934年发现、并少量发掘过的一处墓地）；2002—2005年，新疆考古所对小河墓地进行了全面发掘，并部分公布了相关资料。2004年，笔者作为国家文物局专家组成员之一，认真考察了小河墓地发掘现场。这些因素，为笔者今天剖析这一相对较闭绝、保存良好、时代又相当早的青铜时代文化遗存提供了诸多便利条件。

其中应予分析的文化细节是相当多的。笔者当努力探索，逐步展开。本文仅以遗存中所见"七"数的具体资料为切入点，剖析孔雀河流域古代先民在这一数字概念中寄托的思想，探寻人类原始思维之特征，求索这一时段中人们认识世界之轨迹，感受他们在面对大自然，求得生存、发展时显示的聪明、智慧，进而讨论他们与当年周围世界的关系。

一、"七"数遗痕

在孔雀河河谷绿洲，已知青铜时代文化遗存有10处左右。分布地域及于孔雀河中、下游及主要支流。如A. 斯坦因调查、发掘了的LF、LQ、LS、LT[①]；F. 贝格曼发现并发掘，考古所最后全面发掘的小河墓地[②]；黄文弼在孔雀河北岸发掘的L彐、L冂墓地[③]；笔者发现、发掘的古墓沟墓地[④]；穆舜英清理的铁板河墓地[⑤]；牛耕在LE东北发掘的墓地[⑥]等。它们大都分布在孔雀河北岸沙丘高地及其支流小河流域，时代或有早晚。据大量 ^{14}C 测年数据总体结论：它们是公元前2000年前后孔雀河谷绿洲上古代居民的文化遗存。可惜目前所见均只是墓葬，未能发现居住遗址。对相关居住遗址虽曾认真搜寻，但迄今仍无所获。按一般情况，居址当在距离墓地不远的河谷台地。如是，距水较近，农作、日常生活可得其便。但简单的草木建筑，可能难御罗布淖尔东北季风的长期吹蚀，大概已湮灭无存。

通观孔雀河青铜时代墓地发掘资料，可以看到一个显著的文化现象，即数字"七"具有不一般的地位。它保留了当年孔雀河居民物质生活的各个方面。丝毫不必怀疑，它是深深烙印在他们灵魂深处的一个文化密码，有着特殊的意涵。对青铜时代孔雀河居民而言，数字"七"似是美好所在，是幸福所系，是须臾不可以丢弃的灵符。

古墓沟墓地，共发现古代墓葬42座，其中6座墓葬，地表均见"七"圈椭圆形列木环圈。环圈列木直径由几厘米到20多厘米不等，由内及外，粗细有序。椭

---

① 中国社会科学院考古所译、A. 斯坦因：《西域考古图记》，广西师范大学出版社，1999年。
② F. 贝格曼著，王安洪译：《新疆考古记》，新疆人民出版社，第72—130页。
③ 黄文弼：《罗布淖尔考古记》（中国西北科学考察团丛刊之一），国立北平研究院，1948年。
④ 王炳华：《孔雀河古墓沟发掘及其初步研究》，载《新疆社会科学》1983年第2期。
⑤ 穆舜英：《楼兰古墓地发掘简况》，载穆舜英、张平主编：《楼兰文化研究论集》，新疆人民出版社，1995年。
⑥ 牛耕：《近年来罗布淖尔地区的考古发现》，载《西域研究》2004年第2期。

圆形环圈外,更有四向散射的列木桩柱构成的直线。一座环圈墓葬外,可有40多道射线。这类直线,从保存完好者看,每条线又由"七"支立木构成。远视、俯视,俨如光芒四射的太阳(图版一)。其布局之规整、施工之严谨,均清楚可见。这类墓,均入葬男性。

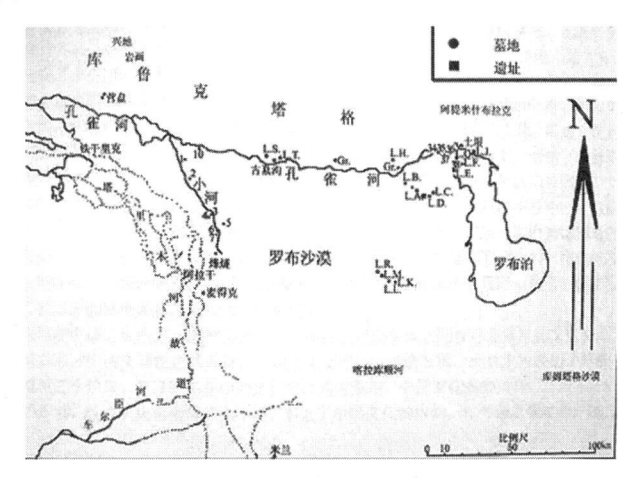

图一　青铜时代孔雀河水系遗址、地理形势图

墓葬封土如是设计,极显当年孔雀河人对"七"这一神秘数字满怀虔诚,满溢创造智慧;光芒四射,俨如太阳的造型,不仅显示这类墓葬超凡、庄严,也清楚表明他们对太阳的崇拜。这是可以经过形式逻辑捕捉的结论。

据此,可以推定:构建太阳图像的基本元素,必须用"七"。椭圆形要"七"圈,构成射线之立木,要"七"根。这表明:"七",在青铜时代孔雀河人心目中,不是一个随便的数,它是与天穹密切关联的、具有神秘内涵的文化密码。它背后的逻辑思维过程,之所以如是抽象的根据,需要我们进一步发掘、认识。

在古墓沟墓地,还有一个与"七"密切关联的图像。第38号墓,是一位老年女性的墓葬。女主人头戴质地厚实、保存完好的褐色尖顶毡帽。一侧插白色翎羽。毡帽顶部以红色毛线绣饰一圈图形:以7条平行线为一组,共4组,分列尖顶四面。墓葬女主人的随身衣物,入殉牛、羊角,均超乎一般成员。从墓地观察,是占有财富较多、地位不俗的一位老妇人。她毡帽上这一明显的以7道红线构成的毛绣图案自然也引人思考:"七",在青铜时代孔雀河人心目中,不仅是美的象征,而且存在特定文化意涵(图版二)。①

"七",这一数字元素,在同属青铜时代、但绝对年代晚了400—500年②的小河墓地中,保留着更多痕迹。可以说,"七"在小河时段已成为社会的时尚,具有时尚文化符号的功能。为揭示这一文化现象,本文取已经刊布了的2003年发掘资

---

① 王炳华:《孔雀河古墓沟发掘及其初步研究》,载《新疆社会科学》1983年第2期。
② 2003年M13、M24属小河墓地表层。AMS(加速器质谱分析)C^{14}测年,"一、二层年代最大的可能性在公元前1650—前1450年之间",载《新疆文物》2007年第1期。

料中的第 13 号、第 24 号墓为例,予以详细说明。①

M13,为第一层(小河墓地共叠压 5 层,这是绝对年代最晚的地层)墓葬。埋葬浅,棺前有高达 187 厘米的粗大菱形立木,象征男根(图版三)。木棺较大(225 厘米×84 厘米×45 厘米),棺上盖红色、白色、淡黄色 3 块牛皮。墓主人为成年女性,头戴毡帽,身裹白地大红色竖条纹毛织斗篷。颈部见朱红色毛绳项链,上腹部置一具大牛头,颜面彩绘以 9 条黑红色线构成之网格图案。腰围毛织竖条纹腰衣,左胸部置一小型木雕人面像。右手腕部饰手链,左手近腕部置木祖,右侧臀下放木梳。小腹部有黍粒,身下铺大量麻黄枝。在这座保存相当完好、规模相对稍大、极具代表性的墓葬中,墓主人随身衣物上多见"七"数遗痕②:

1. 女主人裹尸毛织斗篷,灰白地上显大红竖条纹,谐和美观。红色条纹贯通上下,与幅边平行,共 7 道。

2. 女主人腰衣中部用一根毛线缀连直径 2.5 厘米左右的圆形铜牌饰,绕腰衣一周,这显目之圆铜牌为 7 块。

3. 女主人项链,以红、褐两色细毛绳穿缀玉石珠。红毛绳穿缀玉珠 3 颗,褐毛绳穿 3 颗白石珠、1 颗黑石珠,玉、石珠共为 7 颗。

4. 女主人使用之木梳,以 7 支红柳杆为梳齿;侧边梳齿上刻 7 组三角形纹。木梳不在头上,而在臀下,这是一个需要注意的现象。

5. 女主人随葬的小草篓,篓底垂直相交的经向草秆,都是 7 根。

6. 女主人腰际随殉小皮囊,在缝合处切割出 7 个方形凸片。

7. 女主人随葬的木雕人面像,表面粘贴薄皮,涂红,鼻梁高耸。鼻梁上横缚线绳,绳为 7 道。

8. 女主人胸部有羽毛木杆饰物。将两端削尖的木杆插入羽毛管中,羽毛管通体缭绕红毛线。捆扎白色羽毛。木杆上刻着 7 道弦纹。

9. 木别针,包括刻花木别针 3 支、红柳杆 3 根。刻花木别针,每支刻 14 道弦纹,中间刻相对小三角形纹,分别组成 7 组三角形饰带,花纹部分涂染红色。

此外,还可以研究女主人头戴之尖顶毡帽,简报上称"帽上缀 6 圈红色合股毛绳"。只是细看所附线图、图版,缀附之毛绳已稍朽损,似有 7 圈之可能;毡帽一侧插禽羽,羽毛捆扎在木杆上,其中一支木杆,也刻着 7 道弦纹。

这些资料清楚表明:随女主人入土的各类衣物,从诸多制作、装饰细节,都可以捕捉到"七"这一数字元素。这自然不是偶然的表象,而是精心设计、深有文化蕴涵的。

再说第 24 号墓(M24)的情况。③

---

① M13 埋葬情况,及下引 M24 文物资料,均见新疆考古所:《2003 年罗布淖尔小河墓地发掘简报》,载《新疆文物》2007 年第 1 期。

② M13 埋葬情况,见新疆考古所:《2003 年罗布淖尔小河墓地发掘简报》,载《新疆文物》2007 年第 1 期。

③ 新疆考古所:《2003 年罗布淖尔小河墓地发掘简报》,载《新疆文物》2007 年第 1 期。

第24号墓，属小河墓地第二层，棺前竖一根高330厘米的圆木柱和一根高180厘米的女阴立木。圆木柱曾经涂染红色，圆木柱根部见有用毛绳捆缚的芦苇、红柳草束。其中包含麻黄、羊腿骨，草束上放牛粪，旁置大草篓。女阴立木呈桨形。桨叶截面大致呈十字形。最宽处达67厘米。两边插有1支冥弓、3支冥箭。棺木较大（181厘米×49厘米×30厘米），入葬成年男性。身裹深棕色地红条纹毛毯，以刻花木别针缀合。毛毯边缘用红毛绳捆扎出4个小包囊，内存麻黄枝、小麦粒等物。男尸腹部置放一颅部涂红的大牛头。男尸头前、足后各插一件一端嵌入面像的木杖。男尸头戴深棕色毡帽，帽侧饰翎羽、缀羚鼬头。腰围窄带式腰衣，足蹬短腰皮靴，双耳饰铜环，右手腕绕手链。下半身偏右侧堆置40多件木质长杆形器物，包括3件蛇形木雕及套皮、束羽毛的扁木杆、骨镞、木箭、羽箭、红柳木棍等。胸部置一木雕人面像，右臂外有麻黄束，小腹部置白色卵石。胸部、两腿间、右臂内侧有羽饰。右手部位放一件夹条石的马蹄形木器。身上、身下见麻黄枝，颈肩周围见动物碎耳尖。尸体干化较好，全身涂抹乳白色浆状物，额至鼻部曾涂绘红色横线，看不清楚红线的根数。

男主人随身衣物、殉物，也见到不少与数字"七"有关的元素。细述于下：

1. 棺前具有神圣地位的女阴立木，通体涂染黑色。柄端刻7道弦形纹，并在刻划处涂染红色。

2. 皮靴，靴面正中涂红道，红道两侧穿小孔，"内穿"7束白色羽毛和红毛线。

3. 手链，以灰白色细毛绳穿白色小珠，在右手腕部绕7圈，成为形式特别的一种手链。

4. 随葬草篓，"篓底正交的两组经草均为7根。

5. 右手所持夹条石的马蹄形木器，"木片中段内侧平面上刻相对7道横纹，刻线的地方涂成红色"。木片中夹磨制灰色砾石，"内侧面刻划7道细槽"，蹄形木片下方，两块木片相对应处，也刻有7道细线，并涂红色"。这是一件值得注意的木器。显目的砾石内侧面、夹砾石之木片兽蹄一端都刻了7道细槽，且涂红色，这不可能是为人们观赏的装饰图案。因为太细、且隐秘，一般看不清楚，但还是要刻7道细槽，而且涂染红色，说明这是特别重要、神圣、不能轻忽的环节，很有可能是巫师作法的表现。如此，才能具有权威。

6. 男主人胸部之木雕人面像上也粘贴一层很薄的皮状物，涂红。额部、下颌正中，各粘一小块铜片，眼部、嘴中以小白珠、白色小片作为眼珠、牙齿，制作精细，是可以辟邪的圣物。这木雕人面的鼻梁上，也横搭着7道细线绳。

7. 为男主人随殉的骨镞、木箭，"骨镞表面打磨光滑，头端尖锐，后侧表面刻划7道弦纹"。

8. 为男主人随殉的羽箭，有4组，分置于不同部位。其中一组置于主人右臂与躯干之间，共7支。

这两座墓葬，保存都较好，未经后人扰动。墓主性别不同，社会地位稍高，从探求这一时段孔雀河居民的观念形态看,他们是较具代表性的。

小河墓地墓葬,随葬物品不多。大都只是死者随身衣、帽、饰物,以及其他少量随殉物品。在屈指可数的随葬物品中,可以觅得如此多的与"七"相关的装饰细节,充分说明:"七"在当年小河居民的日常生活中,的确已是被普遍接受、尊崇,不可须臾离开的一个文化密码。在当时人们的精神世界里,具有神圣的地位。

小河墓地,共发掘墓葬167座。[①]"七"这个具有神秘意味的数字,其间多有所见。本文只以两座墓葬为切入点,检索其中的"七"数遗痕,以求取得到比较具体、深入的认识。于细微处见精神,"七"在青铜时代小河墓地主人的心目中,确实是十分不平常且与其命运息息相关的元素,也是人们在处置生死大事时不能轻忽的一个细节。这是一个重要的文化现象。从这一细节出发,进一步去剖析青铜时代孔雀河绿洲上原始居民内心深处存留着的对"七"这一神秘数字的信仰,是有一定说服力的。

二、"七"数探源

在上述孔雀河流域青铜时代墓地内,大量存在具有"七"这个数字内核的文化遗痕。由此可以推论:"七"是一个具有神秘意味的数字,在距今4000年前后,已经是孔雀河绿洲古代居民普遍接受、认同的一个文化符号,显示了他们共同的一种文化心理。这是值得、也应该予以分析的民族文化观念。例如,这一文化符号代表了一种什么样的思想内涵?它如何形成、演化?与周邻地区的关系怎样?等等。

从孔雀河水系绿洲这一地理空间和现已把握的资料看,至少这类遗痕显示了如下特点:一是这类符号具有超越人间的神性,是与天庭、权威、巫祝密切关联的;二是从古墓沟到小河,时间流逝了四五百年,图案由繁趋简,由具象走向抽象,但相关符号的神性力量仍然存在,而相关符号又向世俗生活沉淀,成为社会精神生活领域一种"美"的代表,成为人们喜好的、普遍认同的装饰图案;三是对这一文化密码稍事关注,便可以得出结论,它在欧亚大陆是普遍性存在。其间的关系,也是一个需要深入的问题。

"七"这一数字具有神秘性,与"天"、"巫祝"存在关联,最明显的证据就是古墓沟墓地7圈椭圆形图像、四向散射的以7根立柱构成的射线,它们最后具象的、写实的图像就是光芒四射的太阳形。图形直接表明,"七"与太阳是直接存在关联的。换一个表述方法,也可以说,"七"是与太阳、天穹、宇宙相关联的一

[①] 167座,只是新疆考古所2002至2005年发掘的数量。此前,1934年F.贝格曼在此发掘墓葬12座。贝格曼发掘前后,当地也见盗掘。2000年至小河墓地,沙丘地表不仅见人体干尸,棺板也随处可见。因此,这一青铜时代孔雀河水系内最主要的墓地,当年全部墓葬不可能只是167座。总数当在200座以上。这对分析水系内的居民总数,是有价值的。

个数字密码。"七",是构成"天庭"、神居之处的一个神秘符号。至于"七"这个元素为什么具有如是神奇力量,则需要进一步解析。在经过相当长的岁月后,今天进入小河墓地,"七"的神性元素精神,仍然可以清楚触摸:如男性墓前的女阴立木,被特别涂成黑色,但立木柄部却有虽不宏大、显目,但相当隐秘而又十分清楚的7道弦纹,涂着红色。这立木是与生殖崇拜巫术存在关联的,"七"为具有神性的元素,有助于增强人类的生殖繁衍能力,在这里透显出来。其他如具有辟邪功能的小型木雕人面像、鼻梁上缚7道毛绳、显示男主人权威身份的夹条石兽足木杖,隐秘部分也刻着7道弦纹、涂染红色等,它们与用"七"圈圆形构造出太阳图像类似、其中蕴涵的精神是一致的。"七"具有超越人间的神奇力量,是"神"、"天"的象征。

因为"七"与天通,与神力相连,关系全民的福祉、命运安危,是全体子民心灵深处已经认同的文化符号,它自然就与"神圣"、"幸福"、"安全"、"胜利"、"希望"等"美好"的精神文化元素联系在一起。随时光流逝、岁月积淀,慢慢地,在孔雀河绿洲原始居民的精神世界里,神秘数字"七"自然就成为美好的象征、美好形象的代表。只要见到"七"这个元素,就可以得到"美"的感受,产生"美"的联想。在物质世界中需要适当装饰时,"七",尤其是涂抹了红色的"七"就成了人们追求和习惯使用的元素。毡帽上7条红线,披身斗篷上7道红彩条,腰衣上7块小铜片,梳齿上7颗三角形纹饰,均自然呈现,人们也都习惯并接受,而且喜好,视为"美"的象征。至此,虽然不是任何一个人都了解"七"这个神秘数字产生的原因、深化的过程,但也总会认同它是美好的事物。事物发展到这一阶段,"七"已经具有模式化的意义,成为全社会普遍认同的模式化的概念。"七"从曾有的具象的物质外壳,经过原始思维加工,转化成抽象的数字概念,成为人们喜好的装饰因子,成为青铜时代孔雀河绿洲居民中具有特定思想内涵的哲学元素。

青铜时代的古墓沟人,为什么赋予"七"数如是神性的内核?笔者认为,这与他们在这一时段内的原始信仰——萨满崇拜存在密切关联。

对青铜时代孔雀河绿洲居民崇信萨满的研究,笔者在《新疆考古遗存中的萨满崇拜》[①]一文中曾进行过分析。在遥远的古代,欧亚大陆曾弥漫萨满崇拜。萨满崇拜中,核心的世界观是认为宇宙可分为上、中、下三界,每界又可分三层。[②]上界(七至九层),是天界,又称火界,为天神、日月星辰、风雨雷电等神灵居处,众多的动物神、植物神、各氏族远古祖先英雄神也有可能入居天界神堂;中界(四至六层),是人类、禽鸟、动物的居处;下界为土界,也称地界或阴界,同样分三层,是地母巴那吉额母、司夜众女神及恶魔居住、藏身之处。在地界,也

[①] 王炳华:《新疆考古遗存中的萨满崇拜》,载《西域考古文存》,兰州大学出版社,2010年,第451—459页。

[②] 《中国大百科全书·宗教卷》,"萨满"、"萨满教"条,大百科全书出版社,第323—328页。

有人的灵魂存在,既有恶魔也有好人。地界,只是季节、昼夜与人世间相反。[①] 只有具神力的萨满——巫师,才有能力沟通三界,为人们辟邪、驱病、除凶,求得福祉。这一世界观在古代居民中,在广阔的欧亚大陆曾长期存在,颇具影响。

古墓沟墓地"七"层椭圆、四向散射光线的太阳形构图,与萨满崇拜观念中的天庭构想,若合符节。小河墓地许多木棺前仍然保存完好的直立木柱,也俨如萨满崇拜中的神杆,是可以上下天庭的通天树……这些现象,都可与萨满崇拜观念呼应。青铜时代孔雀河绿洲古代墓地的诸多细节,随处可以感受到萨满崇拜的观念。

因此,抽象化了的数字"七",实际是与古代先民在观察人间世界、宇宙天穹时的哲学思考联系在一起的。它的物质基础,或与古代先民面对人间世界的东、西、南、北四方,上、中、下这样一种世界三维存在关联。生存空间四向拓展,有东、西、南、北四方,这是任何人都可以感触、认知的大地。于是,"四",可以与地发生关联;天穹、宇宙,难以触摸。但目力所及、实际感受,可大约得到"三界"的概念,也是没有疑问的:个人、群体处身于土地;站脚的土地下面,还有深不可测的"地下";仰头向上,白天可以见到太阳、云彩,晚间可以看到月亮、灿烂的星辰,那是可以感知的"天"。天、地、地下,这就是三界。天界不能触及但可以看到,那是神居之处;地面,是人自身、群体、异己的集团活动的地方,这是大地;地下,有蛇、蝎、小虫出没,人死后也安置于地穴,这也是可以真实感知的。于是用人间世界作比附,就有了想象中的阴曹、地府。萨满的世界观,是原始、简单的。天有三层,地可四界,通过表象的观察、形式逻辑的推定,可以获得这一结论。三界七方的文化观念,至此似乎就可以呼之而出了。为什么世界各地会普遍存在三界七方的原始概念,在这里似乎可以找到根据。天在七重以上,为上帝居所,也就成了全人类神话思维的一个共同特征,"七"成为早期神话思维中的重要的结构要素。天有"七"重、"七"天造人、人有"七"魄,也都应运而生。这是不是解析人类早期思维特征的一把钥匙呢?

通过古墓沟、小河墓地保留至今的诸多图像、装饰细节,对距今4000年至3500年前的孔雀河水系绿洲古代居民的精神生活世界,我们可以展开许多方面的究问、求索,也可以提出一些合理的推想:原始农业、畜牧业的收获使他们可以大致吃饱、穿暖,自然生理需要基本得到满足后,他们确实对自身与周围世界,天上、地下的关联,进行过认真的分析、探索。他们曾长时间观察过天穹、太阳,对太阳带来的温暖、光明,满怀感激,终于利用身边无尽的林莽,设计出了有7圈椭圆、四向散射光芒的图形。这一艺术构图,其他地方没有发现过,十分可能就是他们完成的创造,其中寄托了他们对太阳浓烈的感情。在相当长的时间里,他们一次又一次想过人类自身、身边的土地与天的关系。于是,对自身生存的世界拟构出一个模式,天是神圣的,人间世界可与天交通,于是出现了墓前立木,

---

[①] 庄吉发:《萨满信仰的历史考察》,文史哲出版社,1996年,第72—73页。

也就是可以与天交通的神杆、通天树（这模式的拟构，也有可能得自外部的影响）。天穹、人间、地下三界，是有物质根据、可直接感受的存在，而三界九层，天在"七"层以上，却只能是一个没有物质前提的天才的构想了。在人可以接触到的现实世界中，高山、低丘、林莽、人类自身活动的平地，实际也是分层次的，"三层"这样的概念，在实际生活中确也有多种物质的根据。这为"七"这一神秘数字的出现，提供了前提。有了这样一个模式设计（或认同了这样一个模式设计），宇宙、世界、人死后的去处，都可以获得适当安排。青铜时代的孔雀河先民的精神世界在这一构拟活动中，显示了创造性的光辉，也为人的生、死寻求到了合适的前途。

通过孔雀河流域青铜时代墓地保留至今的遗存及其中种种图像细节，对"七"这个神秘数字的出现、产生的依据，就可以得到一个形式逻辑的结论：它是当年人们的世界观，与他们对天、太阳的观察，与早期萨满崇拜中的天、地、人三界九层观念存在关联。孔雀河流域青铜时代墓地目前虽还只是个例，但对认识青铜时代人们的精神文化，却具有典型的价值。

三、"七"在中原大地

在古代中原大地，"七"也曾是一个具有神秘意味的模式化数字。"七日造人"、"七七之祭"、"天子七庙"、"七兵"、"七术"等，在汉语汉文中可以找到许许多多以"七"为模式化概念的词语，"七"成为一种神秘数字的概念，随处可见。在这里，"七"具神秘性质，是可以被清楚感知的。

以几个实例对此稍予剖析，一是宗懔的《荆楚岁时记》中的"人日"概念：造物主"第一天造鸡，第二天造狗，第三天造羊，第四天造猪，第五天造牛，第六天造马，第七天造人"。这自然是与人类诞生密切关联的创世神话，涉及创造世界、人类诞生的第一页，没有疑问，这是原始神话的遗痕。文字虽形成得很晚，但思想却来自远古，是关于开天辟地、万物创生的故事。

与创世、"人日"神话精神相通，人死后灵魂归宿，在中原大地的传统观念中，也有和"七"数存在神秘关联的文献。田艺衡撰《玉笑零音》说："人之初生，以七日为腊；人之初死，以七日为忌。一腊而一魄成，七七四十九日而七魄具矣；一忌而一魄散，故七七四十九日而七魄泯矣。"（舒新城等主编：《辞海》，中华书局，民国29年，五版）这古老的观念至今在我国广大农村中不少地方还见影响，人死后要行"七七"的祭奠，为死者修福。

《荆楚岁时记》中的"人日"是说生；《玉笑零音》中的"七腊"是说死。不论生、死，均与"七"关联，也就是与造物主、天密切关联。

对古代中国传统文献中多有所见的神秘数字，不少学者如闻一多、季镇淮、何善周、刘师培等很早就有关注。而于此着力较多者，当推知名学者杨希枚先生，在他于20世纪60年代先后完成的《中国古代神秘数字论稿》、《论神秘数字七十二》、《古籍神秘性编撰型式补证》①等文中，对包括"七"数在内的诸多神秘数字如"三"、"四"、"六"、"七"、"十二"、"七十二"等展开讨论，进行了十分详细、深入的分析。

杨希枚先生著文，穷搜先秦古籍中有关神秘数字，深入剖析它们曾经对古代中原大地人们社会生活、精神文化生活产生的深远影响，揭示了渗透其中的"天人合一"、"天人感生"的哲学灵魂，对它们曾予古代中国人精神生活至大至巨的影响，多有阐发。如他对"三"、"四"这两个数字的解析。在他的论文中，多次提出"天三地四（也即阳三阴四），独为真正的天地数"（杨希枚：《先秦文化史论集》，第719页），它们"象征天地，是神秘数字的核心"，"四，应即大地的象征符号"等，这些论析给予我们的启示是相当大的。

但相关研究也有令人抱憾处。许多结论只是从古文献出发，如《易经》各传、《左传》、《国语》、《吕氏春秋》、《淮南子》、《春秋繁露》等，以文献中的各种神秘数字为依归，而未将目光投向考古遗存。在杨希枚撰文的结论中，不止一次强调这一文化现象之源起、繁荣，就在先秦至两汉这一时段之中。行文遣字之间，《易经》似乎就是这一文化观念的源头。这一结论明显是有局限性的。

在杨希枚先生的研究中，反复提出："至迟自战国初期以来，中国古代社会存在着浓厚的'天地感生'、'与天地合德'的思想，且由于这种思想的影响，而制作了一系列的神秘数字，即天地数和'参天两地'的神秘数。这类神秘数字不仅是象征天地及其交感之道，从而达成与天地同化的企图的一种媒介物。"（杨希枚：《先秦文化史论集》，第690页）如是思路，对深入剖析弥漫在孔雀河水系青铜时代遗址上诸多有关"七"的符号也有启迪，甚至可以互相参证。其一，可以清楚看到，在青铜时代的西域大地（至少，是孔雀河水系内）上，"七"这个神秘数字符号，确实是与对"天"的崇拜密切关联的。这一点，与先秦、两汉时期中原大地在"三"、"四"、"七"这些神秘数字符号中寄托的思想，实质上是一致的；其二，西域大地（以孔雀河水系青铜时代为代表）古代先民们对"天"、"地"，及相关神秘数字符号"七"的崇拜，绝对年代早到距今4000—3500年前，与中原大地的夏、商王朝相当，较之满溢在先秦、两汉文献中的相关观念早出千年以上。从这一共同的文化现象中，可以看出西域古代文明对中原大地或曾有过的具体影响。行文至此，想起冯承钧在译序沙畹《摩尼教流行中国考》中的几句话："又考吾国的数字，以三、五之用为多，如三纲五常、三光五行之类也。七数为用较少。为西域之人常用之，为七死、七生、七难、七宝、七音也。颇疑此七曜之说，来自西域。"虽然，这里的"西域"概念是广义的。但与罗布淖尔荒原也颇有关联。中华民族多源一体，传统文化中凝结着众多民族的文化因素，这自然是并不

---

① 相关著文均收录于杨希枚《先秦文化史论集》（中国社会科学出版社，1993年，第616—737页），书中曾揭示了"天三地四，独为真正的天地数"、"神秘数字法天象地"，认为"至迟战国末季以来，迄于西汉中世，中国古代社会盛行着一种神秘数字的信仰，几乎普遍的用神秘数字来配合整个社会生活"，引人深思。

令人费解的；其三，可附带说一句，杨希枚引《京房易传》："阳三阴四位之正也"，"三者东方之数……又圆者径一而开三也；四者西方之数也……又方者径一而取四也。"天之所以为三，是因为圆之直径与圆周有"圆者径一而开三"的根据。这似乎是把比较简单的问题复杂化了。原始先民在认识世界时，近取诸身、远及乎物。简单地观察环境，则地下、地面、天穹是可以直接感受的物质存在。因此，人类最早的萨满崇拜思想中以'三'象天，是有其直接观察的事物作为根据的，这较之以圆周率去说"三"，来得简单，但也更具原始的气息。天"三"地"四"是天地、宇宙、世界的象征，天地交合，万物以生，"七"由此出，自然就成为平常却十分神圣的神秘数字密码。不知是否妥当，姑妄提出，以备一说。

四、"七"在世界

"七"这个神秘数，从人类文化史角度来说，在世界各地很早就出现了。诸如7天休息、7天造人、诺亚方舟上要带7公7母的各类禽兽等，都是例子，也总是与天、神等超越人间的力量联系在一起。这就为探索人类早期文明的发生、发展，以及彼此间的关系，提出了一个不容忽视、不能回避的问题：这些早期文明中的华章，是出现在一个中心、而后扩展向四方，还是人们在相同、相类似的环境条件下各自努力，最后达到一个相似、相近的认识，获得了相同概念？

在西亚美索不达米亚巴比伦，人们曾建造巴别塔（Babel Tower），是意想中的"天国花园"，是神的世界。[①] 而这个天国花园，就是七层宫殿。

在南亚印度的文献中，"七"的神秘用词也是不胜枚举，"七佛"、"七宝"、"七觉支"、"七方便"、"七趣"、"七圆明"……"七"，同样是作为结构要素而反复出现的。印度早期文献《阿闼婆吠陀》，是以咒语为主的经典，其中也强调了数字"七"。咒语念"7"次，可得特别功效。[②] 在佛教世界里，理想的天国也与"七"级宝塔相关。国人有俗语"救人一命，胜造七级浮屠"，造七级浮屠，是极大功德。现行浮屠，虽不都是"七"级，但以七级为最不平凡，"七"还是一个神性的密码。

这是西亚、南亚大地上常识性的、也是典型的实例。思路、表现形式是一致的：将人们想象中神性的、与最大幸福相关的天国，与"七"数联系在一起。

将"七"这个模式数字与神奇力量联系在一起，除西亚以外，还有美洲祖尼（Zuni）印第安人中有七重组织结构形式的图腾；欧塞奇印第安人的祖先传说中，有"七次尝试"、"七道弯的河流"；在非洲尼日利亚阿比西人部落中，"七"这一

[①] 《旧约·创世纪》：古初"天下人的口音语言都一样"，后因建造巴别塔（Babel Tower）欲以通天，触怒天王，而"变乱天下人的语言"。

[②] 饶宗颐：《阿闼婆吠陀第一章"三七"释义》，载《饶宗颐二十世纪学术文集》卷一，中国人民大学出版社，2009年，第444页。

数字也是其仪式行为中的结构要素。①

在杨希枚先生的著作中,也关注过"七"这一数字,他总结性提出:"数字七在印度、波斯、苏美尔、巴比伦、亚述、埃及、条顿、塞尔特诸族,都用为神秘数字。因其为不可约数,故用为象征上帝的数字"(杨希枚:《先秦文化史论集》,中国社会科学出版社,1993年,第690页)。

如是,可以得出一个大概的结论:"七",作为一个神秘数字,不仅在同一地质坂块的欧亚大陆上,而且在新大陆上的美洲印第安人中,甚至在古老的非洲大陆上,都曾经具有特殊地位,是不可轻忽的神秘文化密码。

在经过如此一番巡天览地的搜索后,再回到十分偏僻、与古代世界联系相当不易的罗布淖尔荒原上,关注4000年前为沙漠戈壁环绕的青铜时代孔雀河绿洲,检视这里的先民在"七"这个神秘数字上寄托的思想,应该说就有了不一般的意味。在孔雀河绿洲,先民们没有留下任何文字记录,但却留下了体现他们文化思想观念的诸多物质遗痕,一些或显或隐的细枝末节。但是,不必多说,认识任何问题,"细节"其实却是最重要的钥匙。

透过'古墓沟'、'小河'存留至今的"七"数细节,可以触摸原始先民在这一神秘数字上寄托过的诸多祈求、理念、信仰。从这一角度看,它们虽不是文字,但却远胜于简略的文字记录。试看,古墓沟人就以7圈椭圆形与其四周以7根列木构成的散射光线,建构想象中的太阳。② 这一构想、设计、总体布局,不仅蔚为壮观,而且极富创造力。它的成熟运用,说明这一时段中的古墓沟人,对"太阳"、"七"数之间的神秘联系已绝不是处于初始的、萌芽的阶段,而是已经十分成熟,是孔雀河水系内所有氏族群体成员所普遍接受、认同的概念。同一时段,一老年妇女毡帽上以7条红线为一组,四组构成一个图形。"七"数,已在人们心目中具有美好的意涵,成为吉祥、美好的象征,这与视"七"若天廷,又向前进了一步。"七"这个神秘数字,开始沉落在人间,进入人们潜意识深处,成为与实际生活中美好、如意联系在一起的一个抽象概念。这自然也是要有一个发展、延续、升华过程的。四五百年后,发展到小河墓地晚期,"七"数已成为人们生活各个角落都可以接触到的图案,逐渐脱离了原始思维阶段的神秘、神圣地位,转化成一个大家都认可的"美"的符号。这一文化现象,值得进一步的思考。

在新疆罗布淖尔孔雀河水系青铜时代遗址,如古墓沟、小河墓地,虽早在距今4000—3500年前,时代古远,但正当古代先民步入文明的过程中,"七"这个神秘数字已充斥在从观念形态至日常生活的诸多方面,共生活中的许多细节有助于"七"这一神秘数字所产生的解码,解析相关思想文化发展的内涵。在西亚苏美尔、南亚印度、亚洲东部黄河流域相关"七"数概念的关系中,有一个中心,

---

① 叶舒宪:《人日之谜——中国上古创世神话发掘》,载《中国文化》创刊号。
② 1979年古墓沟发掘后,媒体曾有大量报导,考古工作者的文字只称它为"古墓沟"。但随后不少旅游者进入墓地,却不称墓地为"古墓沟",而称之为"太阳墓",并逐渐形成文字概念。这一事实说明:面对这一图案,人们的思维逻辑过程是一样的,都以"太阳"为结点。

还是殊途同归？这值得研究者们拓展思路，结合其他文化元素，展开多方位的研究。

结　　语

（一）"七"作为一个神秘数字，是一个世界性的文化现象。不仅在欧亚大陆几个古老文明中心，如埃及、美索不达米亚、印度、古代中国，而且在美洲、非洲都可以发现，在"七"这个数字中寄寓着神秘的思想内涵。

（二）"七"这个神秘数字，古代先民是将其与"太阳"、"天"联系在一起的。我国古籍中"天三地四"的认识，揭示了其文化核心，是与对大地、天穹的直接观察存在关联的。

（三）"七"这个神秘数字，普遍存在于早期人类思想之中。这或许与人类原始思维规律存在关联。人们认识世界，不论近观于身、还是远看周围世界的物质存在，总是由具体达于抽象、由个别及于一般的。对"天"、"太阳"、"地"、"四极"等与自身生活密切关联又不可回避的问题的探求，也总是首当其冲、不会逾越的。在这一过程中，不同民族、不同的人群达成了相近、相似的概念，自然也不无可能。只是这一问题范围太大，不是仅一个数字密码展开就可以取得结论的。对这一点，应给予足够关注。

（四）视"七"这一神秘数字密码为一文化现象，源于一个中心，然后四向传播、扩散，形式上似乎也可以说得通，但其实未见得就一定是真实的。因为在相同环境下，面对同样要求时，出现同样或基本一样的逻辑思维过程，得到基本一样的分析结论是完全可能的。而且同为"七"，它在各处表现的具体形式、包含的思想也是多有差别的。幼年时期的人类，面对世界，思考空间、时间，思考自身，思考偶然中得到的收获、福佑，认为万物有灵，有超越人间的神的存在……精神世界创造、发展的轨迹，相同、相通的情形，也确实是很不少的。"七"，是不是也可以作为这方面的一个实证呢？

（本文写作过程中，余太山、朱玉麒教授曾提出宝贵意见，在此诚致谢意！）

中国及欧亚草原出土的长方形腰饰牌与饰贝腰带研究

单月英　中国国家博物馆

腰饰牌[①]在中国境内及欧亚草原均有出土，多成对使用，其功用相当于腰带的带头，与带扣或带钩一样起束系衣服的作用。腰饰牌可分为不规则形状腰饰牌和长方形腰饰牌两大类，本文研究的主要是长方形腰饰牌。[②] 目前，随着学界对欧亚草原早期铁器时代文化研究的不断深入，人们对东周时期中国北方地区考古学文化遗存与欧亚草原早期铁器时代其他考古学文化遗存及其相互之间的关系有了比较深入的了解，对草原游牧文化遗物的认识也得到很大提高，学界对匈奴文化概念的认识越来越清晰，不再把中国北方地区春秋战国时期的考古学文化统称为匈奴文化。但是，由于长方形腰饰牌上多装饰动物咬斗纹样，带有比较浓郁的草原风情，过去学界常把它们看做是草原文化的物品，学者们也多把腰饰牌与作为腰带饰物和衣饰的牌饰混杂在一起进行考察，汉地出土的长方形腰饰牌也往往被认为是匈奴牌饰。[③] 首次对腰饰牌进行专门研究的学者当推 M. A. 戴甫列特，其在《西伯利亚透雕腰饰牌》一文中对出自西伯利亚地区的腰饰牌进行分类，并对腰饰牌的年代、分布及用途作了分析研究[④]，为我们认识和了解西伯利亚地区的腰饰牌开启了一扇亮窗。潘玲在《矩形动物纹牌饰的相关问题研究》一文中对以长方形腰饰牌为主的牌饰进行了类型、分布地域、纹饰演变与源流以及功能和使用方法

[①] 目前学界对腰饰牌的命名比较混乱，多数学者把作为腰带带头使用的腰饰牌与作为腰带饰件的带饰和作为衣饰的牌饰通称为牌饰或者饰牌。很明显，作为腰带带头使用的腰饰牌与作为腰带饰物及人体装饰品的普通牌饰有本质的区别，我们在分析研究时不应把它们混为一团。本文把作为腰带带头使用的物品称作"腰饰牌"，沿用了陈弘法先生译 M. A. 戴甫列特文《西伯利亚腰饰牌》中的命名。

[②] 由于20世纪初作为鄂尔多斯青铜器组成部分的腰饰牌受到欧美收藏机构和私人收藏者的青睐，出现了不少的赝品。因此，本文研究所使用的长方形腰饰牌均为经过考古发掘的出土品，对于那些没有明确出土地点的传世品，本文尽量避免使用。

[③] 田广金：《近年来内蒙古地区的匈奴考古》，载《考古学报》1983年第1期；乌恩：《中国北方青铜透雕带饰》，载《考古学报》1983年第1期；薄建新：《匈奴金属雕铸品初步研究》，载《内蒙古社会科学》1987年第4期；郑绍宗：《中国北方动物饰牌研究》，载《文物春秋》1991年第4期；黄展岳：《关于两广出土北方动物纹牌饰问题》，载《考古与文物》1996年第2期；乔梁：《中国北方动物饰牌研究》，载《边疆考古研究》（第1辑），科学出版社，2002年，第13—32页；乔梁：《中原、南方所见匈奴文化的影响》，载《东方考古》第1辑，科学出版社，2006年，第276—288页；乌恩岳斯图：《北方草原考古学文化比较研究——青铜时代至早期匈奴时期》，科学出版社，2008年，第308—312、第331—343页。

[④] Дэвлет М. А., Сибирские поясные пластины（《西伯利亚透雕腰饰牌》）. Археология СССР, Москва, 1980.

的分析，提出了一些新看法。① 笔者与卢岩曾在《西汉墓葬出土的动物纹腰饰牌》和《匈奴腰饰牌及相关问题研究》中指出，西汉时期汉地出土的长方形腰饰牌是对战国晚期中国北方地区出土的长方形腰饰牌的继承，它们与匈奴腰饰牌在装饰纹样、结构设计、制作技法、系结方法、分布地域等方面存在着明显不同，二者属于不同的文化系统。② 由于当时是对各种形制的腰饰牌进行的综合分析，因此对长方形腰饰牌论述得不够深入，没有把它们与饰贝腰带紧密结合起来进行研究。而且，长方形腰饰牌不仅在欧亚草原有出土，在中国内地也有广泛分布，相对于那些在欧亚草原流行的不规则形状腰饰牌，长方形腰饰牌不仅具有特殊的文化内涵，也是战国晚期至西汉中国与欧亚草原文化交流的良好见证。因此，非常有必要对长方形腰饰牌与饰贝腰带作进一步的分析和研究。最近发表的相关文章仍把汉地出土的长方形腰饰牌当作匈奴文化向中原、南方传播或影响的结果。③ 鉴于此，本文拟尝试着对长方形腰饰牌与饰贝腰带出现的背景、年代、地域差别、发展演变、文化内涵以及其在欧亚大陆的传播等进行分析研究，提些管窥之见。

一、长方形腰饰牌和饰贝腰带的出土分布情况与年代分析

目前已发表的考古发掘资料显示，长方形腰饰牌在中国、蒙古、俄罗斯外贝加尔地区、西伯利亚以及黑海北岸地区都有出土，在中国境内、俄罗斯外贝加尔地区及罗斯托夫地区发现有饰贝腰带（图版四）。现把长方形腰饰牌及饰贝腰带的具体出土情况分述如下（详见附表一：长方形腰饰牌与饰贝腰带出土情况表）。

长方形腰饰牌在中国境内有比较广泛的分布，在内蒙古自治区、河北省、陕西省、新疆维吾尔自治区、宁夏回族自治区、辽宁省、吉林省、安徽省、江苏省、四川省、重庆市、广西壮族自治区和广东省等省都有出土。内蒙古自治区伊克昭盟杭锦旗阿鲁柴登墓地出土2对金腰饰牌，其中2件完整④；伊克昭盟准格尔旗西

---

① 潘玲：《矩形动物纹牌饰的相关问题研究》，载《伊沃尔加城址和墓地及相关匈奴考古问题研究》，科学出版社，2007年，第161—194页。
② 卢岩、单月英：《西汉墓葬出土的动物纹腰饰牌》，载《考古与文物》2007年第4期；单月英、卢岩：《匈奴腰饰牌及相关问题研究》，载《故宫博物院院刊》2008年第2期。
③ 乔梁：《匈奴、鲜卑的金属饰牌》，载北京大学考古文博学院、中国国家博物馆编：《俞伟超先生纪念文集》（学术卷），文物出版社，2009年，第386—401页。
④ 田广金、郭素新：《内蒙古阿鲁柴登发现的匈奴遗物》，载《考古》1980年第4期；另见《阿鲁柴登发现的金银器》，载内蒙古自治区文物工作队田广金、郭素新编著：《鄂尔多斯式青铜器》，文物出版社，1986年，第342—350页。

沟畔墓地 M2 出土 1 对金腰饰牌[①]；伊克昭盟准格尔旗西沟畔墓地 M4 出土 1 对铁芯包金腰饰牌[②]；翁牛特旗草原地带也发现有长方形腰饰牌，其中解放营子乡泡子村出土 2 件，头牌子乡敖包山上出土 1 件[③]；察右后旗二兰虎沟古墓群出土 1 件[④]。河北省易县辛庄头 M30 出土 5 件金腰饰牌，其中 3 件尺寸和纹饰相同，另 2 件为成对的腰饰牌[⑤]；邯郸 2 号赵王陵出土了 1 件金铜合金制成的腰饰牌[⑥]。陕西省长安县客省庄 M140 出土 1 对铜腰饰牌[⑦]；西安三店村"王许"墓出土 1 对鎏金铜腰饰牌[⑧]。新疆维吾尔自治区木垒县东城大队出土 1 件铜腰饰牌[⑨]。宁夏回族自治区固原三营公社红庄墓地出土 1 件金腰饰牌[⑩]；同心县倒墩子墓地出土 5 副饰贝腰带和 19 件腰饰牌，其中鎏金铜腰饰牌 6 件、铜腰饰牌 10 件、骨腰饰牌 1 件、石腰饰牌 2 件[⑪]；同心县李家套子墓地出土 1 件铜腰饰牌[⑫]。辽宁省西丰县西岔沟墓地出土一些铜或鎏金铜腰饰牌，由于该墓地资料未完全发表，长方形腰饰牌具体数目不详[⑬]；平岗墓地出土 1 件铜腰饰牌残件[⑭]。吉林省东辽县石驿乡墓地出土 3 件铜腰饰牌[⑮]。安徽省阜阳双古堆汝阴侯墓出土 1 件鎏金铜腰饰牌[⑯]。江苏省徐州狮

[①] 伊克昭盟文物工作站、内蒙古文物工作队：《西沟畔匈奴墓》，载《文物》1980 年第 7 期；另见《西沟畔战国墓》，载内蒙古自治区文物工作队田广金、郭素新编著：《鄂尔多斯式青铜器》，文物出版社，1986 年，第 351—365 页。

[②] 伊克昭盟文物工作站、内蒙古文物工作队：《西沟畔汉代匈奴墓地调查记》，载《内蒙古文物考古创刊号》，1980 年；另见《西沟畔汉代匈奴墓地》，载内蒙古自治区文物工作队田广金、郭素新编著：《鄂尔多斯式青铜器》，文物出版社，1986 年，第 375—393 页。

[③] 庞昊：《翁牛特旗发现两汉铜牌饰》，载《文物》1998 年第 7 期。

[④] 郑隆、李逸友：《察右后旗二兰虎沟的古墓群》，载内蒙古文物工作队编：《内蒙古文物资料选辑》，内蒙古人民出版社，1964 年，第 99—101 页。

[⑤] 河北省文物研究所：《燕下都》（上、下册），文物出版社，1996 年。

[⑥] 王兴等编著：《千年风雨赵王陵》，文物出版社，2006 年，第 45—46 页。

[⑦] 中国科学院考古研究所：《沣西发掘报告》，文物出版社，1963 年，第 138—140 页。

[⑧] 朱捷元、李域铮：《西安东郊三店村西汉墓》，载《考古与文物》1983 年第 2 期。

[⑨] 王炳华：《新疆东部发现的几批铜器》，载《考古》1986 年第 10 期。

[⑩] 钟侃、韩孔乐：《宁夏南部春秋战国时期的青铜文化》，载中国考古学会：《中国考古学会第四次年会论文集》，文物出版社，1985 年，第 203—213 页。

[⑪] 宁夏回族自治区博物馆、同心县文管所、中国社会科学院考古研究所宁夏考古组：《宁夏同心县倒墩子汉代匈奴墓地发掘简报》，载《考古》1987 年第 1 期；宁夏文物考古研究所、中国社会科学院考古所宁夏考古组、同心县文物管理所：《宁夏同心倒墩子匈奴墓地》，载《考古学报》1988 年第 3 期。

[⑫] 宁夏文物考古研究所、同心县文管所：《宁夏同心县李家套子匈奴墓清理简报》，载《考古与文物》1988 年第 3 期。

[⑬] 孙守道：《西岔沟古墓群被掘事件的教训》，载《文物参考资料》1957 年第 1 期；孙守道：《"匈奴西岔沟文化"古墓群的发现》，载《文物》1960 年 8、9 期合刊。

[⑭] 徐秉琨、孙守道主编：《东北文化·白山黑水中的农牧文明》，上海远东出版社，商务印书馆（香港），1998 年，图版 146 和图版 149。

[⑮] 东辽县石驿乡文化站：《东辽县石驿乡汉代透雕铜牌》，载中国考古学会编：《中国考古学年鉴·1986》，文物出版社，1988 年，第 105 页；刘升雁：《东辽县石驿乡公社古代墓群出土文物》，载《博物馆研究》1983 年第 3 期。

[⑯] 安徽省文物工作队、阜阳地区博物馆、阜阳县文化馆：《阜阳双古堆西汉汝阴侯墓发掘简报》，载《文物》1978 年第 8 期。

子山楚王陵西面第一耳室出土2副饰贝腰带,其中包括2对金腰饰牌和2枚穿针[1];徐州簸箕山M3宛朐侯刘埶墓出土1副饰贝腰带,其中包括1对金腰饰牌和1枚穿针[2]。四川省成都石羊木椁墓出土1对铜腰饰牌[3]。重庆市巫峡镇秀峰村墓地三号"臣后"墓出土1副饰贝腰带,其中包括1对鎏金铜腰饰牌。[4] 广西壮族自治区平乐银山岭墓地M94中出土了1件铜腰饰牌[5];河东高寨墓地M4出土1对鎏金铜腰饰牌[6]。广东省广州市北郊福建山墓地M1120、M1121和东郊麻鹰岗墓地M1176各出土1对鎏金铜腰饰牌[7];广州南越王墓墓道H51出土1对鎏金铜腰饰牌,外藏椁H26出土1对鎏金铜腰饰牌,主棺室出土1对鎏金铜腰饰牌,东侧室出土2对铜腰饰牌,该墓还出土有铜框镶嵌玻璃的腰饰牌[8]。

蒙古境内发表的长方形腰饰牌资料非常有限,目前只找到一件采集的长方形铜腰饰牌。[9]

俄罗斯境内的长方形腰饰牌主要出土于外贝加尔地区、图瓦地区、西伯利亚地区和罗斯托夫地区。外贝加尔地区赤塔州达拉苏恩站墓地出土1对铜腰饰牌[10];乌兰乌德附近伊沃尔加墓地出土1副饰贝腰带和3件铜腰饰牌[11],其中2件腰饰牌为饰贝腰带带头;伊沃尔加城址F28出土1件石腰饰牌,灰坑162出土1件石腰饰牌残件,灰坑211Б出土1件骨腰饰牌残件[12];德列斯图伊墓地出土腰饰牌12件,其中包括石腰饰牌1件,铜腰饰牌11件,有3件铜腰饰牌镶嵌于木头底托

---

[1] 狮子山王陵考古发掘队:《徐州狮子山西汉楚王陵发掘简报》,载《文物》1998年第8期;中国国家博物馆、徐州博物馆编:《大汉楚王——徐州西汉楚王陵墓文物辑萃》,中国社会科学出版社,2005年,第246—251页。

[2] 徐州博物馆:《徐州西汉宛朐侯刘埶墓》,载《文物》1997年第2期。

[3] 四川省文物管理委员会胡昌钰:《成都石羊西汉木椁墓》,载《考古与文物》1983年第2期。

[4] 四川省文物考古研究所、巫山县文物管理所、重庆市文化局三峡文物保护工作领导小组:《重庆巫山县巫峡镇秀峰村墓地发掘简报》,载《考古》2004年第10期。

[5] 广西壮族自治区文物工作队:《平乐银山岭汉墓》,载《考古学报》1978年第4期。

[6] 广西壮族自治区文物工作队、贺县文化局:《广西贺县河东高寨西汉墓》,载《文物资料丛刊》(1),文物出版社,1983年,第29—45页。

[7] 广州市文物管理委员会、广州市博物馆:《广州汉墓》(上、下),文物出版社,1981年。

[8] 广州市文物管理委员会、中国社会科学院考古研究所、广东省博物馆:《西汉南越王墓》(上、下),文物出版社,1991年。

[9] Волков В. В., Бронзовый и ранний железный век северной Монголии (《蒙古北部的青铜与早期铁器时代》). Улаанбатар, 1967.

[10] Ассев И. В., Гуннские предметы в курыканских погребениях— сведетельство етнокультурных связей (《库里干斯克墓葬的匈奴器物——民族文化联系的证据》)// Проблеты археологии, этнографии, антропологии сибири и сопредельных территорий. Том VI. Новосибирск, 2000, с. 211-216.

[11] Давыдова А. В., Иволгинский археологический комплекс (Том 2, Иволгинский могильник) (《伊沃尔加墓地》). Санкт-Петербург, 1996.

[12] Давыдова А. В., Иволгинский археологический комплекс (Том 1, Иволгинский Городище) (《伊沃尔加古城》). Санкт-Петербург, 1995.

上①；沙拉戈尔墓地出土 1 件残鎏金铜腰饰牌②。图瓦地区特列金墓地出土 8 件腰饰牌③；西伯利亚地区科索格尔窖藏出土铜腰饰牌 12 件④；克麦罗沃州乌丁卡湖附近提苏尔区 M5 出土 1 件铜腰饰牌⑤；拉兹利夫地区 M1 出土 1 件铜腰饰牌，格利什金·洛格 1 号墓地 M5 出土 1 件铜腰饰牌，捷普谢伊 7 号墓地 M25、M39、M59 各出土 1 件铜腰饰牌，新乔尔尼 5 号墓地 M5 和 M8 各出土 1 件铜腰饰牌，叶尼塞河沿岸不知名古墓出土 1 件铜腰饰牌⑥；西西伯利亚库莱文化遗存出土 1 件铜腰饰牌⑦，智多罗夫卡出土 1 对嵌宝石金腰饰牌⑧；伊尔库茨克州奥西斯克岛墓地出土 1 件铜腰饰牌⑨。南乌拉尔山区博克罗夫卡墓地 17 号库尔干 M1 出土 1 件铜腰饰牌⑩；罗斯托夫地区哈普里墓地 3 号库尔干出土 1 对嵌宝石金腰饰牌⑪；诺维依 70 号库尔干出土 1 副饰贝腰带，其中包括 1 件金腰饰牌⑫。

随着人们对长方形腰饰牌研究的展开和认识的逐步加深，以往对某些长方形腰饰牌所作的年代判定需要进行调整，本文下面将就各地出土长方形腰饰牌及饰贝腰带的年代进行简单分析。

首先我们来分析中国境内出土的长方形腰饰牌和饰贝腰带的年代。阿鲁柴登

---

① Миняев С. С., Дырестуйский могильник（《德列斯图伊墓地》）. Санкт‑Петербург, 1998；Коновалов П. Б., Хунну в Забайкалье（《外贝加尔的匈奴》）. Улан‑Удэ, 1976. с. 136, 242；Дэвлет М. А., Сибирские поясные пластины（《西伯利亚透雕腰饰牌》）. Археология СССР, Москва, 1980.

② Дэвлет М. А., Сибирские поясные пластины（《西伯利亚透雕腰饰牌》）. Археология СССР, Москва, 1980；科诺瓦洛夫著，陈弘法译：《关于若干匈奴青铜器搜集品》（《苏联考古学》, 1980 年第四期），载《文物考古参考资料》1983 年第 4 期，第 20—24 页。

③ Pavel M. Leus, New Finds from the Xiongnu Period in Central Tuva. Preliminary Communication// Xiongnu Archaeology: Multidisciplinary Perspectives of the First Steppes Empire in Inner Asia, vfgarch. press uni‑bonn, 2011, pp. 515–536.

④ Дэвлет М. А., Сибирские поясные пластины（《西伯利亚透雕腰饰牌》）. Археология СССР, Москва, 1980；Нащекин Н. В., Косогольский клад（《科索格尔窖藏》）// Археологические открытия 1966 годаб. Москва 1967, с. 163–165.

⑤ Бобров В. В., О бронзовой поясной пластине из Тагарского кургана（《关于塔加尔文化的铜腰饰牌》）. Советская археология, No. 1, 1979, с. 254–256；Дэвлет М. А., Сибирские поясные пластины（《西伯利亚透雕腰饰牌》）. Археология СССР, Москва, 1980.

⑥ Дэвлет М. А., Сибирские поясные пластины（《西伯利亚透雕腰饰牌》）. Археология СССР, Москва, 1980.

⑦ Emma C. Bunker, Trudy S. Kawami, Katheryn M. Linduff and Wu En, ANCIENT BRONZES OF THE EASTERN EURASIAN STEPPES from the Arthur M. Sackler Collections, The Arthur M. Sackler Foundation, 1997, p. 95.

⑧ Emma C. Bunker, James C. Y. Watt, Zhixin Sun, Nomadic Art of the Eastern Eurasian Steppes: The Eugene V. Thaw and Other New York Collections, The Metropolitan Museum of Art, 2002, p. 31.

⑨ Смотрова В. И., Погребение с ажурными прастинами на острове осинском（《奥西斯克岛透雕腰饰牌墓葬》）// Палеоэтнологические исследованния на юге средней сибири. Издательство иркутского иниверситета, 1991, с. 136–143.

⑩ Ursula Brosseder, Belt Plaques as an Indicator of East‑West Relations in the Eurasian Steppe at the Turn of the Millennia // Xiongnu Archaeology: Multidisciplinary Perspectives of the First Steppes Empire in Inner Asia, vfgarch. press uni‑bonn, 2011, pp. 349–424, Fig. 5.

⑪ 《南ロシア騎馬民族の遺宝展》，朝日新聞社，1991 年，第 95 页。

⑫ L' OR DES SARMATES: Nomades des steppes dans l' Antiquité, ABBAYE DE DAOULUS, 1995.

墓地和西沟畔墓地 M2 都出土大量的金银器，器物上面常装饰有后肢翻转的动物纹样和有角神兽纹，这些纹样及其表现形式具有战国晚期我国北方地区的流行纹样的特点，不见于稍晚的匈奴文化中。黄盛璋认为西沟畔墓地 M2 墓主生活的年代应在赵武灵王设立云中郡以后，死时应在公元前 234 年秦取云中郡以后，秦统一六国前，M2 的绝对年代可定在公元前 234—前 221 年。[①] 林沄根据西沟畔墓地 M2 出土的腰饰牌背面的文字，推断西沟畔墓地 M2 的年代可能晚至秦代。[②] 阿鲁柴登墓地出土的腰饰牌上虎爪的造型及表现风格与西沟畔墓地 M2 几乎完全相同，二者应是同时期的物品。鉴于此，我们把阿鲁柴登墓地和西沟畔墓地 M2 出土的长方形腰饰牌年代推断为战国晚期至秦代。西沟畔墓地 M4 因出土有匈奴代表性器物陶罐等而被认为是匈奴墓葬，但学者们对于 M4 的具体年代判断存在较大分歧：原报告《西沟畔汉代匈奴墓地调查记》判断该墓年代为西汉初期[③]；乌恩等同意原报告的年代判断，认为西沟畔汉代墓地的年代断为西汉早期（公元前 3 世纪末至前 2 世纪前半叶）是适宜的[④]；潘玲认为该墓年代为东汉时期，甚至有可能晚到东汉中晚期[⑤]。笔者此前也曾认为 M4 为西汉早期墓葬[⑥]，经过对 M4 出土器物及埋葬习俗的重新考察，认为该墓年代不会晚于东汉早期，较有可能属于西汉晚期至东汉早期。翁牛特旗草原地带出土的长方形腰饰牌为匈奴腰饰牌，其年代可推断为公元前 2 世纪—公元 1 世纪。[⑦] 二兰虎沟墓地出土有带铭日光镜、四乳镜及长宜子孙镜，墓地年代可推断为西汉中晚期至东汉晚期。该墓地出土的长方形腰饰牌年代可推断为公元前 1 世纪—公元 2 世纪。易县辛庄头 M30 是随葬有"七鼎六簋"仿铜陶礼器的大型墓，根据其中出土的陶礼器、铅戈、铅剑等，原报告认为该墓年代应为战国晚期。[⑧] 2 号赵王陵尚未发掘，我们仍可以对其年代作相应的分析。赵国的最后一位王赵王迁被秦王流放至房陵，并死在那里。因此埋葬在邯郸的最后一位赵王当是悼襄王，其在位时间为公元前 244—前 235 年。虽然我们目前尚不能判定 2 号赵王陵墓主是哪一位赵王，即便埋葬的是悼襄王，其中出土的长方形腰饰牌年代也不应晚于公元前 235 年。根据长方形腰饰牌在中国北方地区出现的年代综合判断，2 号赵王陵出土的腰饰牌年代可推断为公元前 3 世纪中

---

① 黄盛璋：《新出战国金银器铭文研究（三题）》，载《古文字研究》（第十二辑），中华书局，1985 年，第 348 页。
② 林沄：《关于中国的对匈奴族源的考古学研究》，载《内蒙古文物考古》1993 年第 1、第 2 期。
③ 伊克昭盟文物工作站、内蒙古文物工作队：《西沟畔汉代匈奴墓地调查记》，载《内蒙古文物考古创刊号》，1980 年；另见《西沟畔汉代匈奴墓地》，载内蒙古自治区文物工作队田广金、郭素新编著：《鄂尔多斯式青铜器》，文物出版社，1986 年，第 375—393 页。
④ 乌恩岳斯图：《北方草原考古学文化比较研究——青铜时代至早期匈奴时期》，科学出版社，2008 年，第 294 页。
⑤ 潘玲：《伊沃尔加城址和墓地及相关匈奴考古问题研究》，科学出版社，2007 年，第 142 页；马健：《匈奴葬仪的考古学探索——兼论欧亚草原东部文化交流》，北京大学 2009 年博士学位论文，第 205 页。
⑥ 单月英：《匈奴墓葬研究》，载《考古学报》2009 年第 1 期。
⑦ 单月英、卢岩：《匈奴腰饰牌及相关问题研究》，载《故宫博物院院刊》2008 年第 2 期。
⑧ 河北省文物研究所：《燕下都》（上册），文物出版社，1996 年，第 730 页。

期。客省庄 M140 出土的长方形腰饰牌和透雕铜环都是匈奴特色物品,且该墓所在的客省庄附近有上林苑遗址,该地未发现有武帝以后的西汉墓葬,M140 出土腰饰牌的年代应在武帝以前,属西汉早期。三店村"王许"墓的年代原报告推断为不晚于西汉宣帝以后,该墓出土的腰饰牌的年代可推断为西汉中期至晚期偏早阶段。新疆木垒县东城出土的双马咬斗纹透雕腰饰牌是匈奴代表性腰饰牌,其年代可推断为公元前 2 世纪—公元 1 世纪。三营红庄墓地出土的腰饰牌上的有角蹄足神兽嘴部明显为马嘴,神兽纹样造型介于战国晚期流行的钩喙有角蹄足神兽与西汉时期流行的有角马身神兽之间,因此我们认为红庄墓地出土的腰饰牌年代可推断为战国晚期至秦代。倒墩子墓地为匈奴墓地,其中出土有大量的五铢钱,根据五铢钱形制可把该墓地的年代推断为西汉中晚期,墓地主体年代应为西汉中期,倒墩子墓地出土的长方形腰饰牌年代可推断为即公元前 2 世纪晚期—前 1 世纪。李家套子墓地也为匈奴墓地,因其中出土货泉,墓地年代可被推断为公元 1 世纪初,该墓地出土的腰饰牌年代应不晚于公元 1 世纪初。西岔沟墓地出土有变形蟠螭纹镜、草叶纹镜、星云纹镜、日光镜、四禽四螭纹镜、半两钱币和五铢钱币,铜镜均是西汉初期到中期的,五铢钱不见西汉宣帝以后的,原报告认为墓地的基本时代相当于武帝到昭帝时期,上限在武帝之前,下限有可能到宣帝初期,西岔沟墓地所属人群在该地生活的全盛时代为文景到武昭时期,活动的主要时代在武帝时期。[①] 又由于长方形腰饰牌多是作为实用物品随葬的,因此我们认为西岔沟墓地出土的长方形腰饰牌年代可推断为西汉早中期。平岗墓地出土的透雕车马人物纹长方形腰饰牌也见于翁牛特旗草原地带,属于匈奴腰饰牌,年代可推断为公元前 2 世纪—公元 1 世纪。石驿乡墓地出土的透雕双人摔跤纹腰饰牌与长安客省庄 M140 出土的腰饰牌形制和纹样基本相同,属于匈奴腰饰牌,年代可推断为公元前 2—前 1 世纪。双古堆汝阴侯墓出土的漆器和铜器上有纪年铭文,墓主被推断为死于汉文帝十五年(公元前 165 年)的夏侯灶,该墓出土的腰饰牌年代应在公元前 165 年以前,属西汉初期。狮子山楚王陵为大型崖洞墓,根据该墓出土器物特征、墓葬结构及对已发现的徐州楚王陵墓的分析研究,墓主被认为是刘郢(客)(公元前 178—前 175 年)或刘戊(公元前 174—前 154 年),该墓出土的饰贝腰带的年代可推断为西汉早期。簸箕山 M3 出土有 1 枚龟钮金印,印文为"宛朐侯埶",墓主被认定为宛朐侯刘埶,刘埶为第一代刘姓楚王刘交的儿子,曾参与"七国之乱",其死亡年代当距汉景帝三年(公元前 154 年)不远,该墓出土的饰贝腰带的年代亦为西汉早期。南越王墓墓主被推断为第二代南越王赵眜,大约死于公元前 122 年左右。南越国是原秦朝官吏赵佗在秦灭亡后建立的割据政权,考虑到该墓随葬物品中玉器等不少具有战国晚期风格特点,其中随葬的长方形腰饰牌也非常可能是延续秦以来的习俗。因此,我们把该墓出土长方形腰饰牌的年代推断为西汉早中期。其他出土长方形腰饰牌或饰贝腰带的西汉墓葬的年代均遵从原报告的推断:广西平乐银山岭墓地 M94 出

---

① 孙守道:《"匈奴西岔沟文化"古墓群的发现》,载《文物》1960 年第 8、第 9 期。

土的腰饰牌年代为西汉晚期，成都石羊木椁墓、重庆秀峰村墓地、广西河东高寨墓地 M4、广州北郊福建山墓地 M1120 和 M1121、广州东郊麻鹰岗墓地 M1176 的年代均为西汉早期，这些墓葬出土的腰饰牌及饰贝腰带的年代也应为西汉早期。

蒙古境内发现的一件长方形透雕腰饰牌具有匈奴腰饰牌的典型特征，其年代可推断为公元前 2 世纪—公元 1 世纪。

俄罗斯境内的长方形腰饰牌和饰贝腰带主要出土于外贝加尔地区和南西伯利亚地区，西西伯利亚和罗斯托夫地区有少数发现。外贝加尔地区伊沃尔加古城出土有凤鸟四叶纹镜、云雷纹地连弧纹镜、草叶纹镜和星云纹镜，凤鸟四叶纹镜和云雷纹地连弧纹镜是战国晚期流行的铜镜，草叶纹镜和星云纹镜的年代为西汉早期至中期，古城的年代可推断为战国末期至西汉时期，这里出土的腰饰牌年代可推断为公元前 3 世纪末—前 1 世纪。伊沃尔加墓地的年代略晚于伊沃尔加古城的年代，被推断为公元前 2 世纪—前 1 世纪[1]，该墓地出土的腰饰牌与饰贝腰带的年代可推断为公元前 2 世纪—前 1 世纪。特列金墓地出土有星云纹铜镜残片，星云纹镜约出现于西汉武帝时期，流行于昭宣时期，年代约为公元前 2 世纪晚期—前 1 世纪；放射性碳同位素测年结果显示，特列金墓地的年代约为公元前 1 世纪[2]。因此，特列金墓地出土有腰饰牌的年代可判为公元前 1 世纪。西西伯利亚智多罗夫卡墓地出土的黄金嵌宝石腰饰牌的年代被推断为公元前 3—前 2 世纪[3]，由于这对龙虎相斗纹腰饰牌在西西伯利亚地区出土物中属孤例，其纹样与伊沃尔加墓地出土的腰饰牌一样，相同纹样的传世腰饰牌也多出自中国北方地区，因此智多罗夫卡墓地出土的腰饰牌很可能是受来自东方匈奴帝国的腰饰牌的影响，其年代当不早于伊沃尔加墓地出土的腰饰牌，推断为公元前 2 世纪比较合适。库莱文化墓地出土的长方形腰饰牌与宁夏倒墩子匈奴墓地出土的腰饰牌纹样和造型几乎相同，其年代应与倒墩子墓地出土的腰饰牌一致，可推断为公元前 2 世纪晚期—前 1 世纪。博克罗夫卡墓地 17 号库尔干 M1 出土的长方形腰饰牌的造型及装饰纹样与徐州狮子山楚王陵及西安三店村"王许"墓出土的腰饰牌基本相同，结合该墓出土的其他物品，可把其年代推断为约公元前 1 世纪—公元 1 世纪。罗斯托夫地区诺维依墓地 70 号库尔干出土的饰贝腰带的年代被推断为公元前 1 世纪—公元 1 世纪[4]，哈普里墓地出土的腰饰牌的年代被推断为公元 1 世纪[5]。外贝加尔地区和南

---

[1] Давыдова А. В., Иволгинский археологический комплекс（Том 2，Иволгинский могильник）（《伊沃尔加墓地》）Санкт‐Петербург, 1996；潘玲：《伊沃尔加城址和墓地及相关匈奴考古问题研究》，科学出版社，2007 年；单月英：《匈奴墓葬研究》，载《考古学报》2009 年第 1 期。

[2] Pavel M. Leus, New Finds from the Xiongnu Period in Central Tuva. Preliminary Communication// Xiongnu Archaeology: Multidisciplinary Perspectives of the First Steppes Empire in Inner Asia, vfgarch. press uni‐bonn, 2011, pp. 515–536.

[3] Emma C. Bunker, James C. Y. Watt, Zhixin Sun, *Nomadic Art of the Eastern Eurasian Steppes: The Eugene V. Thaw and Other New York Collections*, The Metropolitan Museum of Art, 2002, p. 31.

[4] L' OR DES SARMATES: Nomades des steppes dans l'Antiquité, ABBAYE DE DAOULUS, 1995.

[5]《南ロシア騎馬民族の遺宝展》，朝日新聞社，1991 年，第 95 页。

西伯利亚地区出土的其他腰饰牌均为匈奴腰饰牌,其年代推断遵从 M. A. 戴甫列特的分析结果,即公元前 2 世纪—公元 1 世纪。[①]

从前文所列长方形腰饰牌的出土分布情况及对腰饰牌的年代分析可以看出,长方形腰饰牌集中分布的地域主要在中国境内、俄罗斯外贝加尔和南伯利亚地区,饰贝腰带主要集中分布于中国北方地区和内地。中国北方地区的长方形腰饰牌年代可早至战国晚期(约公元前 3 世纪),中国内地的长方形腰饰牌主要盛行于西汉早期(公元前 3 世纪末—前 2 世纪中期),西汉中期开始衰落,至西汉晚期逐渐消亡。俄罗斯外贝加尔和南西伯利亚地区的长方形腰饰牌的年代约为公元前 3 世纪末—公元 1 世纪,其流行年代约在公元前 2 世纪—前 1 世纪。[②] 就目前的考古出土资料看,长方形腰饰牌最早出现的地区应在中国北方地区。长方形腰饰牌盛行时,中国内地正值西汉王朝时期,俄罗斯外贝加尔和南西伯利亚地区为匈奴帝国控制区。

由附表一所列有关饰贝腰带的资料显示,饰贝腰带流行的年代主要在公元前 2 世纪—前 1 世纪,公元 1 世纪少见饰贝腰带。由此可见,饰贝腰带的发展情况与长方形腰饰牌的盛衰大体同步。

二、长方形腰饰牌与饰贝腰带的类型及地域差异

由附表一可以看出,长方形腰饰牌的质地主要为金、(鎏金)铜、石、骨几种。其中石质和骨质腰饰牌数量较少,多为素面,主要发现于匈奴帝国领域内,与金和铜质腰饰牌相比,石和骨质地的腰饰牌可为我们提供的研究信息比较少,鉴于此,本文不把它们作为主要研究对象,而把金和铜质腰饰牌和饰贝腰带作为研究重点。

长方形腰饰牌在结构、固定方法、制作技法、装饰纹样等方面都存在着明显的不同。根据腰饰牌背面有无固定用钮,可将它们分为 A、B 两型。

A 型腰饰牌背面通常有 1—4 个固定用钮。成对的腰饰牌中有的两件均无系穿用孔,有的其中一件一端有系穿用孔,有的每件一端有一系穿用孔。它们是通过固定用钮将腰饰牌固定在腰带上。根据腰饰牌制作技法的不同,A 型腰饰牌又可分为 Aa 和 Ab 两个亚型。Aa 型腰饰牌均为浮雕腰饰牌,出土数量较多,中国宁夏、陕西、内蒙古、辽宁、河北、安徽、江苏、重庆、四川、广西及广东等省区都有发现(参见附表一)。另外,在西西伯利亚智多罗夫卡出土的 1 对二虎一龙咬斗纹浮雕嵌宝石金腰饰牌和罗斯托夫地区哈普里 3 号库尔干出土的 1 对二龙与两格里芬咬斗纹浮雕嵌宝石金腰饰牌也应属于 Aa 型腰饰牌。Aa 型腰饰牌多成对出土,成对出土的腰饰牌的造型、尺寸和装饰纹样往往相似或相同。绝大多数的 Aa

---

① Дэвлет М. А., Сибирские поясные пластины (《西伯利亚透雕腰饰牌》). Археология СССР, Москва, 1980.

② Дэвлет М. А., Сибирские поясные пластины (《西伯利亚透雕腰饰牌》). Археология СССР, Москва, 1980, с. 16.

型腰饰牌有绳索纹边框，个别腰饰牌素框或无框。腰饰牌上浅浮雕有角神兽纹[①]、虎噬羊纹、双兽噬有角马身神兽纹、山林风景纹、牛纹等，动物后肢通常朝上翻转，身体上常装饰螺旋纹（图版五）。这些纹样造型夸张，充满虚幻色彩。Ab型腰饰牌为透雕腰饰牌，出土数量较少，目前仅见南越王墓和2号赵王陵，均为透雕腰饰牌。南越王墓出土的腰饰牌为绳索纹边框内透雕一龙二龟相斗纹（图版六：1）。2号赵王陵出土的腰饰牌为饰有云纹的边框内透雕相对二龙纹（图版六：2）。

B型腰饰牌背面没有固定用钮，均透雕。主要分布于中国北方地区、蒙古、俄罗斯外贝加尔和南西伯利亚地区（即匈奴帝国领域内）。绝大多数腰饰牌带有边框，除个别素框外，多数边框上有水滴形或长方形凹陷装饰。框内常透雕几何纹、蛇纹、双马咬斗纹、相对双牛纹、相背双羊/鹿纹、猫科动物撕咬蹄足动物纹、车马人物纹、摔跤人物纹、双龙纹、龙虎咬斗纹等（图一）。成对腰饰牌的其中一件一端中部有一凸起的小扣舌，它们通常是通过细皮条固定在腰带上。与A型腰饰牌多装饰神兽纹样截然不同，B型腰饰牌的装饰纹样以草原上生活的各种动物为主，写实性较强，神兽纹样较少，多为狼头龙纹。

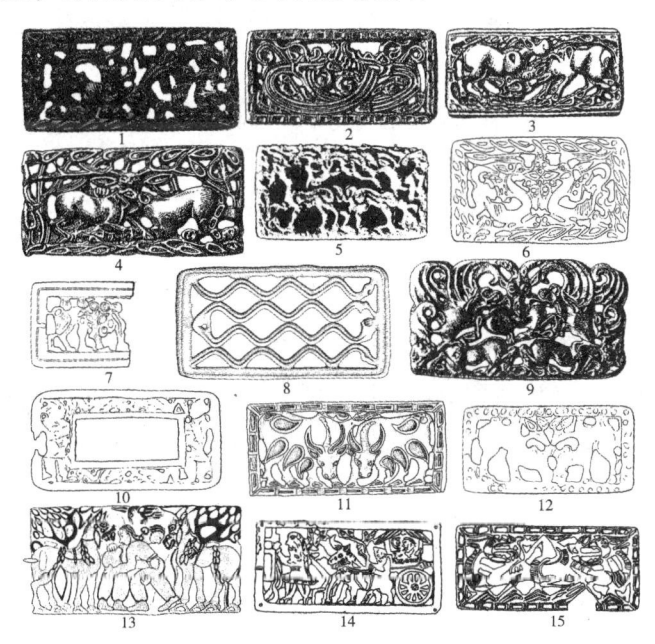

图一 B型长方形腰饰牌

1、8 伊沃尔加墓地出土；2—4、9 德列斯图伊墓地出土；5 李家套子墓地出土；6、7、10、12 倒墩子墓地出土；11 西岔沟墓地出土；13 客省庄M140出土；14、15 翁牛特旗草原地带出土（1、8采自143页注[⑪]；2—4、9采自144页注[①]：1；5采自142页注[⑫]；6、7、10、12采自142页注[⑪]：2；11采自142页注[⑬]：2；13采自142页注[⑦]；14、15采自142页注[③]）

[①] "有角神兽"一词借鉴自《欧亚草原有角神兽牌饰研究》一文的命名（林沄：《欧亚草原有角神兽牌饰研究》，载《西域研究》2009年第3期）。本文中有角神兽纹包括虎/狼身神兽纹、钩喙蹄足神兽纹和马身神兽纹三种纹样。除了上述神兽纹样外，为了便于分析，笔者把装饰在长方形腰饰牌上的后肢朝上翻转、动物肩部和臀部装饰螺旋纹的动物纹样称作神兽纹样。

在倒墩子墓地出土有 1 件透雕背向双羚羊纹的铜腰饰牌和 1 对透雕一龙二龟相斗纹的鎏金铜腰饰牌，这 3 件腰饰牌均带有绳索纹边框，但腰饰牌背面无固定用钮。它们兼具 A 型腰饰牌和 B 型腰饰牌的特点，应当是 A 型和 B 型腰饰牌的混合物。沙拉戈尔墓地出土的一件鎏金铜腰饰牌残件，其带长方形凹陷装饰边框内透雕龙纹，具有 B 型腰饰牌的特征，但是其背面有一固定用钮，具有 A 型腰饰牌的特点，该腰饰牌也应是 A 型和 B 型腰饰牌的混合物。

图二　长方形腰饰牌系结方式示意图

A 型和 B 型长方形腰饰牌不仅在制作技法、背部结构、装饰纹样等方面等都存在着明显不同，它们的系结方式也不一样。A 型腰饰牌中无穿孔的成对腰饰牌可能是通过腰带两端延伸出的细带进行系结的（图二：1）；其中一件有穿孔的成对腰饰牌可能是通过腰带一端延伸出的细带经过腰饰牌上的穿孔进行绕系的（图二：2）；两件都带穿孔的成对腰饰牌当是通过细带穿过两孔后相系结的，附有穿针的腰饰牌是通过穿针导引的细带穿过两孔后进行系结的（图二：3）。B 型腰饰牌中成对腰饰牌可能是由安装不带扣舌的腰饰牌的皮带一端经由另一枚腰饰牌的扣舌固定后，再插入腰饰牌的穿孔内进行系结的（图二：4）。此外，A 型和 B 型腰饰牌在地域分布上也存在着明显的差异。A 型腰饰牌主要分布于中国北方地区及内地，B 型腰饰牌主要分布于中国北方地区、蒙古、俄罗斯外贝加尔和南西伯利亚地区。A 型腰饰牌与 B 型腰饰牌在中国北方地区交汇，兼具二者特征的混合型腰饰牌也只出现在中国北方地区的匈奴墓葬（如倒墩子墓地）或受匈奴文化影响的墓葬（如西岔沟墓地）中。而 B 型腰饰牌流行的中国北方地区、蒙古、俄罗斯外贝加尔和南西伯利亚地区在当时正是匈奴帝国的领域。外贝加尔地区出土长方形腰饰牌的伊沃尔加古城和墓地、德列斯图伊墓地等均为匈奴墓地，位于匈奴帝国的次中心区和中心区；出土长方形腰饰牌的南西伯利地区、中国新疆和东北部地区属于匈奴帝国领域的边缘区域。[①] 很明显，B 型腰饰牌为匈奴腰饰牌。

参考附表一的内容，结合以上分析，可以看出匈奴透雕长方形腰饰牌出现的年代晚于中国境内出土的 A 型长方形腰饰牌，且二者区别明显。A 型长方形腰饰牌在中国境内出现的时间为战国晚期，早于匈奴帝国形成的时间。至西汉早期 A 型长方形腰饰牌在中国内地盛行的时候，B 型长方形腰饰牌开始在匈奴帝国领域内出现和流行，毫无疑问，A 型长方形腰饰牌早于 B 型匈奴长方形腰饰牌。由此可以断定，中国境内出土的 A 型长方形腰饰牌不是匈奴腰饰牌，也不是受匈奴文化影响的结果。笔者曾在拙文《匈奴腰饰牌及相关问题研究》中指出匈奴腰饰牌有长方形和不规则形状腰饰牌两大类，不规则形状腰饰牌有马蹄形、"P"字形、横"B"字形等多种形制。匈奴不规则形状腰饰牌是在欧亚草原早期铁器时代不规则形状带扣和腰饰牌的基础上发展而来的，是对草原文化传统的继承。匈奴长方形腰饰牌以带水滴形或长方形凹陷装饰的边框中透雕动物纹样为特色（即本文的 B 型长方形腰饰牌），它们是在匈奴时代突然盛行起来的[②]，并非欧亚草原文化的传统物品。既然 A 型长方形腰饰牌出现的年代远早于 B 型长方形腰饰牌，且 B 型长方形腰饰牌在匈奴帝国出现的时期正是 A 型长方形腰饰牌在汉地盛行的时候，考虑到匈奴与西汉帝国之间的特殊关系，汉文帝还曾以安装有 A 型长方形腰饰牌的"黄金饰贝带"赠送匈奴冒顿单于[③]，我们有理由认为 B 型长方形腰饰牌是在 A 型长方形腰饰牌的影响启发下产生的。

饰贝腰带因在腰带上缀饰成排的海贝或石贝等而得名。从目前的考古出土资料看，饰贝腰带上缀饰的贝分单排、双排、三排三种形式。根据饰贝腰带的腰带材质的不同，可将其分为 A、B 两型。A 型饰贝腰带在丝织物制成的腰带上缀饰海贝，两端安装长方形金、鎏金铜或铜腰饰牌（图版七：1，2）。目前，A 型饰贝腰带只发现于中国内地西汉时期的墓葬里，如狮子山楚王墓、簸箕山宛朐侯刘埶墓

---

① 单月英：《匈奴帝国扩张的考古学文化分析》，载《未名亚太论丛》第三辑，中国世纪出版集团有限公司，中国社科文献出版社，2010 年，第 1—27 页。
② 单月英、卢岩：《匈奴腰饰牌及相关问题研究》，载《故宫博物院院刊》2008 年第 2 期。
③ 《汉书》卷九十四上之《匈奴列传》第六十四上：孝文帝前六年（公元前 174 年），遗匈奴书曰："皇帝敬问匈奴大单于无恙……使者言单于自将并国有功，甚苦兵事。服绣袷绮衣、长襦、锦袍各一，比疏一，黄金饰具带一，黄金犀毗一，绣十匹，锦二十匹，赤绨、绿缯各四十，使中大夫意、谒者肩遗单于。"中华书局，2002 年，第 3758 页。其中提到的"黄金饰具带"应是"黄金饰贝带"的误写。

和秀峰村"臣后"墓。此外，江苏省徐州北洞山楚王墓墓道壁龛内出土的彩绘仪卫陶俑腰间系有饰单排海贝的腰带，腰带两端安装带绳索纹边框的长方形腰饰牌[1]（图版七：4），陕西省西汉景帝阳陵第20号陪葬坑出土的彩绘陶俑腰间系有饰双排海贝的腰带[2]（图版七：3）。B型饰贝腰带为在皮带上缀饰海贝或石贝，一端或两端安装金、铜或石腰饰牌，腰饰牌既有长方形的，也有不规则形状的。B型饰贝腰带目前主要发现于中国北方和外贝加尔的匈奴墓葬里，公元前1世纪—公元1世纪的萨尔马泰墓葬里也有出土，如罗斯托夫地区诺维依70号库尔干出土的皮质饰贝腰带上缀饰有排列整齐的双排海贝（图版八）。

A型与B型饰贝腰带之间是什么样的关系呢？众所周知，欧亚草原长期以来流行用各种贵重物品装饰腰带的传统。但是匈奴以前欧亚草原上尚未发现以成排有序分布的海贝装饰腰带的例子，饰贝腰带应当不是欧亚草原文化的传统。欧亚草原出土的B型饰贝腰带应该是一种受外来文化影响的物品。A型饰贝腰带与B型饰贝腰带除了腰带材质的不同之外，有着惊人的相似性；而且，中国早至战国晚期的文献就已记载有饰贝腰带，到西汉早期A型饰贝腰带就已在西汉帝国内流行。目前，中国境内出土的A型饰贝腰带的年代早于欧亚草原发现的B型饰贝腰带，我们认为欧亚草原出土的B型饰贝腰带应是在东西文化交流过程中受A型饰贝腰带影响的结果。

三、长方形腰饰牌的出现与文献记载中的饰贝腰带

据前文分析可知，目前已知年代最早的长方形腰饰牌是A型长方形腰饰牌，出土于中国北方地区战国晚期墓葬中（图版九），均属背面带有固定用钮的A型长方形腰饰牌。除2号赵王陵出土的是透雕腰饰牌外，阿鲁柴登墓地、三营红庄墓地、西沟畔墓地M2及辛庄头M30出土的均为带绳索纹边框的浅浮雕腰饰牌，它们的共同的特点是：均以黄金制成，多成对使用，通过背面的钮固定于腰带上，多装饰神兽纹样如有角神兽纹、动物咬斗纹等，动物后肢常常翻转，身体上装饰螺旋纹。这些特点与草原腰带构件的发展以及神兽纹样于战国晚期传入中国北方地区有着密切的关系。

腰带是草原游牧人最重视的物品之一，牧人们常用贵金属及宝石、贝类等装饰腰带，一定程度上可以说腰带是游牧人身份地位和财富的象征。不同阶段，草原居民的腰带构件及饰件呈现出不同的特色。带扣是草原居民传统的束系衣服的腰带构件，犹如中原汉地流行的带钩，它们最常用、也比较简便。在早期铁器时代欧亚草原游牧文化遗迹中出土有大量的带有明显凸起的扣舌的带扣，如哈萨克斯坦阿尔泰地区的巴泽雷克文化、俄罗斯南西伯利亚地区的塔加尔文化、图瓦地

---

[1] 徐州博物馆、南京大学历史系考古专业：《徐州北洞山西汉楚王墓》，文物出版社，2003年。
[2] 陕西省考古研究所汉陵考古队：《汉景帝阳陵南区丛葬坑发掘第二号简报》，载《文物》1994年第6期。

区的乌尤克文化、外贝加尔地区及蒙古东部的石板墓文化、蒙古西部的乌兰固木文化以及中国北方地区的早期铁器时代墓地都发现有大量的带扣。[①] 随着时间的推移和草原游牧社会阶序化的发展，早期拥有较高社会地位的武士阶层逐渐被新兴的权力贵族阶层所取代，草原游牧文化的内涵开始发生明显变化，具有系结功能的腰饰牌的出现就是这种变化最好的例证。大约从公元前5世纪开始，欧亚草原开始兴起具有系结功能的不规则形状腰饰牌，腰饰牌背面常有固定用钮。彼得大帝收藏品中就有不少黄金制成的不规则形状腰饰牌，有些腰饰牌成对使用，分别固定于腰带的两端，其中一件一端中部还有凸起的小扣舌（图版十）。[②]

出土材料显示，中国北方地区的居民很早已开始用各种牌饰等装饰皮质腰带，内蒙古自治区凉城县毛庆沟墓地的79座墓中有57座墓都发现了腰带构件和饰件，其中还出土了15条保存较好的腰带，上面装饰有排列有序的各种饰件，其中M5和M27出土的腰带两端各装饰一件个体比较大的牌饰，两件牌饰的造型及纹样相近，M5年代为春秋晚期至战国早期，其中出土的牌饰不具有括接功能。[③] 约在战国中晚期，中国北方地区也开始出现具有系结功能、背后有固定用钮的不规则形状腰饰牌，如内蒙古伊金霍洛旗石灰沟墓地[④]、凉城崞县窑子墓地[⑤]、毛庆沟墓地、宁夏西吉县陈阳川墓地[⑥]、彭阳县白杨林村墓地[⑦]、张街村墓地[⑧]、杨郎墓地[⑨]，以及甘肃马家塬战国墓地[⑩]等（图三）。有的腰饰牌成对使用，造型及纹样相同或相似。毛庆沟墓地M27年代属于战国晚期，该墓出土了一对具有系结功能的铁质虎形腰饰牌。以上情况表明，战国中晚期虽然带扣仍然是草原民族腰带的重要构件，不规则形状腰饰牌逐渐成为中国北方地区草原游牧社会中上层人士腰带装饰的新时尚，稍后成对使用的不规则形状腰饰牌开始流行。事实上，腰饰牌使用起来并不如带扣简便，它们之所以流行，我们认为一个重要原因就是它们的造型、纹样设计等更符合当时人们彰显自身财富和社会地位的心理需求，因而成为草原游牧社会

---

① 乌恩岳斯图：《北方草原考古学文化研究——青铜时代至早期铁器时代》，科学出版社，2006年，第345—351页。
② VÉRONIQUE SCHILTZ, Les Scythes: et les nomads des steppes (VIIIe siècle avant J. - C. – Ier siècle après J. - C.), GALLIMARD, 1994.
③ 内蒙古文物工作队：《毛庆沟墓地》，载内蒙古自治区文物工作队田广金、郭素新编著：《鄂尔多斯式青铜器》，文物出版社，1986年，第227—315页。
④ 伊克昭盟文物工作站：《伊金霍洛旗石灰沟发现的鄂尔多斯式文物》，载《内蒙古文物考古》1992年第1、第2期。
⑤ 内蒙古文物考古研究所：《凉城崞县窑子墓地》，载《考古学报》1989年第1期。
⑥ 罗丰、韩孔乐：《宁夏固原近年发现的北方系青铜器》，载《考古》1990年第5期；延世忠、李怀仁：《宁夏西吉发现一座青铜时代墓葬》，载《考古》1992年第6期。
⑦ 罗丰、韩孔乐：《宁夏固原近年发现的北方系青铜器》，载《考古》1990年第5期。
⑧ 宁夏回族自治区文物考古研究所、彭阳县文物站：《宁夏彭阳县张街村春秋战国墓地》，载《考古》2002年第8期。
⑨ 宁夏文物考古研究所、宁夏固原博物馆：《宁夏固原杨郎青铜文化墓地》，载《考古学报》1993年第1期。
⑩ 早期秦文化联合考古队、张家川回族自治县博物馆：《张家川马家塬战国墓地2007—2008年发掘简报》，载《文物》2009年第10期。

富有贵族阶层的专享物品。就此点来说，不规则形状腰饰牌在欧亚草原的流行为成对使用的 A 型长方形腰饰牌的出现奠定了良好的社会价值取向与文化心理基础。

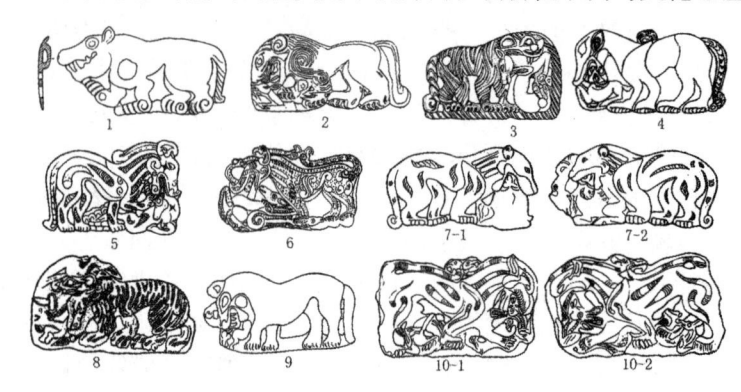

图三　中国北方地区出土的早期铁器时代不规则形状腰饰牌

1　毛庆沟墓地出土；2　石灰沟墓地出土；3　崞县窑子墓地出土；4　白杨林村墓地出土；5　张街村墓地出土；6、7　陈阳川村墓地出土；8、9　杨郎墓地出土；10　马家源墓地 M14 出土（1 采自 153 页注③；2 采自 153 页注④；3 采自 153 页注⑤；4、7 采自 153 页注⑥：1；5 采自 153 页注⑧；6 采自 153 页注⑥：2；8、9 采自 153 页注⑨；10 采自 153 页注⑩）

A 型长方形腰饰牌出现的另一个重要的背景条件就是神兽纹样传入中国北方地区。战国晚期，中国北方地带兴起与本地传统纹样有明显区别的神兽纹样。就目前的考古发掘出土资料来看，这类动物纹样主要流行于甘肃、宁夏、陕西、内蒙古河套地区、河北一带（图版十一）。神兽纹样主要包括两种有角神兽纹和后肢翻转的动物纹。有角神兽题材的神兽纹样分为有角狮/虎身神兽纹和有角蹄足神兽纹。有角狮/虎身神兽纹常被描绘成头部长有末端为钩喙禽首的大角、尾端为钩喙禽首的狮子或老虎形。此类有角狮/虎身神兽纹见于甘肃张家川马家塬墓地 M14 出土的黄金不规则形状腰饰牌（图三：10），宁夏固原西吉陈阳川村墓地出土的铜不规则形状腰饰牌（图三：6）、彭阳县白杨林村墓地出土的铜不规则形状腰饰牌（图三：4）和内蒙古伊克昭盟杭锦旗阿鲁柴登墓地出土的黄金牌饰①。有角蹄足神兽常被描绘成一个头部长有末端为格里芬头②的枝杈状大角的蹄足兽，神兽尾端也有格里芬头，兽身通常为马身或鹿身。以有角蹄足神兽为装饰题材的器物主要有宁夏固原三营红庄墓地出土的黄金长方形腰饰牌，陕西西安北郊北康村 99 乐百氏 M34 铸铜工匠墓出土的陶长方形腰饰牌模具③、神木纳林高兔墓地出土的金冠

---

① 田广金、郭素新：《内蒙古阿鲁柴登发现的匈奴遗物》，载《考古》1980 年第 4 期；另见《阿鲁柴登发现的金银器》，载内蒙古自治区文物工作队田广金、郭素新编著：《鄂尔多斯式青铜器》，文物出版社，1986 年，第 342—350 页。
② 此处"格里芬头"采用了西方学者的命名，是指那种带有尖耳朵与钩喙的猛禽头。它们与战国晚期甘肃、宁夏地区出现的狮/虎身神兽角端和尾端的禽首不同之处在于后者没有耳朵。
③ 陕西省考古研究所：《西安北郊战国铸铜工匠墓发掘简报》，载《文物》2003 年第 9 期；陕西省考古研究所编：《西安北郊秦墓》，三秦出版社，2006 年，第 120—133、第 361—364 页。

顶饰[1]，河北易县辛庄头M30出土的半球形金饰件[2]，以及山东临淄商王墓地M1出土的鎏金铜帽形车马器[3]等（图版十二）。也有个别的蹄足神兽枝杈状大角末端和尾端无格里芬头，有的神兽鬣毛末端有格里芬头，例如内蒙古伊克昭盟准格尔旗西沟畔战国墓出土的金饰片和铜带扣。[4] 后肢翻转的动物纹以描绘蹄足神兽和现实生活中的动物如虎、马、羊等为主，主要见于固原三营红庄墓地出土的黄金长方形腰饰牌，西安北郊北康村99乐百氏M34铸铜工匠墓出土的长方形腰饰牌模具、双羊纹饰牌模具和双马纹饰牌模具[5]，杭锦旗阿鲁柴登墓地出土的羊形金饰[6]、准格尔旗西沟畔战国墓地M2出土的黄金长方形腰饰牌和马纹金饰[7]，易县辛庄头M30出土的黄金长方形腰饰牌、半球形金饰和杏仁形金饰[8]，以及临淄商王墓地M1出土的鎏金铜帽形车马器。除了有角狮/虎身神兽纹外，其他动物纹样常设计成后半身朝上翻转的造型，给人以虚幻感觉。多数神兽纹样还有另外一个特点，就是动物的脖颈、肩部、躯干和臀部常装饰以螺旋纹。除虚幻特色的动物纹样装饰螺旋纹外，宁夏固原彭阳张街村墓地M2出土的铜不规则形状腰饰牌上的狮/虎[9]及甘肃马家塬墓地M1出土的银箔虎[10]身上也装饰有螺旋纹。

综合前面的分析，我们可把战国晚期中国北方地区流行的动物纹样的特点归纳成以下几点：（1）虚幻色彩强烈；（2）动物后肢翻转；（3）动物身体装饰螺旋纹。这些神兽纹样特点来源何在呢？通过对比我们发现，甘肃和宁夏地区发现的有角狮/虎身神兽纹样从造型设计上与黑海北岸库班河流域斯基泰公元前5世纪晚期—前4世纪早期的艾里扎维托夫斯卡16号库尔干出土的狮身神兽纹样[11]更接近（图版十三：1），但神兽头部长角的造型设计似乎借鉴自阿尔泰地区公元前6—前

---

[1] 戴应新、孙嘉祥：《陕西神木县出土匈奴文物》，载《文物》1983年第12期。
[2] 河北省文物研究所：《燕下都》（上、下册），文物出版社，1996年。
[3] 淄博市博物馆、齐故城博物馆：《临淄商王墓地》，齐鲁书社，1997年。
[4] 伊克昭盟文物工作站、内蒙古文物工作队：《西沟畔匈奴墓》，载《文物》1980年第7期；另见《西沟畔战国墓》，载内蒙古自治区文物工作队田广金、郭素新编著：《鄂尔多斯式青铜器》，文物出版社，1986年，第351—365页。
[5] 陕西省考古研究所：《西安北郊战国铸铜工匠墓发掘简报》，载《文物》2003年第9期；陕西省考古研究所编：《西安北郊秦墓》，三秦出版社，2006年，第120—133、第361—364页。
[6] 田广金、郭素新：《内蒙古阿鲁柴登发现的匈奴遗物》，载《考古》1980年第4期；另见《阿鲁柴登发现的金银器》，载内蒙古自治区文物工作队田广金、郭素新编著：《鄂尔多斯式青铜器》，文物出版社，1986年，第342—350页。
[7] 伊克昭盟文物工作站、内蒙古文物工作队：《西沟畔匈奴墓》，载《文物》1980年第7期；另见《西沟畔战国墓》，载内蒙古自治区文物工作队田广金、郭素新编著：《鄂尔多斯式青铜器》，文物出版社，1986年，第351—365页。
[8] 河北省文物研究所：《燕下都》（上、下册），文物出版社，1996年。
[9] 宁夏回族自治区文物考古研究所、彭阳县文物站：《宁夏彭阳县张街村春秋战国墓地》，载《考古》2002年第8期。
[10] 甘肃省文物考古研究所、张家川回族自治县博物馆：《2006年度张家川回族自治县马家塬战国墓地发掘简报》，载《文物》2008年第9期。
[11] M. I. Artamonov, *Treasures from Scythian Tombs in the Hermitage Museum*, Leningrad, London: Thames and Hudson, 1969, Plate 329.

5 世纪的图伊克塔墓地 1 号库尔干[①]和公元前 5—前 4 世纪的巴泽雷克墓地 2 号库尔干[②]的有角神兽纹样（图版十三：2，3），很像是黑海北岸地区与阿尔泰地区狮/虎身神兽纹的混合体。中国北方地区流行的蹄足神兽纹样与巴泽雷克墓地 2 号库尔干墓主胳膊上纹的蹄足神兽纹样（图版十三：4，5）从艺术构思和造型设计上非常相似，但两者之间也存在着明显的区别。中国北方地区的蹄足神兽嘴巴既有钩喙状的，也有马嘴形的，巴泽雷克地区的神兽嘴巴均为钩喙状；神兽枝权状大角的造型以及神兽角端和尾端为格里芬头，均与巴泽雷克地区的不同，明显是进行了某些加工和改造。中国北方地区的狮/虎身神兽纹样是对库班和阿尔泰两地区神兽纹样的借鉴，蹄足神兽纹样当是巴泽雷克地区蹄足神兽纹样的影响的结果，但是中国古代的工匠们并非是简单地复制这些纹样，而是对其进行了较大的改造和创新，从而赋予了蹄足神兽纹样较鲜明的本地特点。

对于后肢翻转的动物纹样，杜正胜认为是受到黑海北岸到阿尔泰地区艺术风格的影响[③]，乌恩认为是斯基泰—阿尔泰艺术影响的结果[④]。考古出土材料显示，后肢翻转的动物纹样是公元前 5—前 3 世纪流行于欧亚草原的特色装饰纹样，黑海北岸地区、南乌拉尔地区、哈萨克斯坦、俄罗斯萨彦—阿尔泰地区、图瓦地区等都发现有后肢翻转的动物纹样。我们目前尚无法确定中国北方地区后肢翻转的动物纹样的确切来源，但我们可以肯定的是中国北方地区后肢翻转的动物纹样来源于欧亚草原。

从目前的出土资料看，欧亚草原动物身上装饰螺旋纹的做法大约出现于公元前 5—前 4 世纪之间，早于中国北方地区，主要发现于图瓦地区乌尤克文化的艾梅尔雷格墓地[⑤]和萨革利·巴支墓地 13 号库尔干[⑥]、阿尔泰地区巴沙达尔 2 号墓[⑦]、南乌拉尔地区伏尔加河南岸萨尔马泰人的菲利波夫卡 1 号库尔干[⑧]和 4 号库尔干[⑨]、

[①] S. I. Rudenko, *Frozen Tombs of Siberia: the Pazyryk Burials of Iron Age Horsemen*, University of California Press, 1970, Figure 137B.

[②] S. I. Rudenko, *Frozen Tombs of Siberia: the Pazyryk Burials of Iron Age Horsemen*, University of California Press, 1970, Figure 126, 127.

[③] 杜正胜：《欧亚草原动物纹饰与中国古代北方民族之考察》，载《历史语言研究所集刊芮逸夫、高去寻两先生纪念论文集》，第六十四本，第二分，1993 年，第 231—408 页。

[④] 乌恩：《略论怪异动物纹样及相关问题》，载《故宫博物院院刊》1994 年第 3 期。

[⑤] Iaroslav Lebedynsky, *Les Saces: Les "Scythes" d' Asie*, (VIIIᵉ siècle av. J. – C. —IVᵉ siècle apr. J. – C.), Editions Errance, 2006, pp. 115 – 116.

[⑥] Edited by Joan Aruz, Ann Farkas, Andrei Alekseev, and Elena Korolkova, *The Golden Deer of Eurasia: Scythian and Sarmatian Treasures from the Russian Steppes*, The Metropolitan Museum of Art, 2000, Plate 197.

[⑦] S. I. Rudenko, *Frozen Tombs of Siberia: the Pazyryk Burials of Iron Age Horsemen*, University of California Press, 1970, Figure 136.

[⑧] Edited by Joan Aruz, Ann Farkas, Andrei Alekseev, and Elena Korolkova, *The Golden Deer of Eurasia: Scythian and Sarmatian Treasures from the Russian Steppes*, The Metropolitan Museum of Art, 2000.

[⑨] Leonid Teodorovich Yablonsky, *New Excavations of the Early Nomadic Burial Ground at Filippovka (Southern Ural Region, Russia)*, American Journal of Archaeology 114 (2010) 129 – 43.

哈萨克斯坦伊塞克库尔干①和中国新疆阿拉沟木椁墓②（图版十四）。图瓦和阿尔泰地区发现的身上装饰螺旋纹的动物纹样虽然不如南乌拉尔地区的菲利波夫卡库尔干出土的丰富，但其年代可早至公元前5世纪，早于欧亚草原其他地区，因此，萨彦—阿尔泰地区很可能是在动物身上装饰螺旋纹做法的发源地。至公元前4世纪，阿尔泰地区的巴泽雷克文化中并未见这种螺旋纹装饰手法盛行，其反而在以菲利波夫卡库尔干为代表的萨尔马泰文化中得到大量应用。而且从动物身上的螺旋纹装饰风格特征看，中国北方地区的与图瓦、南乌拉尔及新疆地区的非常一致，因此，中国北方地区流行的在动物身上装饰螺旋纹的做法源自欧亚草原，很可能与萨尔马泰文化流行在动物身上装饰螺旋纹的做法有密切关系。

根据以上分析可知，神兽纹样由欧亚草原传入中国北方地区后，经过当地工匠的再加工与创新，形成了自身的特色和风格，逐步实现了本地化。这类虚幻特色的动物纹样又被当地工匠用来装饰长方形腰饰牌。有一点需要特别指出的是，战国晚期A型长方形腰饰牌上后肢翻转的有角神兽纹、动物咬斗纹以及动物身上装饰螺旋纹的做法融合了北方地区当时流行的神兽纹样的各种造型及装饰特色，并做了进一步的加工和创新。因此，无论我们从A型长方形腰饰牌的造型、系结方式，还是装饰纹样看，它们都应属于全新的创作品。

如果我们仔细分析战国晚期A型长方形腰饰牌的出土分布情况就会发现，除了辛庄头M30出土的腰饰牌以外，它们的出土地点基本上都落在了秦赵两国的势力范围内或秦朝的疆域之内，与神兽纹样的分布范围大体一致（参见图版九与图版十一）。春秋战国时期，中原诸侯争霸，与草原部族接壤的秦、赵、燕三国开始北拓疆土，北方草原地区遭到蚕食，至战国晚期，原来属于北方草原的大部分地区被秦、赵、燕三国占领，并在占领地边缘区域各自修筑了长城，北方草原地区这个南方农业文明与北方游牧文化的缓冲带在存在了数百年后逐渐消失。根据《史记·匈奴列传》的记载可知，燕、赵两国修筑长城的时间分别是在燕昭王（公元前311—前279年）之前和赵武灵王（公元前325—前299年）时期，秦国修筑长城的时间晚于燕、赵两国，是在秦昭襄王三十五年（公元前272年）灭义渠之戎后修筑的。战国长城的修建大致在战国中晚期，正是神兽纹样流行的时代，稍晚长方形腰饰牌开始出现。从图版十一可以看出，神兽纹样的出土地点主要集中在秦境内。临淄商王墓地M1是一座比较特殊的墓葬，除了本地传统文化特色外，该墓还出土了秦国制造的一件铜蒜口瓶和两件带有铭文的银耳杯③，巧的是该墓还出土有一件装饰有角蹄足神兽的铜车器。有角蹄足神兽纹不是齐国的文化传统，而是秦地流行的装饰纹样。因此，我们认为商王墓地M1出土的装饰神兽纹样的铜车器也应当是在秦国制造的器物。西沟畔墓地M2出土的长方形腰饰牌背

---

① Акишев К., Древнее золото Казахстана（《哈萨克斯坦古代金器》），Алматы·Өнерб，1983.
② 新疆社会科学院考古研究所：《新疆阿拉沟竖穴木椁墓发掘简报》，载《文物》1981年第1期；穆顺英主编：《中国新疆古代艺术》，新疆美术摄影出版社，1994年，第59页，图版143。
③ 淄博市博物馆、齐故城博物馆：《临淄商王墓地》，齐鲁书社，1997年。

面刻有"一斤五两四朱少半"、"故寺豕虎三"、"一斤二两廿朱少半"等秦国或秦朝文字,被认为是秦国或秦朝官府制造的物品。① 辛庄头 M30 出土的装饰有神兽纹样的各种金饰件背面都有汉字刻铭,黄盛璋经过对这些刻铭的考证,认为它们是赵国少府制造的物品。② 但该墓出土的长方形腰饰牌造型及装饰纹样与秦国境内出土的腰饰牌风格一致,并且腰饰牌背面的固定用钮及布纹痕迹均与西沟畔墓地 M2 出土的腰饰牌相同,鉴于此,我们认为辛庄头 M30 出土的长方形腰饰牌不是燕国制造的物品,应当是来自秦国的输入品。阿鲁柴登墓地出土的长方形腰饰牌带绳索纹边框,背面有两个固定用钮,尤其是动物爪部的刻画与西沟畔墓地 M2 的基本相同,我们认为该墓地出土的 4 件长方形腰饰牌也是秦国或秦朝官府作坊的产品。西安北郊北康村 99 乐百氏 M34 铸铜工匠墓出土的长方形腰饰牌模具,腰饰牌造型及装饰纹样与三营红庄墓葬出土的腰饰牌相同,说明战国晚期开始秦国工匠确实从事 A 型长方形腰饰牌的制作和加工,而且这位"苍"名的墓主被推测为一位秦国官府内专门制造官方用品的匠人。③

上面的分析给我们一种较明显的启示,那就是战国晚期带绳索纹边框、浅浮雕的 A 型长方形腰饰牌与秦人有着密切的关系,很可能是秦国工匠(这些工匠中应当有戎人后裔)吸收借鉴草原文化因素的新创作。④ 众所周知,秦人中不仅仅有来自中原汉地的人们,其中还包括数量不小的草原人群——戎人。自西周以降,秦人与戎人杂居,至公元前 623 年,秦霸西戎,戎人被秦国征服,从此,作为华夏文化组成部分的秦文化就开始与具有草原文化特质的戎人文化进行交流融合。

---

① 伊克昭盟文物工作站、内蒙古文物工作队:《西沟畔匈奴墓》,载《文物》1980 年第 7 期;另见《西沟畔战国墓》,载内蒙古自治区文物工作队田广金、郭素新编著:《鄂尔多斯式青铜器》,文物出版社,1986 年,第 351—365 页;黄盛璋:《新出战国金银器铭文研究(三题)》,载《古文字研究》(第十二辑),中华书局,1985 年,第 348 页。

② 黄盛璋:《新出战国金银器铭文研究(三题)》,载《古文字研究》(第十二辑),中华书局,1985 年,第 351 页。

③ 罗丰:《中原制造——关于北方动物纹金属牌饰》,载《文物》2010 年第 3 期。

④ 俄罗斯学者 A. A. 科瓦列夫在 The Location of Loufan Tribe in 4—2 Century B. C. and Influence of Its Culture to the Culture of Centural Plain and the South(见《鄂尔多斯青铜器国际学术研讨会论文集》编辑组编:《鄂尔多斯青铜器国际学术研讨会论文集》,科学出版社,2009 年,第 383—414 页)一文中认为战国晚期出土的带绳索纹边框的长方形腰饰牌是由汉人工匠制作的,至西汉时期,这些带绳索纹边框的长方形腰饰牌只发现在臣服于汉朝的疆域内,它们是汉朝的工匠为那些生活在汉朝领土内的非汉族人制作的。作者又进一步认为中国境内出土的有角神兽及其他后肢翻转的动物纹样是中国工匠从楼烦人那里学来的,汉代,楼烦人由于服兵役而定居在中原和南方地区,汉人的工匠继续为他们和他们的后裔制作具有巴泽雷克动物纹风格的装饰品。笔者不赞同这种解释。理由是除了中国北方地区汉朝与匈奴疆域交汇地带的草原部族墓葬外,西汉时期汉地出土带绳索纹边框长方形腰饰牌的墓葬是地道的汉文化传统墓葬,墓主常常是西汉的王侯贵族,虽然我们不能排除这些贵族中有个别人来自草原的可能,其他绝大多数无疑是汉人,比如南越王、楚王等都不可能是楼烦人。A. A. 科瓦列夫过于强调巴泽雷克动物纹样的影响,把楼烦人的文化看做来源于阿尔泰地区的巴泽雷克文化显得有些轻率。目前学界对楼烦人的文化面貌特征尚无明确的界定,究竟哪些遗存是属于楼烦人的也尚在研究之中。我们认为巴泽雷克动物纹样无疑是中国境内发现的神兽纹样的一个主要来源地,但不能说是唯一的发源地。A. A. 科瓦列夫忽视了战国晚期中国北方地区流行的神兽纹样的地域范围以及中国境内流行的包括有角神兽在内的神兽纹样是属于在吸收借鉴欧亚草原流行的各种动物纹样的基础上进行的新创作。

在这一过程中，戎人文化势必被强势的秦文化逐渐同化，但秦文化中也不可避免地注入了新的草原文化因素。随着时间的推移，秦国统治下的戎人逐渐被"华夏化"，在戎人居住区的宁夏固原地区出土的典型秦国器物鼎、壶、戈、剑等①就是最好的例证。而固原地区正是战国晚期神兽纹样及草原不规则形状腰饰牌流行的地区，该地区还出土了长方形腰饰牌。另外，秦国比较靠西的地理位置也使得其更容易接触到西面来自欧亚草原的文化影响。因此，我们认为随着秦国对戎人的不断征服和长期统治，居住于甘、宁等地的戎人逐渐被华夏化，由于秦国戎人或戎人后裔的大量存在，草原文化因素比较容易融入秦文化，戎人首领阶层中流行的草原文化用品也会比较容易被秦国上层主流社会认可。前文已经指出最初出现的不规则形状腰饰牌本身就是草原权贵的专利品，是佩戴者身份地位和财富的标识物。源自不规则形状腰饰牌的 A 型长方形腰饰牌也就很自然地具有身份标识的功能。战国晚期出土的带绳索纹边框、装饰神兽纹样的长方形腰饰牌均以黄金制成，出自秦国或秦朝官府工匠之手，很可能是秦国或秦朝颁赐给其统治下的草原部族首领的身份标识物，而不是用作贸易交换物。

虽然我们认为战国晚期的 A 型长方形腰饰牌源自稍早流行于欧亚草原的不规则形状的腰饰牌和神兽纹样，但是它们属于当地工匠的新创作，并不具备草原文化的传统特质。首先，这些 A 型长方形腰饰牌上不再出现凸起的小扣舌，它们的系结方法与草原腰饰牌通过扣舌进行系结的传统方法不同；其次，A 型长方形腰饰牌最早出现在秦、赵中原国家的领地内，自秦统一中国至西汉时期，它们往南方汉地广泛传布，并没有超越秦汉帝国的疆域向北方的欧亚草原传布。② 因此，这种看似具有浓郁草原文化特色的 A 型长方形腰饰牌并没有得到欧亚草原游牧人的文化认同，反而是受到一向视草原游牧民族为野蛮人的中原贵族的青睐，更进一步证明了 A 型长方形腰饰牌是非草原文化传统的物品。

除了作为腰带带头的 A 型长方形腰饰牌外，战国晚期还应存在与 A 型长方形腰饰牌关系密切的饰贝腰带。根据出土的饰贝腰带资料看，西汉早期饰贝腰带的带头都是长方形腰饰牌。但遗憾的是截至目前尚未发现战国晚期饰贝腰带的实物资料，战国晚期饰贝腰带与长方形腰饰牌之间的关系，目前仍是一个需要进一步探讨的问题。《战国策·赵策》记载赵武灵王"赐周绍胡服衣冠，具带，黄金师比"。这里的"具带"应当是"贝带"的误写。《淮南子·主术训》载："赵武灵王贝带鵔鸃而朝。"这些记载表明战国时期饰贝腰带已经出现。有学者认为西周晚期至春秋早期的河南陕县上村岭虢国墓地 M1706 出土的饰贝壳腰带是早期的贝带，即饰贝腰带，并且与草原文化有关。③ 笔者认为把上村岭虢国墓地出土的饰贝壳腰带看做饰贝腰带的早期形式值得商榷，原因在于二者之间有着本质的区别，而且时间差别过大。虽然在腰带上装饰各种饰物是草原文化的传统，但是战国晚期以

---

① 宁夏博物馆钟侃：《宁夏固原出土文物》，载《文物》1978 年第 12 期。
② 单月英、卢岩：《匈奴腰饰牌及相关问题研究》，载《故宫博物院院刊》2008 年第 2 期。
③ 孙机：《中国古舆服论丛》，文物出版社，2001 年，第 256 页。

前，欧亚草原上并未发现过真正意义上的饰贝腰带。后世人们之所以把饰贝腰带误作游牧人中流行的胡带，与文献记载中饰贝腰带与赵武灵王紧密相连，而赵武灵王又是"胡服骑射"的发起者不无关系。其实赵武灵王推行的"胡服骑射"很可能只是借鉴草原游牧骑兵服装的上下衣服分开的做法，具体服装的样式和装饰应该是与草原骑兵有明显区别的。关于此点，我们可以2号赵王陵出土的长方形腰饰牌为证。这件腰饰牌纹样造型并不具备草原文化特点，属于地道的赵国产品。因此，无论是文献记载还是考古资料都表明饰贝腰带并非源自草原文化。根据文献记载，当时的贝带上应当有金属制作的带头，目前，我们只能说A型长方形腰饰牌都是腰带的带头，尚不能确定战国晚期饰贝腰带上的带头是否都是A型长方形腰饰牌，但根据西汉时期A型长方形腰饰牌作为饰贝腰带的带头来使用的例证，不排除战国晚期人们已经用A型长方形腰饰牌作为饰贝腰带带头的可能性。

四、A型长方形腰饰牌与A型饰贝腰带在西汉帝国的流行与发展

战国晚期产生于我国北方地区的A型长方形腰饰牌历经短暂的秦王朝进入西汉时期，其分布范围得到迅速扩展。如图版九所示，目前在陕西、重庆、四川、广西、广东、安徽、江苏等地都有出土，几乎遍布西汉帝国。另外在宁夏同心倒墩子墓地和辽宁西丰西岔沟墓地也有少数A型长方形腰饰牌出土。战国晚期已被文献记载的饰贝腰带在西汉早期发现了数个出土实物。不仅如此，后肢翻转的神兽纹样也常被用来装饰除腰饰牌以外的其他物品。其中山东洛庄汉墓9号陪葬坑中出土的鎏金铜当卢上透雕有后肢翻转的有角马身神兽纹（图版十五：1），洛庄汉墓墓主推断为吕国第一位国王吕台，墓葬的年代为西汉初期[1]；湖南马王堆1号墓的朱地彩绘棺左侧板上绘有后肢翻转的动物形象（图版十五：5），1号墓的墓主为軑侯之妻，墓葬年代为西汉早期[2]；河南陕县西汉早期墓葬M2011出土的铜熏炉盖上装饰有后肢翻转的有角马身神兽纹[3]（图版十五：3）；河南保安山2号墓1号陪葬坑出土的鎏金铜当卢上透雕有后肢翻转的有角马身神兽纹（图版十五：2），保安山2号墓墓主为梁孝王刘武的李王后，死于公元前123年[4]；河北满城窦绾墓出土的漆奁内长方形小盒盖上绘有后肢翻转的龙纹（图版十五：4），该墓年代为西汉中期[5]；安徽巢湖北山头1号墓出土的2件漆盒上绘有后肢翻转的有角马身神兽纹（图版十五：6，7），该墓年代被推断为西汉初年（文景时期），墓主为

---

[1] 崔大庸：《洛庄汉墓9号陪葬坑出土北方草原风格马具试析》，载《中国历史文物》2002年第4期。
[2] 湖南省博物馆、中国科学院考古研究所：《长沙马王堆一号汉墓》（上集），文物出版社，1973年。
[3] 中国社会科学院考古研究所：《陕县东周秦汉墓》，科学出版社，1994年，第140页。
[4] 河南省商丘市文物管理委员会、河南省文物考古研究所、河南省永城市文物管理委员会：《芒砀山西汉梁王墓地》，文物出版社，2001年，第56页。
[5] 中国社会科学院考古研究所：《满城汉墓发掘报告》，文物出版社，1980年，第305页。

居巢县的最高地方长官①。这些表明 A 型长方形腰饰牌、饰贝腰带以及后肢翻转的神兽纹样在西汉早期确实比较流行，称之为一种社会风尚实不为过。

我们分析西汉早期这种社会风尚流行的背景原因，认为其应与秦统一中国有密切关系。根据前文的分析和论述，战国晚期后肢翻转的神兽纹样是秦、赵两地的流行时尚，目前发现的 A 型长方形腰饰牌也多出自秦国工匠之手。到战国末期，秦国发动的一系列兼并战争导致了当时的社会大动荡和文化大融合。随着秦灭六国、建立统一的秦帝国，中原各国的文化以及被秦征服的北方草原部族的文化逐渐融合，成为秦帝国文化形成的基础，战国末期秦地流行的神兽纹样以及 A 型长方形腰饰牌也得到秦朝人的认同，随着秦帝国疆土的扩张而逐渐由北向南传布开来。秦帝国与 A 型长方形腰饰牌在汉地传布的关系，还可以从原秦朝官吏赵佗建立的割据政权南越国所属的广西和广州地区流行长方形腰饰牌的情况得到证明。关于此点，笔者在《匈奴腰饰牌及相关问题研究》中已有详细分析，此文不再赘述。在此，我们需要特殊说明一点：虽然目前在秦代墓葬中尚未发现 A 型长方形腰饰牌或后肢翻转的动物纹样，我们不能就此否定秦朝在 A 型长方形腰饰牌及神兽纹样向汉地传布过程中所起的重要作用。秦代 A 型长方形腰饰牌和神兽纹样的出土资料的缺乏应当与秦朝存在时间短暂，秦墓发现数量较少有关。很可能已发掘的一些原本属于秦代的墓葬常因具有战国晚期特点而被归为战国晚期的墓葬；当然也会有不少的秦朝遗民生活在西汉早期，他们的墓葬无疑会被定为西汉早期墓葬。因此，西汉早期流行的 A 型长方形腰饰牌及后肢翻转的神兽纹样属于西汉贵族阶层对秦代人生活习俗与艺术审美的认同和继承。

与战国晚期相比，西汉时期的 A 型长方形腰饰牌在诸多方面都有较明显的发展和演变，主要体现在以下几个方面：（1）腰饰牌的质地种类增加。目前已发现的战国晚期 A 型长方形腰饰牌的质地均为黄金，西汉时期，腰饰牌的质地除了黄金以外，还增加了铜和鎏金铜。南越王墓还出土有在铜框上镶嵌玻璃的长方形腰饰牌。（2）腰饰牌装饰纹样种类增加，早先已有的后肢翻转的有角神兽纹样和动物咬斗纹样继续流行，还新出现了山地风景纹、牛纹、龟龙相斗纹等。随着时间的推移，战国晚期流行的后肢翻转的有角蹄足神兽纹样在西汉时期发生了变化：蹄足神兽的钩喙逐渐消失，演变成马嘴形状。神兽的枝杈状人角形状变得不如以前明显，末端的格里芬头开始变异。尤其是宛朐侯刘埶墓出土的腰饰牌上的有角虎/狼身神兽纹变化更加明显，神兽的大角已不见枝杈，大角末端的格里芬头已演变成令人无法辨认的形状，被误释作小兽首。②整个神兽的身体已严重失去早期原本的特点，很容易释读错误。正如林沄正确指出的那样，我们以前的释读割裂了

---

① 安徽省文物考古研究所、巢湖文物管理所：《巢湖汉墓》，文物出版社，2007 年，第 111—113、第 149 页。

② 徐州博物馆：《徐州西汉宛朐侯刘埶墓》，载《文物》1997 年第 2 期；卢岩、单月英《西汉墓葬出土的动物纹腰饰牌》，载《考古与文物》2007 年第 4 期。

整个有角神兽身体的完整性。① 正是这种演变表明了西汉时期的工匠们已经不能很好地理解和把握这类纹样原本的特征与含义，只是把这类有角神兽当作一种装饰纹样来对待，有角神兽原本所具有的神性等宗教内涵被抹杀。（3）腰饰牌的系结方法得到进一步的完善。早期的成对腰饰牌有的无系结穿孔，有的在其中一件一端中部有一系结穿孔。西汉时期出现成对的 A 型长方形腰饰牌多数都是两件相邻的一端都有一系结穿孔，狮子山楚王墓和簸箕山宛朐侯刘埶墓出土的腰饰牌还附有穿针，使得腰饰牌的系结变得容易和方便。（4）腰饰牌使用人群范围扩大。目前的出土资料显示，战国晚期 A 型长方形腰饰牌的使用者多是部族首领，或者是随葬"七鼎六簋"陶礼器的高级贵族。西汉时期，腰饰牌的使用者包括上至权势显赫的王侯，下至一般贵族（参见附表二：西汉时期 A 型长方形腰饰牌使用者身份地位统计表），使用者的范围明显较战国晚期扩大。（5） A 型长方形腰饰牌作为 A 型饰贝腰带的带头，成为饰贝腰带的有机组成部分。此点是 A 型长方形腰饰牌在西汉时期发生的最重要的变化，也是我们认为 A 型长方形腰饰牌被赋予汉文化属性的重要原因之一。

目前，我们尚不能肯定西汉时期所有的 A 型长方形腰饰牌均是 A 型饰贝腰带的带头。根据已出土的饰贝腰带资料看，所有的 A 型饰贝腰带的带头都是 A 型长方形腰饰牌。我们还注意到西汉墓葬出土的腰饰牌多数为鎏金铜腰饰牌和黄金腰饰牌，极少数为铜腰饰牌。《汉书·匈奴列传》中提到的"黄金饰贝带"应当就是两端安装有黄金长方形腰饰牌的 A 型饰贝腰带。鎏金铜腰饰牌看上去金灿灿的，与黄金腰饰牌非常相似，很可能在当时那些安装鎏金铜腰饰牌的 A 型饰贝腰带所追求的也应是"黄金饰贝带"的效果。既然汉文帝以"黄金饰贝带"赠送给匈奴单于，表明"黄金饰贝带"在当时是极其珍贵的，佩戴它的人应当拥有非同一般的社会地位。在等级森严的古代社会中，那些被当时人们视作珍贵物品的东西往往都会被打上标识身份等级的烙印，"黄金饰贝带"以及安装鎏金铜腰饰牌或者铜腰饰牌的 A 型饰贝腰带也不例外。

出土的饰贝腰带实物表明，西汉时期 A 型饰贝腰带两端安装的腰饰牌的质地以及腰带上缀饰海贝的排数反映了佩戴者之间社会等级的差别。以下我们将举例进行分析。狮子山楚王墓出土的两副 A 型饰贝腰带是目前发现的等级最高的饰贝腰带，属"黄金饰贝带"，饰贝腰带通长约 97 厘米，宽 6 厘米，两端安装有黄金铸造的 A 型长方形腰饰牌，并附有在系结时起导引作用的穿针，腰带以丝绸制成，上面缀饰三排海贝，海贝中间杂以间距大致相等的金花四朵（图版七：1）。② 该墓墓主为刘郢（客）或刘戊，无论狮子山楚王墓墓主是他们中的哪一位，都是文景时期在位的楚王。楚汉战争期间，第一代楚王刘交为汉高祖刘邦少弟，因跟随刘邦打天下，立下汗马功劳而被封为楚王，是为楚元王。在西汉初年的众诸侯王

---

① 林沄：《欧亚草原有角神兽牌饰研究》，载《西域研究》2009 年第 3 期。
② 邹厚本、韦正：《徐州狮子山西汉墓的金扣腰带》，载《文物》1998 年第 8 期。

中，楚元王的地位最高，《史记》和《汉书》都单独为其立传。汉文帝即位后对楚元王尊崇有加，这种尊崇一直持续至景帝时期。《汉书·楚元王传》载："文帝尊崇元王，生子，爵比皇子。景帝即位，以亲封元王宠子五人：子礼为平陆侯，富为休侯，岁为沈犹侯，埶为宛朐侯，调为棘乐侯。"由此足见西汉早期楚王地位之高。第二等级的A型饰贝腰带可以重庆秀峰村墓地M3"臣后"墓出土的饰贝腰带为例。饰贝腰带通长约112厘米，两端安装有鎏金铜A型长方形腰饰牌，腰带以丝绸制成，上面缀饰两排海贝，共66枚（图版七：2）。[①]墓主"臣后"使用木棺椁作葬具，表明了其贵族身份。另外汉景帝阳陵20号丛葬坑出土的武士俑腰间扎系有缀饰双排海贝的A型饰贝腰带（图版七：3）。该陶俑位于俑群中重要位置，当为具有较高级别的军事将领。第三等级的饰贝腰带尚未有实物出土，但可以徐州北洞山楚王墓墓道壁龛内出土的彩绘仪卫陶俑腰间佩戴的饰单排海贝的A型饰贝腰带为例（图版七：4）。该陶俑居于俑群的中心，当为统帅。其所佩绶带下端有半通印，印文为"郎中"，标明其身份为郎。[②]《汉书·百官公卿表》记载："郎掌守门户，出充车骑，有议郎、中郎、侍郎、郎中。"郎官位置重要，但品秩不高。因此郎中当为等级比较低的贵族。根据以上分析我们可作如下归纳和推测：西汉早期，腰带上缀饰三排海贝，带头为黄金腰饰牌的黄金饰贝带等级最高，应为帝王、皇室成员和地位较高的诸侯王的佩戴物；腰带上缀饰双排海贝，带头为黄金或鎏金铜腰饰牌的饰贝腰带次之，它们应当是一般诸侯王和地位较高的贵族的佩戴物；腰带上缀饰单排海贝，带头为鎏金铜或铜腰饰牌的饰贝腰带等级最低，应是低等贵族的佩戴物。

综观A型长方形腰饰牌与A型饰贝腰带在西汉时期的发展演变可知，这些既带有草原风情，又被赋予汉文化内涵的装饰物品在西汉早期成为一种上流社会的风尚，佩戴者不分性别，亦不分文官还是武官；腰饰牌上装饰动物纹样的内容并不随着佩戴者社会地位的高低而变化。但A型长方形腰饰牌的质地和饰贝腰带上缀饰海贝排数的多寡却与佩戴者社会地位的高低紧密相连，成为体现佩戴者身份地位的一种标志。A型长方形腰饰牌与A型饰贝腰带在西汉早期达到鼎盛，于西汉中期开始衰落，西汉晚期非常少见，至西汉末年淡出历史舞台。这种变化可以江苏省扬州西汉晚期"妾莫书"木椁墓出土的一件嵌玉鎏金铜带饰为例。该墓出土的带饰长8.5厘米、宽3.8厘米，边框透雕四龙纹，内嵌蟠螭纹玉片。[③] 从带饰的造型结构看，带饰透雕纹样下面有铜衬板，带饰本身已不具备系结功能，纹样也彻底中国化，没有丝毫草原文化的特点。因此，"妾莫书"墓出土的这件带饰与本文所研究的A型长方形腰饰牌区别明显，应是A型长方形腰饰牌衰亡过程的一

---

① 四川省文物考古研究所、巫山县文物管理所、重庆市文化局三峡文物保护工作领导小组：《重庆巫山县巫峡镇秀峰村墓地发掘简报》，载《考古》2004年第10期。

② 徐州博物馆、南京大学历史系考古专业：《徐州北洞山西汉楚王墓》，文物出版社，2003年，第91页，图七七。

③ 扬州市博物馆：《扬州西汉"妾莫书"木椁墓》，载《文物》1980年第12期。

种见证。

五、长方形腰饰牌与饰贝腰带在欧亚大陆的传布

在前文第二节我们已经指出，B 型长方形腰饰牌是受 A 型长方形腰饰牌的启发和影响而出现的，但是 B 型长方形腰饰牌并不是 A 型长方形腰饰牌的翻版，而只是借鉴了 A 型长方形腰饰牌的某些内涵，诸如形状、对使用者身份地位的标识功能等。B 型腰饰牌的透雕技法、装饰纹样、背面无固定用钮、带凸起小扣舌等特点都是创新的结果，同时也赋予了 B 型腰饰牌鲜明的匈奴文化特征。考古发掘材料显示，A 型和 B 型长方形腰饰牌的佩戴者有一定的区别。战国晚期 A 型长方形腰饰牌佩戴者多为被中原国家征服的草原部族首领和高级贵族，西汉时期，上至赫赫王侯下至低等贵族都可以佩戴 A 型长方形腰饰牌，佩戴者亦不分男女。在匈奴帝国，情况似乎并非如此。潘玲注意到伊沃尔加墓地 M100、德列斯图伊墓地和倒墩子墓地佩戴 B 型长方形腰饰牌的墓主均为女性[1]，根据马健的统计，德列斯图伊墓地出土 B 型长方形腰饰牌的墓葬均为女性，使用的葬具均为单棺[2]，这些墓葬的等级在整个墓地属于中间等级。德列斯图伊墓地的发掘者 C. C. 米尼亚耶夫认为德列斯图伊墓地有较多的女性墓葬未被盗，因此才会出土较多的长方形腰饰牌。[3] 据目前发表的图瓦特列金墓地的资料看，出土 B 型长方形腰饰牌的墓葬墓主性别均不详。由于倒墩子墓地 M5 墓主为男性，该墓出土有 A 型长方形腰饰牌，加之匈奴帝国其他地区出土匈奴 B 型长方形腰饰牌的墓葬多被盗掘，墓主性别和身份不详，目前我们还不能断定 B 型匈奴长方形腰饰牌都是女性的佩戴物，这一情况应当引起我们的重视，至少在匈奴帝国女性佩戴 B 型长方形腰饰牌是比较流行的。

由于 A 型和 B 型长方形腰饰牌的分布地域有明显的不同，因此我们在分析长方形腰饰牌在欧亚大陆的传布时，就要分别对这两类腰饰牌的传布情况进行分析。A 型长方形腰饰牌在中国北方地区出现后，一段时间内还只是在该地区流行。随着秦始皇统一中国和秦朝的建立，这种情况有了明显改变。A 型长方形腰饰牌随着秦统一中国的步伐开始逐渐向中原及南方地区传布，至西汉早期，成为上流贵族阶层中的流行风尚，几乎遍布整个西汉帝国。与 A 型长方形腰饰牌势头强劲的南播相比，其北传显得非常无力，它们目前只在中国北方地区的倒墩子墓地和西沟畔汉代墓地以及东北地区的西岔沟墓地、东辽县石驿乡墓地有少量发现。已出土的腰饰牌资料表明，西汉和匈奴两国的交界地带就是 A 型长方形腰饰牌分布的最北边，在更往北的匈奴帝国腹地不见 A 型长方形腰饰牌。B 型长方形腰饰牌的传布情况与 A 型长方

---

[1] 潘玲：《矩形动物纹牌饰的相关问题研究》，载《伊沃尔加城址和墓地及相关匈奴考古问题研究》，科学出版社，2007 年，第 161—194 页。

[2] 马健：《匈奴葬仪的考古学探索——兼论欧亚草原东部文化交流》，北京大学 2009 年博士学位论文，第 144 页。

[3] Миняев С. С., Дырестуйский могильник (《德列斯图伊墓地》). Санкт‐Петербург, 1998.

形腰饰牌正好相反。从图版四可以看出，除了陕西长安客省庄 M140 这个特例之外，B 型长方形腰饰牌的南播止步于西汉和匈奴的交界地带，未能传布到南面西汉帝国的腹地。A 型和 B 型长方形腰饰牌在西汉帝国和匈奴帝国交界地带相汇，并止步于此。此点再次证明了 A 型和 B 型长方形腰饰牌在文化属性上的不同。

B 型长方形腰饰牌分布地域向北可达俄罗斯外贝加尔地区和米努辛斯克盆地，西南至中国新疆，南抵中国北方地区，东尽辽河流域，与匈奴帝国的辽阔疆域大体一致。根据《史记·匈奴列传》与《汉书·匈奴传》的记载，匈奴在冒顿单于统治期间（公元前 209—前 174 年）发动了一系列军事战争：向东攻灭东胡，向南兼并楼烦、白羊河南王，向北征服浑庾、屈射、丁零、鬲昆、薪犁各族，向西击走月氏，定楼兰、乌孙、呼揭及其旁二十六国。后经老上单于（公元前 174—前 161 年）、军臣单于（公元前 161—前 126 年）等几代单于的经营，匈奴帝国进入鼎盛时期，控制着东尽辽河，西至葱岭，北抵贝加尔湖，南达长城的广袤土地。除了在外贝加尔地区发现了匈奴墓地和城址之外，目前在南西伯利亚米努辛斯克盆地、阿尔泰边疆区、阿尔泰山区、中国新疆地区和东北地区都发现了带有匈奴文化因素的墓葬遗迹，如米努辛斯克盆地的拉兹里夫 I 号和 III 号墓地[1]、杰普塞 VII、XVII 号墓地[2]、卡缅卡 III 号墓地[3]、克拉斯内雅尔 III 号墓地[4]、卡雷村墓地[5]、哈卡斯南部叶希诺 III 号墓地[6]；阿尔泰边疆区的雅罗曼 II 号墓地[7]；阿尔泰山区下巴泽雷克两座墓葬（M23 和 M24）[8]；中国新疆地区木垒县墓葬[9]，中国东北部地区内蒙古呼伦贝尔盟陈巴尔虎旗完工墓地[10]、新巴尔虎左旗吉布胡朗图苏木

---

[1] Пшеницына М. Н., Тесинский этап (《杰欣期》) // Степная полоса Азиатской части СССР в скифо—сарматское время. Москва, 1992, с. 224 – 235.

[2] Пшеницына М. Н., Тесинский этап (《杰欣期》) // Степная полоса Азиатской части СССР в скифо—сарматское время. Москва, 1992, с. 224 – 235.

[3] Пшеницына М. Н., Тесинский этап (《杰欣期》) // Степная полоса Азиатской части СССР в скифо—сарматское время. Москва, 1992, с. 224 – 235.

[4] Пшеницына М. Н., Тесинский этап (《杰欣期》) // Степная полоса Азиатской части СССР в скифо—сарматское время. Москва, 1992, с. 224 – 235.

[5] a. Кузьмин Н. Ю., Тесинские погребальные памятники на юге Хакасии у г. Саяногорска (《萨颜奥格尔斯克附近哈卡斯南部杰欣期墓葬遗迹》) // Древние культуры евразийских степей, Ленинград, 1983, b. Кузьмин Н. Ю., Тесинский могильник у деревни Калы (《卡雷村杰欣期墓地》) // Памятники археологии в зонах мелиорации Южной Сибири, Ленинград, 1988.

[6] Савинова Д. Г., Могильник Есино III на юге Хакасии (《哈卡斯南部叶希诺 III 号墓地》) // Изучение древних культур и цивилизаций, Санкт – Петербург, 1994.

[7] Тишкин А. А., Горбунов В. В., Предметный комплекс из паятника Яломан—II на Алтае какотражение влияния материальной культуры хунну (《由雅罗曼 II 号墓地物质综合体看匈奴物质文化对阿尔泰边疆区的影响》) // Социогенез в северной Азии, Иркутск, 2005.

[8] Солокин С. С., Погребения эпохи Великого переселения народов в районе Пазырыка (《巴泽雷克地区迁徙时期的墓葬》) // Археол. Сб. БКНИИ вьпш. 18, Ленинград, 1977, с. 57 – 67.

[9] 王炳华：《新疆东部发现的几批铜器》，载《考古》1986 年第 10 期。

[10] 潘行荣：《内蒙古陈巴尔虎旗完工索木发现古墓葬》，载《考古》1962 年第 11 期；内蒙古自治区文物工作队：《内蒙古陈巴尔虎旗完工古墓清理简报》，载《考古》1965 年第 6 期。

墓地①、黑龙江省齐齐哈尔市的三家子墓地②、吉林省东辽县石驿乡墓地③、辽宁省西丰县西岔沟墓地④和平岗墓地⑤。其中米努辛斯克盆地、阿尔泰边疆区和阿尔泰山区发现的带有匈奴文化因素的墓葬遗迹的年代为公元前 2 世纪—公元 1 世纪,中国境内发现的带有匈奴文化因素的墓葬遗迹的年代集中在西汉中晚期,即公元前 2—前 1 世纪。⑥ 这些考古遗迹的年代大致可圈定在匈奴帝国时期,它们的发现与文献记载匈奴帝国的扩张相吻合,证明了上述地区属于匈奴帝国控制的领域。笔者此前对欧亚草原考古学文化的分析认为匈奴帝国的建立结束了欧亚草原此前的"马具、兵器、动物纹"三要素文化时代,欧亚草原游牧文化面貌的一致性被彻底打破,欧亚草原文化开始向整体多样化与草原帝国内高度统一的国家文化时代迈进。特色鲜明的匈奴文化作为统治文化随着匈奴帝国的不断扩张而在帝国辽阔的领域内广泛传布。⑦ 作为匈奴文化典型代表之一的 B 型长方形腰饰牌在俄罗斯南西伯利亚、外贝加尔地区、中国新疆、辽宁、吉林等地区的出土无疑是匈奴帝国扩张的结果。比如南西伯利亚叶尼塞河中游地区公元前 2 世纪以前的塔加尔文化遗存中不见有 B 型长方形腰饰牌,在匈奴帝国征服该地区后,这里开始出现并流行 B 型长方形腰饰牌。

  B 型腰饰牌的纹样特点及考古发掘材料表明,B 型腰饰牌在匈奴帝国辽阔疆域内的加工制作中心不止一个。科索格尔窖藏的发现表明米努辛斯克盆地有铜制品制作中心,该地区不少的 B 型腰饰牌应当出自当地的作坊。外贝加尔地区伊沃尔加古城内发现有不少的房址,出土遗物表明城内不仅有制陶作坊,也有铜制品加工作坊。伊沃尔加墓地 M100 出土的长方形腰饰牌有可能是当地制作的,当然我们也不能排除它们来自中国北方地区的可能。西岔沟墓地、平岗墓地以及石驿乡墓地出土的 B 型长方形腰饰牌的造型风格以及装饰纹样主题在中国北方地带的腰饰牌中比较常见,尤其是装饰人物活动纹样的腰饰牌不见于南西伯利亚及外贝加尔地区,它们应当是当地铜制品加工作坊的产品。C. C. 米尼亚耶夫曾对叶尼塞河

---

① 王成、沙宝帅:《内蒙古呼伦贝尔草原发现青铜器》,载《考古》2004 年第 4 期。
② 黑龙江省博物馆、齐齐哈尔市文管站:《齐齐哈尔市大道三家子墓葬清理》,载《考古》1988 年第 12 期。
③ 东辽县石驿乡文化站:《东辽县石驿乡汉代透雕铜牌》,载中国考古学会编:《中国考古学年鉴·1986》,文物出版社,1988 年,第 105 页;刘升雁:《东辽县石驿乡公社古代墓群出土文物》,载《博物馆研究》1983 年第 3 期。
④ 孙守道:《西岔沟古墓群被掘事件的教训》,载《文物参考资料》1957 年第 1 期;孙守道:《"匈奴西岔沟文化"古墓群的发现》,载《文物》1960 年第 8、第 9 期合刊。
⑤ 徐秉琨、孙守道主编:《东北文化·白山黑水中的农牧文明》,上海远东出版社,商务印书馆(香港),1998 年,图版 146 和图版 149。
⑥ 单月英:《匈奴帝国扩张的考古学文化分析》,载《未名亚太论丛》第三辑,中国世纪出版集团有限公司、中国社科文献出版社,2010 年,第 1—27 页。
⑦ 单月英:《匈奴帝国扩张的考古学文化分析》,载《未名亚太论丛》第三辑,中国世纪出版集团有限公司、中国社科文献出版社,2010 年,第 1—27 页。

流域发现的腰饰牌的金属成分作过分析，认为该地区的有些腰饰牌不是本地产品。[1] 此点可证明匈奴帝国内不同地区生产的 B 型长方形腰饰牌之间存在着交换和流通。

至于西西伯利亚智多罗夫卡墓地和库莱文化墓地出土的长方形腰饰牌与 B 型匈奴长方形腰饰牌有诸多共同特点，我们认为它们是受到了 B 型匈奴腰饰牌的影响，库莱文化墓地出土的透雕背向双羚羊纹腰饰牌很可能是来自匈奴帝国的舶来品。随着匈奴帝国的崩溃，B 型长方形腰饰牌也逐渐消亡，并没有被继匈奴而起的鲜卑民族继承。二兰虎沟墓地出土的长方形腰饰牌应当是匈奴腰饰牌的极个别残余。鲜卑墓葬中出土的一些长方形鹿纹金牌饰是与腰饰牌性质完全不同的东西，不应把它们与长方形腰饰牌混在一起进行讨论。

通过以上分析可知，B 型长方形腰饰牌只在匈奴时期流行，再次证明了 B 型长方形腰饰牌不是草原文化传统物品，它们在匈奴帝国的流行应当与 A 型长方形腰饰牌于战国晚期在中国北方地区的出现以及在西汉帝国的盛行有密切关系。基于此点，再加上前文已经过分析认为饰贝腰带不是欧亚草原文化的传统，所以我们有理由认为伊沃尔加墓地 M100 和倒墩子墓地出土的 B 型饰贝腰带是受西汉帝国流行的 A 型饰贝腰带影响的结果。倒墩子墓地普遍出土来自中原地区的产品（如装饰绳纹的陶罐、大量的五铢钱币、漆器、铁器等）和西汉墓葬流行的 A 型长方形腰饰牌，这些也为我们的推测提供了佐证。

博克罗夫卡墓地 17 号库尔干 M1 的年代被推断为公元前 2 世纪晚期—前 1 世纪，该墓出土的双兽噬有角马身神兽纹腰饰牌与狮子山楚王陵和西安三店村"王许"墓出土的腰饰牌造型及装饰纹样基本相同，但该墓的年代晚于狮子山楚王陵，应当是来自汉地的舶来品（图四）。罗斯托夫地区哈普里 3 号库尔干出土的 1 对长方形腰饰牌上浮雕龙与格里芬咬斗纹，其制作技法以及造型风格与中国境内出土的 A 型长方形腰饰牌非常接近（图版十六），其年代却较后者晚。这种成对使用的长方形腰饰牌在该地区尚是孤例，它们非常有可能是受西汉时期流行的 A 型长方形腰饰牌影响所致。我们作如此推断还有其他考古出土材料可资参考。随着张骞出使西域和丝绸之路的开通，中西贸易逐渐活跃起来，中国生产的丝绸、铜镜等奢侈品开始源源不断地外销。在罗斯托夫地区公元前 2 世纪—公元 2 世纪的萨尔马泰人墓葬中常出土有来自中国的汉代物品（图版十七）。如顿河流域的维诺格拉德尼库尔干出土有带铭日光镜[2]，科比亚科夫库尔干出土有四乳四虺镜[3]，斯拉

---

[1] Миняев С. С., ПРОИЗВОДСТВО И РАСПРОСТРАНЕНИЕ ПОЯСНЫХ ПЛАСТИН С ЗООМОРФНЫМИ ИЗОБРАЖЕНИЯМИ（По данным спектрального анализа）[《动物形象腰饰牌的制造与分布（根据光谱分析资料）》] // СВОД АРХЕОЛОГИЧЕСКИХ ИСТОЧНИКОВ, Д4-7, Москва, 1980, с. 29-36.

[2] L'OR DES SARMATES: *Nomades des steppes dans l'Antiquité*, ABBAYE DE DAOULUS, 1995, p. 92, p. 117。

[3] Iaroslav Lebedynsky, LES SARMATES: *Amazones et lanciers cuirasses entre Oural et Danube* (VIIe siècle av. J. - C. —VIe siècle apr. J. - C.), Editions Errance, 2002, p. 110（左上角图：9）.

多夫斯基 19 号库尔干出土有一件带有玉剑饰的汉代长铁剑①，库班河流域的麦科普库尔干出土有汉代玉剑饰②。因此，我们认为哈普里 3 号库尔干出土的 A 型长方形腰饰牌受到了西汉时期流行的 A 型长方形腰饰牌的影响是有根据的。同样，在该地区的诺维依 70 号库尔干出土的饰贝腰带也应当是西汉饰贝腰带影响的结果。

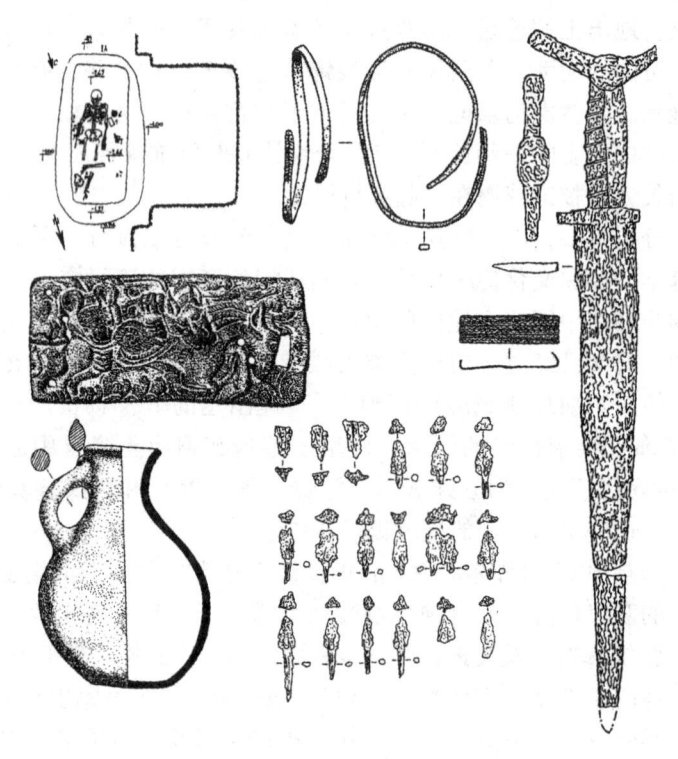

图四　博克罗夫卡墓地 17 号库尔干 M1 平剖面图及出土物品
（图片采自 144 页注⑩）

综上所述可知，长方形腰饰牌是在欧亚草原不规则腰饰牌的流行、神兽纹样东传和戎狄部族被秦、赵征服并逐渐华夏化的多重背景下，于战国晚期出现在秦、赵两国控制的中国北方地区。虽然它们具有浓郁的草原风情，但并不具备草原文化传统特质。秦统一中国为其向中原汉地及南方地区的传布创造了条件；西汉代秦，长方形腰饰牌的使用得到承袭和进一步的发展和创新。西汉时期长方形腰饰牌与饰贝腰带紧紧联系在一起，成为西汉王朝上层贵族集团内的流行风尚，被赋予更加丰富的文化内涵，也深深打上了汉文化的烙印。但长方形腰饰牌与饰贝腰

---

①　Iaroslav Lebedynsky, *LES SARMATES*：*Amazones et lanciers cuirasses entre Oural et Danube*（VIIe siècle av. J. - C. —VIe siècle apr. J. - C.），Editions Errance, 2002, p. 120（左下角图）.

②　Iaroslav Lebedynsky, *LES SARMATES*：*Amazones et lanciers cuirasses entre Oural et Danube*（VIIe siècle av. J. - C. —VIe siècle apr. J. - C.），Editions Errance, 2002, p. 110（左下角图：6）.

带并没有成为汉文化的主流，很快走向衰亡，最终让位于中国传统的带钩。在华夏悠久的历史文化长河中，它们宛如一颗流星，绚丽且短暂。受南邻西汉帝国流行长方形腰饰牌和饰贝腰带的影响，匈奴帝国控制的欧亚草原上也开始盛行长方形腰饰牌，甚至连饰贝腰带也远传到了外贝加尔地区的伊沃尔加。匈奴长方形腰饰牌与西汉帝国流行的长方形腰饰牌在诸多方面都存在着明显的差异；与西汉帝国流行单一的长方形腰饰牌的情况不同，匈奴帝国内还流行具有草原文化传统的不规则形状腰饰牌和带扣。相对于具有欧亚草原文化传统的带扣，匈奴长方形腰饰牌的流行亦可谓是昙花一现，在公元前2—前1世纪短暂盛行后，于公元1世纪逐渐消亡。由于匈奴帝国的崛起和不断扩张，从公元前2世纪开始，欧亚草原上出现了自东向西的文化传播，匈奴特色的腰饰牌传布到了西西伯利亚地区。同时，丝绸之路的开通极大地促进了东西方之间的文化交流，中国生产的奢侈用品如丝绸、铜镜及兵器等受到黑海北岸地区萨尔马泰人的青睐。正是这种频繁的贸易往来和文化交流把中国汉地流行的长方形腰饰牌和饰贝腰带的习俗带到了遥远的罗斯托夫地区。

（附记：本文是笔者2008—2009年在伦敦大学亚非研究学院及UCL考古系所作报告的基础上完善而成，成稿于2010年3月，定稿于2011年10月。文中图版四、图版九和图版十一中的地图由中国国家博物馆张洁绘制，在此深表感谢。）

附表一　长方形腰饰牌与饰贝腰带出土情况表

地域	出土饰牌的遗迹名称	总数	详细出土情况	质地	饰牌特征与尺寸	年代	材料来源
中国内蒙古自治区	阿鲁柴登墓地	4件	1972—1973年，在伊克昭盟杭锦旗桃红巴拉的阿鲁柴登墓地出土了2对	金	两件完整，两件残。腰饰牌尺寸与纹样相同，绳索纹边框内浅浮雕四虎噬咬一牛图案，四角有孔。完整的两件腰饰牌背面有两个固定用组，每件饰牌纹样相同，牌背面两个固定用组方向相对，其中一件一端中部有一穿孔，尺寸相同：长12.6厘米，宽7.4厘米	战国晚期至秦代	141页注④
	西沟畔墓地M2	2件	1979年，在内蒙古自治区伊克昭盟准格尔旗西沟畔墓地M2出土1对	金	两件腰饰牌尺寸与纹样相同，长13厘米，宽10厘米，绳索纹边框内浅浮雕转扣皮翻转咬斗纹样，一虎和一野猪中部有一穿孔，另一件一端中部有一穿孔，但ու牙穿透，每件背面有两固定用组。腰饰牌背面均有铭文，一件上刻："一斤五两四朱少半"和"故寺豕冢三"；另一件上刻："一斤二两廿朱少半"	战国晚期至秦代	142页注①
	西沟畔墓地M4	2件	1979年，在内蒙古自治区伊克昭盟准格尔旗西沟畔墓地M4出土1对	铁芯包金	两件腰饰牌尺寸和纹样相同，长11.7厘米，高6厘米。腰饰牌以金片捶揲呈高浮雕卧羊图案，背部有固定用组，已残	西汉中晚期	142页注②
	翁牛特旗草原地带墓地	3件	解放营子乡泡子村出土2件	铜	两件为一对腰饰牌，纹样和尺寸相同。其中一件左端边框中部有凸起的小扣舌。长11.9厘米，宽6厘米	公元前2世纪至公元1世纪	142页注③
			头牌子乡敖包山出土1件	铜	微残，带长方形凹陷装饰边框内透雕尾部缠绕相对而视的双龙纹。长12.1厘米，宽5.7厘米		
	二兰虎沟墓地	1件	内蒙古察右后旗二兰虎沟古墓群出土1件	铜	绳索纹边框内透雕二龙虬结纹，龙头相对。长8厘米，宽3.9厘米	公元前1世纪至公元2世纪	142页注④

续表

地域		出土饰牌的遗迹名称	总数	详细出土情况	质地	饰牌特征与尺寸	年代	材料来源
中国	河北省	辛庄头M30	5件	1977—1978年,在河北省易县辛庄头M30出土5件	金	其中3件尺寸和纹饰相同,长5.6厘米,宽3.9厘米,绳索纹边框内浅浮雕相对的虎噬马纹,虎和马身上饰螺旋纹。另外两件尺寸和纹饰内容相同,长10.8厘米,宽7.2厘米,绳索纹边框内浅浮雕的虎咬马纹,方向相对的两组动物纹饰:一后肢翻转的虎咬住马脖子,后面为一牛头,狼翻转的狼咬住马的后身;两虎之间为一牛头,虎、狼和马身上饰螺旋纹。饰牌背面有麻布纹和两固定用钮。其中一件在牛头和马头之间铸有一系穿用孔	战国晚期	142页注⑤
		2号赵王陵	1件	1997年邯郸地区被盗的2号赵王陵出土了1件	金铜合金	任云纹装饰的边框内透雕两两相对的蟠龙,背面有两个固定用钮,长7.2厘米,宽4厘米。腰饰牌上部边框上有刻铸文字,故释作"三十一年"	公元前3世纪早中期	142页注⑥
	陕西省	客省庄M140	2件	1955—1957年在陕西省长安客省庄K140号墓出土1对	铜	腰饰牌尺寸和纹样相同,长13.8厘米,宽7.1厘米,无边框,透雕双人摔跤纹样,其中一件腰饰牌一端中部有一凸起的小扣舌	西汉早期(武帝前)	142页注⑦
		西安三店村"王许"墓	2件	1982年在陕西三店村"王许"墓出土1对	鎏金铜	腰饰牌尺寸和纹样相同,长11.2厘米,宽5厘米,浮雕双兽身纹,其中一件腰饰牌中部有角马身神兽纹,无边框,透雕双人摔跤后角马身神兽纹样,每件腰饰牌背面靠近四角处各有一个固定穿用孔	西汉中期至晚期偏早阶段	142页注⑧
	新疆维吾尔自治区	木垒县东城塞地	1件	1983年在新疆木垒县东城大队征集1件	铜	带长方形回陷装饰的边框内透雕双马咬斗纹。腰饰牌左端中部有一凸起的小扣舌	公元前2世纪至公元1世纪	142页注⑨

续表

地域	出土饰牌的遗迹名称	总数	详细出土情况	质地	饰牌特征与尺寸	年代	材料来源
中国 宁夏回族自治区	三营红庄墓地	1件	20世纪70—80年代，在宁夏固原三营公社红庄塞地出土1件	金	绳索纹边框内浅浮雕的有角马身神兽纹，神兽枝杈状大角末端和尾端为带耳的格里芬头，身体上饰螺旋纹	战国晚期至秦代	142页注①
	倒墩子墓地	19件腰饰牌，5副饰贝腰带	1983年，在同心县倒墩子墓地出土3件，1985年又出土16件	M1出土2件	铜	1件为带水滴形凹陷装饰的边框内透雕双龙纹。长10.2厘米、宽5.9厘米。出土时附着在皮带上 1件为带凹陷装饰的边框仃立双驼，长9.8厘米，高4.9厘米	公元前2世纪晚期至前1世纪	142页注①
			M4出土1对	铜	两件腰饰牌尺寸和造型纹样相同，长10.7厘米、宽5.8厘米。腰饰牌中间为长方形凹槽，两侧各透雕一着甲佩剑武士，上下各透雕两只伏卧状鸭		
			M5出土1对	鎏金铜	两件相同，残长7.3厘米、宽5.6厘米。均为绳索纹边框内浅浮雕两后肢翻转的狼噬咬两后肢翻转的伏卧状马。腰饰一枚铜腰饰牌。背面有三个杯形钮，钮内有残皮条		
			M6出土1副饰贝腰带	皮、铜、贝	皮腰带上饰海贝，一端有带水滴形凹陷装饰的边框内透雕双马咬斗纹。长12.9厘米、宽5.7厘米		
			M7出土1件	骨	长方形饰牌。断面呈弧形，一端有一月牙形透孔，旁有一小孔。长6.8厘米		
			M10出土1副饰贝腰带	皮、贝	皮腰带上饰海贝39枚		
			M11出土1件	铜	绳索纹边框内浅浮雕三个涡形图案。饰一端有椭圆形透孔，背面有两个固定用环形钮。长5.6厘米、宽3.3厘米		

续表

地域	出土饰牌的遗迹名称	总数	详细出土情况	质地	饰牌特征与尺寸	年代	材料来源
中国 宁夏回族自治区	倒墩子墓地	19件腰饰牌，5副饰贝腰带	1983年，在同心县倒墩子墓地出土3件，1985年又出土16件				
			M13出土2副饰贝腰带和3件腰饰牌	皮、铜、贝	皮腰带饰单排海贝，一端有一枚铜腰饰牌。腰饰牌的带水滴形凹陷装饰内透雕一猫科动物撕咬一蹄足食草动物纹。一端中部有一凸出小扣舌。长11.3厘米，宽5.1厘米	公元前2世纪晚期至前1世纪	142页注①
				皮、石、贝	皮腰带饰双排海贝，两端各有一枚石腰饰牌。腰饰牌中的1件两端各有一孔。长10.9厘米，宽6.7—7厘米；另一件，一端有圆角长方形孔，外侧有一小孔；另一端有两个并列小孔。长11.7厘米，宽6.7—6.9厘米		
			M14出土3件	铜	1件，绳索纹边框内饰螺旋纹。一端有圆形透雕，上有固定用环形纽。长9.6厘米，宽4.5厘米		
				鎏金铜	2件为一对腰饰牌。绳索纹边框内浅浮雕虎噬羊身上饰浅浮雕后肢翻转的虎噬羊纹，虎和羊身上饰浅浮雕螺旋纹、绳索纹和麻布纹。长5厘米，宽5厘米		
			M19出土一副饰贝腰带和3件腰饰牌	皮、鎏金铜、贝	皮腰带两端各有一枚鎏金铜腰饰牌。两枚腰饰牌纹样尺寸相同，均为绳索纹边框内浅浮雕两背向的钩喙神兽下肢翻转、尾端带有杯形纽头。长10.6厘米，宽5.3厘米，均为绳索纹框内透雕一龙相斗二龟，神兽下肢翻转，尾端下神兽纹，背面有两个固定用杯形纽		
				铜	1件为绳索纹边框内透雕双羚羊纹。长7.6厘米，宽3.9厘米		
	李家套子墓地	1件	1983年在同心县李家套子墓地征集，具体位置不详	铜	素框内透雕伫立双驼纹。残长5.7厘米，宽6.3厘米	公元1世纪初	142页注②
			M22出土1件	铜	带回陷装饰的边框内透雕背向双羚羊纹。长11.2厘米，宽4.9厘米		

续表

地域		出土饰牌的遗迹名称	总数	详细出土情况	质地	饰牌特征与尺寸	年代	材料来源
中国	辽宁省	西丰县西岔沟墓地	>7件	由于墓地被严重破坏，饰牌具体出土墓葬不详	铜或鎏金铜	已发表的腰饰牌包括：绳索纹边框内浅浮雕后肢翻转的有角鸱蹄足神兽纹鎏金铜腰饰牌、浅浮雕有角神虎/狼身神兽纹鎏金铜腰饰牌，边框内透雕双驼纹的鎏金铜腰饰牌，几何纹透雕铜腰饰牌，带长方形凹陷装饰边框内透雕相对双牛纹铜腰饰牌等	西汉早中期	142页注⑬
		平岗墓地	1件	具体出土情况不详	铜	素框内透雕车马人物纹，残长5厘米，宽5.5厘米	公元前2世纪至公元1世纪	142页注⑭
	吉林省	东辽县石驿乡墓地	1件	1967年左右在石驿乡七队西山南坡出土1件	铜	腰饰牌无边框，透雕双人摔跤纹样。长13厘米，宽6.1厘米	公元前2世纪至前1世纪	142页注⑮
			2件	1979年在石驿乡彩岚长兴大队小山岗出土2件	鎏金铜	两件形制纹饰相同。均为在绳索纹边框内双肢翻转的有角鸱蹄足神兽纹。残长5.5厘米，宽4.9厘米	西汉中晚期	142页注⑯
	安徽省	双古堆汝阴侯墓	1件	1977年安徽省阜阳双古堆汝阴侯墓出土1件	鎏金铜	绳索纹边框内浅浮雕山林风景纹：饰牌两侧各饰一呈3个1组、头朝下，马头朝下，上部饰有六个野猪头，背向分布，中部为山脉，下部两只骆驼，腰饰牌近左端中部有一圆孔。长17厘米，宽5.1厘米	西汉初期（公元前165年）	142页注⑰
	江苏省	狮子山楚王陵	2副饰贝腰带	1994—1995年，江苏省徐州狮子山楚王陵西面第一耳室出土2副饰贝腰带	丝绸、金、银	腰带以丝织物制成，上面缀饰有3排海贝，海贝中间杂以金花4朵，每副腰带两端各安有一个金腰饰牌，在带身与腰饰牌连结部位装饰有算珠状银腰饰数个，两对腰饰牌形制大小相同，无边框，浮雕双兽螺旋纹。宽6厘米，长13.2厘米，重量不同。一件神兽身上饰螺旋纹一系穿用孔，右边的一件左端中部有一系穿用孔。每件有角神兽中部都有两个固定用组。左下角有一孔，右下角有一孔。每件腰饰牌背面附有一枚芽针（一金一银），长5.3厘米	西汉早期	143页注①

续表

地域	出土饰牌的遗迹名称	总数	详细出土情况	质地	饰牌特征与尺寸	年代	材料来源
中国	江苏省 簸箕山宛朐侯刘埶墓	1副饰贝腰带	1994年，江苏省徐州簸箕山宛朐侯刘埶墓出土一副饰贝腰带	丝绸、金、贝	由于该墓被盗掘，随葬物品受到扰乱，在1对腰饰牌和1枚穿针附近发现海贝30余枚，参照狮子山楚王陵出土的饰贝腰带，我们认为宛朐侯墓出土的腰饰牌和海贝应分为组佩。腰饰牌尺寸和纹样相同，长9.1厘米，宽5厘米，绳索纹边框内浅浮雕伏卧状有角虎，狼身神兽纹，神兽尾部和臀部饰有后肢翻转的蹄足动物纹。其中一件左端中部有一角处有一穿孔，每件腰饰牌背面中部靠近四角处各有一个固定用钮。穿针亚腰形，后部有一系穿用孔，长3.8厘米	西汉早期	143页注②
	四川省 成都石羊木椁墓	2件	1981年四川省成都石羊木椁墓出土1对	铜	两件饰牌尺寸和纹样相同，长7.5厘米，宽4.6厘米，素框内浮雕跪牛一头，其中一件左端近边框中部有一系穿用圆孔。每件腰饰牌背面有两个固定用钮	西汉早期	143页注③
	重庆市 秀峰村墓地	1副饰贝腰带	2000—2001年重庆市巫峡镇秀峰村墓地三号墓"巳后"墓出土1副饰贝腰带	丝绸、鎏金铜、贝	腰带以丝织物制成，上缀有两排共66枚海贝，腰带两端各安有1枚鎏金铜腰饰牌。两件腰饰牌尺寸和纹样相同，长10.7厘米，宽5.2厘米，绳索纹边框内浮雕后肢翻转的虎噬羊纹，虎和羊身上饰螺旋纹。其中一件腰饰牌左端中部有一系穿用孔。每件腰饰牌背面有两个固定用钮	西汉早期	143页注④
	广西壮族自治区 平乐银山岭墓地	1件	1974年广西壮族自治区平乐银山岭墓M94中出土1件	铜	绳索纹边框内浮雕背相勾有角路足神兽纹，神兽钩喙，后肢翻转，身体上饰螺旋纹。每件腰饰牌背面有两个固定用钮	西汉晚期	143页注⑤
	广西壮族自治区 河东高寨墓地	2件	1975—1976年，广西壮族自治区河东高寨墓地M~出土1对	鎏金铜	两件腰饰牌尺寸和纹样相同，长9.1厘米，宽4.3厘米，绳索纹边框内浅浮雕的虎噬羊纹，虎和羊身上饰螺旋纹，钮内横贯有木栓。每件腰饰牌背面有两个固定用钮	西汉早期	143页注⑥

续表

地域		出土饰牌的遗迹名称	总数	详细出土情况	质地	饰牌特征与尺寸	年代	材料来源
中国	广东省	广州北郊福建山墓地	4件	1953—1960年在广州北郊福建山墓地M1120、M1121各出土1对	鎏金铜	每对腰饰牌尺寸和纹样相同，长7.9厘米，宽3.8厘米，绳索纹边框内浅浮雕虎噬转羊纹，虎和羊身体上饰螺旋纹。每件腰饰牌背面有两个固定用纽	西汉早期	143页注⑦
		广州东郊麻鹰岗墓地	2件	1953—1960年在广州东郊麻鹰岗墓地M1176出土1对	鎏金铜			
		南越王墓	10件	1983年，广州南越王墓外藏椁H26出土1对	鎏金铜	H51和H26出土的2对腰饰牌尺寸和纹样相同，长7.7厘米，宽3.8厘米，绳索纹边框内浅浮雕转的虎噬羊纹，虎和羊身上饰螺旋纹，羊朝上翻转的两蹄之间有一鸟首。每件腰饰牌的背面都有两个固定用纽	西汉早中期	143页注⑧
				主棺室出土1对	鎏金铜	绳索纹边框内透雕一龙一龟相斗纹，每件腰饰牌背面有两个固定用纽，钮孔内横贯木栓，长8.1厘米，宽4.3厘米		
				东侧室"右夫人"棺出土2对	铜	1对造型纹样与H51和H26出土的腰饰牌一样，长7.6厘米，宽3.9厘米；另一对造型纹样的腰饰牌，长8.1厘米，宽4.2厘米		
					铜	4件为带水滴形凹陷装饰的边框内透雕双牛纹腰饰牌：1件较完整，尺寸分别为：长10.4厘米，宽5.4厘米，宽6.2厘米；其余3件残，残长5.5厘米，宽4.6厘米，宽6.3厘米；残长6.7厘米，宽6.7厘米		
俄罗斯	西伯利亚地区	西伯利亚科索格尔窖藏	12件	该窖藏1960年发现于科索尔斯湖附近的乌茹尔区，所有饰牌全蛇尔扣的铜鍑中	铜	1件为带水滴形凹陷装饰的边框内透雕猫科动物撕咬蹄足食草动物斗纹，残长5.8厘米，宽5.3厘米	公元前2世纪至公元1世纪	144页注④
						5件为边框内并排四条蛇纹腰饰牌，其中1件微残，尺寸分别为：长12.3厘米，宽6.4厘米，长11.1厘米，宽6.2厘米，宽5.9厘米，长12.6厘米，宽6.5厘米，宽6.6厘米		
						2件几何纹透雕腰饰牌：尺寸残：残长5.8厘米，宽5.1厘米；残长7厘米，宽4.6厘米		

续表

地域	出土饰牌的遗迹名称	总数	详细出土情况	质地	饰牌特征与尺寸	年代	材料来源
俄罗斯 西伯利亚地区	乌丁卡湖附近提苏尔艾	1件	1972年克麦罗沃州乌丁卡湖附近苏提尔区M5出土1件	铜	为带水滴形凹陷装饰的边框内透雕对立双牛纹腰饰牌。长14厘米，宽6.7厘米	公元前2世纪至公元1世纪	144页注⑤
	拉兹利夫地区	1件	1974年在拉兹利夫地区M1出土1件		为带水滴形凹陷装饰的边框内透雕对立双牛纹腰饰牌的残角。残长4.9厘米，残宽3.5厘米		
	格利什金·洛格1号墓地	1件	1958年在格利什金·洛格1号墓地M5出土1件		为带水滴形凹陷装饰的边框内透雕对立双牛纹腰饰牌的残角，边上有突起的小扣舌。残长2.8厘米，残宽3.5厘米		
	捷普谢伊7号墓地	3件	1970年在M25出土1件，1975年在M39出土1件，1976年在M59出土1件		边框内透雕双马咬斗纹。残长4.5厘米，残宽4厘米 均为几何纹透雕腰饰牌残件。尺寸分别为：残长2.5厘米，残宽2.7厘米；残长2.8厘米，残宽2.6厘米	公元前2世纪至公元1世纪	140页注④
	新乔尔尼5号墓地	2件	1967年在M5和M8内各出土1件	铜	2件均为方框内并排四条蛇纹的透雕腰饰牌残件。尺寸分别为：残长3.4厘米，残宽2.1厘米；残长4.3厘米，残宽2.3厘米		
	叶尼塞河沿岸不知名古墓	1件	1971年出土1件		边框内透雕双马咬斗纹。长13.1厘米，宽6.5厘米		
	库莱文化墓地	1件	西西伯利亚库莱文化遗迹出土1件	铜	绳索纹边框内透雕两背向羚羊纹	公元前2世纪晚期至公元1世纪	144页注⑦
	智多罗夫卡墓地	2件	西西伯利亚智多罗夫卡墓地出土1对	金、宝石	边框上镶嵌有宝石镶嵌，饰牌上密昂浅浮雕双咬斗纹	公元前2世纪	144页注⑧
	奥西斯克岛墓地	1件	伊尔库茨克巴奥西斯克岛墓地出土1件	铜	带回陷装饰的边框内透雕两虎与一龙咬斗纹	公元2世纪至公元1世纪	144页注⑨

续表

地域		出土饰牌的遗迹名称	总数	详细出土情况	质地	饰牌特征与尺寸	年代	材料来源
俄罗斯	外贝加尔地区	达拉苏恩站墓地	2件	赤塔州达拉苏恩站墓地出土1对	铜	带凹陷装饰的边框内透雕两虎与一龙咬斗纹。长约13.4厘米，宽约6.8厘米	公元前2世纪至公元1世纪	143页注⑩
		伊沃尔加墓地	1副饰贝腰带和3件腰饰牌	1927年出土1件	铜	素框内透雕饰的边框四条并排仿蛇的蛇纹	公元前2世纪至公元1世纪	143页注⑪
				M100出土1副饰贝腰带和1对腰饰牌	皮、铜、石贝	皮腰带上缀饰两排仿海贝的石头贝，一铜腰饰牌。腰饰牌尺寸和纹样相同，长12.8厘米，宽6厘米，均为带水滴形凹陷装饰的边框内透雕两虎与一龙咬斗纹		
		伊沃尔加城址	3件	伊沃尔加古城F28出土1件	石	略呈长方形，稍宽一端中部有一大穿孔，略窄的一端中部有两个小穿孔	公元前3世纪至公元1世纪末	143页注⑫
				灰坑162出土1件		残，完整的一端中部有两个小穿孔		
				灰坑211b出土1件	骨	残，完整的一端中部有一大穿孔，大穿孔外还有一小穿孔		
		德列斯图伊墓地	12件	1900年在M9出土1件	铜	均微残。两件腰饰牌尺寸和纹样相同，长13厘米，宽6.2厘米，均为带长方形凹陷装饰的边框内透雕双马咬斗纹	公元前2世纪至公元前1世纪	144页注①
				1900年在M10出土1对		均微残。两件腰饰牌分别为，长12.9厘米，宽6.2厘米，纹样相同，为带长方形凹陷装饰的边框内透雕双马咬斗纹，其中1件一端中部有凸起的小扣舌		
				M102出土1对		两件腰饰牌尺寸和纹样相同，长14.5厘米，宽6.6厘米，均为带水滴形凹陷装饰的边框内透雕双马咬斗纹		

续表

地域	出土饰牌的遗迹名称	总数	详细出土情况	质地	饰牌特征与尺寸	年代	材料来源
俄罗斯外贝加尔地区	德列斯堆伊墓地	12件	M107出土1对	木、铜	在木头底托上镶嵌透雕铜腰饰牌而成。铜腰饰牌为素框内透雕双马咬斗纹，其中一件左端中间有凸出的小扣舌，扣舌上的铜腰饰牌近一大扁孔，与镶嵌其上的铜腰饰牌的孔一致。两铜腰饰牌尺寸相同：长约11.9厘米，宽约6厘米，外面的木托长约13厘米，宽约6.9厘米	公元前2世纪至前1世纪	144页注①a
			M108出土1对	铜	两件腰饰牌尺寸和纹样相同，长12.4厘米，宽5.9厘米，均为带水滴形回陷装饰的边框内透雕猫科动物撕咬蹄足食草动物纹。一件饰牌左端有一凸起的小扣舌		
			M114出土2件	铜	透雕，图案为两只鹰袭击数个动物。长12.4厘米，宽6.8厘米		
				石	略呈长方形，素面，稍宽的一端中间靠近边缘处有一大扁孔，略窄的一端中间靠近边缘处有有两个小孔。长13厘米，宽4.8-5.8厘米		
			M118出土1件	铜、木	该饰牌为在木头底托上镶嵌铜腰饰牌而成。铜腰饰牌的带长方形回陷装饰的边框内透雕双龙搏斗纹，靠近右端中间有一大扁孔，长12厘米，宽5.9厘米。木头底托上穿孔位置一致，左端有两小穿孔，长12.6厘米，宽6.5厘米		
	沙拉戈尔墓地	1件	1972年发现	鎏金铜	带长方形回陷装饰的边框内透雕回首龙纹，腰饰牌残。残长8.5-9厘米，宽5.9厘米	公元前2世纪至公元1世纪	144页注②

续表

地域		出土饰牌的遗迹名称	总数	详细出土情况	质地	饰牌特征与尺寸	年代	材料来源
俄罗斯	图瓦地区	特列金墓地（2007年发掘）	8件	M1出土1件	铜	与伊尔沃尔加塞地1927年出土的相同，素框内透雕四条并排的蛇纹	公元前1世纪	144页注③
				M5出土2件		一件为透雕几何纹，边缘饰有对称的6个兽头；另一件为带长方形凹陷装饰的边框内透雕两个大角牛头纹		
				M12出土1件		与伊尔沃尔加塞地M100出土的相同，为带水滴形凹陷装饰的边框内透雕一龙两虎纹		
				M13出土1件		为带水滴形凹陷装饰的边框内透雕相对双牛纹		
				M14出土1件		与M13出土的相同		
				偶然发现2件		与M5出土的两件相同		
	南乌拉尔山地区	博克罗夫卡墓地	1件	17号库尔干M1出土1件	铜	与徐州狮子山楚王陵出土的造型纹样基本相同，为双兽鹰有角马身神兽纹	约公元前2世纪晚至前1世纪	144页注⑩
	罗斯托夫地区	哈普里墓地	2件	哈普里墓地3号库尔干出土1对	金、宝石	两件腰饰牌纹饰相同，均为边框内浮雕二龙与两格里芬咬斗纹，其中一件左端有一大穿孔，另一件右端有一大穿孔。尺寸分别为：长6.4厘米，宽7.3厘米	公元1世纪	144页注⑪
		诺维依墓地	1副饰贝腰带和1件腰饰牌	诺维依70号库尔干出土1副饰贝腰带和1件金腰饰牌	皮、贝、金	饰贝腰带以皮制成，上饰两排海贝，长方形金腰饰牌，一端有一圆角长方形大穿孔，腰饰牌中部有一大穿孔，边缘中部留一孔，应为扣舌脱落后留下的孔	公元前1世纪至公元1世纪	144页注⑫
蒙古		具体出土地点不详	1件		铜	带长方形凹陷装饰的边框内透雕双马咬纹	公元前2世纪至公元1世纪	143页注⑨

附表二 西汉时期A型长方形腰饰牌与饰贝腰带的佩戴者身份地位统计表

墓葬名称	A型长方形腰饰牌/饰贝腰带	质地	墓葬形制及出土的死者身份标识物	佩戴者身份地位
西安三店村"王许"墓	A型长方形腰饰牌	鎏金铜	龟钮银印、木棺椁	高等级贵族
双古堆汝阴侯墓	A型长方形腰饰牌	鎏金铜	随葬铜器和漆器上有"汝阴侯"铭文	汝阴侯夏侯灶
狮子山楚王陵	饰贝腰带	丝绸、金、贝、银	大型崖洞墓、金缕玉衣、兵马俑	楚王刘郢（客）或刘戊
簸箕山宛朐侯刘埶墓	饰贝腰带	丝绸、金、贝	"宛朐侯埶"龟钮金印	宛朐侯刘埶
成都石羊木椁墓	A型长方形腰饰牌	铜	木棺椁	贵族
秀峰村三号"臣后"墓	饰贝腰带	丝绸、鎏金铜、贝	木棺椁、铜印章	贵族
平乐银山岭墓地M94	A型长方形腰饰牌	铜	II型长方竖坑墓	低等级贵族
河东高寨墓地M4	A型长方形腰饰牌	鎏金铜	木棺椁、玉印、金印	高等级贵族
广州北郊福建山墓地M1120	A型长方形腰饰牌	鎏金铜	单室竖穴木椁墓、随葬物品较多	较高等级贵族
广州北郊福建山墓地M1121	A型长方形腰饰牌	鎏金铜	单室竖穴木椁墓、随葬物品较多	较高等级贵族
广州东郊麻鹰岗墓地M1176	A型长方形腰饰牌	鎏金铜	有前后室的带道木椁墓、当地最高等级墓葬	高等级贵族
广州南越王墓	A型长方形腰饰牌	鎏金铜、铜	丝缕玉衣、"文帝之玺"金印、"泰子之印"金印	南越王

论辽代金银器造型艺术的唐文化因素[①]

张景明　大连大学美术学院

辽代金银器从造型艺术的风格上分为三期，每一期都有各自的艺术特征。[②] 唐代是我国古代金银器发展的极盛时期，器形种类繁多，造型变化大，纹饰布局严谨规范，工艺精湛，独具的艺术风格对后代金银器的发展影响深远。契丹族建立辽国后，统治者对外来文化实行了兼容并蓄的政策，使本民族文化在外来文化的滋养下获得了空前的繁荣发展。辽代金银器不论是器物种类、形制，还是装饰、工艺，都无不打上唐代金银器艺术风格的深刻烙印。尤其是一、二期金银器，在很大程度上是直接吸收唐代金银器造型艺术的产物。

一、辽代金银器中的唐代器形溯源

辽代金银器的器形，在器口变化上呈多样化，有圆形、花瓣形、盘状、曲式、海棠形等；这种器形的变化多端是始自唐代的，与唐代金银器的圆形、葵式、椭方、海棠、花瓣、菱弧形口有着明显的共性，二者显然有着直接的渊源关系。

辽代金银器第一期第一阶段，器口形式有花瓣形、圆形、多角、曲角、椭圆、盘状等。以花瓣口为主，且多为五瓣，器种有杯、碗、盘、盆；盒为四瓣或曲角形；圆口见于杯、壶，有些杯的口沿呈圆形，腹部却为五瓣形；椭圆口用于匜；盘状口为渣斗专用；杯、碗、盘、渣斗等器腹部单薄，弧度小；高足杯的足部矮小；圈足器发达，平底器较少；装饰品多呈仿生形象，有龙形、摩羯形、兽形、龟形等。

从器口形式看，唐代金银器第一、第二期以圆形为主，第三、第四期则以多瓣形为主，这与辽代金银器第一期第一阶段的风格十分相似，特别是唐代金银器第三、第四期的花瓣形器口，在辽代被完全吸收并得到了充分的发展，仅在花瓣数上略有差异。如内蒙古阿鲁科尔沁旗辽耶律羽之墓[③]出土的五瓣花口金杯，与江苏省丹徒县丁卯桥唐代窖藏[④]出土的五瓣银碗接近。鎏金"高士图"银把杯，呈

[①] 全国文化遗产保护科学与技术研究课题《金银器与草原丝绸之路研究》的阶段性成果。
[②] 张景明：《辽代金银器的特征及造型艺术》，载《大连大学学报》（社会科学版）2006年第1期。
[③] 内蒙古文物考古研究所等：《辽耶律羽之墓发掘简报》，载《文物》1996年第1期。
[④] 丹徒县文教局等：《江苏丹徒丁卯桥出土唐代银器窖藏》，载《文物》1982年第11期。

七菱形，与此相似的八菱形金器在陕西也曾出土，如西安市何家村唐代窖藏①出土的人物八棱金杯、乐伎八棱金杯，二者显然是同种器形的变异，这与西方文化的交流密切相关。内蒙古丰镇市永善庄辽墓②出土的鎏金鸳鸯团花纹银碗，在丹徒县丁卯桥唐代窖藏也发现了同种器形。此外，阿鲁科尔沁旗辽耶律羽之墓出土的鎏金对雁团花纹银渣斗，与浙江省临安县唐代水邱氏墓③出土的银渣斗相似。辽代的高足杯则与唐代高足杯几近相同，只是足略矮。内蒙古赤峰市大营子辽驸马墓④出土的成组马具，从形状和各部位名称看，与唐代马具如出一辙。并且在鞍马文化发达的契丹民族创造下有了更进一步的发展，如络头饰、镳、攀胸、杏叶、鞍桥、鞦饰、障泥、镫等，均与唐代马具相似。尤其是前鞍桥，呈颔弓形，两边斜向外移，明显可见与唐代同类器物的前后承继关系。

辽代金银器第一期第二阶段，器口形式有圆口、花瓣口、方口、椭圆口、盘口，不见曲口器。以圆口为主，器种有碗、杯、罐、盒、盉、钵、盏托；花瓣口器见于盆、碗、杯，以六瓣和八瓣居多；方口器增多，有盒、函、盘；椭圆口器为匜；盘口器有渣斗。较之第一阶段，杯、碗、渣斗的腹部更加丰满，弧度大；高足杯的足变得稍高；装饰品中的仿植物形状增多，有葫芦形、桃形等，宗教用具出现，殡葬服饰大量盛行。

这一阶段从器形看，与唐代金银器有诸多相似之处。圆形口器在唐代金银器第一、第二期占主要地位，在第三、第四期中也仅次于多瓣形口器。这样，辽代金银器第一期第二阶段与唐代金银器在器口变化上仍保持一致，没有走出唐代金银器的模式。如内蒙古奈曼旗辽陈国公主墓⑤出土的鎏金缠枝莲花纹银钵，形制与丹徒县丁卯桥唐代窖藏出土的银盆接近；鎏金团龙戏珠纹银盉同于丹徒县丁卯桥唐代窖藏出土的鹦鹉纹银盒；银盖罐与西安市何家村唐代窖藏出土的银药壶如出一辙；金面具与新疆昭苏县⑥出土的嵌红宝石金面具接近，都是用大张金箔或金片仿照死者生前的容貌锤鍱而成，只是没有昭苏县金面具上的双目镶嵌红宝石、鼻及两颊原有附加的装饰而已。辽代的银箸、银匙、渣斗、盏托，在造型上都与唐代同类器物有共同点。马具的特征与第一阶段无大差别，仍具有浓厚的唐代艺术韵味。从这一阶段金银器的特征看，对唐代金银器的模仿是全面的，不仅限于晚唐，而且模仿唐前期风格。同时，辽代金银器经过第一期第一阶段的积累，在唐文化的熏陶下，到第二阶段契丹本民族的文化因素也得到极大的发展，形成了独具特色的金银器器物群。如殡葬服饰用具、金面具等，均为契丹葬俗所独有，在唐代金银器中不见。

---

① 陕西省博物馆等：《西安南郊何家村发现唐代窖藏文物》，载《文物》1972年第1期。
② 王新民、崔利明：《丰镇县出土辽代金银器》，载《乌兰察布文物》1989年第3期。
③ 明堂山考古队：《临安县唐水邱氏墓发掘报告》，载《浙江省文物考古研究所学刊》，1981年。
④ 前热河省博物馆筹备组：《赤峰县大营子辽墓发掘报告》，载《考古学报》1956年第3期。
⑤ 内蒙古自治区文物考古研究所等：《辽陈国公主墓》，文物出版社，1993年，第25—113页。
⑥ 安新英：《新疆伊犁昭苏县古墓葬出土金银器等珍贵文物》，载《文物》1999年第9期。

辽代金银器第二期，器口形式有花瓣形、圆形、海棠形等。花瓣形口见于碟、盒、杯上；圆口器有瓶、罐、壶；椭圆口器有盒；海棠口用于盘。以花瓣口为主，分五瓣、六瓣、十瓣、十三瓣不等。碟、碗的腹部变为斜直，圈足器减少，平底器增多。这一期仍以花瓣口为主，特别是海棠口器在此期出现，是唐文化对辽代的影响继续走向深化的表现；海棠花口在唐代金银器第三、四期常见。在这一时期的辽代金银器中，唐文化因素仍是各种外来文化因素的主流。如内蒙古翁牛特旗解放营子辽墓①出土的海棠形银盘，在丹徒县丁卯桥唐代窖藏中也有同类器物出土。花瓣形团龙纹银碟、花瓣口银碟，在陕西扶风县唐代法门寺塔地宫②中亦可找到其原形范本。此外，佛教用具中的法轮、供奉器等都是受唐文化直接影响的产物，造型艺术十分接近。

辽代金银器第三期，由于辽宋间的同处共存、频繁交往，尤其是澶渊之盟以后，随着辽、宋之间接触的增多，汉族工匠的大量涌入，宋文化的影响已占压倒地位，唐文化的影响已经日渐消退，很少见到了。

二、辽代金银器中的唐文化装饰风格

辽代金银器的纹饰题材、布局几乎是唐代装饰艺术的翻版，尤其是第一、第二期，纹饰布局讲求对称，构图繁缛而层次分明。纹饰有分区装饰、单点装饰和满地装等，在器物内底或器顶饰以主体花纹，其他部位以辅助性花纹修饰。

辽代金银器第一期第一阶段，纹饰题材包括动物纹、植物纹和人物故事。动物纹有龙、凤、摩羯、狮、鹿、羊、鸳鸯、鸿雁、鸟、鱼、昆虫等；植物纹有牡丹、莲花、莲瓣、卷草、宝相花、折枝花、盘带花；人物故事有孝子图、高士图、对弈图等。其中，动物纹以龙、凤、摩羯、鸳鸯最为常见；植物纹中以莲瓣、牡丹、卷草居多，常以缠枝的形式出现，团花装饰为主要特征。在唐代金银器中，动物纹和植物纹更是主要装饰的题材，种类比辽代更为丰富。二者的承继关系十分明显。如辽代金银器中龙的体形纤细，胸脯细小，与丹徒县丁卯桥唐代窖藏出土的龙纹残盒类似；凤的造型为尖喙、长颈，呈展翅飞翔的姿态，十分酷似唐晚期的凤纹；摩羯是印度神话中的一种长鼻利齿、鱼身鱼尾的动物，阿鲁科尔沁旗辽耶律羽之墓出土的摩羯形金耳坠、鎏金摩羯纹银碗等多用此种题材。摩羯长鼻上卷，鱼身弯曲、摆尾，颇似唐晚期风格。莲瓣、牡丹、折枝花、团花是唐代金银器中最普遍的纹饰题材；团花的分区或单点装饰，对辽代第一期金银器有直接的影响。阿鲁科尔沁旗辽耶律羽之墓出土的鎏金对雁团花纹渣斗、丰镇市永善庄辽墓出土的鎏金鸳鸯团花纹银碗、克什克腾旗二八地一号辽墓③出土的鎏金双凤团花纹银碗，与西安市何家村唐代窖藏出土的小簇花银盖碗、内蒙古喀喇沁旗锦山

---

① 翁牛特旗文化馆等：《内蒙古解放营子辽墓发掘简报》，载《考古》1979年第4期。
② 陕西省法门寺考古队：《扶风县法门寺塔唐代地宫发掘简报》，载《文物》1988年第10期。
③ 项春松：《克什克腾旗二八地辽墓》，载《内蒙古文物考古》1984年第3期。

镇河东村唐代窖藏①出土的鎏金摩羯团花纹银盘、鎏金卧鹿团花纹银盘、鎏金雄狮团花纹银盘、西安北郊坑底寨②出土的唐代"裴肃进"双凤纹银盘、陕西省蓝田县杨家沟③出土的唐代鹦鹉团花纹银盘、折枝团花纹银碗盖等，都属于团花的分区装饰，从题材到布局都保持一致。

纹饰布局采用环带夹单点式装饰和满地装。前者用于碗、盘、杯、渣斗等器物，往往在器内沿上錾刻花纹，杯、碗的口沿、腹部、底部饰联珠纹，比唐代的联珠纹饱满。满地装的布局常见施于盒的顶、腹部。这两种构图方法在唐代金银器中十分流行，单点装饰见于第一、第二期，散点装饰在第二至四期占主要地位，满地装则从第一至四期一直沿用不衰。阿鲁科尔沁旗辽耶律羽之墓出土的鎏金摩羯纹银碗，与西安市南郊曲江池村④出土的唐代折枝团花纹六曲三足银盘、团花纹三足银盘，同属环带夹单点式布局；鎏金錾花银盒、金花银粉盒与蓝田县杨家沟出土的唐代凤衔绶带纹五曲银盒、鹦鹉葡萄纹云头形银盒，同属满地装的构图。

辽代金银器第一期第二阶段，纹饰题材除了动物纹、植物纹和人物故事外，又增加了佛教造像。动物纹主要有龙、凤、鸳鸯、狮、兔、鹤等；植物纹有忍冬、牡丹、莲花、海棠等；人物故事有仙人、伎乐天；佛教造像有释迦牟尼、菩萨、弟子等。鱼子纹作为地纹特别流行。还常见在器物上錾刻年号、被供奉者名字、贡臣结衔署名等。龙体形粗大，胸脯高挺，与唐代早期相近；凤为勾喙，尾巴长曳，多为飞凤造型，综合了唐代早、晚期凤的特征。忍冬、牡丹、莲花始终是唐代金银器的主体纹饰，对辽代这一时期的金银器影响重大。

纹饰布局仍采用环带夹单点式装饰和满地装。碗、杯多用前者，并在内沿、底心、内壁錾刻纹样，联珠纹更加饱满；满地装极其盛行，用于盒、函、奁、荷包等器，在布局上又分为适合纹样、连缀纹样、格律式纹样、单独纹样、平视纹样和装饰画式纹样，这与唐代的满地装完全相同。如奈曼旗辽陈国公主墓出土的鎏金团龙戏珠纹银奁，与西安市何家村唐代窖藏出土的鸳鸯莲瓣纹金碗、蔓草鸳鸯纹银羽觞，都属适合纹样及连缀纹样；流传到国外文物市场⑤上的盘龙纹盝顶式金方盒，与丹徒县丁卯桥唐代窖藏出土的凤纹菱弧形银盒，同属格律式纹样；奈曼旗辽陈国公主墓出土的鎏金双凤纹银靴，与西安市何家村唐代窖藏出土的孔雀纹盝顶方箱、陕西省耀县柳林背阴村⑥出土的唐代春秋人物三足壶，是自由构图的典型，属于平视式纹样；流传到国外文物市场上的鎏金仙人骑凤纹盝顶宝函，与西安市何家村唐代窖藏出土的乐伎纹八棱金杯、人物纹八棱金杯，同属装饰画式纹样，写实作风强烈。在器底錾刻年号、被供奉者名字、贡臣结衔署名等，在喀

---

① 喀喇沁旗文化馆：《辽宁昭盟喀喇沁旗发现唐代鎏金银器》，载《考古》1977年第5期。
② 李长庆等：《西安北郊发现唐代金花银盘》，载《文物》1963年第10期。
③ 樊维岳：《陕西蓝田发现一批唐代金银器》，载《考古与文物》1982年第1期。
④ 陆九皋、韩伟：《唐代金银器》，文物出版社，1985年，第2页。
⑤ 韩伟：《辽代太平年间金银器錾文考释》，载《故宫博物院院刊》（台湾）第十一卷第九期。
⑥ 陕西省博物馆：《陕西省耀县柳林背阴村出土一批唐代银器》，载《文物》1966年第1期。

喇沁旗锦山镇河东村唐代窖藏出土的鎏金卧鹿团花纹银盘、西安北郊坑底寨出土的唐代双凤纹银盘、蓝田县杨家沟唐代窖藏出土的凤衔绶带纹五曲银盒上均可看到类似现象，这也是唐文化传播的遗留。

从流传到国外文物市场上的辽代太平年间的金银器看，无论在风格、装饰纹样、錾刻铭文、工艺等方面，均与唐代金银器有较深的渊源关系。在器形、制作手法、纹样上，与唐代金银器有明显的继承因素。葵口多曲碗、杯、盝顶宝函等，均为唐代常见的器物。联珠唇口在晚唐少见，但在盛唐则是惯用的装饰手法，辽代的联珠纹饱满圆润，多为铸造而成，与唐代錾刻成型稍有区别。盝顶盒、函大量出现，数量之多在唐代金银器中不见。装饰纹样中的奔龙、盘龙、双凤、伎乐、伽陵频迦、仙人驾鹤、花角鹿等，都是唐代纹样装饰的主要题材，尤其是相对翱翔形成圆形规范的凤鸟，更是从晚唐装饰题材中直接脱胎而来，以坐佛、卧兔、兽面为装饰题材却是辽代所创造。附加纹样主要用于函、盒腹部或叠涩部位以及碗口内外，最常见的是菱形二方连续纹、两破或一整两破式的海棠纹、如意云头纹、莲瓣纹、折枝阔叶扁团花纹等，这些二方连续图案的唐风甚浓，是辽代在唐代金银器的基础上又有创新。

辽代金银器第二期纹饰比第一期简单，单点装饰和满地装的布局仍被采用，但已变得简练明朗，没有分区装饰，构图也不讲究，缺少规划整齐的格局。在长期的模仿唐文化过程中，辽代金银器已不自觉地走向简化、涣散和潦草。即便是这种变化倾向，仍可在唐代金银器中寻觅到根源。辽宁省朝阳市北塔①出土的花瓣形团龙纹银碟，与内蒙古敖汉旗李家营子唐代墓葬②出土的鎏金猞猁纹银盘、西安市何家村唐代窖藏出土的龟纹银桃形器，同是这一简约化风格的产物，显然不是辽代金银器的独创。当然，这一期金银器的艺术风格已夹杂了宋文化的因素，直至第三期完全宋化。

三、辽代金银器制作工艺中的唐代痕迹

辽代金银器的制作和装饰工艺已达到了相当高的水平，这与唐文化的影响是密切相关的。唐代金银器工艺技术吸收了印度、中亚、西亚等先进文化的因素，錾刻、浮雕、线雕、鎏金、切削、抛光、铸造、焊接、模冲、压印、锤鍱、钣金等技术已全面运用，日臻成熟，已达到我国古代制作金银器的巅峰。这对辽代金银器制作技术有着极其深远的影响。

辽代金银器第一、第二期，在一般中小型墓葬中难得见到随葬金银器，偶有出土也多是壶、杯、碗、勺等小型明器或步摇、耳环、簪、戒指等装饰品，多素面无雕饰。这一方面是由于辽代统治者对金银器皿严格控制、屡下禁令的结果，

---

① 朝阳北塔考古勘察队：《辽宁朝阳北塔天宫地宫清理简报》，载《文物》1992年第7期。
② 敖汉旗文化馆：《敖汉旗李家营子出土的金银器》，载《考古》1978年第2期。

另一方面也反映了契丹本土金银器制作的传统工艺状况。但在诸王大贵族墓葬、窖藏、佛寺塔藏中，情况却完全不同，大批精致、华美的金银器出土于此，外来复杂、先进的工艺技术在贵族阶层追求奢侈品风气的推动下，被充分地吸收、引进和发扬。在第一、第二期金银器中，制作工艺已采用了铸、铆、焊、切、锤鍱、钣金、抛光、模冲、编缀等技术；装饰工艺也采用了鎏金、线雕、镂雕、立雕、錾刻等手法，浮雕限于局部花纹。如唐代金银器的主体纹饰一般隐起，早期只用于盘、碗内底中心，纹饰中部高，四周低，隐起得浅而缓；晚期出现主体纹饰与辅助纹饰一同隐起，边缘微微起棱。这两种作法在辽代金银器中共存。局部鎏金是唐代金银器普遍出现的一种装饰手法，突出主体纹饰，增加器物的整体美观性，辽代金银器继承了这一作法。在纹样的錾刻工艺中，唐代金银器的纹饰錾线的刀口轻浅瘦劲，这种錾刻方法被辽代第一、第二期金银器广泛地吸收运用。通过对比研究，辽代金银器的制作和装饰工艺可与唐代金银器相媲美。如阿鲁科尔沁旗辽耶律羽之墓、奈曼旗辽陈国公主墓出土的成批的金银器，不仅数量可观，而且极尽华贵，明显具有唐代遗风。在辽宁省法库县叶茂台七号辽墓[①]中出土的鎏金嵌琥珀宝塔龙凤纹银捍腰，使用多层錾刻技艺，具有强烈的立体效果，更是稀见的艺术珍品，其工艺来自唐代。

契丹立国后，手工业飞速发展，金银器的制作成为手工业的一个重要行业。辽太祖、太宗时期的手工业，主要表现在食盐、矿冶、陶瓷、铸钱、纺织等方面，其中的铁、铜、金、银等矿藏的开采和冶炼集中于东京道。《辽史》卷六十《食货志》记载："以诸坑冶多在国东，故东京置户部司，长春州置钱帛司。太祖征幽、蓟，师还，次山麓，得银、铁矿，命置冶。"辽太宗年间，耶律羽之曾任太傅判盐铁，管理盐业和冶铁，其墓葬出土大量的金、银、铁、铜器，种类繁多，制作精致，水平高超，反映了当时金属制造业的繁盛状况。辽圣宗、兴宗时期，手工业又有新的发展，矿冶和金属制造陈新迭出。圣宗年间，在潢河北、阴山及辽河之源都发现有金银矿，并开采冶炼。奈曼旗辽陈国公主墓、翁牛特旗解放营子辽墓、朝阳市辽北塔天宫地宫等遗迹，出土了大量的金银器，以陈国公主墓的金银器最为精彩，饮食器、殡葬器、鞍马具、妆洗器、装饰品、日杂器等共计200余件，制作精致，数量之多，种类齐全，实属罕见。辽道宗、天祚帝时期，矿石的开采和冶炼继续进行，并制造各种金属器，禁止铜、铁私卖和流入境外。内蒙古巴林右旗白音汉窖藏[②]出土执壶、温碗、杯、盘等银器，说明了辽代晚期金银器制作仍很发达。

金银器的制造多由中央政府管理，辽朝设置太府监、少府监、将作监、五冶太师和五坊使，来掌管百工，五冶包括铁、铜、金、银等。辽朝还下禁令，禁止销毁和私卖金银器皿，如辽圣宗"禁工匠不得销毁金银器"[③]；兴宗重熙二年

---

① 辽宁省博物馆等：《法库叶茂台辽墓纪略》，载《文物》1975年第12期。
② 巴右文、成顺：《内蒙古昭乌达盟巴林右旗发现辽代银器窖藏》，载《文物》1980年第5期。
③ [元] 脱脱等撰：《辽史》卷十七《圣宗纪》八，中华书局点校本，1974年。

(1033）二月，"禁夏国使沿路私市金、铁"①；重熙十一年（1042）六月，"禁毡、银鬻入宋"②，以此来保护金银等贵重金属的制造，也反映了辽朝对金银器的青睐和重视。从流传到国外文物市场的辽代太平年间的金银器錾文看，与唐代金银器有一定的区别。宣徽南院可视为工部，其下应有类似唐代文思院的设置。唐代文思院所制作的器物，一定标明制作年代、数量、重量、制造机构的长次官、审验官、工匠头，錾文格式固定，结构规则；辽代的铭文内容有制作年代、被供奉者、器物泛称、结衔贡臣，有时还有点讫机构或编号，錾文排列形式多达十几种，无规则可循。辽代宣徽南院的主要职能是祗应御前之需要，这批金银器因其被供奉者的特殊关系和地位，必为奉圣宗皇帝之命而制作的，但却无奉旨制作之錾文，而唐代文思院制作的金银器上必有"准……"的錾文。辽代金银器上无制作机构及其各级官吏姓名，仅有贡臣结衔署名，说明辽代制作机构地位不及唐代被重视，工匠的地位也较为低下。辽代制作祭器所需的金银原料，多由主官和同僚纳献，不似唐代由内库支付；每件器物没有明确标明重量，说明辽代金银器的管理机构没有唐代那样的严格制度。由此看出，辽代金银器中的唐风虽然很浓，但不是完全的继承，而是有很多自己的特征。

四、辽代金银器以唐代为媒介吸收西方文化的因素

唐代晚期，吐蕃兴起，占据了河西走廊一带，割断了沙漠丝绸之路，使这条通道不能进行正常的东西交往，但草原丝绸之路仍然畅通无阻。当时，控制草原丝绸之路的是回鹘人，在其势力分崩离析后，契丹人乘虚而入，代之为草原的新主人。辽太祖耶律阿保机曾远征西域，至鄂尔浑河畔的古回鹘城刻石记功而还。早在辽代早期，波斯、大食等国就先后给辽朝进贡。辽代中期继续开拓西北边境，修筑旧时回鹘的"可敦城"，作为钳制西夏和西北诸部落的军事重镇，维护草原丝绸之路的畅通。随着辽王朝在国际上影响的增大，许多国家的商旅纷至沓来，辽王朝在上京同文馆设置驿馆，给各国信使提供居住。由于西夏占据着河西走廊，辽朝与西方的交往只能走草原丝绸之路，分南北两线在可敦城会合，通往西域及亚洲腹地和欧洲大陆。

辽代金银器的多瓣形器的原形渊源于粟特地区的银器，它直接或通过唐代金银器作为媒介间接地影响了辽代金银器。辽代金银器中大量出现的摩羯形图案，则是通过唐代间接吸收印度佛教文化艺术的因素。辽代金银器不仅融入大量唐代金银器的文化特征，还吸取西方文化的因素，并且在辽代金银器的第一、第二期中明显地表现出来。摩羯纹或摩羯造型，是印度神话传说中的一种长鼻利齿、鱼身鱼尾的动物，随佛教文化艺术传入我国，在唐代金银器的纹饰装饰中广为流行。

---

① ［元］脱脱等撰：《辽史》卷十八《兴宗纪》一，中华书局点校本，1974年。
② ［元］脱脱等撰：《辽史》卷十九《兴宗纪》二，中华书局点校本，1974年。

随后，佛教文化艺术又不断地传入北方草原地区，摩羯纹或摩羯造型在辽代金银器中盛行，器类有摩羯形金耳坠、鎏金摩羯形银壶、鎏金摩羯纹银碗、鎏金摩羯纹银饰板等，摩羯呈游动式，昂首摆尾，有的戏火焰宝珠，造型已处于成熟化，并在宋元瓷器中得到发扬光大。

在辽代金银器中，可找到波斯和粟特金银器的遗风。如内蒙古科尔沁左翼后旗吐尔基山辽墓[①]出土的八棱单耳金杯、阿鲁科尔沁旗辽耶律羽之墓出土的鎏金"高士图"银把杯，造型多呈多棱式，圈足，有把和指环，在边棱饰联珠纹。克什克腾旗二八地一号辽墓出土的五星纹银把杯，直口，深腹，平底，口侧附把和指环。科尔沁左翼后旗吐尔基山辽墓出土的鎏金錾花银壶，带盖，束颈，折肩、瘦长弧腹，圈足，肩部附花瓣形錾耳，耳下有圆形指环，环下饰一乳突，腹部、颈部錾刻牡丹纹。内蒙古阿鲁科尔沁旗扎斯台辽墓[②]出土的鎏金鸿雁焦叶五曲錾耳银杯，五曲花瓣状，敞口，弧腹，圈足，一侧附錾耳，下有圆形指环，环下饰一乳突，腹部錾刻鸿雁纹，下腹錾焦叶纹，圈足以鱼子纹为地錾刻花叶纹。鎏金鸿雁纹银耳杯，敞口，弧腹，圈足，一侧口部附錾耳，下有圆形指环，环下侧饰一乳突，内底錾鸿雁纹，腹部分五区錾刻草叶纹。这种器物造型，在粟特金银器中流行，但纹饰带有中国化，当为仿粟特产品。阿鲁科尔沁旗辽耶律羽之墓出土的鎏金"孝子图"银壶、克什克腾旗二八地一号辽墓出土的"大郎君"银壶，敞口，束颈，折肩，圆腹，圈足，与俄罗斯米努辛斯克盆地西部、濒临叶尼塞河上游的科比内二号突厥墓出土的折肩金杯非常相似[③]，纹饰和錾文为中国式，应为仿突厥的造型。联珠纹装饰又是波斯萨珊王朝银器的做法，饱满圆润，技法高超。这里的多菱形和带錾耳的器物，在唐代金银器中也多有发现，说明辽代金银器中的西方文化因素是通过唐代金银器作为媒介来影响的。

辽代早期高足杯的形状在唐代金银器中未见，杯身宽浅，呈敞口盘形，圈足矮小，如赤峰市大营子辽驸马墓出土的鎏金团龙戏珠纹银高足杯。这种类型的高足杯，与中亚（今乌兹别克斯坦南部铁尔梅兹市）巴拉雷克发现的5—6世纪嚈哒壁画中人物手中的高足杯相近。流传到国外文物市场的辽太平年间的双凤纹金高足杯，口缘有一周联珠纹，杯身比早期稍有增高，圈足矮，但有增大的趋势，其器形明显具有波斯的风格。粟特银器中的杯、碗，器体多分曲或作花瓣形，这种匠意深深地影响了唐代早期金银器的造型。粟特风格的分曲线多呈较宽的凹槽，有的彼此贯通，分瓣数目很多，变化丰富，器表凸凹起伏，立体感很强。唐代后期的分曲线只打出一条直线浅折，一般彼此并不相连，有的甚至很短，朴素大方，分曲瓣数以四曲、五曲、六曲为主。辽代花瓣形或多曲式金银器主要继承了唐代后期的风格，但有的金银器却明显是粟特银器的做法，如辽宁省喀左县北岭辽墓[④]

---

① 内蒙古文物考古研究所：《内蒙古通辽市吐尔基山辽代墓葬》，载《考古》2004年第7期。
② 张景明：《中国北方草原古代金银器》，文物出版社，2005年，第147—149页。
③ 孙机：《论近年内蒙古出土的突厥与突厥式金银器》，载《文物》1993年第8期。
④ 辽宁省文物考古研究所：《辽宁喀左北岭辽墓》，载《辽海文物学刊》1986年第1期。

出土的六曲银碗和河北省凌源市八里铺村下喇嘛沟辽墓[①]出土的摩羯纹五曲银碗。

中国与中亚、西亚的许多国家和地区，随着草原丝绸之路的开通与繁荣，带来了中西文化的相互渗透，在这一过程中，分布于阿姆河和锡尔河流域的粟特地区及粟特人的作用是极为突出而深远的。它是东西方交通的枢纽，也是南北往返的中继站，是与中国直接联系最多、关系最密切的地区和民族。综合史料的零散记载，从公元4世纪开始，大量的粟特人陆续移居中国，并逐渐向东发展。直到公元8世纪，吐鲁番以东，不仅丝绸之路的东段之中路沿河西走廊到西安、洛阳，而且在丝绸之路的北段自河西走廊北上到宁夏、大同，再奔朝阳，都有粟特人的移民聚落。唐朝时，柳州城（今辽宁省朝阳市）"集商胡立邸肆。不数年，仓廪充，居人蕃辑"[②]。所以，尽管唐代金银器中有诸多的粟特文化因素在初唐以后不断弱化，但粟特银器的器形、装饰和制作工艺通过草原丝绸之路传入辽朝境内，在辽代金银器中持续的更加久远，一直冲击到草原地区元代的金银器中。

总之，辽代金银器的空前繁荣和发展，可以说是融合了多种文化因素，尤其是唐文化因素的结果。唐代金银器是我国中原地区金银器发展的鼎盛时期，以类别繁多、装饰规整而著称，与宋代金银器的风格差异很大，而五代时期的金银器发现的数量有限，不能与唐代金银器作一个完整的对比。经过对辽代金银器的研究，我们发现了唐代金银器的遗风，特别是在辽代金银器的第一、第二期（辽代早、中期）中更为明显。因此，可以断定唐代金银器的去向之一就是辽代早、中期的金银器。

---

① 资料未发表，现藏于辽宁省凌源市博物馆。
② ［宋］欧阳修、宋祁撰：《新唐书》卷一百三十《宋庆礼传》，中华书局点校本，1975年。

墓志研究

东晋南朝墓志文体演进及其文化意蕴考察[①]

朱智武　南京晓庄学院人文学院

关于东晋南朝墓志文体，自元代潘昂霄《金石例》以降，不少金石义例著作都有不同程度涉及，如明王行《墓铭举例》、清黄宗羲《金石要例》、梁玉绳《志铭广例》、李富孙《汉魏南北朝墓铭纂例》、吴镐《汉魏六朝志墓金石例》、《唐人志墓金石例》等。然此类金石著作的研究特点，基本上都是对墓志写法典型例证的总结及墓志文体的概括，以供后人模仿与研究；内容上偏重于古文撰写时的章法与语句字词的分析，对于墓志铭本身的文体变化规律概括、揭示得不够清晰。

近代以来，诸家论及东晋南朝墓志文体，或着眼于墓志文体的起源，综而论之，以魏晋禁碑而致东晋以后墓志兴起，墓志文体只不过是碑文的衍生[②]，"从文字内容上看，碑文和墓志铭无太大区别，只是前者立在墓旁，后者埋于地下罢了"[③]；或侧重于传世文献的爬梳整理，通过整理六朝史籍与《艺文类聚》等类书所著录的南朝墓志，从墓志称名与录文内容上论述南朝墓志文体的形式及特点[④]；或截取典型墓志，分别考述其词语特点与行文格式，以作为某一时期墓志文体的释例[⑤]。

---

① 本文系教育部人文社会科学青年基金项目（10 YJC770131）、江苏省社会科学基金指导项目《六朝出土墓志的整理与研究》（10LSD012）、江苏省高校哲社基金指导项目《六朝墓志文体及书法研究》（09SJD770006）研究成果之一。

② 刘师培云："自裴松之奏禁私立墓碑，而后有墓志一体。观汉魏刻石之出土者并无墓志，亦足证此体之始于六朝也。"（《刘师培中古文学论集》，中国社会科学出版社，1997年，第179页）；黄金明：《汉魏晋南北朝诔碑文研究》引为的论，并有所阐发，"可以说墓志是墓中铭刻文字与碑文结合的产物，并由碑文而衍生"（人民文学出版社，2005年，第285页）。

③ 李士彪：《魏晋南北朝文体学》，上海古籍出版社，2004年，第97页。

④ 程章灿：《读任昉〈刘先生夫人墓志〉并论南朝墓志文体格——读〈文选〉札记》（载赵福海、刘琦、吴晓峰主编：《〈昭明文选〉与中国传统文化——第四届文选学国际学术研讨会论文集》，吉林文史出版社，2001年，第436—439页）、《关于墓志文体的三个问题》（载南开大学文学院中文系编：《魏晋南北朝文学与文化论文集》，南开大学出版社，2002年，第140—141页）、《墓志文体起源新论——兼对诸种旧说的辨证》（2004年11月中山大学中文系主办"中国古代文体史与文体学国际学术研讨会"提交论文）、《墓志文体起源新论》（载《学术研究》2005年第6期）。程氏四文主要是从铭文体的演变来阐述南朝墓志文体的特点：墓志文体起源于传统铭文，由铭文演化而来；铭文位置不定，序铭分别不明，叙事详略不均。条分缕析，论说细密，对南朝墓志文体的研究颇具开创之功。然于东晋墓志文体并无涉及，且就南朝墓志文体言，程文也仅选择传世文献著录的典型墓志作分析，并没有将目前所见出土南朝墓志逐一分析、总体论述，整个南朝墓志文体的全貌仍难以窥见。

⑤ 赵超：《中国古代墓志通论》第六章第二节"历代墓志铭文体与释读举例"对4方东晋南朝墓志的分析（紫禁城出版社，2003年，第223—227页）。

学界对墓志文体尤其是南朝墓志文体的先行研究，虽然取得了值得肯定的成就，然于东晋南朝墓志文体演进的具体过程，以及它所呈现出的时代特征与社会内涵，仍无从窥见。鉴于此，笔者拟结合东晋南朝出土墓志及传世文献节录墓志资料，详细分析东晋南朝墓志文体的变迁历程，并考察其所蕴含的文化意味，冀对相关研究有所深入和拓展。

一、"墓志文体"界说

墓志，是置于"圹"（墓室）内刻有墓主传记的石刻（或砖刻），通常记有墓主的姓名、籍贯和生平。明吴讷《文章辨体序说·墓志》云："墓志，则直述世系、岁月、名字、爵里，用防陵谷迁改。"[①] 说明了墓志的内容与行文格式，即以记载墓主身份、生平等相关为主体。然从体式上看，成熟期的墓志通常包括志和铭两部分，"其序则'传'，其文则'铭'。"[②] 所谓"序"即志文，多用散文记墓主姓氏、籍贯、生平等；所谓"文"即铭文，则多用韵文概括全篇，是对死者的赞扬、悼念或安慰之词。[③]

就文章体式而言，墓志有其自身独特性，表现出与其他近类文体，如碑、铭、诔、赞、行状、传等，有不程度的差异性。如碑文，清梁玉绳《志铭广例》云："碑、表非志铭，而例有从同"[④]，即认为墓志文体的产生虽然是受到碑、表文的文体影响，然终究有根本性的区别。通常说来，碑文的"序"多韵散结合趋于骈俪，"铭"为四言韵文；而墓志的"序（志）"往往以散文为主，"铭"以四言为主，又杂有五言、六言、七言。在风格上，碑文于序中更见辞彩，墓志于铭中更显文丽，故古代文章选集如《艺文类聚》碑文主要选其序，墓志则多选其铭。

从文章功能来说，墓志是为了"记亲铭德"，并注重记事，"志者，记也"，"盖于葬时述其人世系、名字、爵里、行治、寿年、卒葬年月，与其子孙之大略，勒石加盖，埋于圹前三尺之地，以为异时陵谷变迁之防，而谓之志铭"[⑤]。由此可见，墓志无疑是一种实用文体。

以上主要着眼于成熟期的墓志总体而言，表明墓志这种铭刻器物及其文体的独特性。然而，在中国古代墓志发展史上，东晋南朝墓志处于从产生到定型的关键阶段，无论是文章体式、功能，还是撰著风格上都较此前汉魏西晋、此后的隋唐墓志呈现出极大的差异性；同时，在东晋、南朝这两个不同历史时段内，墓志

---

① [明]吴讷著，于北山点校：《文章辨体序说》，郭绍虞主编：《中国古典文学理论批评专著选辑》，人民文学出版社，1962年，第53页。
② [明]刘勰：《文心雕龙》卷3"诔碑"，文渊阁四库全书本。
③ 有关墓志的释名，历来存有多种说法，详参朱智武《中国古代墓志起源新论》，载《安徽史学》2008年第3期。
④ [清]梁玉绳：《志铭广例》，王云五主编：《丛书集成初编》，上海商务印书馆，1936年，第1页。
⑤ [明]徐师曾著，罗根泽校点：《文体明辨序说》，载郭绍虞主编：《中国古典文学理论批评专著选辑》，人民文学出版社，1962年，第148页。

文体本身一方面有着各自的鲜明特征，相互间存在一定差异，另一方面也具有一定的内在联系，二者之间有着动态的发展关联。因此，若将东晋墓志与南朝墓志截然两分，仅以静态的观照来描述墓志文体的特征，而无视其动态性发展过程，则难免会因缺乏整体的考察与系统的分析，而导致最终的结论流于空泛、突兀。笔者以为只有将东晋、南朝这两个承接有序的历史时段作为一个整体，对这一历史时期内出现的墓志文体进行分类与分期研究，用联系与发展的眼光去看待不同历史时段的墓志文体所呈现出的不同特点，才能揭示其发展过程及演变规律。

二、出土墓志资料的分析

迄今为止，笔者所见历代出土东晋南朝墓志共72方。其中，17方系金石文献著录（东晋7方，南朝10方）；宋大明八年（464）刘怀民、齐永明十一年（493）吕超、梁太清三年（549）程虔3方墓志为晚清至民国时期出土，具体时间不详。其余52方均为1949年中华人民共和国建立以后出土。①

为了便于对出土墓志资料展开分析与讨论，笔者首先将所见40方东晋出土墓志稍作整理，依据墓志的年代进行编号，对墓志出土地点、墓主姓名、性别、卒岁、籍贯、身份等进行统计，并注明墓志资料来源（参见表一）。

表一　东晋出土墓志相关资料统计表

编号	年代	出土地点	墓主	性别	卒岁	籍贯	身份	资料来源	备注
01	太宁元年（323）	南京戚家山	谢鲲	男	43	陈国阳夏	豫章内史	《文物》1965/6	
02	太宁三年（325）	吴县张陵山	张镇	男	80	吴国吴	苍梧、吴二郡太守，奉车都尉，兴道县德侯	《通讯》27期	
03	咸和四年（329）	南京郭家山	温峤	男	42	并州太原祁县仁义里	使持节、侍中、大将军、始安忠武公	《文物》2002/7	
04	咸康年间（335—342）	浙江湖州	刘造妻管氏	女			中大夫刘造妻	《金石记》卷二	
05	咸康六年（340）	南京象山	王兴之	男	31	琅耶临沂都乡南仁里	征西大将军行参军、赣令	《文物》1965/6	夫妇合志
	咸康六年（340）	南京象山	宋和之	女	35	西河界休都乡吉迁里	王兴之妻	《文物》1965/6	书于兴之墓志背面
06	永和元年（345）	南京老虎山	颜谦妇刘氏	女	34	琅耶	安成太守颜谦妻	《考古》1959/6	

---

① 事实上，中国南方地区经科学考古发掘出土的东晋南朝墓志材料远不止52方。1949年以后，南京南朝墓葬出土石质墓志即有若干方，惜文字漶漫过甚，残断不全，有关具体内容无法作进一步的了解。

续表

编号	年代	出土地点	墓主	性别	卒岁	籍贯	身份	资料来源	备注
07	永和六年(350)		莫龙编侯	男				《汇编》	
08	永和十二年(356)	南京象山	王康之	男	22	琅耶临沂	男子	《文物》2002/7	
09	永和十二年(356)	南京仙鹤观	高崧妻谢氏	女		会稽	高崧妻	《文物》2001/3	
10	升平元年(357)	江苏镇江	刘剋	男	29	东海郡都乡容丘里		《考古》1964/5	
11	升平元年(357)	南京吕家山	李缉	男		广平郡广平县	平南参军、湘南乡侯	《文物》2000/7	
12	升平元年(357)	南京吕家山	武氏	女		颍川长社县	李纂妻	《文物》2000/7	
13	升平元年(357)	南京吕家山	李摹	男		广平郡广平县	中军参军	《文物》2000/7	
14	升平二年(358)	南京象山	王闽之	男	28	琅耶临沂都乡南仁里	男子	《文物》1972/11	
15	升平三年(359)	南京象山	王丹虎	女	58	琅耶临沂	散骑常侍、特进、卫将军、尚书左仆射、都亭肃侯王彬长女	《文物》1965/10	
16	升平四年(360)	浙江湖州	周阐	男		陈留郡雍丘县都乡	太学博士	《金石记》卷二	
17	兴宁三年(365)	浙江绍兴	李意如	女	70	广汉	琅耶王献之保姆	《萃编》卷二五	
18	太和元年(366)	南京仙鹤观	高崧	男		广陵	镇西长史、骑都尉、建昌伯	《文物》2001/3	
19	太和元年(366)	南京赵士岗	王夫人	女				《东南》1992/5	
20	太和三年(368)	南京象山	王仚之	男	39	琅耶临沂	丹杨令、骑都尉	《文物》2000/7	
21	太和六年(371)	南京象山	刘媚子	女	53	南阳涅阳	王建之妻	《文物》2000/7	砖质
22	太和六年(371)	南京象山	刘媚子	女	53	南阳涅阳	王建之妻	《文物》2000/7	石质
23	太和六年(371)	南京郭家山	温式之	男		并州太原祁县仁义里	温峤次子，散骑常侍，新建开国侯	《考古》2008/6	

续表

编号	年代	出土地点	墓主	性别	卒岁	籍贯	身份	资料来源	备注
24	咸安二年（372）	南京象山	王建之	男	55	琅耶临沂县都乡南仁里	振威将军、鄱阳太守、都亭侯	《文物》2000/7	
25	宁康三年（375）	南京吕家山	李纂	男		魏郡肥乡	宜都太守	《文物》2000/7	
26		南京吕家山	何氏	女		东海郯县	李纂妻	《文物》2000/7	
27	太元元年（376）	安徽马鞍山	孟府君	男		平昌郡安丘县	始兴相、散骑常侍	《考古》1980/6	5块，内容相同
28	太元十四年（389）	南京象山	何法登	女	51	庐江潜	王康之妻	《文物》2002/7	
29	太元十七年（392）	南京象山	夏金虎	女	85	琅耶临沂	卫将军、左仆射、肃侯王彬继室夫	《文物》1972/11	
30	太元廿一年（396）	安徽马鞍山	虞道育	女		济阳	弘农杨劭妻	《六朝文物》	
31	太元廿一年（396）	江苏溧阳	谢琰	男		豫州陈郡阳夏县都乡吉迁里	驸马都尉（奉）朝请、溧阳令、给事中、散骑常侍	《考古》1973/4	
32	隆安三年（399）	江苏南京	谢重	男		豫州陈郡阳夏县都乡吉迁里	骠骑大将军、开府、仪同三司、长史	《宝刻》卷十五	
33	义熙二年（406）	南京司家山	谢温	男		豫州陈郡阳夏县都乡吉迁里		《文物》1998/5	
34	义熙三年（407）	南京司家山	谢球	男	31	豫州陈郡阳夏县都乡吉迁里	辅国参军	《文物》2000/7	
35	义熙十一年（416）	南京司家山	王德光	女		琅耶临沂	谢球妻	《文物》2000/7	
36		江苏南京	史府君	男			尚书、左民郎、建安太守	《宝刻》卷十五	
37		江苏南京	卞公	男		济阴冤句	尚书令、假节、领军将军、赠侍中	《宝刻》卷十五	
38		江苏溧阳	吕府君	男			尚书、起居郎、庐陵太守	《宝刻》卷十五	
39		镇江谏壁	刘庚之	男		彭城郡吕县	司吾令	《考古》1988/7	3块，内容相同

续表

编号	年代	出土地点	墓主	性别	卒岁	籍贯	身份	资料来源	备注
40		镇江谏壁	徐氏	女		彭城郡吕县刘硕之妻	隶书	《考古》1988/7	2块，内容相同

表中资料来源简称：《汇编》= 赵超《汉魏南北朝墓志汇编》；《通讯》= 南京博物院《文博通讯》；《金石记》=《吴兴金石记》；《萃编》= 王昶《金石萃编》；《东南》=《东南文化》；《六朝文物》= 罗宗真、王志高《六朝文物》；《宝刻》= ［宋］陈思《宝刻丛编》。

1949年以前，南朝墓志罕见，金石著作中对南朝墓志的著录亦甚少。新中国成立以后，随着现代考古发掘的飞速发展，南朝墓志屡有发现。笔者梳检金石著录及新中国成立以来考古发掘简报后，所得南朝出土墓志32方，相关情况参见表二。

表二　南朝出土墓志相关资料统计表

编号	年代	出土地点	墓主	性别	卒岁	籍贯	身份	资料来源	备注
01	刘宋永初二年（421）	南京司家山	谢珫	男		豫州陈郡阳夏县都乡吉迁里	海陵太守、散骑常侍	《文物》1998/5	6块拼合
02	永初二年（421）	南京富贵山	晋恭帝	男				《考古》1961/1	
03	刘宋元嘉二年（425）	南京铁心桥	宋乞	男		扬州丹杨建康都乡中黄里领豫州陈郡阳夏县都乡扶乐里		《考古》1998/8	3块，内容基本相同
04	刘宋大明年间（457—464）	南京戚家山	谢氏	女			陈郡谢氏族人	《六朝文物》	
05	大明六年（462）	江苏南京	刘夫人	女			散骑常侍、荆州大中正、洮阳县侯宗悫母	《宝刻》卷十五	
06	大明七年（463）	江苏南京	谢涛	男	49	扬州丹杨郡秣陵县西乡显安里领陈郡阳夏县都乡吉迁里	散骑常侍	《古刻》	
07	大明八年（464）	山东平原	刘怀民	男	53	青州平原郡平原县都乡吉迁里	建威将军，齐、北海二郡太守，笠乡侯、东阳城主	《集释》	
08	刘宋泰始五年（469）	江苏南京	刘袭	男	38	南彭城	散骑常侍、护军将军、临沣侯	《古刻》	两篇合而为一

续表

编号	年代	出土地点	墓主	性别	卒岁	籍贯	身份	资料来源	备注
09	刘宋元徽元年（473）	江苏苏州	张推儿	女	31		临渭县侯、湘东太守张济第三女	《古刻》、《古志》卷一	
10	元徽二年（474）	南京尧辰果木场	明昙憙	男	30	平原鬲	员外散骑侍郎	《考古》1976/1	
11	刘宋？年	南京油坊桥	黄天	女		陈留	周叔宣母	《东南》1992/5	
12	刘宋？年	南京栖霞山	蔡冰	男		济阳圉		《东南》1992/5	2块，内容相同
13	萧齐永明五年（487）	江苏句容	刘岱	男	54	南徐州东莞郡莒县都乡长贵里	山阴令、白衣监余杭县	《文物》1977/6	
14	永明六年（488）	南京甘家巷	王宝玉	女	28	吴郡嘉兴县昙溪里	冠军将军、东阳太守萧崇之侧室夫人	《古代铭刻》	
15	永明十一年（493）	浙江绍兴	吕超	男		东平？会稽山阴？	口口将军、隋郡王国中军	《集释》	
16	齐？年	江苏南京	海陵王	男			海陵王	《宝刻》卷十五	宋代出土
17	梁天监元年（502）	南京甘家巷	萧融	男	30	兰陵郡兰陵县都乡中都里	桂阳王	《文物》1981/12	
18	天监十三年（514）	南京甘家巷	王纂韶	女	42	南徐州琅琊郡临沂县都乡南仁里	桂阳国太妃	《文物》1981/12	
19	梁普通元年（520）	江苏南京	萧敷	男	37	兰陵兰陵	侍中、司空、永阳昭王	《丛刊》第5辑、《考古》1986/1	宋代出土
20	梁普通元年（520）	江苏南京	王氏	女	59	琅耶临沂	永阳敬太妃	《丛刊》第5辑、《考古》1986/1	宋代出土
21	普通二年（521）	南京燕子矶	?	男			辅国将军	《文物》1980/3	
22	普通七年（526）	江苏苏州	陆倕	男			太常卿	《宝刻》卷十四	
23	普通七年（526）	江苏南京	?	男			侍中、司徒、鄱阳忠烈王	《宝刻》卷十五	
24	梁大同二年（536）	南京甘家巷	萧象	男		兰陵郡兰陵县	桂阳王	《文物》1990/8	

续表

编号	年代	出土地点	墓主	性别	卒岁	籍贯	身份	资料来源	备注
25	梁大同三年（537）	江苏宜兴	许府君	男				《宝刻》卷十四	
26	梁太清三年（549）	湖北襄阳	程虔	男	68	安定南阳白土	威猛将军谘议参军，益昌县开国男，宋新（兴）、巴、晋源（原）三郡太守	《集释》	
27	梁？年	江苏南京	陶隐居					《宝刻》卷十五	
28	梁？年	南京尧化门	萧伟	男			中府将军、开府仪同三司、侍中、散骑常侍	《文物》1981/12	4块，均残
29	陈天嘉元年（560）	江苏南京	慧仙	女		谯	尼	《宝刻》卷十五	
30	陈太建二年（570）	江苏常熟	卫和	男	42	平陵	前锋将军	《汇编》	
31	太建八年（576）	南京西善桥	黄法氍	男		巴山新建	司空、义阳郡公	《文物》1993/1	
32	陈？年	南京迈皋桥	？					《文丛》第8辑（1983年）	

表中资料来源简称：《汇编》=赵超《汉魏南北朝墓志汇编》；《集释》=赵万里《汉魏南北朝墓志集释》；《古刻》=［明］陶宗仪《古刻丛钞》；《古志》=［清］黄本骥《古志石华》；《丛刊》=《书法丛刊》；《东南》=《东南文化》；《六朝文物》=罗宗真、王志高《六朝文物》；《宝刻》=［宋］陈思《宝刻丛编》；《文丛》=《文物资料丛刊》；《文参》=《文物参考资料》；《古代铭刻》=庄天明、凌波编《古代铭刻书法》

以上72方东晋、南朝出土墓志中，有16方因志文内容不详或有大面积缺失，而无法进行类别划分（东晋，编号23、36、37、38；南朝，编号4、6、15、16、21、23、24、25、27、28、29、32），其余56方按文体特征的不同，基本上可以划分为A、B、C三类：

A类：共19方，包括东晋编号4、6、7、9、10、12、13、18、19、25、26、27、30、35、39、40墓志；南朝编号2、11、12墓志。内容比较简略，仅记墓主籍贯、职官、姓名、卒年（岁）、葬时，字数不多，一般在40字以内，少者仅八九字。

例如，东晋永和元年（345）颜谦妇刘氏墓志：

琅耶顏謙婦劉氏，年卅四，以晉永和元年七月廿日亡，九月窆。

刘宋永初二年（421）晋恭帝石碣：

宋永初二年太岁辛酉十一月乙巳朔七日辛亥晋恭皇帝之玄宫。

A 类墓志主要见于东晋时期，南朝刘宋初期也有零星发现。由于其内容比较简略，与当时流行南方地域的部分志墓砖铭几乎没有什么差别，如浙江杭州出土"晋兴宁二年吴郡嘉兴县故丞相参军都乡侯褚府君墓"①、江西清江出土"宁康二年九月五日桂氏墓"②、湖南长沙出土"晋宁康三年刘氏女墓"③ 等。④ 从墓主的性别与身份来看，此 19 方墓志中女性 11 方，占近五分之三，基本上是职位不高的世家子弟或中下级官员的配偶，故志文多以丈夫的籍贯、职官、姓名开头，再续记其本人的籍贯、姓氏；而 8 方男性墓志的墓主中，除高崧（镇西长史、骑都尉、建昌伯）、晋恭帝司马德文⑤两人身份等级较高外，其余如刘庚之（司吾令）、孟府君（始兴相、散骑常侍）等官职地位均较低。可见，A 类墓志主要用于中下级官员及其配偶。这与内容同样简短的志墓砖铭的使用阶层大体相近。⑥

B 类：共 22 方，包括东晋编号 1、2、3、5、8、11、14、15、16、17、20、21、22、24、28、29、31、33、34；南朝编号 1、3、5 墓志。内容较 A 类有所丰富，增加了对先祖、子女、兄弟、婚媾、葬地等情况的记载；字数也有所增多，通常在 300 字以内，仅个别墓志如谢琰砖志长达 681 字，比较特殊；开始注重文辞的修饰，如墓主姓后加"府君"、名前添"讳"，官员配偶称"命妇"，男性无官职者称"男子"、"处士"等。根据内容详略不同，还可细分为两种类型：

第一种，计有 7 方，东晋编号 2、8、11、15、17、29、31 墓志。与 A 类墓志的书写格式类似，所记主要是墓主本人情况，但增加了少量新内容，如葬地、配偶、子女等，字数一般在 100 字以内。其中，东晋 2 号张镇墓志与 17 号王献之保姆砖墓志 2 方比较特殊。

张镇墓志，两面刻文，录文如下：

（正面）晋故散骑常侍，建威将军，苍梧、吴二郡太守，奉车都尉，兴道县德侯，吴国吴，张镇字义远之郭，夫人晋始安太守嘉兴徐庸之姊。

（背面）太宁三年，太岁在乙酉，侯年八十薨。吾为冠族，仁德隆茂。仕　晋元明，朝野宗重。夫人贞贤，亦时良媛。千载邂逅，有见此者牵悠焉。

---

① 浙江省文物管理委员会：《杭州晋兴宁二年墓发掘简报》，载《考古》1961 年第 7 期。
② 江西省文物管理委员会：《江西清江洋湖晋墓和南朝墓》，载《考古》1965 年第 4 期。
③ 湖南省文物管理委员会：《长沙南郊烂泥冲晋墓清理简报》，载《文物参考资料》1955 年第 11 期；湖南省博物馆：《长沙两晋南朝隋墓发掘报告》，载《考古学报》1959 年第 3 期。
④ 关于砖质墓志与志墓砖铭的差别、东晋南朝志墓砖铭的流行情况等，可参范淑英：《汉三国两晋南北朝砖铭志墓习俗的发展及演变》（载《碑林集刊》第 7 辑，陕西人民美术出版社，2001 年，第 265—285 页）。
⑤ 418 年晋安帝司马德宗死，刘裕称奉遗诏迎立司马德文为帝，420 年 6 月，刘裕逼其让位，废为零陵王，次年被杀。
⑥ 范淑英《汉三国两晋南北朝砖铭志墓习俗的发展及演变》一文认为志墓砖铭，"应是中下级官吏和平民使用的一种志墓方式。"笔者以其说为是。

该志以职官、籍贯、姓名+"之郭"的方式起句，续以夫人家世及其本人卒年、卒岁，再附称颂家世门第、仕宦声誉、夫人品行的简短铭辞，体例相当完备，"除去不载墓主先祖、考妣和子女外，大体接近一般所说的墓志铭格局"①。

王献之保姆砖志，录文如下：

> 琅耶王獻之保母，姓李名意如，廣漢人也。在母家，志行高秀，歸王氏，柔順恭勤。善屬文，能草書，解釋老旨趣。年七十，興寧三年歲在乙丑二月六日無疾而終。仲冬既望，葬會稽山陰之黃閟岡下，殉以曲水小硯，交螭方壺，樹雙松於墓上，立貞石而志之。悲夫，後八百餘載知獻之保母宮于茲上者尚□□□焉。

该志虽然内容与其他墓志类似，仅增加了墓主品行及祔葬器物 2 项，然而通篇以散文叙述，辞藻华丽，文句工整，与习见之东晋墓志的那种文辞简单、朴实无华的行文风格迥然有异。

第二种，计有 15 方。与第一种墓志不同之处在于增加了墓主先祖及同辈兄弟的职官、婚媾等内容，对子女的婚媾及联姻家族的姓氏、郡望、职官等记载也很详细。其中，以南朝 1 号谢琉墓志最为特殊，其对世系的追述和家庭成员的职官、爵位、婚媾（包括联姻家族的情况）等的记载异常详尽，并出现明确的"墓志"题额。谢琉墓志由 6 块形制相同、规格与墓砖等同的青砖刻画而成，全文 681 字。除第 6 块残断，文字稍损外，其余保存基本完整。然志文漏刻、误刻较多，现录文并标点如下：

> （第 1 块）宋故海陵太守、散騎常侍謝府君之墓誌。永初二年太歲辛酉夏五月戊申朔廿七日甲戌，豫州陳郡陽夏縣都鄉吉遷里謝琉字景攸卒，即以其年七月丁未朔十七日癸亥安厝丹楊郡江寧縣賴鄉石泉里中。琉祖父諱奕，字无奕，使持節、都督司豫幽并五州揚州之淮南郡
>
> （第 2 块）淮南歷陽盧江安豐堂邑五郡諸軍事、鎮西將軍、豫州刺史，襲［封］［万］壽子。祖母陳罶阮氏，諱容，字元容。［父諱］攸，字叔度，散騎侍郎，早亡。母潁川［庾氏］，諱女淑。長伯寄奴，次伯探遠，並早［亡］。［次］伯諱淵，字仲度，義興太守，襲封万［壽子］，夫人瑯瑘王氏。叔諱靖，字季度，散［騎常］侍，太常卿，常樂縣侯，夫人潁川庾［氏］。［次］叔諱
>
> （第 3 块）谿，字安度，早亡。次叔諱玄，字幼度，散騎常侍、使持節、都督會稽五郡諸軍事、車騎將軍、會稽内史、康樂縣開國公，諡曰獻武，前夫人太山羊氏，後夫人譙國桓氏。次諱康，字超度，出繼從叔

---

① 邹厚本：《东晋张镇墓碑志考释》，载南京博物院《文博通讯》1979 年 10 月，总 27 期。张镇墓志这种首句称"郭"、文末附以铭辞的体例，与西晋徐美人墓志、王浚妻华芳墓志基本相同，可以说是承袭了西晋墓志的风格与特征。这表明，东晋初年孙吴旧壤的土著士族还或多或少保留了一些西晋时期中原地区流行的葬俗。

衛將軍尚，襲封咸亭侯，早亡。長姑諱［道］韞，字令姜，女適 瑯琊王凝之，江州刺史。次姑道榮，女適 順陽范少連，太子洗馬。次姑道粲，女適 高

（第4塊）平郜道胤，散騎侍郎、東安縣開國伯。次姑道輝，女適譙國桓石民，使持節、西中郎將、荊州刺史。長姊令芬，女適 同郡袁文子，散騎侍郎。次姊令和，女適 太原王萬年，上虞令。次姊令範，女適潁川陳茂先，廣陵郡開國公。妹令愛，女適 瑯琊王口之。弟王輿，字景琳，早亡，夫人河東衛氏。次弟球，字景璋，輔國將軍，夫人瑯琊王氏。長子寧字

（第5塊）元真，駙馬都尉、奉朝請，妻王，即琉第二姊之長女。次子道然，早夭。次子奉，字口真，出繼弟王輿，妻袁，即琉夫人從弟松子永興令之女。次子雅，字景真，妻同郡殷氏，東陽太守仲文之次女。次子簡，字德真，妻瑯琊王氏，太尉諮議參軍纘之＝女。女不名。琉夫人同郡袁氏，諱琬。夫人祖諱勖，字

（第6塊）敬宗，太尉掾。父諱劭，字穎叔，中書侍郎。琉外祖諱翼，字稚恭，使持節、征西將軍、荊州刺史。琉本襲次叔玄東興之爵，封豫寧縣開國伯。大宋革命，諸國並皆削除，惟從祖太傅文靖公安盧陵公降為柴桑侯，玄復苻堅之難，功封康樂縣開國公，餘諸侯爵南康、建昌、豫寧并皆除國。

B类墓志主要流行于东晋及南朝刘宋初期，与A类墓志的使用时段大体相同。从墓主的性别与身份来看，此22方墓志中男性15方，占近十分之七，或身居显职，或为世家子弟，或二者兼具；女性墓志仅7方[1]，比例远逊男性，然墓主多出身世族高门，为中、高级官员或名职不显的世家子弟的母亲、配偶、女儿，因而相应增加了对母家情况的记载。可见，B类墓志主要为世族成员（包括男性与女性）或中、高级官员所使用。同时，出现两种详略不同墓志的原因，既有墓主身份等级、门第高低的差别，也存在时间早晚的问题。

C类：共14方，为南朝编号7、8、9、10、13、14、17、18、19、20、22、26、30、31墓志。内容相对繁复，字数较多，志文基本可以分为"序"和"铭"两部分。其中，"序"不仅包含与B类墓志相同的内容，还增加了对墓主生平事略、行状的叙述；"铭"则多为四言韵文，基本上是对墓主表达颂赞、追悼的虚美之辞。已经使用明确的"墓志"、"墓志铭"、"墓志铭序"、"墓志铭并序"等题额。志文中还开始出现撰著者的职官与姓名。

如萧齐永明六年（488）王宝玉墓志：

---

[1] 东晋5号墓志的墓主为王兴之夫妇二人，21、22号墓志的墓主均为王建之妻刘媚子，故在性别统计中前1方分计男、女各1，后2方仅计女1。

齊故冠軍將軍、東陽太守蕭府君側室夫人王氏墓志銘。夫人姓王，字寶玉，吳郡嘉興縣雲溪里人也。連光疊映，有自來矣。夫人溫朗明淑，神華玉麗，清規素範，夙炳芬譽。以建元元年納于蕭氏，恭雅恬懿，赳隆美訓，享年不永。以永明六年四月庚戌朔九日戊午卒于建鄴里中，春秋廿有八。粵閏十月丁丑朔六日壬午，卜窆于臨沂縣之黃鵠山。寂帳恒蔭，虛筵長霧，秘迹徒囂，芳徽空樹。銘文　　大司馬參軍事東海鮑行卿造。潛寶有耀，懷德有憐，幽閒之懿，播問宣音，薰詩潤禮，越玉蓁金，沖約規行，清和佩心。陂途易永，夷數難常，中春掩縟，半露摧芳。方冥方古，孰云不傷，追昭軌烈，式讚泉房。息昂，年六。

  C 类墓志流行于刘宋后期至陈朝。从墓主性别与身份看，此 14 方墓志中男性墓 10 方，除刘岱身份较低外，其他墓主的等级都比较高，或为身居显职的宗室贵族，或为出身寒门然仕宦甚显的中高级官员；女性仅 4 方，除张推儿（临渭县侯、湘东太守张济第三女）外，余 3 方墓主均系宗室贵族。据此，似乎南朝 C 类墓志的使用阶层限于中、高级官员或宗室贵族。然因受出土墓志数量的限制，我们还不能就此断定。相反，刘岱、张推儿墓志的出现，却表明南朝墓志的使用阶层还是比较宽泛的，尽管身份等级较低，但其体例与其他贵族墓志并无不同，亦可见南朝墓志在文体上的等级差别并不明显。

  另外，C 类墓志在某些方面，如题额的称名，序、铭、撰著人姓名与职官的位置、行文风格等，因年代的早晚也还存在一些细微的差别。题额的称名，有"墓志"、"墓志铭"、"墓志铭序"、"墓志铭并序"等，以"墓志铭"居多。序、铭的位置，宋、齐时期或为铭在前，序在后，或为铭在序中，格式不一；梁以后则是序在前，铭在后，格式相同。至于撰著者的姓名，首见于南齐王宝玉墓志，然位置居序铭之间，梁以后则基本在题额之后，序之前。

三、文献引录墓志的考察

  除历代出土东晋南朝墓志外，传世文献中如《艺文类聚》及《文选》还引录南朝墓志 49 方[①]（见表三）。

[①] 程章灿：《读任昉〈刘先生夫人墓志〉并论南朝墓志文体格——读〈文选〉札记》（载赵福海、刘琦、吴晓峰主编：《〈昭明文选〉与中国传统文化——第四届文选学国际学术研讨会论文集》，吉林文史出版社，2001 年，第 436—439 页）对《艺文类聚》所引志文进行过分类考察，通过墓志称名与墓志内容比照，指出"《艺文类聚》在引录志文时，选用名称有其一定之规，各个名称亦有其特定含义。"颇具启发性。此外，传世文献中选录的墓志，还有一部分出自六朝史籍，然多不完整。如《梁书》卷五十三《伏暅传》云："尚书右仆射徐勉为之墓志，其一章曰：东区南服，爱结民胥，相望伏阙，继轨奏书。或卧其辙，或扳其车，或图其像，或式其闾。思耿借寇，曷以尚诸。"（中华书局，1973 年，第 776 页）难以考见其文章整体风貌，故本文将史籍所录志文不列为考述对象。

表三 《艺文类聚》及《文选》所录墓志简表

朝代	作者	题名	书名、卷数
宋	孝武帝	（1）故侍中司徒建平王宏墓志	《艺》卷四八
	谢庄	（2）豫章长公主墓志铭 （3）司空何尚之墓志	《艺》卷十六 《艺》卷四七
齐	王融	（4）永嘉长公主墓志铭 （5）豫章文献王墓志铭	《艺》卷十六 《艺》卷四五
	谢朓	（6）临海公主墓志铭 （7）新安长公主墓志铭 （8）郁林王墓铭 （9）齐海陵王墓志铭	《艺》卷十六 《艺》卷十六 《艺》卷四五 《艺》卷四五
梁	简文帝	（10）安成藩王墓铭 （11）征君何先生墓志 （12）华阳陶先生墓志 （13）仪同徐勉墓志铭 （14）中书令临汝灵侯墓志 （15）庶子王规墓志铭 （16）太子舍人萧特墓志铭 （17）同泰寺故功德正智寂师墓志铭 （18）宋姬寺慧念法师墓志铭 （19）甘露鼓寺敬脱法师墓志铭 （20）湘宫寺智蒨法师墓志铭 （21）净居寺法昂墓志铭	《艺》卷四五 《艺》卷三七 《艺》卷三七 《艺》卷四七 《艺》卷四八 《艺》卷四九 《艺》卷四九 《艺》卷七七 《艺》卷七七 《艺》卷七七 《艺》卷七七 《艺》卷七七
	元帝	（22）庾先生承先墓志 （23）特进萧琛墓志铭 （24）侍中新渝侯墓志铭 （25）侍中吴平光侯墓志铭 （26）黄门侍郎刘孝绰墓志铭 （27）散骑常侍裴子野墓志铭 （28）中书令庾肩吾墓志 （29）太常卿陆倕墓志铭	《艺》卷三七 《艺》卷四七 《艺》卷四八 《艺》卷四八 《艺》卷四八 《艺》卷四八 《艺》卷四八 《艺》卷四九
	邵陵王	（30）扬州僧正智寂法师墓志铭	《艺》卷七七
梁	沈约	（31）丞相长沙宣武王墓志铭 （32）齐太尉文宪王公墓志铭 （33）齐太尉徐公墓志 （34）司徒谢朓墓志铭 （35）尚书右仆射范云墓志铭 （36）太常卿任昉墓志铭	《艺》卷四五 《艺》卷四八 《艺》卷四六 《艺》卷四七 《艺》卷四八 《艺》卷四九
	任昉	（37）抚军桂阳王墓志铭 （38）刘先生夫人墓志	《艺》卷四五 《选》卷五九
	王僧孺	（39）豫州墓志	《艺》卷五十
	陆倕	（40）志法师墓志铭	《艺》卷七七
	张缵	（41）故左民尚书忠子沈僧旻墓志铭 （42）中书令萧子显墓志	《艺》卷四八 《艺》卷四八

续表

朝代	作者	题名	书名、卷数
陈	徐陵	（43）司空河东康简王墓志 （44）司空章昭达墓志铭 （45）裴使君墓志铭	《艺》卷四五 《艺》卷四七 《艺》卷五十
	江总	（46）广州刺史欧阳𫖯墓志 （47）故侍中沈钦墓志 （48）特进光禄大夫徐陵墓志铭 （49）司农阵喧墓志铭	《艺》卷五十 《艺》卷四八 《艺》卷四七 《艺》卷四九

表中书名简称：《艺》=《艺文类聚》，《选》=《文选》

《艺文类聚》所引录南朝墓志文48篇，从其称名来看，主要有三种情况：称"墓志铭"者33篇、称"墓志"者13篇、称"墓铭"者2篇。[①] 从文章体式来看，称名"墓志铭"、"墓志"者，既可以专称，也可以是通称，情况比较复杂；而"墓铭"似专称铭文而言。

"墓志铭"即墓志中的铭辞部分，一般只是四言韵文，以称颂赞叹为主，此专称，有29篇；也可以是叙述的骈句或散文与颂赞咏叹的铭文相结合的完整墓志文，此通称，有2篇，一为卷四十九引梁简文帝《庶子王规墓志铭》，乃骈句叙述与铭文咏叹的结合：

> 玉挺蓝田，珠润隋水，价重连城，声同垂棘，偶应龙之篆影，等威凤之羽仪，名理超於荀王，博洽侔於终贾，稍迁侍中，佩玉玺於文昌，珥金貂於武帐，文雅与绮縠相宣，逸气并云霞俱远，副君取敬杜夷，时回晋储之驾，追嗟徐幹，亦降魏两之书，爰发睿辞，为铭云尔，七略百家，三藏九部，成诵其心，谈天其口，胜气无俦，高尘谁偶，荣珪掩采，灵剑摧锋，宋郊沦鼎，洛水沉锺，玄扉不昼，幽夜恒冬。

另一篇为卷七七引梁陆倕《志法师墓志铭》，是散文叙述与四言铭文的结合：

> 法师自说姓朱，名保志，其生缘桑梓，莫能知之。齐故特进吴人张绪、兴皇寺僧释法义，并见法师于宋太始初，出入钟山，往来都邑，年可五六十岁，未知其异也。齐宋之交，稍显灵迹，被发徒跣，负杖挟镜，或微索酒肴，或数日不食。豫言未兆，悬识他心。一时之中，分身数处。天监十三年，即化于华林园之佛堂，先是忽移寺之金刚像，出置户外，语僧众云：菩萨当去。尔后旬日，无疾而殒。沉舟之痛，有切皇心，殡葬资须，事丰供厚。望方坟而陨涕，瞻白帐而拊心，爰诏有司，式刊景

[①] 本文征引《艺文类聚》乃上海古籍出版社1999年新版汪绍楹校本。而据程章灿《读任昉〈刘先生夫人墓志〉并论南朝墓志文体格——读〈文选〉札记》（载赵福海、刘琦、吴晓峰主编《〈昭明文选〉与中国传统文化——第四届文选学国际学术研讨会论文集》，吉林文史出版社，2001年，第436—439页）"注释9"称其检台湾商务印书馆影印文渊阁《四库全书》本《艺文类聚》，此二篇称名"墓铭"之墓志并作"墓志铭"，则《艺文类聚》中无一篇墓志以"墓铭"为题。

行。辞曰：欲化毗城，金粟降灵。狩钦大士，权迹帝京。绪胄莫详，邑居罕见。譬彼涌出，犹如空现。哀兹景像，愍此风电。将导舟梁，假我方便。形烦心寂，外荒内辩。观往测来，睹微知显。动足墟立，发言风偃。业穷难诏，因谢弗援。慧云昼歇，慈灯夜昏。

此外，尚见有"志"而无"铭"者，亦称"墓志铭"，有 2 篇，同为陈徐陵所作，一是卷四七所引《司空章昭达墓志铭》，以骈句与散文交相杂陈，铺叙志主人一生事迹，寄哀情于叙事之中；一是卷五十所引《裴使君墓志铭》，用散体赞志主毕生功勋，叹愍思于咏颂之间。

"墓志"为专称，一般都以叙述为主，或散文，或骈句，一般不押韵，实际上即通常所说墓志中的"志"或"序"，有 7 篇；也可以作为通称，兼指志、铭两部分，有 3 篇，分别为卷三七引梁简文帝《征君何先生墓志》、《华阳陶先生墓志》、卷五十引梁王僧孺《豫州墓志》；"墓志"作为通称来使用时，进而还可以涵盖铭文部分，仅有"铭"而无"志"，有 3 篇，分别是卷三七引梁元帝《庾先生承先墓志》、卷四七引谢庄《司空何尚之墓志》、卷四八引宋孝武帝《故侍中司徒建平王宏墓志》，从形式上看全是四言韵文，从内容上看都属于铭辞。与此类似的是，《文选》卷五九"墓志"类所收《刘先生夫人墓志》，该篇作品虽然题名"墓志"，然全篇有"铭"无"志"，仅由 24 句四言韵语组成，每八句一换韵，构成平仄韵相间的三组。

以上传世文献引录墓志称名不一、文体构成多样，甚至"名实相离"，在一定程度上恰恰说明了南朝墓志文体虽然逐渐趋向成熟，然离墓志文体的最终定型尚有一段距离。

结　语

综合对出土墓志及传世文献选录墓志资料的分类考察，我们可以将东晋南朝墓志文体的演进过程大体分为三个阶段：

第一阶段为东晋至南朝宋大明（457—464 年）以前。A、B 两类墓志流行，结构单一，内容简略，有序无铭；中后期开始注重文辞的修饰，并在后期出现"墓志"的题额①；从功能上看，该时期的墓志还主要是标示墓葬所在（葬地）与纪亲（墓主家族世系）。

第二阶段为南朝宋大明（457—464 年）至萧齐（479—502 年）。C 类墓志出现，A、B 两类墓志少见，墓志文体逐渐成熟，结构完整，序铭俱全；然序与铭的位置不一，前期为序在前、铭在后，后期是铭在志中；且序不仅保留了 B 类墓志

---

① 目前所知，刘宋永初二年（421）谢琰墓志是南朝最早首题"墓志"的一方，比北朝墓志中最早称名"墓志"的刘贤墓志（452—465 年）要早三四十年。由此，则"墓志"称名似起自南朝，转而由南传诸北。

的特点，还增加了对墓主行状、品性的称颂与描述，篇幅上较长，而铭相对简短；行文开始用典，具有一定的文学色彩；题额称名由"墓志铭"取代"墓志"；中后期在序铭之间开始出现撰著者的姓名、职官①，整体感觉并不规范；墓志在功能上，于标示墓葬、纪亲之外，开始增添"铭德"一项，即对墓主的事功、德行的赞颂。

第三阶段为萧梁（502—557年）至陈（557—589年）。C类墓志流行，A、B两类墓志消失。墓志文体基本定型，书写格式趋向统一：序置铭前；题额多称"墓志铭"，往后亦有称"墓志铭序"、"墓志铭并序"的趋向；撰著者的姓名、职官置于题额之后。铭的篇幅逐渐增大，几乎与序相抗。行文十分规范，以骈文为主，大量用典，文辞优美，文学色彩浓郁，但疏于记事。从墓志功能来看，最大的变化是标示墓葬与纪亲的写实内容逐渐弱化，而"铭德"与"述哀"（抒发个人或家族群体的哀悼之情）的抒情部分得以张扬。这一切都表明墓志文体的实用性开始淡化，逐渐由应用性文体向文学性文体转化。

当然，东晋、南朝墓志文体在其发展演进过程中所呈现出的上述种种特征，既非孤立存在，亦非凭空产生，可以说同东晋、南朝特殊的政治环境、社会背景，以及南方地域既往的丧葬习俗密不可分。关于这一问题，笔者将另有专文讨论，此不赘述。

---

① 南齐永明六年（488）王宝玉墓志是目前所知南朝墓志中最早出现撰著者姓名的一方（撰著者姓名居志与铭之间），比北朝所见最早见撰、书者姓名的元淑墓志（北魏永平元年，508年。墓志制作时间与撰、书者的姓名均另刻于墓志背面）要早二十年。综合南、北朝墓志称名与撰著者姓名出现的时间早晚，我们可以发现南北朝时期尽管政治上分裂与对峙，地方特征与民族特征十分明显，然而并不意味着南北交流乃至思想文化上的断然隔绝，这就使得南、北朝墓志的发展既保持着各自地域的特点，相互区别，存在一定的差异，又彼此交流、影响，有着统一的特征。

由北魏四夷馆四夷里看拓跋王朝的华夷观[①]

刘连香 中央民族大学民族学与社会学学院文博系

拓跋鲜卑所建的北魏王朝在孝文帝拓跋宏带领下迁都洛阳后，采取大量汉化政策，除了易汉服、言汉语、改汉姓之外，在职官制度、都城建设等方面也承袭中原汉文化因素，甚至更加突出中原正统王朝的统治权。其中较为独特的是，在其国都洛阳城南，建有四夷馆和四夷里，专门用于安置四方归附之民。四夷馆和四夷里的设置，是北魏之前历史上不曾使用的特殊管理形式，不仅反映出当时北魏政权对于周边其他政权降民或侨民的态度，而且体现了身为"少数民族"的拓跋鲜卑鲜明的华夷观念。

一、四夷馆四夷里的设置与管理

北魏迁都之前近三百年，洛阳一带长期处于混战状态。十六国时期促使大量北方少数民族进入中原。到北魏孝文帝时期，京都洛阳城中各地归附之人数量激增，为了安置当时四方降民和侨民，同时为了吸引处于政权对立地位的南朝归附者，北魏特于国都划出一定区域，建置相关馆舍以供远来人士居住。为了避免汇聚在都城的蛮夷与当地居民混杂，特意将他们的馆舍设在都城之外。文献记载："时魏方强盛，于洛水桥南御道东作四馆，道西立四里。"[②] "永桥以南，圜丘以北，伊洛之间，夹御道，东有四夷馆。一曰金陵，二曰燕然，三曰扶桑，四曰崦嵫。道西有四夷里，一曰归正，二曰归德，三曰慕化，四曰慕义。吴人投国者，处金陵馆，三年已后，赐宅归正里……北夷来附者处燕然馆，三年已后，赐宅归德里……东夷来附者处扶桑馆，赐宅慕化里。西夷来附者处崦嵫馆，赐宅慕义里。"[③]

四夷馆与四夷里的"四夷"，表面上指四方，"四馆皆因四方之地为名：金陵在江南，燕然在漠北，扶桑在东，日所出，崦嵫在西，日所入"[④]。当时按照北魏王朝周边的四个方向，各取一个地名代表一方，来自于该方向的周边其他政权降

---

① 本文为2010年教育部人文社会科学研究一般项目《北魏后期拓跋鲜卑民族融合研究——以出土墓志为中心》（项目号：10YJA850028）研究成果之一。
② 《资治通鉴》卷一四九《梁纪五》，中华书局，1956年，第4661页。
③ [魏]杨衒之撰，周祖谟校释：《洛阳伽蓝记校释》卷三，中华书局，1987年，第130页。
④ 《资治通鉴》卷一四九《梁纪五》，胡三省注，中华书局，1956年，第4661页。

民或侨民被分别安置在相应馆舍，划分固定居住地点。《魏书》中有多处关于"四夷"的记载，如"所谓天子有道，守在四夷者也"①。"守在四夷者，先皇之略也"②；"又有觫眛任离禁之乐，以娱四夷之民，斯盖立乐之方也。""至于谣俗、四夷杂歌，但记其声折而已，不能知其本意"③。以上的"四夷"当指各地政权之泛称。史料中另有关于四夷的具体名称："夫圣王之用兵也，征南蛮则北狄怨，讨西戎则东夷恨，天子安得已哉？"④ 除了四夷之外，还有六夷、九夷之称，如"太白犯天街，占曰'六夷氂头灭'"⑤。（高丽）"九夷之国，世居海外，道畅则奉藩，惠戢则保境，故羁縻著于前典，楛贡旷于岁时"⑥。从以上文献可知，"四夷"已经不再局限于当时北魏王朝周围的四个方向，而是泛指其周边一切其他统治政权及其民众。而四夷里的"归正"、"归德"、"慕化"、"慕义"更准确体现了北魏将周边来附归因于其善政，因此说四夷馆和四夷里名称实际上具有象征意义，代表了北魏接受各地所有归附的侨民或降户。

　　四夷馆和四夷里的地理位置应当属于北魏洛阳城外郭城之南，属于一处独立的区域。根据中国社会科学院考古所汉魏故城队多年来的考古发掘和勘查，北魏洛阳故城外郭城南城垣因为洛河水系改道而被冲毁不存，在洛河故道南面、伊水北面的地带内，尚未发现属于郭城的遗存。位于城垣之外的四夷馆、四夷里亦无遗存公布。但从汉魏洛阳城实测图中洛河故道的相对位置和经过宫城正门阊阖门向南的御道方向可以推测，四夷馆和四夷里应该在今偃师佃庄乡的倪家庄附近（图一⑦）。遂有人据此结合文献做出北魏洛阳城平面复原示意图⑧（图二），在图中标示出四夷馆和四夷里所在。

　　北魏的四夷馆和四夷里始建时间不详，但至少景明初年（500年）已经存在，"北有车骑将军张景仁宅。景仁，会稽山阴人也。景明二年从萧宝夤归化，拜羽林监，赐宅城南归正里。民间号为吴人坊，南来投化者多居其内。近伊洛二水，任其习御。里三千余家，自立巷市。所卖口味，多是水族，时人谓为鱼鳖市也。景仁住此以为耻，遂徙居孝义里焉。时朝廷方欲招怀荒服，待吴儿甚厚，褰裳渡于江者，皆居不次之位"⑨。四夷里规模庞大，上文归正里内有三千余家，慕义里更多至万余家，"自葱岭已西，至於大秦，百国千城，莫不款附，商胡贩客，日奔塞下，所谓尽天地之区已。乐中国土风因而宅者，不可胜数。是以附化之民，万有

---

① 《魏书》卷一八《临淮王谭传》，中华书局点校本，1974年，第426页。
② 《魏书》卷六二《李彪传》，中华书局点校本，1974年，第1395页。
③ 《魏书》卷一百九《乐志五》，中华书局点校本，1974年，第2843页。
④ 《魏书》卷三六《李顺传》，中华书局点校本，1974年，第831页。
⑤ 《魏书》卷一百五《天象志》，中华书局点校本，1974年，第2401页。
⑥ 《魏书》卷一百《勿吉国传》，中华书局点校本，1974年，第2219页。
⑦ 中国社会科学院考古研究所洛阳汉魏故城工作队：《北魏洛阳外郭城和水道的勘查》，载《考古》1993年第7期。
⑧ 傅熹年主编：《中国古代建筑史》第二卷，图2-1-4，中国建筑工业出版社，2001年，第85页。
⑨ ［魏］杨衒之撰，周祖谟校释：《洛阳伽蓝记校释》卷二，中华书局，1987年，第104页。

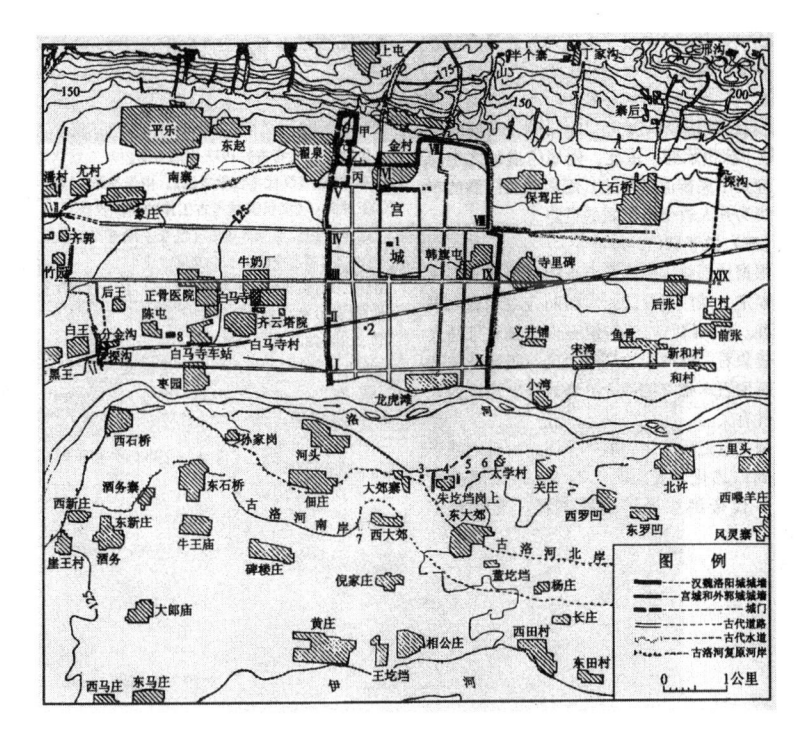

图一　汉魏洛阳城遗址及地形图
（罗马数学为城门编号，阿拉伯数学为重要遗址编号）
1. 宫城　2. 永宁寺　3. 灵台　4. 明堂　5. 辟雍
6. 太学　7. 刑徒墓地　8. 东汉墓园

余家。门巷修整，闾阎填列，青槐荫陌，绿树垂庭，天下难得之货，咸悉在焉"①。

对于四夷馆和四夷里的管理，北魏承袭前朝的专职机构，同时又有所变化。北魏孝文帝太和官制改革，仿效西晋制度，主客曹被一分为四，设左、右、南、北主客郎中，掌管北魏外交事务，四夷馆与四夷里当时应当由其直接管理。由南朝入魏的萧宝夤"其资生所须之物，及衣冠、车马、在京邸馆，付尚书悉令预备"②。《历代职官表》中："魏世鸿胪，凡土藩国一切馆伴朝谒，当为其专职。"认为四夷馆属鸿胪管辖的说法有误③，可能源于汉代大鸿胪、尚书主客曹，主客尚书，主外国四夷事，客曹尚书，主外国夷狄事。至曹魏和西晋前期，尚书台设置客曹尚书。文献记载也反映北魏外交管理直接借鉴西晋："正光元年，蠕蠕主郁久闾阿那肱来朝，执事者莫知所处；中书舍人常景议云：'咸宁中单于来朝，晋世处之王公特进之下。可班那肱蕃王、仪同之间。'朝廷从其议，又处之燕然馆，赐宅

---

① [魏]杨衒之撰，周祖谟校释：《洛阳伽蓝记校释》卷三，中华书局，1987年，第132页。
② 《魏书》卷五九《萧宝夤传》，中华书局点校本，1974年，第1314页。
③ 黎虎：《汉唐外交制度史》（中编），兰州大学出版社，1998年，第180页。

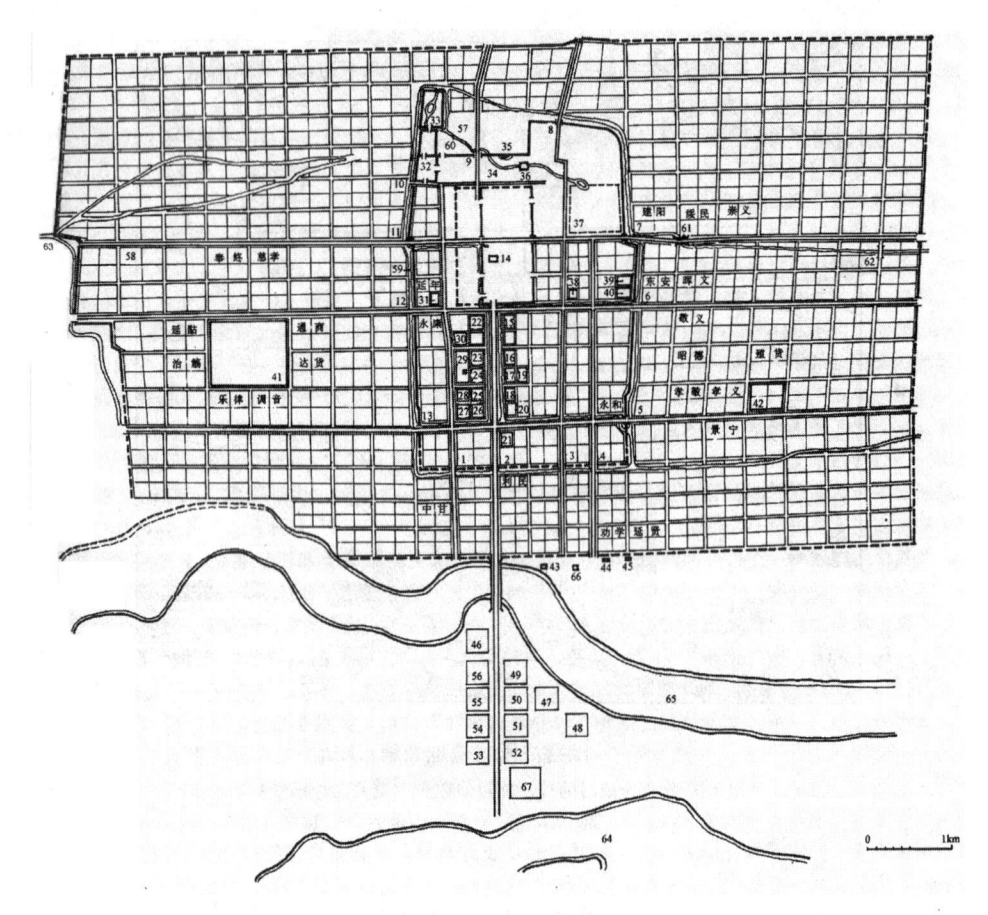

图二　北魏洛阳城平面复原示意图
（49—52 为四夷馆；53—56 为四夷里）

归德里"①。

四夷馆和四夷里是北魏为安置外来人口、控制蛮夷居民并加强防御措施所采取的特有形式，将异国归化或降附人口单独置于城外的做法在中国历史上北魏成为孤例。之前的汉代曾设有"蛮夷邸"，主要居住使节及相关归附人等，归属于大鸿胪，地点在大鸿胪附近，西汉蛮夷邸位于朱雀街西，"蛮夷邸，在长安城内藁街"②。魏晋南北朝、隋唐时期，设置客馆，隶属于鸿胪或其下职司，也都在都城之内，包括迁洛之前的北魏平城时期创置的诸国使邸。明代永乐五年（1407）虽然设有四夷馆，但主要负责翻译外国朝贡者的呈表和接待中的口译事务，不是安置使节或降民。

---

① ［魏］杨衒之撰，周祖谟校释：《洛阳伽蓝记校释》卷三，中华书局，1987 年，第 131 页。
② 何清谷：《三辅黄图校释》卷六杂录《蛮夷邸》，中华书局，2005 年，第 390 页。

二、四夷馆四夷里居民的社会地位

北魏拓跋王朝对于四方归附人等比较宽容，与他们之间的关系经历了从尊重到接纳甚至融合的渐变过程。但当时国都洛阳城内居民则普遍鄙视四夷居民，导致一些归附之人主动迁出四夷馆和四夷里，摆脱其熟悉的生活环境。

在城南设置四夷馆与四夷里以安置各地归附人众，以便他们能聚族而居，对于各地不同风俗、习惯、信仰等首先采取包容与尊重的态度。针对吴人饮食喜欢水族的特点，归正里的居民自设巷市鱼鳖市，"别立市于洛水南，号曰四通市，民间谓为永桥市。伊洛之鱼，多于此卖，士庶须脍，皆诣取之。鱼味甚美，京师语曰：'洛鲤伊鲂，贵於牛羊'"。[1] 对西域胡人的佛教信仰非常尊重，并允许他们在自己居住的里坊中建造佛寺，"菩提寺，西域胡人所立也，在慕义里"[2]。四方侨民或降民饮食与信仰的自由，体现北魏对异域文化的基本尊重。

身为北方游牧民族的拓跋魏，迁洛之后力主汉化，南朝北归者因其可能保存更多中原固有文化而素被重视，他们的很多文化都被北魏主动接受。同时，其他方位附化之民的文化因素有些也被有意接纳，"然方乐之制及四夷歌舞，稍增列于太乐"[3]。居住在四夷馆里的各方侨民与北魏汉族甚至与拓跋皇族之间相互通婚，如南朝萧宝夤来降，后尚南阳长公主，反映了当时很多人从根本上认可这些外来民族，北魏王朝也没有特别贬抑侨民和降民之意。

但对于当时国都的汉族士人而言，普遍不能认同和接受这些外来侨民和降民，在言行中表现出明显的贬损与抵制。甚至居住在四夷馆里附近的汉人都会遭到讥讽。如"高阳宅北有中甘里。里内荀颖子文，年十三，幼而聪辨，神情卓异，虽黄琬、文举无以加之。正光初，广宗潘崇和讲服氏春秋於城东昭义里，子文摄齐北面就和受道。时赵郡李才问子文曰：'荀生住在何处？'子文对曰：'仆住在中甘里。'才曰：'何为住城南？'城南有四夷馆，才以此讥之"[4]。四夷馆里的侨民，特别是南朝的降民更以居此为耻，"景明初，伪齐建安王萧宝夤来降，封会稽公，为筑宅於归正里，后进爵为齐王，尚南阳长公主。宝夤耻与夷人同列，令公主启世宗，求入城内。世宗从之，赐宅于永安里。正光四年中，萧衍子西丰侯萧正德来降，处金陵馆，为筑宅归正里。后正德舍宅为归正寺"[5]。与此相类者另有张景仁，随萧宝夤归化，赐宅归正里，"景仁住此以为耻，遂徙居孝义里焉"[6]。上文可知，对于刚从四方入洛的人而言，集中居住于四夷馆和四夷里更加便于他们的

---

[1] ［魏］杨衒之撰，周祖谟校释：《洛阳伽蓝记校释》卷三，中华书局，1987年，第133页。
[2] ［魏］杨衒之撰，周祖谟校释：《洛阳伽蓝记校释》卷三，中华书局，1987年，第135页。
[3] 《魏书》卷一百九《乐志》，中华书局点校本，1974年，第2828页。
[4] ［魏］杨衒之撰，周祖谟校释：《洛阳伽蓝记校释》卷三，中华书局，1987年，第140页。
[5] ［魏］杨衒之撰，周祖谟校释：《洛阳伽蓝记校释》卷三，中华书局，1987年，第131页。
[6] ［魏］杨衒之撰，周祖谟校释：《洛阳伽蓝记校释》卷二，中华书局，1987年，第105页。

生活和相互之间交往，但当其熟悉了京都状况后，却明显意识到这种住处与其他普通里坊的区别，于是这些人就以居于此地为耻，即使是贵为驸马的萧宝夤，也利用公主身份要求搬出而另择住处，其他南朝归附者如萧正德将其住处舍为佛寺，说明当时人排斥四夷馆里居民的态度非常明显。

上述四夷之民以居四夷为耻，说明四夷馆与四夷里的"四夷"，除了四方之意外，更含有尊华贬夷之意。夷本身指东方的民族，后多与其他方位的民族连用，并被泛指中原王朝之外的其他民族或政权。《尚书·禹贡》记载："去王畿五百里曰甸服……又五百里要服，又五百里荒服。""五百里要服：三百里夷，孔安国曰：'守平常之教，事王者而已。'要服外五百里荒服：马融曰：'政教荒忽，因其故俗而治之。'三百里蛮，马融曰：'蛮，慢也。礼简怠慢，来不距，去不禁。'"① 此处的蛮夷是两个概念：夷距离王畿稍近，尚能守平常之教而事王，蛮则更加偏远，已经难以羁縻。这种区别在《周礼》中也有体现："职方氏掌天下之地，辨其邦国都鄙。四夷、八蛮、七闽、九貉、五戎、六狄之人民与其财用、九谷、六畜之数要，周知其利害"。后来一般把蛮夷连用，指周边其他民族或政权，其中包含了偏鄙俗陋之意。北魏设置四夷馆和四夷里，实际上已经涵盖了拓跋王朝极为明显的自称正统和尊华贬夷观念。

三、北魏拓跋王朝华夷观的形成

北魏政权创建者拓跋鲜卑本身为东北狩猎部落，逐渐西迁发展为北方游牧民族，并最终入主中原取代汉族政权。拓跋鲜卑自认中原王朝为正统，有意贬损其他民族，并一改历代之制，专门在国都设置用于安置周边降民的四夷馆和四夷里，这种强烈的华夷观念的形成经历了漫长的历史过程，而且受到多种因素的影响。

首先，北魏统治政权建立早期，开始吸收汉文化，在思想方面承袭了中原汉王朝固有的自尊他卑观念。北魏早期的统治者意识到先进的汉文化与鲜卑文化的巨大差异对于自身统治的重要性之后，开始积极主动接受汉文化因素，其中任用汉人入仕为其重要手段。太祖建国之初，诏有司博议国号，清河东武城人崔玄伯以三皇五帝之立号，或因所生之土，或既封国之名为依据，建议定国号为"魏"，太祖从之。于是四方宾王之贡，咸称大魏。"太祖常引问古今旧事、王者制度、治世之则。玄伯陈古人制作之体，及明君贤臣往代废兴之由，甚合上意。"② 太宗时期京兆人王洛儿、世祖期间汉人刘洁等均官高位显，刘洁甚至因功超迁尚书。广宁人王建，"祖姑为平文后，生昭成皇帝。伯祖丰，以帝舅贵重。丰子支，尚昭成女，甚见亲待。建少尚公主。登国初，为外朝大人，与和跋等十三人迭典庶事，参与计谋"③。北魏早期不仅吸纳汉人到其统治集团之中，甚至官制也是胡汉杂

---

① 《史记》卷二《夏本纪》，中华书局，1975年，第75页。
② 《魏书》卷二四《崔玄伯传》，中华书局点校本，1974年，第621页。
③ 《魏书》卷三十《王建传》，中华书局点校本，1974年，第709页。

糜,从太武帝拓跋焘到太和官制改革,其官制中引入了更多汉因素,尤以尚书省的设置最典型。到文明太后执政期间,汉人已经成为朝中重要组成部分,魏孝文帝正是在这样的大环境之下,才能对汉文化具有全面而深刻的理解。可以说,拓跋鲜卑统治时间与汉文化的融入完全成正比,那么,中国传统文化中早已根深蒂固的尊华抑胡思想必然渗透其中,当北魏王朝进入中原后,自然认为其统治集团已经成了华夏文化的承继者,其他国家或政权则是蛮夷之邦。

其次,随着北魏执政者对华夏文化认识的深入,开始以拓跋鲜卑的野蛮性和落后性为耻,遂试图设法隐瞒、抹去或篡改其早期历史,甚至不惜杀戮史官。北魏历史上著名的邓渊、崔浩国史案即是其典型代表。北魏国史始撰于安定汉人邓渊:"太祖诏渊撰《国记》,渊造十余卷……渊谨于朝事,未尝忤旨"。但拓跋珪最终以邓渊知和跋子弟出奔长安为借口,"遂赐渊死,既而恨之"①。邓渊被诛的真正原因是其直书《代史》,不讳国恶,导致太祖对其怨恨。崔浩再次记述国史,并刊石立于街衢,引起拓跋焘的极大恚怒,崔浩及相关史官惨遭族灭。"世祖召(高)允,谓曰:'《国书》皆崔浩作不?'允对曰:'《太祖记》,前著作郎邓渊所撰。《先帝记》及《今记》,臣与浩同作。然浩综务处多,总裁而已。至于注疏,臣多于浩'。世祖大怒曰:'此甚于浩,安有生路!'"尽管当时史官认为"至于书朝廷起居之迹,言国家得失之事,此亦为史之大体,未为多违"②,但其客观记述实际上是"暴扬国恶","真君十一年六月诛浩。清河崔氏无远近,范阳卢氏、太原郭氏、河东柳氏,皆浩之姻亲,尽夷其族。浩尽述国事,备而不典。而石铭显在衢路,往来行者咸以为言,事遂闻发。有司按验浩,取秘书郎吏及长历生数百人意状……其秘收郎吏已下尽死。"③ 最终被夷五族者自崔浩以下、僮吏已上达一百二十八人。两次的国史案显示出拓跋鲜卑要求讳隐自身客观存在的相关史实,皆因其曾经的狭隘与僻陋。当拓跋鲜卑取代汉政权之后,其自我观念认同了华夏正统,自然将其他均视为夷狄荒蛮。

最后,魏孝文帝迁都洛阳,为了强调其华夏之裔的正统地位,特意将华夷之别扩大,四方邦国皆以夷称。魏孝文帝在太和十七年(493)和二十三年(499)进行了两次官制改革,基本确立了汉文化的政治体制,迁都后完全采取汉化政策,从语言、服饰、姓氏等具体方面彻底消除鲜卑特征。对于最为关键的所谓正统地位,当然更要以华夏至尊而自居,其他所有政权则均为夷族。攀附其先祖为:"昔黄帝有子二十五人,或内列诸华,或外分荒服;昌意少子,受封北土,国有大鲜卑山,因以为号。其后,世为君长,统幽都之北广漠之野……黄帝以土德王,北俗谓土为托,谓后为跋,故以为氏。其裔始均,入仕尧世……而始均之裔,不交南夏,是以载籍无闻焉。"④《魏书》中对周边所有非北魏政权统治范围之内者,

---

① 《魏书》卷二四《邓渊传》,中华书局点校本,1974年,第635页。
② 《魏书》卷四八《高允传》,中华书局点校本,1974年,第1071页。
③ 《魏书》卷三五《崔浩传》,中华书局点校本,1974年,第826页。
④ 《魏书》卷一《帝纪》,中华书局点校本,1974年,第1页。

均以含有损抑意义的语汇称呼，如夷夏、夷狄、夷土、夷人、夷寇、夷族、诸夷、岛夷、边夷、羌夷、胡夷，等等，甚至出现了远夷荒桀、夷不乱华、九夷黠虏、抚蛮宁夷之类词言。在国都之外特意设立四夷馆和四夷里，专门安置四方民族、国家、地区的来使、降民等，主要目的是为了强化唯夏为尊，其余皆夷的理念。

四、传统华夷观转变确立了拓跋王朝正统地位

中国从秦朝统一之后，四百年大汉王朝确立了汉民族唯我独尊的华夏一统观念，当时"四夷"各族或慑于汉朝威力，或仰慕汉室富裕，纷纷内附。"武都地杂氐、羌，及犍为、牂柯、越嶲，皆西南外夷，武帝初开置。民俗略与巴、蜀同，而武都近天水，俗颇似焉。""玄菟、乐浪，武帝时置，皆朝鲜、濊貉、句骊蛮夷"①。"汉连出兵三岁，诛羌，灭两粤，番禺以西至蜀南者置初郡十七，且以其故俗治，无赋税"②。但东汉末年之后，中国长期处于混乱状态，周边少数民族纷纷建立各自政权，有些入主中原迭据华土，更改了汉族及各民族心目中固有的华夷观念。如匈奴人刘渊建立的前赵、羯人石勒建立的后赵、东胡后裔慕容廆的前燕、氐人苻坚的前秦、羌人姚兴的后秦、胡人沮渠蒙逊的北凉、河西鲜卑人秃发乌孤的南凉等此伏彼起，达十六国之多。此时人们改变了原有的以民族、种族为核心的华夷观念，更加提倡以"德"相承。这种大环境动摇了以往汉民族的正统地位。

拓跋鲜卑迁都洛阳后自称华夏之裔，首先受到自称正统的南朝排斥，呼北魏为"魏虏"、"北虏"，评其国情为"胡风"不知礼仪，言其政权为僭号，迁都洛阳为僭盗中原："佛狸（拓跋焘）已来，稍僭华典，胡风国俗，杂相揉乱。"③ "故知霜露所均，不育异类；姬汉旧邦，无取杂种。北虏僭盗中原，多历年所，恶积祸盈，理至燋烂。况伪孽昏狡，自相夷戮，部落携离，酋豪猜贰，方当系颈蛮邸，悬首藁街。"④ 作为当时南北对立的两大政治集团，南朝此论仅限于文字，在具体事务中已经承认北魏统治，如北魏迁洛之前的平城曾设置使邸，"虏置诸国使邸，齐使第一，高丽次之"⑤，南齐特意显示其位居诸国使邸第一地位，因而对北魏贬抑不会对拓跋王朝造成太大影响。同理，北魏素称南朝伪政，如岛夷僭立、伪齐、伪梁等。南朝萧氏因内部之争而北投，被安置于洛都之外四夷馆和四夷里，体现北魏拓跋王朝已经确立了自尊为华、余皆夷狄的华夷观念。

拓跋王朝的华夷观在普通北魏民众中也有所彰显："朝廷以平城旧都，形胜之会，南据猃狁之前，东连肃貊之左，保境宁民，实拟贤戚；乃除君持节征虏将军平

---

① 《汉书》卷二八下《地理志下》，中华书局，1975年，第1646页，第1658页。
② 《汉书》卷二四《食货志下》，中华书局，1975年，第1174页。
③ 《南齐书》卷五七《魏虏传》，中华书局，1974年，第990页。
④ 《梁书》卷二十《陈伯之传》，中华书局，1973年，第314页。
⑤ 《南齐书》卷五八《东夷传》，中华书局，1974年，第1009页。

城镇将。君遂御夷狄以威权，导民庶以礼信。"① 其他如"北虏寇边"、"问罪南服"、"扈驾南讨"、"秉麾南伐"、"北抗强竖"、"南临大敌"等词句在北魏墓志文中也时有所见，强调魏为正统。同时正史中也有华夷之论，如裴叔业传附裴植："又表毁征南将军田益宗，言华夷异类，不应在百世衣冠之上。"② 孙绍于延昌中上表，其中有言："往在代都，武质而治安；中京以来，文华而政乱。故臣昔于太和，极陈得失，具论四方华夷心态，高祖垂纳，文应可寻。"③ "战国分并，秦吞海内，割裂都邑，混一华夷。"④（杨椿）"上书曰：'臣以古人有言：裔不谋夏，夷不乱华。荒忽之人，羁縻而已。是以先朝居之于荒服之间者，正欲悦近来远，招附殊俗，亦以别华戎、异内外也。'"⑤ 以上内容说明北魏时期尊华贬夷观念成为拓跋王朝非常重要的汉化内容。

随着十六国之后大量少数民族入居内地，民族交流与融合日益加深，人们对于自诩华夏、标榜正统的北魏已经逐渐接受，到隋代时正史也已认可，称其为"后魏始都燕、代，南略中原……孝文徙都洛邑"⑥。在其收录史书中列出后齐仆射魏收撰《后魏书》一百三十卷和著作郎魏彦深撰《后魏书》一百卷。⑦

四夷馆与四夷里的设置体现出北魏时期的华夷观念，并且以更加具象的形式表现，如果说四夷馆的名称尚能用四方地域概念为代表，而四夷里的归正、归德、慕化、慕义则完全是强权对羁縻政权或纳降者的常见称谓，正义、德化也反映出北魏所强调的正统更注重礼仪、道德等思想层面，评定华夷的标准也以这些为依据。洛都之南设置四夷馆和四夷里，安置周边政权的使节和归附人等，体现了作为北方少数民族入主中原的拓跋鲜卑强烈的自身认同需求。

---

① 赵超：《汉魏南北朝墓志汇编》，《魏故安西将军银青光禄大夫元公（朗）之墓志铭》，天津古籍出版社，1992年。
② 《魏书》卷七一《裴叔业传》，中华书局点校本，1974年，第1570页。
③ 《魏书》卷七八《孙绍传》，中华书局点校本，1974年，第1725页。
④ 《魏书》卷一百六上《地形志上》，中华书局点校本，1974年，第2455页。
⑤ 《魏书》卷五八《杨播传附杨椿》，中华书局点校本，1974年，第1286页。
⑥ 《隋书》卷三二《经籍志一》，中华书局，1982年，第907页。
⑦ 《隋书》卷三三《经籍志二》，中华书局，1982年，第956页。

《北齐乐陵王高百年墓志》发微

黄寿成　陕西师范大学历史文化学院

《北齐乐陵王高百年墓志》于民国初年出土于河北省磁县（即北齐都城邺城西北）的东魏北齐古墓群[1]，赵万里《汉魏南北朝墓志集释》中即收录此墓志，全文如下：

  王字百年，勃海蓨人也。太祖献武皇帝之孙，肃宗孝昭皇帝之子。崇基峻极，远系悠长，运四海而君临，配上灵以光宅。斯乃骖驭百王，孕育三古，悬诸日月，不俟昌言。若夫高阳之孝行，父称其忠肃；周文之胤，崇人谓之恭俭。王之育德，隔世玄同，爰自弱年，含章挺映。止水俦其风鉴，莹玉譬其容表。登山学海，虚往实归，帝典王坟，功倍师逸。故已价倾朱邸，声洽紫宫。始以常山王世子起家散骑常侍。文剑横要，清蝉曜首，赤墀俟而增映，翠帐伫以生光。及肃宗大渐，导扬末命，移宝图于元子，奉神器于唐侯。皇上义重天伦，慈深引进，备物典册，有隆焉尔。大宁初，封乐陵郡王，食邑二万户。而穹旻寡惠，雾露成痾，小年不永，善言遽毕。齐以恨动衣簪，悼结疏冕。以河清三年中薨以邸第。以岁次甲申三月己未朔二日庚申安厝在邺城之西十有一里武城西北三里。刊石下泉，式旌余美。乃作铭曰：

  谥曰良怀王。蒸哉宝业，赫矣皇灵，世君万有，家奄四溟。仁深骊陆，道迈胥庭，惟王载诞，叠曜重明。虹霞丽彩，松筠挺秀，忠信为舆，文中成囿。寝门问竖，成均齿胄，代邸勃兴，龙闱回构。大历有归，灵命攸往，遂分夏玉，爰宅奥壤。宸心迺眷，列蕃斯仰，□组傍飞，玄佩徐响。神造冥昧，报施多疑，辂车乘马，哀以□之。烟愁野月，鸟思松飔，贞石不朽，鸿猷在兹。[2]

此志出土后长期未引起学者的足够认识，只有少数学者的论著中涉及这方墓志[3]，盖是以为高百年只是北齐孝昭帝高演的一个无足轻重的皇子而已。可是近日

---

  [1]　《北齐乐陵王高百年墓志》以下皆简称《高百年墓志》。
  [2]　录文据赵万里《汉魏南北朝墓志集释》图版三一二之二《高百年墓志》（科学出版社，1956年）及赵超《汉魏南北朝墓志汇编》之《北齐·齐故乐陵王墓志之铭》（天津古籍出版社，2008年，第420—421页）。
  [3]　马忠理：《磁县北朝墓群——东魏北齐陵墓兆域考》，载《文物》1994年第11期；牛润珍：《东魏北齐邺京里坊制度考》，载《晋阳学刊》2009年第6期。

余读《北齐书》及《北史》时始知高百年绝不是一个普通的皇子,他曾被北齐孝昭帝高演立为太子,但是后来并没有能够继承其父高演的皇位,而被罢废为乐陵王,这件史事的过程涉及高演、高湛兄弟之间的权力交替的问题,其中颇具周折,在此通过对于《高百年墓志》分析,结合正史,对此问题再作考释。

一

《高百年墓志》有关高百年死事的记述如下:

> 大宁初,封乐陵郡王,食邑二万户。而穹旻寡惠,雾露成痾,小年不永,善言遽毕。齐以恨动衣簪,悼结疏冤。以河清三年中薨以邸第。

据此可见,高百年是死于病患,可是《北齐书》卷12《乐陵王百年传》却云:

> 河清三年五月,白虹围日再重,又横贯而不达。赤星见,帝以盆水承星影而盖之,一夜盆自破。欲以百年厌之。会博陵人贾德胄教百年书,百年尝作数"敕"字,德胄封以奏。帝乃发怒,使召百年。百年被召,自知不免,割带玦,留与妃斛律氏。见帝于玄都苑凉风堂,使百年书"敕"字,验与德胄所奏相似。遣左右乱捶击之,又令人曳百年绕堂,且走且打,所过处血皆遍地。气息将尽,曰:"乞命,愿与阿叔作奴。"遂斩之,弃诸池,池水尽赤,于后园亲看埋之。

《通鉴》卷169陈文帝天嘉五年六月条亦云:

> 齐主杀乐陵王百年。时白虹晕日两重,又横贯而不达,赤星见,齐主欲以百年厌之。会博陵人贾德胄教百年书,百年尝作数敕字,德胄封以奏之。帝发怒,使召百年。百年自知不免,割带玦留与其妃斛律氏,见帝于凉风堂。使百年书敕字,验与德胄所奏相似,遣左右乱捶之,又令曳之绕堂行且捶,所过血皆遍地,气息将尽,乃斩之,弃诸池,池水尽赤。

案《北史》卷52《乐陵王百年传》与《北齐书·乐陵王百年传》相同,《通鉴》所记陈文帝天嘉五年即北齐武成帝河清三年,只是与《北齐书·乐陵王百年传》、《北史·乐陵王百年传》所记月份不同,一为五月,一为六月,孰是?据《北齐书》卷6《武成帝纪》云:"六月庚子……是月,晋阳讹言有鬼兵,百姓竞击铜铁以捍之,杀乐陵王百年。"《北史》卷7《齐武成帝纪》亦云乐陵王高百年被杀于河清三年六月,可见《北齐书》和《北史》的《乐陵王百年传》所记时间有误。不过无论是《北齐书·乐陵王百年传》、《北史·乐陵王百年传》,还是《北齐书·武成帝纪》、《北史·齐武成帝纪》,皆与《高百年墓志》记载不同,都说高百年是被他的叔父北齐武成帝高湛所杀。《北齐书》和《北史》的《乐陵王百年传》记载的更为详细，明确记载高百年是被武成帝高湛命手下打得将死之时才斩杀的，还将高百年的尸体抛在水池之中，残忍至极。高百年在将死之时还向叔父高湛讨饶，高湛仍然不放过他，必置于死地而后快。而《高百年墓志》却说"皇上义重天伦，慈深引进"，完全与事实不符，这是因为此墓志篆刻于河清三年，是时高湛还在世，墓志中多有隐讳之词也是能够理解的，故此墓志中出现了高百年死于病患的失实记载，由此推测"移宝图于元子，奉神器于唐侯"，恐怕也是隐讳之词，如果据此考释高演、高湛之间的权力交替也实在不能让人信服。

那么，为什么武成帝高湛如此痛恨自己的亲侄儿高百年？而据《通鉴》卷168陈文帝天嘉元年十一月条记载："［北齐］世子［高］百年为太子。百年时才五岁。"而天嘉元年即皇建元年（560），高百年被害的北齐武成帝河清三年即陈文帝天嘉五年（564），可见高百年被害之时只有九岁，尚且年幼，绝不会发生私生活方面的问题。由此推测，双方的矛盾只会发生在政治上，因此对于这个问题还必须作进一步的分析。

二

而弄清楚北齐武成帝高湛为何如此痛恨自己的亲侄儿高百年，这就要追溯高湛与其兄北齐孝昭帝高演的关系，当年高演和高湛在其兄北齐文宣帝高洋死后联手废掉他们的侄儿高殷，高演登上帝位，并约定兄终弟及，可以说他们既是兄弟，又是政治伙伴。可是孝昭帝高演却在皇建元年十一月立"世子百年为皇太子"[①]，这样就使得自己的儿子高百年成为法定的继承人，等于废除了兄终弟及的约定，导致高湛的不满[②]，必然记恨高演、高百年父子。而在高演去世后，太子高百年这个法定的继承人却没有能够即位，此事必有玄机。

有关这次权力更迭，《北齐书》卷7《武成帝纪》只说：

> ［皇建］二年，孝昭崩，遗诏征帝入统大位。及晋阳宫，发丧于崇德殿。皇太后令所司宣遗诏。左丞相斛律金率百僚敦劝，三奏，乃许之。
>
> 大宁元年冬十一月癸丑，皇帝即位于南宫，大赦，改皇建二年为大宁。乙卯，以司徒平秦王归彦为太傅，以尚书右仆射赵郡王叡为尚书令，以太尉尉粲为太保，以尚书令段韶为大司马，以丰州刺史娄叡为司空。以太傅平阳王淹为太宰，以太保彭城王浟为太师录尚书事，以冀州刺史博陵王济为太尉，以中书监任城王湝为尚书左仆射，以并州刺史斛律光为右仆射，封孝昭皇帝太子百年为乐陵郡王。

还有卷6《孝昭帝纪》也说：

---

① 《北齐书》卷6《孝昭帝纪》，中华书局，1972年。
② 《北齐书》卷14《上洛王思宗附子元海传》，中华书局，1972年。

[皇建二年]十一月甲辰,诏曰:"朕婴此暴疾,奄忽无逮。今嗣子冲眇,未闲政术,社稷业重,理归上德。右丞相长广王湛研机测化,体道居宗,人雄之望,海内瞻仰,同胞共气,家国所凭,可遣尚书左仆射赵郡王叡喻旨,征王统兹大宝,其丧纪之礼一同汉文,三十六日悉从公除,山陵施用,务从俭约。"先是帝不豫而无阙听览,是月,崩于晋阳宫,时年二十七。

从以上两处记载来看,这次王位继承似乎是一次兄终弟及的禅让,但是其中"先是帝不豫而无阙听览"这句话让人感到是画蛇添足,连标点者也觉得为难,只得一逗到底,因此这句话更有点让人感觉是此地无银三百两。还有此前皇建元年十一月孝昭帝高演即立"世子百年为皇太子",那么既然立了自己的儿子为太子,而且立太子时似乎是得到其母皇太后娄氏默许的①,可是第二年十一月留遗诏之前又没有废掉太子,为什么要让自己的弟弟继承皇位?因此说这份遗诏很是可疑。另外,有关所谓高演传位于高湛的记载还有:"帝临崩,遗诏传位于武成,并有手书,其末曰:'百年无罪,汝可以乐处置之,勿学前人。'"②这又与《孝昭帝纪》记载略有不同,虽然《高百年传》所记载的有交代后事之意,而《孝昭帝纪》所记则是临终遗诏,可是当时高演已病入膏肓,《高百年传》却说"遗诏传位于武成,并有手书",《孝昭帝纪》中也有大致相同的记载,这怎么可能?而且这份手书多少有些像武明皇后娄氏的口气,并且是事后所作,因此这份所谓的高演手书也让人感到有些欲盖弥彰,同样可疑。另外,《文苑英华》卷751卢思道《北齐兴亡论》中说孝昭帝高演"期岁而崩,大渐维几,黜其元子,武成母弟之亲,入主宗祐",这里虽说高演"黜其元子",可是当时他并没有废掉自己所立的太子高百年,这就很让人疑惑。而且《北史》卷30《卢玄附曾孙思道传》云:"后左仆射杨遵彦荐之于朝,解褐司空行参军、长兼员外散骑侍郎,直中书省。文宣帝崩,当朝文士各作挽歌十首,择其善者而用之。魏收、阳休之、祖孝徵等不过得一二首,唯思道独有八篇。故时人称为'八米卢郎'。后漏泄省中语,出为丞相西阁祭酒。历太子舍人、司徒录事参军。每居官,多被谴辱。后以擅用库钱,免归家。尝于蓟北,怅然感慨,为五言诗见意,世以为工。后为给事黄门侍郎,待诏文林馆。"《北齐书》卷42《卢潜传》云,卢思道"武平末,黄门侍郎,待诏文林馆"。可见,卢思道在高洋死后不久即被贬官,后因"擅用库钱"被罢官回乡,

---

① 《北齐书》卷12《孝昭六王乐陵王百年传》说,高演即位之初,"群臣请建中宫及太子,帝谦未许,都下百僚又请,乃称太后令立为皇太子"。似乎立太子并非出自高演个人意愿,而是来自群臣的压力。"乃称太后令立为皇太子"亦颇堪玩味,因为这"称太后令"未必真是太后的命令,或许是打着娄氏的旗号而已,但太后对于皇帝的影响力可见一斑,其中亦看出高演与太后之间在立高百年为太子一事上似乎有某种默契,可是从《北齐书》中有关高湛即位事件的记载来看这并非出自娄氏意愿,也许是出于无奈,因为高演立高百年为太子,高湛自然就失去了皇位的继承权,而日后高百年一旦即位,娄氏就将被尊为有名无实的太皇太后,这对于权力欲极强的娄氏是绝不能容忍的。

② 《北齐书》卷12《孝昭六王乐陵王百年传》,中华书局,1972年。

据《北齐书》卷42《袁聿修传》所记,袁聿修"皇建二年,遭母忧去职,寻诏复前官,加冠军、辅国将军,除吏部郎中。未几,迁司徒左长史,加骠骑大将军,领兼御史中丞。司徒录事参军卢思道私贷库钱四十万聘太原王义女为妻,而王氏已先纳陆孔文礼聘为定,聿修坐为首僚,又是国之司宪,知而不劾,被责免中丞。寻迁秘书监"。皇建二年末高湛已经即位,因此从时间上推算,卢思道当是被武成帝高湛所罢官的,这样就可以理解他之所以在《北齐兴亡论》中对高湛大加指责的原因了。而《北齐兴亡论》最早也是他在入北周后所撰。再则"武平"是北齐后主高纬的年号,卢思道武平末做过给事黄门侍郎[①],又待诏文林馆,《北齐书》卷8《后主纪》又云:"又引高元海、宋士素、卢思道、李德林等,欲议禅位皇太子。"连禅位皇太子都要找卢思道商议,可见他是高纬的亲信,因此《北齐兴亡论》所云当是缘于后主高纬的知遇之恩,只好为武成帝高湛讳[②],加之前文所考又与卢思道所说相左,因此卢思道这段话的可靠性值得怀疑。

再则,有关这次事变的经过,《北齐书》、《北史》的《孝昭帝纪》和《武成帝纪》中的记载都过于简略,只在《北齐书》卷14《上洛王思宗附子元海传》中有一些更详细的记载:

  初孝昭之诛杨愔等,谓武成云"事成以尔为皇太弟"。及践祚,乃使武成在邺主兵,立子百年为皇太子,武成甚不平。先是,恒留济南于邺,除领军厍狄伏连为幽州刺史,以斛律丰乐为领军,以分武成之权。武成留伏连而不听丰乐视事。乃与河南王孝瑜伪猎,谋于野,暗乃归。先是童谣云:"中兴寺内白凫翁,四方侧听声雍雍,道人闻之夜打钟。"时丞相府在北城中,即旧中兴寺也。凫翁,谓雄鸡,盖指武成小字步落稽也。道人,济南王小名。打钟,言将被击也。既而太史奏言北城有天子气。昭帝以为济南应之,乃使平秦王归彦之邺,迎济南赴并州。武成先咨元海,并问自安之计。元海曰:"皇太后万福,至尊孝性非常,殿下不须别虑。"武成曰:"岂我推诚之意耶?"元海乞还省一夜思之。武成即留元海后堂。元海达旦不眠,唯绕床徐步。夜漏未曙,武成遽出,曰:"神算如何?"答云:"夜中得三策,恐不堪用耳。"因说梁孝王惧诛入关事,请乘数骑入晋阳,先见太后求哀,后见主上,请去兵权,以死为限,求不干朝政,必保太山之安。此上策也。若不然,当具表,云:"'威权大盛,恐取谤众口',请青、齐二州刺史。沉静自居,必不招物议。此中策也。"更问下策。曰:"发言即恐族诛。"因逼之,答曰:"济南世嫡,主上假太后令而夺之。今集文武,示以此敕,执丰乐,斩归彦,尊济南,号令

[①] 案据《隋书·百官志》记载,北齐职官制度中并无黄门侍郎,只有给事黄门侍郎,故武平末卢思道所任的是给事黄门侍郎,此处记载有误,当以《北史》为准。

[②] 卢思道当时处于矛盾之中,一方面当年被高湛罢官,有切齿之恨,一方面后主高纬对他有知遇之恩。如果否定了高湛即位的合法性,也就否定了高纬的皇位,这样在对于高湛即位过程中的叙述只能加以隐讳。

天下，以顺讨逆。此万世一时也。"武成大悦，狐疑，竟未能用。乃使郑道谦卜之，皆曰："不利举事，静则吉。"又召曹魏祖，问之国事。对曰："当有大凶。"又时有林虑令姓潘，知占候，密谓武成曰："宫车当晏驾，殿下为天下主。"武成拘之于内以候之。又令巫觋卜之，多云不须举兵，自有大庆。武成乃奉诏，令数百骑送济南于晋阳。

可见，高湛早与高孝瑜、高元海有篡位的预谋，而据《高元海传》记载："皇建末，孝昭幸晋阳，武成居守，元海以散骑常侍留典机密。"他既是宗室又是参与中枢决策的重臣，此前高湛又不让领军库狄伏连向斛律丰乐交出兵权。此外，《资治通鉴》对于这场事变还有补充，详见其书卷168陈文帝天嘉二年：

[十月]齐肃宗（高演）出畋，有兔惊马，坠地绝肋。娄太后视疾，问济南所在者三，齐主不对。太后怒曰："杀之邪？不用吾言，死其宜矣！"遂去，不顾。

十一月，甲辰，诏以嗣子冲眇，可遣尚书右仆射赵郡王叡谕旨，征长广王湛统兹大宝。又与湛书曰："百年无罪，汝可以乐处置之，勿效前人也。"是日，殂于晋阳宫。……赵郡王叡先使黄门侍郎王松年驰至邺，宣肃宗遗命。湛犹疑其诈，使所亲先诣殡所，发而视之。使者复命，湛喜，驰赴晋阳，使河南王孝瑜先入宫，改易禁卫。癸丑，世祖即皇帝位于南宫，大赦，改元太宁。

综合以上记载，孝昭帝高演死后高湛即位一事并非所谓兄终弟及的"禅让"，而是一场有预谋的皇位之争，是一场宫廷政变。

三

从有关史书记载来看，这场事变的参与者除上面所说的高湛、斛律金、高孝瑜、高元海、高叡、高归彦、尉粲、段韶、娄叡、斛律光等人外，还有一个人也不能忽视，那就是北齐建立后被追谥为神武皇帝高欢的皇后，时为皇太后的娄氏。前面所引《通鉴》的记载仅说，高演打猎受伤，"太后视疾，问济南所在者三，齐主不对。太后怒曰：'杀之邪？不用吾言，死其宜矣！'遂去，不顾"。《北齐书·武成帝纪》说，孝昭帝高演崩，"皇太后令所司宣遗诏"。《北齐书》卷9《神武娄后传》说："孝昭帝崩，太后又下诏立武成帝。"而当时武明娄皇后下传位诏是例行公事的表面文章，还是确实是她在行使最后的裁决权，这点仅从以上史料是不得而知的。这只有从其他方面着手进行辨析。

首先看皇太后娄氏其人，《北齐书》卷9《神武娄后传》说："讳昭君，赠司徒内干之女也。少明悟，强族多聘之，并不肯行。""神武既有澄清之志，倾产以结英豪，密谋祕策，后恒参预。及拜渤海王妃，阃闱之事悉决焉。""沙苑败后，侯景屡言请精骑二万，必能取之。神武悦，以告于后。后曰：'若如其言，岂有还理,得獭失景,亦有何利.'乃止." "济南即位,尊为太皇太后。尚书令杨愔等受遗诏辅政,疏忌诸王。太皇太后密与孝昭及诸大将定策诛之,下令废立。孝昭即位,复为皇太后。"可见,武明皇后娄氏精明强干、攻于心计,特别是她对侯景请求西征事的分析,都说明她是一个精明的女政治家。但是作为一个成功的政治家仅精明强干、工于心计是不够的,她还要有自己的政治势力集团。

再看斛律金、高孝瑜、高元海、高叡、高归彦、尉粲、段韶、娄叡、斛律光与武明皇后娄氏的政治关系,据拙文所考,斛律金是高欢的亲信,是东魏北齐政权的所谓"元从功臣",在朝中地位很高,并拥有很大的权力,早在高欢起兵之初就与娄氏有政治交往,在高湛发动的这场政变最后关头皇太后娄氏又请斛律金以左丞相的身份出面领衔向高湛劝进一事,也说明斛律金当是皇太后娄氏集团中人。高孝瑜,是文襄帝高澄的长子,是皇太后娄氏的嫡亲长孙,幼年又养于神武宫中,虽"与武成同年相爱",但是祖孙关系应该说是更胜过叔侄关系,因此高孝瑜当是皇太后娄氏利益集团中人。高元海,在这次政变前就和高湛密谋此事,这些都说明高元海早已投靠了高湛,成为高湛的亲信。段韶,是东魏北齐的名将,又是皇太后娄氏的外甥,再加上他的杰出军事才能深受高欢父子的赏识,由此得到重用和信任,由于皇太后娄氏是他姨母,他当然是皇太后娄氏集团中人。高叡是高欢之侄,幼年丧父,生长在宫中,幼年受恩于高欢与娄氏夫妇,在高欢死后必然要依附于皇太后娄氏,成为该集团成员。高归彦是高欢的族弟,善于政治投机,当是受到高湛或武明皇后娄氏集团的收买。尉粲是高欢的外甥,与段韶关系密切,因此他当在政变时追随段韶,成为皇太后娄氏利益集团中人。娄叡是皇太后娄氏的内侄,当然是皇太后娄氏利益集团的骨干。斛律光是斛律金之子,又是东魏北齐政权的重臣和重要军事将领,他当在最后关头权衡利弊,随同其父斛律金站在皇太后娄氏、高湛母子一边。[①] 因此,在这些人中除高归彦、斛律光可能是在最后关头倒向皇太后娄氏和高湛母子一边,而高元海明确是高湛的亲信外,他们或与高欢和武明娄皇后夫妇有旧交,或是高欢夫妇的侄儿、外甥,并且多参与皇太后娄氏利益集团,因此说皇太后娄氏才是这场政变的实际操纵者。至于皇太后娄氏为什么这样做,这是因为她的权力欲极强,只有这样做她才能保住拥有实权的皇太后的地位,而不至于被架空为有名无实的太皇太后。由此来看,在铲除废帝高殷的辅政大臣杨愔等之后,皇太后娄氏就制定了此后由她剩下的三个亲生儿子高演、高湛、高济兄终弟及的皇位继承顺序,以满足她的权力欲望。高济在武成帝高湛死、后主高纬即位后曾云"计次第亦应到我"[②],只可惜到高湛统治后期皇太后娄氏早已死去,其利益集团成员斛律金、高叡、高归彦、尉粲、段韶、娄叡、斛律光等人也多死去,这样高济也就失去靠山,非但没有继承皇位,反而招致杀身之祸。可见,高济所云及其下场又可作为高演、高湛之间的权力更迭并非兄终

[①] 拙文《北齐高演高湛兄终弟及事考释》,载《北大史学》第 15 期。
[②]《北齐书》卷 10《高祖十一王·博陵文简王济传》,中华书局,1972 年。

弟及，而是一场在皇太后娄氏赞许下的宫廷政变的佐证。

四

为了进一步说明问题，下面将高百年之死与高殷之死相比较，高殷之死据《北齐书》卷6《废帝纪》云：

> 皇建二年秋，天文告变，[高]归彦虑有启害，仍白孝昭，以王当咎。乃遣归彦秦驰驷至晋阳宫杀之……大宁二年，葬于武宁之西北，谥闵悼王。初文宣命邢邵制帝名殷字正道，帝从而尤之曰："殷家弟及，'正'字一止，吾身后儿不得也。"邵惧，请改焉。文宣不许曰："天也。"因谓孝昭帝曰："夺但夺，慎勿杀也。"

可见，废帝高殷被杀与出现奇异的天文现象有关，《北齐书·乐陵王百年传》中说到孝昭帝高演的太子高百年被杀时亦云天文现象有异："河清三年五月，白虹围日再重，又横贯而不达。赤星见，帝以盆水承星影而盖之，一夜盆自破。"于是"欲以百年厌之"。而"白虹"据《隋书》卷21《天文志》所云：

> 白虹贯之，天下大战。
> 凡白虹者，百殃之本，众乱所基。
> 凡白虹雾，奸臣谋君，擅权立威。
> 凡夜雾，白虹见，臣有忧。昼雾白虹见，君有忧。

可见所谓"白虹"会导致"百殃之本，众乱所基"。"君有忧"，其天象是十分凶险的，"白虹"还有"诸侯起兵"之类的意思。[①]而"白虹贯日"也是古代占候家常常提到的天象，《唐开元占经》中专门列有"白虹贯日"的卷98《蜺虹占·白虹贯日》云：

> 《感精符》曰："宰相之谋欲有国，则白虹贯日，毁灭息。"《摘亡辟》曰："白虹贯日，四夷为祸，主恐见伐。"《感精符》曰："白虹贯日，天子将排。"《荆州占》曰："白虹贯日，臣杀主。"《甘氏占》曰："日旁有白虹冲日，在东方，东万反；在凹方，凹方反；在四方皆然。期不出五年，中有臣倍（背）其主者。白，大将死色；赤，大夫出，一日有反城。白虹贯日，近臣为乱，诸侯有欲反者。"

《宋书》卷34《五行志》云：

> 永嘉二年二月癸卯，白虹贯日，青黄晕五重。占曰："白虹贯日，近臣不乱，则诸侯有兵，破亡其地。"……一说，王者有兵围之象。
> 晋安帝元兴元年二月甲子，日晕，白虹贯日。明年，桓玄篡位。

[①] 《隋书》卷21《天文志》，中华书局，1975年。

《南齐书》卷12《天文志》云：

> 大明二年至元徽四年，天再裂。占曰"阳不足，白虹贯日，人君恶之"。

卷23《褚渊传》云：

> 以渊眼多白精，谓之"白虹贯日"，言为宋氏亡徵也。

这些与前文所述"白虹"大致相当，最重要的是有"近臣为乱，诸侯有欲反"，甚至有亡国、权臣篡位的征兆，特别是此前桓玄确实是在出现"白虹贯日"后篡位的，这不能不让高湛更加惊慌。

另外，有关"赤星"，据《隋书》卷20《天文志》所云：

> 凡五星色……赤中不平，为兵，为忧……赤，犯我城。

这又是一个不好的天象，使得高湛最后下定了除掉高百年的决心。但是这些"白虹贯日"、"赤星"的天文现象只能说明高百年被害的背景，还不能说明高演、高湛之间权力交替一定是所谓"兄终弟及"而非宫廷政变，而且《北齐书》在记载高殷被杀时也说"天文告变"，只是没有具体说是出现什么不好的天文现象，这并不能用巧合一言以蔽之。

还有一条记载十分可疑，就是前文所引的："帝临崩，遗诏传位于武成，并有手书，其末曰：'百年无罪，汝可以乐处置之，勿学前人。'"这条史料看似是高演留给高湛的遗诏，可是此前《北齐书》卷6《废帝纪》也有相似的记载，是在高洋临终之时向后来的篡位者高演交代后事时所说的那段话以及说这段话的缘由：

> 初文宣命邢邵制帝名殷字正道，帝从而尤之曰："殷家弟及，'正'字一止，吾身后儿不得也。"邵惧，请改焉。文宣不许曰："天也。"因谓孝昭帝曰："夺但夺，慎勿杀也。"

这完全与高洋的所作所为不同，据史籍记载，高洋对于有可能威胁到他身后继承人高殷权力的潜在威胁者——其异母弟永安王高浚、上党王高涣都是毫不留情加以诛杀的①，不会对高演这个他已经看清楚的高殷皇位的潜在威胁者格外仁慈，而乞求高演不要杀害高殷。如果出现这种局面，只能是高演、高湛一方当时具有与其兄高洋抗衡的实力，可是据笔者先父黄永年教授考释，当时高演、高湛并不具备这种实力，政变成功是由于高殷政治上不成熟，并受到祖母太皇太后娄氏的欺骗所致。②再则高殷被废事是高演、高湛兄弟联手发动的宫廷政变，其曲折

---

① 《北齐书》卷4《文宣帝纪》、卷10《永安简平王浚传》、《上党刚肃王涣传》，中华书局，1992年。
② 黄永年：《论北齐的政治斗争》，载香港中文大学《中国文化研究所学报》第六期，此据作者文集《文史探微》（中华书局，2000年，第32—68页）。

经过先父在文中亦有考述①，那么为什么高洋、高演都有相似的临终遗言、遗诏？这只可能有一种解释，即这些所谓的遗言、遗诏都是篡权者事后伪造的。

总之，通过对《高百年墓志》与《北齐书·乐陵王百年传》、《北史·乐陵王百年传》有关高百年死事的不同记载的分析，考证高百年死事确如正史所记，是被其嫡亲叔父、日后的北齐武成帝高湛打死的，其缘由就是当年高演、高湛兄弟联手铲除杨愔等辅政大臣、并采取政治欺骗的手段废除北齐废帝高殷之后，他们与其母皇太后娄氏共同确定了高演、高湛、高济"兄终弟及"的皇位继承顺序。可是在皇建元年十一月孝昭帝高演却打破了这个"兄终弟及"的皇位继承约定，立自己的儿子高百年为皇太子，作为法定继承人，由此引起高湛的不满，他自然要迁怒于高演、高百年父子，当皇建二年十一月孝昭帝高演去世时，高湛又得到其母皇太后娄氏的赞许，与高孝瑜、高元海、高叡、高归彦、段韶、娄叡等人策划并发动了一场宫廷政变，使高湛获得了北齐王朝的最高统治权，登上皇位。虽然如此，高湛对于高百年当年曾经成为其兄高演的法定继承人——皇太子一事仍然耿耿于怀，记恨于心。再则，高湛还认为高百年也将是他的继承人高纬日后统治的潜在威胁，必将其除去才能放心，由此最终导致了这场血案的发生。另外，此事又从另一个方面证实了高演死后高湛登基的过程确实不是什么"兄终弟及"的禅让，而是一场发生在宫廷内的政变。

---

① 黄永年：《论北齐的政治斗争》，载香港中文大学《中国文化研究所学报》第六期，此据作者文集《文史探微》（中华书局，2000 年，第 32—68 页）。

唐人"守选"年限再考察[①]

——以墓志铭记载为核心

蒋爱花　中央民族大学历史文化学院

当前陆续被发掘和刊布的墓志铭资料，为学术研究提供了珍贵的史料。不仅是研究中国古代史的学者，而且从事书法史、古文字学、考古学、医学史、民族学的学者，都不约而同地将目光注视到这块学术宝地上。隋唐时期是墓志撰写较为流行的阶段，目前学术界所研究的唐代墓志铭逐年增加。根据气贺泽保规主编的《新版唐代墓志所在总合目录（增订版）》（日·汲古书院，2009年）统计，唐代墓志铭为8737件，若再加上陕西省大唐西市博物馆收藏的约500方墓志（《大唐西市博物馆藏墓志》北京大学出版社，2012年），以及散见于《考古》、《文物》、《碑林集刊》、《考古与文物》等刊物陆续公布的唐代墓志铭，总共数目已至1万件。在过去的数十年间，以墓志作为文本的研究成果日渐增多。学术界已有针对唐人"及第"与"守选"问题的讨论，但较少注意到唐代墓志铭资料。由于墓志铭是以个人传记为记载特色的文本，所以可以从中考评或洞察官员的仕宦履历。本文旨在通过出土的墓志资料来研究唐代官员的"及第"与"释褐"年龄，以及由入仕年龄反映出的唐人的"守选"问题。不当之处，还望识者正之。

一、"及第"与"释褐"的确切含义

唐人获得出身的途径有三种：一是门荫入仕。三品以上亲贵，四、五品高级官吏和勋官上柱国、柱国的子或孙，根据父祖官爵的高低，可以根据法令的规定，获得不同品阶的官职。但在授予职事官之前，需先入校学习，或先充当5—8年皇帝或太子的宿卫官（三卫）。期满合格后，才能参加铨选。铨选合格后，才能授予官职。在唐朝前期，门荫入仕是高级官吏的重要来源。二是杂色入流。中央各官府及其直属机构的胥吏升到一定级别后，品子（六品以下官及三至五品勋官子）、勋官按规定服役或纳资期满，均可到吏部参加铨选，若合格，即可授予官职。中央各官府的胥吏经过考试加以任用的，称为流外官。他们获得官职，称为"流外入流"。杂色入流，在整个唐代多为低级（或个别中级）官吏的主要来源。三是

[①] 本文为国家社科基金青年项目"唐代中下层官员研究"（项目编号12CZS019）的阶段性成果之一，亦得到了中央民族大学学术工作坊"社会·地域与族群——古代史诸面相"的资助，谨致谢忱。

科举（又称贡举），分为常举和制举两种。有关科举制度的研究成果甚多。①

唐代后期官制自成特点。随着藩镇割据的出现，辟署，即由地方长官推荐或直接征召而授予幕僚官职，这种入仕方式在安史之乱前后广泛地兴起，并逐渐成为唐代中后期官员入仕的重要途径之一。

绝大部分的墓志没有为我们透露志主的及第年龄、释褐年龄，只有极少数的墓志有所涉及，或者笼统地写到"弱冠射策高第"。在讨论释褐年龄之前，我们必须理清这样一个概念，即"及第"不等于"释褐"，只是表示已经获得了做官的资格，待经过一定年岁的守选状态后，方能"释褐"。"释褐"又称"解巾"、"解褐"，多数情况下跟"起家"同义，是古人的一种习惯用法。"褐夫"是指穿粗布衣服的人，古代指贫贱者。《孟子·公孙丑上》："视刺万乘之君，视若褐夫"②。"释褐"其意思有二：一是指脱去平民衣服（褐色代指平民百姓的着装特点），喻始任官职。汉代扬雄《解嘲》："夫上世之士，或解缚而相，或释褐而傅。"③ 晋代袁宏《三国名臣序赞》："（孔明）释褐中林，郁为时栋。"④《晋书·曹毗传》："安期解褐于秀林，渔父摆钩于长川。"⑤《周书·李基传》："大统十年，（李基）释褐员外散骑常侍。"⑥ 唐人陈子昂《麈尾赋》序："甲申岁，天子在洛阳，余始解褐，守麟台正字。"⑦ 二是指进士及第授官。宋代高承《事物纪原·旗旄采章·释褐》："太平兴国二年正月十二日，赐新及第进士诸科，吕蒙正以下绿袍靴笏，非常例也。御前释褐，盖自是始。"⑧ 宋人洪迈《夷坚甲志·陈国佐》："政和癸

---

① 在科举与官吏的选举方面，研究成果较多。傅衣凌《唐代宰相地域分布与进士制之"相关"的研究》较早注意到唐代宰相的出身地与进士出身有着非常密切的关系。毛汉光《科举前后（公元600±300）清要官型态之比较研究》，利用大量的统计资料，分析了门第与科举在魏晋隋唐时期清要官选举中的变化，认为："科举时代的唐朝，圈内竞争激烈，进士第、门第、才能等多种元素取代了以往'门第二品单元因素'"。刘海峰《唐代教育与选举制度综论》详细探讨了唐代科举出身对铨选入仕及铨选制度的演进（第107—172页），初步阐明了唐代科举对铨选和选官的影响。而吴宗国《唐代科举制度研究》可以说是唐朝科举研究的总论性著作，该书追溯了科举制度的产生过程及在唐代选官制度中的地位变化，分别从明经科、进士科和制科出身的角度详细探讨了不同科目出身对唐代选官的和铨选的影响。刘后滨《唐前期文官的出身与铨选》一文中，侧重探讨科举制体现的考试原则和才学标准在非科举的出身途径以及在文官铨选中的实施。王勋成《唐代铨选与文学》，对及第举子守选、制举与铨选、科目选与铨选等问题进行了探讨。此外，高明士《隋唐贡举制度》、中砂《唐代地官研究》、卓遵宏《唐代进士与政治》等论著也都对唐代科举与选举、铨选的相关问题发表了重要看法。
② 李学勤主编：《十三经注疏·孟子注疏》卷三上《公孙丑章句上》，北京大学出版社，1999年，第73页。
③ ［汉］扬雄著，张震泽校注：《扬雄集校注·解嘲》，上海古籍出版社，1993年，第188页。
④ 许嘉璐主编：《二十四史全译》，《晋书》卷九十二，列传六十二《文苑·袁宏传》，汉语大词典出版社，2004年，第2054页。
⑤ 许嘉璐主编：《二十四史全译》，《晋书》卷九十二，列传六十二《文苑·曹毗传》，汉语大词典出版社，2004年，第2046页。
⑥ ［唐］令狐德棻等撰：《周书》卷二十五，列传第十七《李贤传》，中华书局，2000年，第285页。
⑦ ［唐］陈子昂：《陈子昂集·麈尾赋》序，中华书局，1960年，第1页。
⑧ 和刻本类书集成第二辑：《事物纪原·小学绀珠》卷三《旗旄采章·释褐》，上海古籍出版社，1990年，第43页。

巳，国佐遂魁辟雍，释褐第一。"① 可见，从"释褐"到"御前释褐"的转变大约始于宋代太平兴国二年（977）。

"及第"是一个政治色彩浓厚的名词，表示某人的出身，指一个人进入仕宦的最初资格。明经、进士皆为科举出身者，而三卫是禁卫军从业人员的一种身份，唐时规定以亲卫、勋卫、翊卫为三卫，各分左右卫。从墓志中辑录出了较多三卫出身的例子，到了唐代中后期，三卫出身者的地位较高，"即知正字、校书，不如一乡县尉；明经、进士，不如三卫出身。"② 除此以外，还有大量的高官子弟可以享受门荫出身。本文也将对门荫出身者获得"及第"资格的时间予以讨论。

学术界已有针对唐人"及第"与"守选"问题的讨论，以台湾学者王勋成《唐代铨选与文学》为代表，认为唐代进士及第必须守选三年方能释褐授官。③ 陈铁民、李亮伟撰文予以反驳，他们所依据的材料既有传世文献，又有墓志资料，指出进士守选的情况大抵出现在中晚唐。④ 谭庄《初盛唐及第进士守选制说指疵》从文献的角度指出王勋成所用材料的不可靠性，并对初盛唐明经及第后守选的原因予以分析，并认为及第进士必须守选三年的结论不成立。⑤ 必须指出的是，现如今已经刊布的墓志铭亦没有为我们提供初唐进士及第者需要守选或不守选的具体事例。笔者遍检五千余方墓志铭，只有《唐代墓志汇编》中编号为神功 013 的志主盖畅"起家进士，贞观廿二年，授麟台正字"。从他"神功元年卒，春秋七十六"可以推算出志主的生卒年为 622—697 年（76 岁）⑥，而志主释褐的年龄为 26 岁，但是具体的及第年龄不得而知。本文的主旨是从一个全面的角度来阐释"及第"与"释褐"问题，这既包括明经出身者，又包括门荫入仕者，还有具有特殊意义的宿卫出身者。

二、"解巾"、"释褐"与"起家"年龄考

墓志中常用"解巾"、"释褐"、"起家"、"解褐"等字眼来表示志主已经获得官职。比如：龙朔 043，李谞"贞观五年，以国子监明经举策问高第，解巾蒙授常州博士"，而墓志中记载了他"龙朔二年岁次壬戌七月寝疾……春秋五十

---

① ［宋］洪迈著，王锡婷、滕一岚译：《夷坚志选》，外文出版社，2009 年。
② ［五代］王定保：《唐摭言》卷六《公荐》，中华书局，1985 年，第 55 页。
③ 王勋成：《唐代铨选与文学》，中华书局，2001 年。作者在新近发表的《从选举制审视唐人的及第登科入仕》一文中再次强调：按唐选举制，进士及第后，必须守选三年，三年期满，方可赴吏部参加冬集铨选，注拟授官。若想提前入仕，可参加制举试或吏部科目试，登科后立即授官。但许多有关唐人的传记、年谱等，却认为进士及第之时，就是其释褐入仕之年，尤其以为初盛唐不存在守选，对制举试和科目选试也有着这样那样的误解。详见《文学与遗产》2010 年第 3 期。
④ 陈铁民、李亮伟：《关于守选制与唐诗人登第后的释褐时间》，载《文学遗产》2010 年第 3 期。
⑤ 谭庄：《初盛唐及第进士守选制说指疵》，载《宁波大学学报》（人文科学版）第 24 卷第 3 期，2011 年 5 月。
⑥ 为了简洁明了地表示唐人的生平及死亡年龄，本文采用两者一起标出的方式，下文同。

四"①。可以推算出李谓的生卒年为609—662年（54岁），而及第的年龄为22岁。

有些墓志的志主跨越隋唐两代，尤其是编号为唐前期的墓志主人。比如封温，"贞观六年终于官舍，春秋六十七"，可以推算出生卒年为566—632年（67岁），而且"武德元年授观州蒋县令"，如果这是他的释褐官的话，那么他可谓"大器晚成"，释褐年龄为52岁。

乾封006，颜仁楚"弱冠州举孝廉，射策高第，授文林郎，此贞观十八年也……廿二年，授汾州孝义县尉"，"以麟德二年薨于路，春秋卌有五"②，可以算出其生卒年为621—665年（45岁），而他以明经中第的年龄为23岁，即授文林郎，而担任第一个职事官则是四年之后，即志主27岁的时候。

咸亨106，李辩"春秋七十有五，以龙朔三年寝疾……贞观十五年，起家为豫州偃城县尉"③，可以推断出其生卒年为589—663年（75岁），而他"起家"的时候已经是贞观十五年（641），他已经52岁了。

永淳009，李元轨"年廿四，补国子生"，在唐代能补国子生也是非常难得的，唐制："国子学，生三百人，以文武三品以上子孙若从二品以上曾孙及勋官二品、县公、京官四品带三品勋封之子为之。"④ 李元轨"以龙朔二年射策高第，拜国子监大成，俄征为北门学士，教羽林军飞骑……迁秘书省校书郎，定鱼鲁之残差……奉敕检校婺州常山县丞"⑤，此人的出身非常好，不管是北门学士，还是校书郎，可谓"良选"，可惜的是英年早逝，"春秋卌五"，其生卒年为638—682年（45岁）。

永淳023，赵义"弱冠补四门馆学生，永徽元载……授文林郎……显庆元年，授洺州曲周县尉"⑥，唐制："四门学，生千三百人，其五百人以勋官三品以上无封、四品有封及文武七品以上子为之，八百人以庶人之俊异者为之。"而志主的父祖皆为县令，可以推测可能的入仕途径为袭荫，即"文武七品以上子为之"。从墓志信息可以推算出，其生卒年为627—680年（54岁），被授文林郎时23岁，担任第一个职事官时年仅29岁。

垂拱007，贾玄赞"十有八载，齿胄庠门。廿一年，以明经擢第，初授洛州博士"。因其父亲为大儒贾公彦（朝散大夫、行大学博士、弘文馆学士），可见此人有一定的家学渊源，墓志中也写到"家声渐庆，门德资神"，其终身的职业为"于弘文馆教王子读书"⑦，这也许真是"诗书传家"的典型个案。垂拱020，王行淹"贞观十六年，任东宫右卫翊卫"，"春秋七十有九，以大唐垂拱二年卒"，可

---

① 《唐代墓志汇编》龙朔043，第364页。
② 《唐代墓志汇编》乾封006，第445页。
③ 《唐代墓志汇编》咸亨106，第586—587页。
④ 《新唐书》卷四十四《选举志上》，中华书局1975年，第1159页。
⑤ 《唐代墓志汇编》永淳009，第690—691页。
⑥ 《唐代墓志汇编》永淳023，第701页。
⑦ 《唐代墓志汇编》垂拱07，第732页。

知其生卒年为608—686年（79岁），而任东宫右卫翊卫的时候是34岁。垂拱034，许坚"年廿五，本州岛明经举，对策高第，授儒林郎，崇文德也"，可见许氏在25岁时中举，其后又被授以散官，文林郎为九品上的散官。万岁通天011，张金才"年卅五，辟授沛王府参军"①，明确记载了释褐的年龄为35岁。

神功013，盖畅"起家进士，贞观廿二年，授麟台正字"。从志主"神功元年卒，春秋七十六"，可以推算出志主的生卒年为622—697年（76岁），而志主释褐的年龄为26岁，出身不错，为麟台正字。但可能他根本就不喜欢官场作风，"永徽三年，制除太子校书，显庆四年，奉敕待制弘文馆随仗入内供奉，龙朔元年，授雍州栎阳尉。乾封二年，授雍州富平丞，丁忧解。咸亨四年，授兖州曲阜令"。此人经学传家，却以进士及第，长任州县吏职，却最终回归学术，"久居吏职，非其所好。秩满归家不仕，以文史自娱，著道统十卷，诚千古之名作，一代之良才"。所以他的墓碑上写着"大周故处士前兖州曲阜县令盖府君墓志铭并序"②。

长安030，程思义"年十八，幽州贡明经及第，久之，擢授峡州远安县丞、豪州钟离县丞、怀州河内县丞……迁司刑评事……出为衮州龚丘县令"③。可见他中明经举的年龄为18岁，这在同龄人中是比较早的，不然墓志中也不会以炫耀的口气大书特书。长安065，王敏"巧便刀戟，尤工骑射；仪凤三年，应举及第，解褐以上骑都尉、任左领军长上旅帅"。唐代官方规定："有武举，盖其起于武后之时。长安二年，始置武举。其制，有长垛、马射、步射、平射、筒射，又有马枪、翘关、负重、身材之选。翘关，长丈七尺，径三寸半，凡十举后，手持关距，出处无过一尺；负重者，负米五斛，行二十步：皆为中第，亦以乡饮酒礼送兵部。"④从墓志中透露的信息"长安四年寝疾，春秋六十有一"⑤，可以得出其生卒年为644—704年（61岁），志主应武举及第的年龄为34岁。

先天005，张自然"年二十三，任右卫翊卫"，卫官出身，大概与祖荫有关，其祖父为刺史，父亲为县令，所以他的释褐年龄比较早，为23岁。同时，他的仕途也比较顺利，最后做到了易州司马。

开元032，赵保隆"年廿，以明经入贡升第，以贞观廿二年，始授瀛州乐寿尉"，志主"春秋七十，以周永昌元年终于私第"，可以推断出其生卒年为620—689年（70岁），其释褐年龄为贞观廿二年（648），也就是在他28岁的时候，中间间隔了8年，比规定的"守选"时间四年要长，可能是遇到亲人亡故等原因，所以志文中才用了"始授"这样的词语。开元075，魏憼"十五志学，三十而立，以秀才甲科，调补宣州当涂县尉"。开元266，王思齐"咸亨元年，州辟孝廉擢

---

① 《唐代墓志汇编》天授008，第798页。
② 《唐代墓志汇编》神功013，第921—922页。
③ 《唐代墓志汇编》长安030，第1012页。
④ 《新唐书》卷四四《选举制》上，第1171页。
⑤ 《唐代墓志汇编》长安065，第1037页。

第，调补宣州溧阳县尉"，墓志中提到"景龙二年，不禄于宕渠官舍……春秋六十二"。可以推断出其生卒年为647—708年（62岁），那么他在咸亨元年（670）以"孝廉（明经）"及第的年龄为23岁。开元346，慕容瑾"年廿，明经擢第，解褐岐州参军"①。开元354，姚迁"年卅，起家宿卫出身，解褐初调邛州蒲江县主簿"，从墓志可以看出，宿卫出身是中下层官员一个很重要的入仕途径。开元513，张孚"年十八，以门资斋郎常选，后授随州司仓参军"，盖因其祖父为张柬之（特进、中书令、汉阳郡王），所以张孚能以斋郎的身份获得出身。

天宝002，王冷然"廿则宾于王庭，以秀才擢第，授东宫校书郎"，不错的出身，可惜的是33岁英年早逝，故终任之官并不高，为"右威卫兵曹参军"。天宝081，张俊"年十八，北海使薛慎奏充海运判官"。18岁入幕，从诸使担任判官，是其重要的资历。天宝087，庾若讷"载廿三，临汝郡察以孝廉登科，初命北海郡参军"。天宝115，李迪"廿孝廉擢第，卅解褐受官，首任扬州大都督府杨子县尉"。虽然其父亲为给事中、刺史，但志主仍以明经擢第，可见在当时的社会条件下，科举入仕较之用荫更有吸引力。天宝138，王孝源"廿一解褐补常州武进县主簿，再授苏州昆山县丞，公为再丁艰疚，因而成疾，间者十五岁，罢仕后疾愈，选授蒲州解县丞"。志主在21岁已经释褐，可惜仕途并不是太顺，曾经因父母过世而"积劳成疾"，罢仕之后才恢复健康，后又授蒲州解县丞。

贞元076，王仲堪"大历七年（772），进士擢第，解褐授太原府参军事"，从志文中推算出王氏的生卒年为734—797年（64岁），所以王氏39岁时进士及第。贞元105，薛讯"天宝十三载（754），州举孝廉，弱冠擢第，有司旌于甲科，授许州许昌尉、曹州成武尉、陕州芮城尉、河南府长水尉、密县丞"，从志文推算出志主的生卒年为723—801年（79岁），天宝十三载时，薛氏已经31岁，弱冠的意思不确指多少岁，是一个模糊的表达。

大和031，刘茂贞21岁明经及第，29岁释褐任"洪州建昌县尉"。乾宁007，崔赦"年廿八，擢进士甲科第"，但是他是以巡官身份释褐，"故相国太尉杜公总征赋之任，署盐铁巡官"，"奉授秘书省校书郎"。大中102，韩昶"因与俗乖，不得官。年至二十五，及第释褐，柳公公绰镇邠辟之，试弘文馆校书郎"②。续贞观012，彭师德23岁释褐为饶州参军事。

家庭背景不同，其入仕途经有别。从前面的样本可以看出，释褐的年龄跨度比较大，比如天宝081，张俊"年十八，北海使薛慎奏充海运判官"。18岁入幕，从诸使担任判官，是其重要的资历。这也是唐代后期进入幕府的一种仕宦途径。前举封温释褐时已经52岁。再比如，久视004，"以永徽三年明经擢第，授承奉郎"，还没来得及等到释褐，30岁已经去世。从以上的31个例子统计得出，"及第"与"释褐"的年龄不同，中间有一定的守选时间。有关"及第"年龄的例子

---

① 《唐代墓志汇编》开元346，第1395页。
② 《唐代墓志汇编》大中102，第2329页。

一共有18个，有关释褐年龄的例子一共有14个（其中天宝115，李迪的墓志铭兼备及第与释褐年龄，十分难得）。列表如下：

唐人及第与释褐年龄统计表

及第年龄	18	20	21	22	23	24	25	28	31	34	39
人数	2	3	2	1	3	1	2	1	1	1	1
释褐年龄	18	21	23	26	27	28	29	30	34	35	52
人数	1	1	2	1	1	1	2	2	1	1	1

注：上面分别表示及第与释褐年龄（虚岁），下面的人数为从墓志中统计出的人数。

从上表的样本计算得出，大部分人在20—30岁之间参加科举考试，获得出身。以这18个例子，计算得知他们的平均及第年龄为24.17岁。从这14个释褐年龄的样本，可知他们的释褐年龄平均为28.93岁。[1] 当然，由于材料的限制，我们的样本数量还不够多，但仍然可以保守地说，从及第到释褐，平均有四五年的待选时间。如果不是特别的途径（比如制举），唐代中下层官员的入仕并不是太轻松。有学者认为"唐代作为古代科举制度发展的重要时期，为世人打开了一条通向仕途的康庄大道，然而进入仕途的道路上，唐人必须接受选官制度、生活、心理各方面的考验"[2]。

"弱冠、若冠"是一个模糊的概念。古人二十岁行冠礼，以示成年，但体犹未壮，故称"弱冠"。男子到了一定的年龄，要为他们举行一次"成人礼"的仪式。男行冠礼，就是把头发盘成发髻，谓之"结发"，然后再戴上帽子，在《说文》里：冠，弁冕之总名也，谓之成人。在《礼记·曲礼上》记有：男子二十冠而字。意思是，举行冠礼，并赐以字。冠岁，意思就是男子20岁了，说明他刚刚到了成人年龄，20岁也称"弱冠之年"。从《唐代墓志汇编》中找到的有关弱冠的例子共有32例。

天册万岁003，张忱"弱冠补弘文馆学生，解褐朝散郎行并州大都督府参军事"[3]。天授008，杜季方"始以世资，弱冠为密王府法曹参军"，所谓的"世资"，当为他承荫其父杜举（唐宋州枳城县令，渝州别驾，麟、宕、忻、鄯、南等州刺史）[4]。长安043，□隆基"弱冠以国子监明经，射策高第，调补并州参军"[5]，只是模糊地提到了弱冠，大概是20岁左右。长安071，姚处贤"弱冠以明经擢第，解褐坊州博士"。太极007，慕容思廉"弱冠授左卫翊卫，附学明经，解褐授璧州司仓、成州司户"[6]。

---

[1] 及第是获得做官资格，释褐是正式获得官职，二者不能等同。另：18个总样本中，均提及了及弟年龄，但只有14个样本记载了释褐年龄，故结论分两个方面来说。
[2] 张荣靖：《从干谒诗看唐人入仕的身心之艰》，载《价值工程》2011年第18期。
[3] 《唐代墓志汇编》天授008，第798页。
[4] 《唐代墓志汇编》天授008，第798页。
[5] 《唐代墓志汇编》长安043，第1021页。
[6] 《唐代墓志汇编》长安071，第1041页；太极007，第1140—1141页。

开元001，薄仁，"公年才弱冠，任国子监学生"；开元017，王基"弱冠明经擢第，补岗州司法参军"。开元098，敬守德"弱冠以进士出身，应抚字举及第，授宁州罗川县尉"。开元110，杨□"弱冠左卫翊卫，拜洛辇脚，解褐贝州参军事"。开元195，邓宾"年十七，以门资补左骁卫司戈，寻转蒲州宝鼎府左果毅都尉、左卫司阶"。开元229，郑戎"弱冠以门荫调补房州永清尉"。开元344，赵夏日"弱冠以进士擢第，历宋城、朝邑两县尉"，大概是因为进士及第的原因，他的释褐官职比较不错，为宋城县尉。开元345，王希俊"若冠，以门荫补左卫勋卫"。开元399，崔嘉祉"弱冠以明经选调，补濮州鄄城县尉"。开元422，姚□"弱岁以门子翊卫，解褐瀛州参军"。开元449，崔湛"弱冠以诸亲出身，解褐补洺州参军"。开元467，何□"年弱冠，宿卫，通经高第，调选补简州平泉、邛州临邛二簿"。开元483，周诚"弱冠国子生，孝廉擢第，解褐补润州金坛尉"。开元484，郑□"弱冠宿卫出身，拔萃举及第"。

天宝025，寇鐻"弱冠以孝廉及第，明年，授崇文馆校书郎"。天宝032，明俊"弱冠察孝廉，调补殿中省尚辇司掌辇"。天宝048，孔齐参"弱冠孝廉擢第，解褐行宋州参卿事"。

天宝069，赵思廉"弱冠明经登甲科，解褐郑之荥阳主簿"。天宝129，丁韶"弱冠明经擢第，释褐授隐太子庙丞"。天宝167，李庭训"公弱冠孝廉擢第，解褐申王府参卿"。天宝170，李冲"弱冠宿卫，解褐单父县主簿"。天宝178，崔杰"弱冠以明经甲科，解褐授崇文馆校书郎"。天宝154，朱□"年卅，国子进士擢第，居无何，署信信都郡武强县尉"，志主不仅释褐较晚，"终于私第"时也仅有49岁。永泰003，李瓘"弱冠以门子宿卫出身，选授右司御率府仓曹参军"。

大历008，李睦"弱冠以宿卫，授复州司户"。大历044，裴涓"弱龄以祖荫知礼者，为太庙斋郎，六载考绩，调授沧州盐山县尉"，可以看出志主弱冠之年出身为太庙斋郎，而6年之后，方才释褐。大历070，崔杰"十四，以五经擢第，世补太子校书"。大历080，窦寓"弱冠明经擢第，调补秘书省正字"。

但是从墓志中的书写方式可以看出，弱冠是泛指20—30岁的年纪。前举贞元105，薛讯31岁时举孝廉（明经擢第），仍然以弱冠称之。

三、守选："历级而升"还是"脱颖而出"

以个人传记为记载中心的墓志铭资料，为我们考察唐人的"守选"问题提供了崭新的视角。通过最大限量地整理唐代墓志，我们可以辑录出有效样本31个，计算得知唐人的平均及第年龄为24.17岁，释褐年龄为28.93岁（按照中国惯例，此为虚岁），二者之间相差4.76年。可以说，从及第到释褐，平均有四五年的等待与守选的时间。如果不是特别的途径（比如制举），唐人的入仕与升迁并不是太轻松的事情。

唐代享有荫子特权的除皇室宗戚外，主要是当朝权贵。门荫法规定：职事官一品子的散阶为正七品上，二品子为正七品下，自三品起始有正从之分，其子所叙品阶递降一阶，从五品子从八品叙。赠官、散官、勋官也按相应的规定荫子弟。严格地说，门荫只限于五品以上官员，但是对六品至九品官，也给予一定的照顾，他们的子弟可以"品子"身份服职役后获得做官资格。对于大多数高官子弟来说，他们在取得散阶后，要充任三卫、千牛备身、殿中省进马、太庙及郊社斋郎等职，获得参选资格，然后逐步劳考升迁。此外，国子监下设的六学、门下省弘文馆、太子东宫崇文馆也多由高官子弟垄断荫补，二者虽不是职事官选，但由于"速于登第"，仍不失为入仕之美选。还有一种不依令文、旨在体现对臣下特殊恩宠的皇帝特授。比如追荫前朝功臣子弟、表彰本朝忠臣而对其子弟恩赐，及因战事等紧急情况的临时赐官等。这种皇帝惠赐臣下的恩荫在实质上与门荫制无异，我们也把它视为门荫的一种特殊形式。[①]

略举几例：天宝148，高琛"年十有六，以门子补弘文生，居三岁而参泾州军事"。16岁获得出身，19岁即已释褐，这大概与所受门荫有关，"公则并州司马府君之元子也"[②]。大历072，崔夷甫"少以门荫为太庙斋郎。年未廿，调补泽州参军事，转陕州河北县尉"。因为崔氏家族在当时的社会比较有影响，是名门望族，而太庙斋郎的出身也是普通人所不能望其项背的。贞元100，王永"十二，授左清道率□□曹。廿余，累授常婺二州司户参军事"，其入仕较早，是因为蒙荫所致，志主是玄宗朝名将王忠嗣之孙。大和088，卢当"年十六，经明擢第，调补汝州临汝尉"。大中115，李贞曜"年才十二三，明经中举"，但是他似乎不甘心于明经及第，而在"年廿九，进士及第"，而且此人极为突出，"其明年冬，以博学宏词科为敕头，明年春，授秘书省校书郎"，少年得志的卢氏其出身及仕途相当顺利，但似乎并没有按照理想的路线走下去，38岁时"终于官舍"。大中127，马攸"年十二，参岳王府军事"，其出身较早，大概也与蒙荫有关，志主为"功臣北平郡王马燧之曾孙"。咸通116，郑□"未弱冠，明经高第，解褐盐城尉"。

门荫者的家境相对较好，获得出身的时间也较早。上举6个例子中，5例明确说明了获得及第的年龄，都不足20岁。这是那些无家庭背景的中下层官员所望尘莫及的。两馆生均为三品以上高官亲贵子弟垄断，与科举及第者相比，其课试相对简单。考虑到两馆生并无年龄限制，补两馆生时多为弱冠之年甚至更小，能释褐这样的官职，已经是普通官僚子弟不敢奢望的。因为六品以下、九品以上的中下层官员并无门荫特权，他们的子弟只能以"品子"身份担任亲事、帐内等杂执掌，才能获得散位，进而有机会参加吏部的铨选获得一官半职。

《唐六典》记载："凡王公已下皆有亲事、帐内（六品、七品子为亲事，八品、九品子为帐内），限年十八已上（举诸州，率万人已上充之。亲王、嗣王、郡

---

① 杨西云：《唐代门荫制与科举制的消长关系》，载《南开大学学报（哲学社会科学版）》1997年第1期。

② 《唐代墓志汇编》天宝148，第1635页。

王、开府仪同三司及三品已上官带勋者,差以给之。并本贯纳其资课,皆从金部给付),皆限十周年则听其简试,文理高者送吏部,其余留本司,全下者退还本色。"① 品子具体的叙阶之法是:"任杂掌及王公以下亲事、帐内劳满而选者,七品以上子从九品上叙。其任流外而应入流内,叙品卑者,亦如之。九品以上及勋官五品以上子,从九品下叙。"② 可见,唐代中下层官员的子弟由品子身份充杂执掌,至少需 10 年才可能被授予散品,然后又需番上两年,经过简试之后才可去吏部参选。与上述高琛 16 岁补弘文生,19 岁即从正九品上释褐相比,可谓判若云泥。因此,两馆生绝非唐代普通中下层官员出身的主要途径。

唐代官员一般在 20—30 岁之间完成门荫或者科举及第的任务,幸运的话,能较快获得一个释褐官。但是我们也发现了两例 52 岁才释褐的例子。当然不同出身的人,其仕宦途径、前景都不相同。如果没有特别的才干,不能参加制举或科目选,或者没有有力的社会关系获得荐举,那么普通的唐代官员往往忙碌于基层。门荫入仕者的家境相对较好,获得出身的时间也较早,甚至不足 20 岁即已获得入仕资格,是唐代普通官员不敢奢望的。而门荫入仕仿佛一张多次有效的"VIP卡",在入仕及入仕后的升迁中,发挥着效力。玄宗开元十八年(730),吏部尚书裴光庭为解决这一问题,依据北魏的历史经验建立"循资格"授官法,即把选人按照前任官阶分为若干等级,规定罢任后各经过若干年即可获得官职。前任官阶低的候选年限长,官阶高的候选年限短,"无问能否,选满即注,限年蹑级,不得逾越,非负谴者皆有升无降"③。这种按照年资授职升迁的方式使"庸碌者便于历级而升,挺特者不能脱颖而出"。虽然"循资格"后来废除了,但实际上"有司以循资格便于己,犹踵行之",成为唐代铨选中难以消除的弊病。

---

① 《唐六典》卷五《兵部郎中员外郎》条,第 155—156 页。
② 《新唐书》卷四五《选举志》下,第 1172 页。
③ [北宋] 司马光等:《资治通鉴》卷二一三,"开元十八年条",中华书局,1956 年,第 6789 页。

佛教艺术研究

中尼边境古寺宗嘎曲德寺考古调查与发掘

夏格旺堆　西藏自治区文物保护研究所

宗嘎曲德寺（rdzong dgav chos sde）地处西藏西南中尼边境的日喀则地区吉隆县宗嘎镇，距离西藏首府拉萨市近 800 公里。寺院修建于宗嘎镇南侧、被称为"篾多塘（me rdo thang）"的三角台地南端芒域孔塘王朝[①]（11—17 世纪，mang yul gung thang rgyal rabs）第三座王宫城堡的外城墙遗址内，海拔 4142 米。

现今的宗嘎曲德寺，修建伊始的实际名称是"扎西果芒祖拉康（bkra shis sgo mang gtsug lag khang 意即'吉祥多门寺'）"，与距其南部约 40 米的卓玛拉康一起，历史上曾经有过几种不同的名称来统概之，如孔塘曲德乾莫（gung thang chos sde chen mo，意即"孔塘大寺院"）[②]、宗噶尔曲德（rdzong dkar chos sde，意即"宗噶尔寺"）[③]、阿里曲宗甘丹培杰林寺（mngav ris chos rdzong dgav ldan vphel rgyas gling，意即"阿里寺院具善兴旺洲"）等。[④] 现在的人们为了简约和方便，取其统称中的"曲德"两字，使得完整的实际名称变成了陌生的叫法，而不准确和不符合实际的名称"曲德"[⑤] 却已成为常用名（图一、图版十八）。

尽管如此，宗嘎曲德寺和卓玛拉康作为西藏下部阿里孔塘王朝第三座及最后一座王城"扎西琼宗嘎莫（bkra shis khyung rdzong dkar mo）"建筑群内的寺院建筑，与王城建筑同时于 1270—1277 年间由第 10 代孔塘王赤嘉崩德衮（1253—

---

① 《吉隆县文物志》等以往所见的部分汉文材料中将其音译为"贡塘王朝"，因"孔塘"二字发音较"贡塘"更加接近当地藏语发音，故采用之。

② 噶托·仁增次旺诺布（1698—1756，ka thog rig vdzin tshe dbang nor bu）著，成书于 1749 年的《吐蕃王室在卜部阿里扎塘之世系源流明镜》（藏文，ka thog rig vdzin tshe dbang nor bu《bod rje lha btsad povi gdung rabs mngav ris smad gung thang du ji ltar byung pavi tshul deb ther dwang shel vphrul gyi me long zhes bya ba bzhugs so》），此处简称《孔塘王系源流》，载恰白·次旦平措主编：《藏文史籍五部》（bod kyi lo rgyus deb t-her khag lnga），西藏藏文古籍出版社，1990 年第 1 版，2005 年 12 月第二次印刷，第 119 页。

③ 2007 年编写的一段寺院内部资料形式的"简志"中提出了这一名称的存在。

④ 2007 年编写的一段寺院内部资料形式的"简志"中提出了这一名称的存在。但在第斯桑杰嘉措（1653—1705，sde srid sangs rgyas rgya mtsho）著，成书于 1698 年的《格鲁派教法史——黄琉璃宝鉴》（藏文，中国藏学出版社，1989 年第一版、1991 年第二次印刷版，第 283 页）中认为，该寺于 17 世纪改宗格鲁派后的名称为"甘丹伦布寺（dgav ldan lhun po）"。由此可见，"阿里曲宗甘丹培杰林寺"这一名称的使用至少当在 17 世纪末以后。

⑤ "曲德"在藏语中为"寺院"之意，这个词汇并不是一座寺院的具体名称。但 2001 年，国务院公布该寺为第五批全国重点文物保护单位时的名称为"曲德寺"。这归因于基层上报名称时的错报，这个词汇未能表达其真实且较为全面的名称，即"宗嘎曲德寺"或"宗噶尔曲德寺"等。

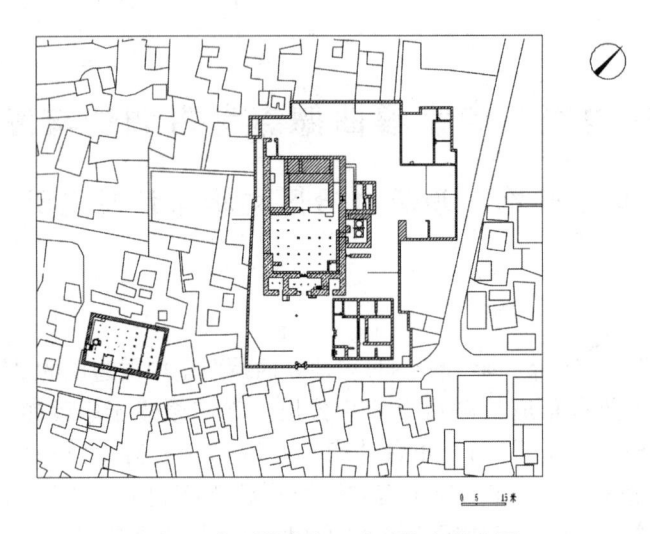

图一　宗嘎曲德寺、卓玛拉康分布图

1280，khri rgyal vbum lde mgon）修建。[①] 尽管卓玛拉康最初并不是以寺院建筑出现，但仍然可见它们在王城建筑群中的地位和重要性。孔塘王朝与阿里古格王朝均为吐蕃王室后裔在西藏西部或上部区域建立的地方政权，从11世纪建立王朝至1620年被"藏巴第司政权"覆灭，历经600余年，与"阿里古格王朝"等西藏上部地区的各地方政权基本同时存亡。

为了对宗嘎曲德寺主殿建筑存在的险情进行修复与维修，西藏自治区文物局将曲德寺列为自治区"十二五"工程项目。从2009年开始的3个年度里，由笔者主持的考古发掘工作重点对曲德寺主殿组成部分的扎西果芒佛殿、星仓仁莫（原曲德寺乌孜殿的柴火房所在）、主殿外围西北及西面台子、主殿北侧外围康巴嘎如殿等进行了考古清理。同时，对与该寺院历史和人文具有紧密联系的孔塘王城、卓玛拉康等遗存也做了初步的考察。

一

现存宗嘎曲德寺由一座原主殿建筑和一座后来新建的殿堂组成，门向东南。原主殿建筑基本以东西向依次由院门、庭院、主殿门廊、集会殿、佛殿，以及在集会殿和佛殿左右两侧及其后部修建的拉章、护法神殿及僧舍等建筑组成。原主殿建筑庭院前方即院门两侧、庭院两侧及其后方皆修建有两层楼高的僧舍等用房，目前不存。集会殿门廊前端檐柱两根，门廊面阔五间四柱、进深两间一柱，门廊壁面上绘制有四大天王、格鲁派创始人宗喀巴大师及其弟子等。门廊两侧各有一

[①] 噶托·仁增次旺诺布：《孔塘王系源流》，载恰白·次旦平措主编：《藏文史籍五部》，西藏藏文古籍出版社，1990年第1版，2005年12月第2次印刷，第99—106页。

间房屋，各为两柱。进门后的左右壁面上，可见修造集会殿壁画的施主功德录墨书藏文题记。由其中提供的断代信息得知，现存集会殿东壁左侧（即南侧）与西壁南侧绘有以几尊佛像为主的壁画，其创作的年代为七世达赖格桑嘉措（1708—1757）时期。① 绘有这组壁画墙壁的后面还有两层墙体，从墙缝可看出，第二层夯筑的墙体不仅应是大殿始建时期的建筑遗存，而且壁面上的隐约壁画当是早于18世纪绘制的。

集会殿一层为36根柱位结构，面阔、进深七间六柱，这一平面布局与《孔塘王系源流》中记述的始建集会殿时具有36根柱子的情况是一致的，但目前实际存留的柱子共有22根，其余仅剩柱础或柱位遗迹（图版十九）。进深第四柱位的中间两柱的位置上尚存两块方体石柱础，其中左侧石柱础的中部有圆形凹槽，专门为柱子底部装藏圣物而设计。进深第一排柱、紧靠左右两侧墙体砌有现代的土石加固墙和围圈的墙体。殿内局部活动地面仍存有阿嘎土，保存不佳。集会殿前端靠中部处，设有下水通道，目前出水口已完全堵塞。集会殿北墙近中段以西的最外墙到里墙依次为夯筑墙体、土坯砖墙体和土石墙体（即石块勒脚、土坯墙身），北墙近中段以东，最外墙的夯筑墙体被后期的土石墙体所替代。这三段墙体自外向里分别为13世纪初建时期的夯墙、18世纪时期的土坯砖墙体、土石墙体和近现代土石加固墙体。

20世纪90年代开展的西藏自治区第二次文物普查成果，记述集会殿未遭毁坏前的大致情形为：殿中央原放置喇嘛坐垫共6排，可容93名僧人在此修习。集会殿之上层，原有两层建筑，主要为僧舍与库房。第二层共有15个房间，其中5间为僧舍，其余为仓库；第三层共有18个房间，其中寺主用房7间，位于东面，其余为僧舍。现今上层建筑全部坍毁。在残垣上留有采光小窗，其尺寸约为60厘米×20厘米、40厘米×10厘米。② 对这一情况的叙述与目前的状况无多大差别。集会殿后部为主供佛殿扎西果芒塔殿，现存柱子3根，其余不存。其中，2根贴立于右侧墙体（即南侧墙体）。2009年经考古清理，殿堂内暴露出两座土坯砖基座的佛塔遗存，横向排列于殿门后方进深第1柱和第2柱之间的位置上。右侧佛塔基座较左侧大，并在两个塔座之间清理出一块石柱础。集会殿门右侧（即东北侧）以中段为界，其北墙和西墙向南超过一半以上的墙为夯墙，其余墙为土石墙体（即石块勒脚、土坯墙身）。殿堂南墙与东墙南端保存有三层楼高度的墙体，且墙体立面结构完整。殿堂后端墙体之前，为石块堆砌墙体，其高度仅为后端墙体的一半不到，看似应为后期对墙体所做的加固，但保存极差。佛殿之后的北侧为星仓仁莫，即柴火房。这一房屋是一间垫平一层楼高度后修建的，其实际的第一层房屋为二层楼高度的房屋。经考古发掘得知，星仓仁莫的房屋是在始建时期佛殿

---

① 现存宗嘎曲德寺门口内侧两壁的藏文题记"功德录"中较为明确地指出，现在所见最晚的题记为七世达赖时期，从而可确知记录这份题记时对寺院进行过的修缮及其年代。

② 索朗旺堆主编，霍巍、李永宪、尼玛编写：《吉隆县文物志》，西藏人民出版社，1993年，第62页。

后部的转经道等空间垫平后,在此基础上修建而起的,佛殿左侧仍保存最初殿堂修建时期的转经回廊道。

佛殿右侧建筑为拉章,其后即西南侧为护法神殿(两层高度建筑)、西北侧为冬夏拉章(但仅存残垣断壁),但无法识别结构布局。在冬夏拉章的东侧,即主殿建筑北侧,自西向东原建有僧舍、颇章嘎如、僧舍等建筑。原来因被建筑倒塌堆积掩埋,情况不明。经过考古清理得知,西侧僧舍和颇章嘎如建筑应为15世纪填建、改建和扩建时期的建筑。尤其是颇章嘎如建筑,其入门辟于集会殿第二层东北侧墙。初建时这座建筑被命名为"森康嘎波"(意即白色起居室),专门为时任孔塘曲德寺法座的著名佛学大师伯董·确列朗杰(1375—1451年)修建。① 在颇章嘎如的底层出土了土石修建的两座佛塔,说明颇章嘎如底层原为一间灵塔殿。

二

13世纪是孔塘王室势力最强的时期,第十代国王赤嘉崩德衮(khri rgyal vbum lde mgon,1253—1280年)于1270年国王18岁时,在宗嘎镇三角形大台地的南端被称为"篾多塘(me rdo thang)"坪坝之地,开始兴建被称为"扎西琼宗噶莫"(意为吉祥白色鹏鸟城堡)或"阿里宗噶尔(mngav ris rdzong dkar)"的王宫城堡,这座城堡即为现位于宗嘎镇南端的孔塘王城遗址及其附属建筑宗嘎曲德寺、卓玛拉康等建筑群。这座城堡不但是下部阿里芒域孔塘王系的第三座城堡,也是最后一座城堡。城堡内各类建筑的规模与数量,随王室势力的消长和王室与宗教关系的不断变化而有所改变(图版二十、图版二一)。

据《孔塘王系源流》记载,自1270年奠基兴建扎西琼宗噶莫王城,至1277年竣工的8年时间内,崩德衮修建的建筑群有:被称为"颇章噶尔波"或"白宫"的国王宫殿,这座建筑位于整个建筑群的中心或中部;妃子殿;13座城垛碉房建筑;外围城墙;王城内的扎西果芒祖拉康,现在被称为宗嘎"曲德寺";王城城墙南角外面的赤美确典塔(意为"无垢塔")等。②

对于宗嘎曲德寺这座建筑最初是否有两层楼在《孔塘王系源流》中没有明确指明,因其主要供品的里面为土石结构修建,外面为有银、珠宝等稀世珍品装饰的吉祥多门塔,由此得殿堂之名为"扎西果芒祖拉康"。这座吉祥多门塔修建于主供佛殿之中心,原主供佛殿有24柱面积,集会大殿有36柱,整个殿堂共为60柱的面积。③ 经考古清理发现,目前佛殿规格仅为10柱,存留的柱子仅见3根,其

---

① 噶托·仁增次旺诺布:《孔塘王系源流》,载恰白·次旦平措主编:《藏文史籍五部》,西藏藏文古籍出版社,1990年第1版,2005年12月第2次印刷,第122页。
② 噶托·仁增次旺诺布:《孔塘王系源流》,载恰白·次旦平措主编:《藏文史籍五部》,西藏藏文古籍出版社,1990年第1版,2005年12月第2次印刷,第95—107页。
③ 噶托·仁增次旺诺布:《孔塘王系源流》,载恰白·次旦平措主编:《藏文史籍五部》,西藏藏文古籍出版社,1990年第1版,2005年12月第2次印刷,第102、第103页。

中2根贴立于南墙。

历代孔塘王曾对曲德寺、卓玛拉康建筑做过多次修缮、填建、改建、扩建等。

第十三代国王扎西德（khri bkra shis lde, 1300？—1365年）期间，"修建了扎西琼宗噶莫王宫之外围墙、王城之外围墙、达仓贝乌钦角楼碉房（stag tshang sbevu chen gyi lcags khang）、王城外围墙下通向城外的暗道，曲贝乌宗（chu sbevu rdzong）之中部和曲德寺内开挖井水，并做整石凿槽的蓄水缸等众多日常所需"[1]。

根据实地调查，此处所谓"曲德寺内开挖水井，并做整石凿槽的蓄水缸"之遗存目前所见者，可在现被称为"卓玛拉康"外门入口的左侧处见到一口水井、一口石水缸（图版二二）。由此证明，现被称为"卓玛拉康"的建筑作为"曲德寺"的一座殿堂，在14世纪已经出现于扎西琼宗噶莫城堡内。

而"卓玛拉康"名称的出现应是很晚期的事情，因为一是《孔塘王系源流》中一字未提；二是当地也有对"曲德寺"称"上曲德"、而对"卓玛拉康"称"下曲德"的说法，但未证实。同时，我们可推测至14世纪，对王城内的寺院建筑群开始有"曲德"的统一称法。

尽管在现有文献中，我们并未找到与"卓玛拉康"建筑相关的历史背景资料，但从柱头（斗部）、上下托木、出檐木雕动物构件特征看，卓玛拉康建筑形式规格高、制作水平精湛，它在当时孔塘王朝社会中不可能是一座普普通通的建筑。现存卓玛拉康上下托木下缘曲线以及斗的底部仰莲特征具有13—14世纪流行的形制风格（图版二三、图版二四）。不仅如此，木构件架设及其雕刻内容的特征，与《孔塘王系源流》中所描述的扎西果芒塔殿始建时期木构件的架设及其雕刻的特征几乎接近。由此推测，现存卓玛拉康木构架估计为13—14世纪的作品（图版二五）。

第十四代孔塘王平措德（khri phun tshogs lde, 1338—1370）时期，北部拉堆（la stod byang，基本包括今昂仁县辖境范围及其周围地理单元）领主占领孔塘王政达5年，期间将曲德寺作为马厩来使用，严重破坏了寺院建筑与壁画。[2] 赤平措德的儿子、第十五代孔塘王赤嘉索南德（khri rgyal bsod nams lde, 1371—1404年）期间，芒域孔塘王国的势力得到了恢复并进一步发展。不仅消灭了盘踞在孔塘王政境域内的南、北拉堆地方的势力，平定古隆沟内的歇尔巴（shcr pa）地方的反叛，而且王国势力扩张到了南部和北部拉堆领地，第一次掌控了上部阿里普兰地方的管辖权。在都城所在的孔塘之地，建立了具有讲经功能的十六扎仓的曲德乾波（即大寺院），并将城堡内具有宗教活动功能的建筑群统称为"孔塘曲德乾莫"

---

[1] 噶托·仁增次旺诺布：《孔塘王系源流》，载恰白·次旦平措主编：《藏文史籍五部》，西藏藏文古籍出版社，1990年第1版，2005年12月第2次印刷，第113页。

[2] 噶托·仁增次旺诺布：《孔塘王系源流》，载恰白·次旦平措主编：《藏文史籍五部》，西藏藏文古籍出版社，1990年第1版，2005年12月第2次印刷，第116页。

（即孔塘大寺院）。① 尽管在《孔塘王系源流》中，对建立孔塘曲德乾波的时间方面提出了几种不同的观点，但相对合理的时间当为1390年。为了鼓励佛教在王国境域内得到更好的发展，孔塘国王赤嘉索南德将自己的起居宫殿替麻宗（mthil ma rdzong）捐献给僧人，作为僧团共有的场所。②

现存曲德寺佛殿、集会殿的格局主要是第十六代孔塘王赤拉旺建参（khri lha dbang rgyal mtshan，1404—1464年）时期改建、填建、扩建的遗存。比如，原有主供佛殿扎西果芒殿的二层以上填建了一层以"乌孜殿"为主的其他建筑群，并且乌孜殿的南墙向北收缩，其他墙基是在原主供佛殿的内墙之上修建的，面积比原主供佛殿变小了许多。2009年，在集会殿左侧、后部都考古发掘清理出了始建于扎西果芒殿时期的转经廊道，且为夯筑。赤拉旺建参不仅改建、填建、扩建了现在被称为"曲德寺"的主殿，而且新建了自己的起居宫殿——六层高度的北宫格丹（po brang byang dge brtan），以及专门供当时西藏著名的佛学大师伯董·确列朗杰在孔塘曲德乾莫内的"森康嘎波"起居室。③ 根据2009—2011年的考古清理，在主殿集会殿东北侧清理出了颇章嘎如建筑底层的两座佛塔遗址。

第十九代孔塘王贡桑尼达扎巴贝（khri kun bzang nyi zla grags bavi dpal，1514—1560年）对曾被北部拉堆领主侵占时受到破坏的扎西果芒祖拉康壁画、梁上进行过修缮。④ 第二十三代孔塘王赤嘉索南旺秋德（khri rgyal bsod nams dbang phug lde，1577—1620年）时期，芒域孔塘王系的政权随着藏巴第斯平措南杰（1550—1620）的攻占而宣告结束，是年为1619年。⑤

1642年蒙古固始汗率兵入藏，消灭藏巴第斯平措南杰力量，将西藏地方政权献给五世达赖，建立甘丹颇章地方政权。1643年，孔塘曲德乾莫（即孔塘大寺院）由原来信奉的萨迦派改宗为格鲁派。改宗后的"孔塘曲德乾莫"更名为"阿里曲宗甘丹培杰林"寺，并由格鲁派寺院色拉寺的杰扎仓管辖，每三年一任的堪布（即住持）由杰扎仓派遣，这种做法一致沿袭到1959年民主改革之前。

从现存集会殿内七世达赖格桑嘉措时期的壁画看，18世纪有过一次小规模修缮和壁画的重绘。尽管相传20世纪初曾对主殿建筑有过一次小修缮，但目前不能与建筑遗存一一对证。

从20世纪40—50年代西方旅行者所做的素描和拍摄的照片看，尽管孔塘王城外城围墙及角楼碉房建筑残损甚至被毁，但宗嘎曲德寺主殿多数建筑基本完好

---

① 噶托·仁增次旺诺布：《孔塘王系源流》，载恰白·次旦平措主编：《藏文史籍五部》，西藏藏文古籍出版社，1990年第1版，2005年12月第2次印刷，第117—118页。
② 噶托·仁增次旺诺布：《孔塘王系源流》，载恰白·次旦平措主编：《藏文史籍五部》，西藏藏文古籍出版社，1990年第1版，2005年12月第2次印刷，第119页。
③ 同注解9。
④ 噶托·仁增次旺诺布：《孔塘王系源流》，载恰白·次旦平措主编：《藏文史籍五部》，西藏藏文古籍出版社，1990年第1版，2005年12月第2次印刷，第134页。
⑤ 噶托·仁增次旺诺布：《孔塘王系源流》，载恰白·次旦平措主编：《藏文史籍五部》，西藏藏文古籍出版社，1990年第1版，2005年12月第2次印刷，第140—142页。

无损。根据对当地老人的采访,这种状况基本维持到了20世纪70年代末。20世纪60—70年代中期,因原主殿建筑当作驻军营地,"文化大革命"时期主体建筑并未受到多少程度的损坏。但在20世纪70年代末以后,驻军迁至别处,原主殿建筑由于没人照理而逐渐颓废。1986年,以时任宗嘎乡乡长洛桑的出资为主,当地百姓在庭院东北侧修建了一座殿堂。现有10余名僧人,负责日常宗教活动以及对殿堂内收集的原寺佛像等文物、宗嘎曲德寺现存遗址的保护与管理。就满足百姓的宗教活动需求而言,这座殿堂承担了过去宗嘎曲德寺所具有的全部功能。根据《孔塘王系源流》记载,始建时被称为"扎西果芒祖拉康"而现被称为"曲德寺"的建筑,与孔塘王朝第三座王城扎西琼宗噶莫主要建筑相同,历经8年而修建完成。尽管卓玛拉康建筑的具体修建时间尚无准确参考,但其建筑构件的时间大致可推定为13—14世纪。自此以后,这两座寺院建筑历经世事变更、王朝更替,建筑整体框架及多数精美的木构架一直保存了下来。

根据这部保存至今且权威的《孔塘王系源流》记载,修建这座伟大寺院建筑约一百年后的第十四代孔塘王平措德时期,扎西果芒塔殿为主的曲德寺建筑群和壁画等受到了严重的破坏。后经15世纪孔塘国王赤拉旺建参的修缮,现存建筑的整体框架得以保存。

20世纪90年代以来,随着西藏自治区第二次全国文物普查工作的开展,曲德寺、卓玛拉康及孔塘王城遗址受到了世人的关注,保护工作的力度也在逐年加强。"十二五"期间,我们将可以看到宗嘎曲德寺昔日雄伟的风采。

三

孔塘王朝与阿里普兰—古格王朝都是吐蕃王室后裔在西藏西部或上部建立的地方政权,对西藏社会的政治、经济、文化、宗教的发展曾发挥过巨大而不可替代的作用。对曲德寺开展的考古调查和发掘工作,不仅对了解11世纪以来吐蕃王室后裔在西藏上部地区形成的分化政权史,而且对元、明两代中央政府治理西藏上部地区的社会政治史研究具有极其重要的历史价值和社会现实意义。

11世纪上半叶,维色德(vod zer lde)在今宗嘎镇附近的唐堆托列台地上修建了孔塘王系最早的城堡宫殿,标志着吐蕃王室后裔之分支——普兰—古格王朝建立者、吉德尼玛衮之兄长赤扎西泽巴贝的后代在芒域孔塘正式建立地方政权。从维色德时期的11世纪开始,迄至17世纪的赤嘉索南旺秋德,孔塘王朝先后有23代国王掌政。

到了13世纪,第十代孔塘王赤嘉崩德衮凭借与元朝帝师八思巴的舅甥关系,借萨迦派在全藏的威信与势力,不断扩大孔塘王朝在西藏上部的势力。参照萨迦和元朝的执政方式,首先以律法形式征服了以前不服管制的孔塘各大寺庙的住持,又以武力或劝降的方式统一了包括现在宗嘎、吉隆、贡当等地的中国境内领土,以及其南部尼泊尔境内的北部许多山地区域共13个百户部,也纳入了孔塘王朝的领土管辖范围。参照萨迦的做法,设置了 13 种侍从官职,加强了政治内部的统治和管理。

赤嘉崩德衮次子赤德崩为进一步加深孔塘王室与元朝中央的关系,克服重重困难,前往大都朝觐。元朝皇帝授予其"阿里十三个百户(即阿里孔塘十三个百户)领主"的头衔(时年虚岁为 40,即 1307 年),授军政管理权,并赐宝石印章、金册诏书和丰厚礼品。这一切给孔塘政权带来了无上荣光,大大提高了孔塘政权的地位和影响力。[①]

到了明代,尽管帕竹政权取代了萨迦政权,但孔塘王朝不但维系其他势力,而且有时通过姻亲关系,未受控于帕竹政权。1620 年,藏巴第斯占领孔塘,从此结束了长达 600 余年的下部阿里芒域孔塘王朝的历史。

宗嘎曲德寺、卓玛拉康是 13—17 世纪较为典型的西藏佛寺建筑,宗嘎曲德寺始建时期的建筑布局为中心佛殿带转经回廊的建筑,到 15 世纪改建、填建、扩建成现存的建筑,为我们展示了这一时期西藏佛寺建筑布局和结构的大致演变过程,对藏族寺院建筑布局的时代发展与区域性艺术特征的研究具有极高的参考价值。

曲德寺集会殿中目前仍能见到的 15 世纪典型柱子、斗、托木与梁架上的雕刻与彩绘(图版二六),尤其是曲德寺和卓玛拉康梁上的堆金沥粉(图版二七),佛殿门框及门额上雕刻的莲瓣、花纹、出檐雕饰等精湛的木雕工艺特征(图版二八),对芒域孔塘境域甚至西藏 15 世纪的建筑木构件的研究提供了难得的实物标本。而卓玛拉康内属于 13—14 世纪的各种精美的木构架、雕刻木构件得以保存,为我们提供了 15 世纪芒域孔塘佛寺建筑木构件雕刻艺术的传统及其来源。

事实上,我们通过对卓玛拉康与宗嘎曲德寺木构架及其雕刻的比较发现,15 世纪,芒域孔塘建筑的构架与木雕艺术传统,源于其早期的传统做法。不仅如此,早期以尼泊尔工匠团队创作的木构架及其雕刻作品为主,而到后期,表现出强烈的本土特征和所受内地汉式建筑艺术的影响。这些特征和元素在曲德寺和卓玛拉康建筑中的出现,充分证明了文化艺术的成就与长足发展,在很大程度上是通过交流、融汇、创新基础上得以实现的。从这个角度讲,曲德寺、卓玛拉康的建筑本体和木构架的艺术价值是毋庸置疑的。

纵观孔塘王朝 600 余年的历史,它始终在中国整体的大的历史发展的背景下起伏发展。现今所见的孔塘王城遗址、曲德寺、卓玛拉康的修建,都与当时强盛而鼎力支持西藏的元、明两代中央政府有着密切的联系。

参考文献

1. 周生文、卓玛措编:《公历藏历汉历对照表》,青海民族出版社,2002 年。
2. 熊文彬:《中世纪藏传佛教艺术——白居寺壁画艺术研究》,中国藏学出版社,1996 年。

---

① 噶托·仁增次旺诺布:《孔塘王系源流》,载恰白·次旦平措主编:《藏文史籍五部》,西藏藏文古籍出版社,1990 年第 1 版,2005 年 12 月第 2 次印刷,第 110—111 页。

释俗之间：试论碑林藏北魏交脚弥勒造像的艺术来源及相关问题

王庆卫　复旦大学中文系

自佛教传入中国以来，对传统思想产生了巨大的影响。受印度佛教传统的影响，中古时期佛教造像的修造和石窟寺的开凿一直兴盛不绝，在 5 世纪初期中国北方产生了三个佛教中心，分别是河北—山西、关中地区的长安、甘肃的凉州—敦煌地区，到了北魏之后关中地区虽然没有大型的石窟寺出现，但产生了许多富有地域特点的佛教造像。[①] 在过往的研究中，学界对于关中地区的佛道造像关注比较多，在单体造像中刻有造像题记的也一直受到学人注意，其实在另外一些没有题记的单体造像中，也蕴含着特殊的思想需要引起重视，本文所要讨论的这尊北魏交脚菩萨造像无疑就是其中极具代表性的一件。这尊交脚菩萨造像的造型风格属于北魏中晚期，虽然也有人关注过[②]，但对其具体的年代、艺术来源及其思想内涵没有进行详细的讨论，笔者在本文中针对上述问题提出自己的看法，以求方家有以教之。

这尊交脚菩萨造像乃单面造像（图版二九），为矩形砂岩，上部略窄，高 93 厘米，宽 61 厘米，西安碑林博物馆旧藏，由西安近郊出土。造像图像从上至下可分为三个单元，上面是佛传故事，中央是主体造像，下面是供养人图像。刻画佛传故事的部位有所漫漶，但还是可以看出整幅构图表现的是白马吻足的画面，白马吻足的故事在造像中的雕刻形式一般有两种，一种是白马跪前腿吻太子足，另一种是白马眷顾回首，在这尊造像中采用的是吻足的表现方法。《修行本起经》卷下云："到阿奴摩国，太子下马……告（马夫）言：汝便牵马归，上谢大王及国群臣……（白马）垂特长跪，泪出舐足。呜踯流涕徘徊不去……（马夫）牵马辟还。"[③] 白马吻足的故事颇具趣味性，造型有相当的艺术感染力，一度成为造像碑本生、本行故事表现的主流。它们一般雕刻在主尊龛像的周围或碑阴及两侧，这尊菩萨造像把故事刻在主尊上方，突出了装饰性的功能，同时反映出了小乘佛教

[①] 王静芬：《中国石碑：一种象征形式在佛教传入之前与之后的运用》，商务印书馆，2011 年，第 171—192 页。

[②] 李慧、柴华：《试析北魏几件造像的艺术特点》，载《文博》2010 年第 6 期。关于这种交脚菩萨的造型在河西石窟中也有相似的发现，不过与关中地区所体现出的内涵和信仰有所差异，本文在此不再进行对比论述。

[③] 《大正藏》第三册，日本大正一切经刊行会出版，1934 年，第 464 页。

思想的遗留。

中间部分乃是整尊造像的主体所在，采用的是云冈模式中的龛形造像，主尊菩萨头戴化佛宝冠，头像两侧有粗大的发辫斜垂而下，衣着褒衣宽带，衣带从肩头下垂，然后从内侧绕过膝盖缠绕而上，双手相合，手掌之间握有法器，画面衣纹清晰，技法简洁大方。在主尊菩萨像两侧，各有一个站立的侍者形象，左边的左手执叶形羽扇，右边的右手前伸左手扪心，神态栩栩如生，富有美感。在主尊像上方的龛楣刻有忍冬纹，忍冬纹在北魏时期非常流行，在许多器物上面都可以看到，充满华贵美丽的氛围，给整幅造像带来一丝亮丽的光彩。在忍冬纹的两侧各有一个舞动的乐伎，左侧的手执羌笛类的吹奏乐器，右侧的腰间悬挂细腰鼓，乐伎动作优美，仿佛正在表演以营造出缤纷气氛的佛国乐土。乐伎下面两侧是随乐而舞的飞天，造像中的飞天线条粗犷豪放，形体被夸张地拉长，腰身更加纤细，腿脚回折、岥帛直翻、脸型瘦长、臀部外凸，整个外形更具有凌空飞舞的艺术动感。画面上的飞天不见足，上身穿小袄，下身着长裙，没有圆形的头光，头顶高冠，类似鲜卑族的姑娘，造型上显得世俗化，可以说她们是佛国的舞者，是佛陀说法至妙处的天空生灵与彩虹轻灵飘逸的化身。

在造像的下部是供养的主题，画面中间是力士头顶香炉，香炉类似汉晋时期的博山炉。在其两边是两个供养人，供养人着汉式服装，在供养人两边是两个护法的狮子，右边狮头面向前方神情栩栩如生，左边狮头部剥泐，不过按照构图特点推断应该和右边是一体的风格。

在北魏时期，交脚菩萨造像一般应为弥勒造像，这在其他类似的造像中有题记明确记载。北魏时期菩萨宝冠可分为化佛宝冠、右旋轮盘宝冠、莲花宝冠、三角饰宝冠等样式。化佛宝冠是由于这种宝冠中央圆形花盘中雕刻有小型座佛像而得名，一般来讲，宝冠的中央有化佛的菩萨即被视为观音菩萨，但在云冈这种宝冠比比皆是，数量很多，并不都是观音菩萨，在这个时期化佛宝冠乃是一般菩萨的造像特征之一。[①] 云冈中期开始的佛龛雕琢中，尤其是主题性的佛龛雕刻，如果雕刻戴冠呈交脚姿势，大多都是造出盝形帷幕龛；如果座旁或脚下有双狮的背景式龛形，则点明了这是身处佛国缤纷和奢华中等待下生人间主持教化的弥勒。[②] 可见，这尊北魏弥勒菩萨造像无疑是云冈模式传到关中地区后的产物。

北魏时期交脚式弥勒像居多的原因，应与当时鲜卑族人的坐姿有关。"平城时代"是鲜卑族建立政权不久、汉化程度较浅的时代，当时北方少数民族的坐姿多为交脚式，史载"蛮、夷交胫肆踞"，指的就是交脚式的坐姿。另外，鲜卑"主及后妃常行，乘银镂羊车，不施帷幔，皆偏坐垂脚辕中；在殿中，亦践踞"[③]，指的亦是此种姿势。

西域交脚坐姿人物与犍陀罗转轮王像传入敦煌和凉州后，较多地被借用来表

[①] 王恒：《云冈石窟佛教造像》，书海出版社，2004年，第76—79页。
[②] 王建舜：《北魏云冈》，山西古籍出版社，2004年，第55页。
[③] 刘波：《敦煌与阿姆河流派造像美术比较研究（上）》，载《敦煌研究》1999年第2期。

现弥勒菩萨像。佛经和佛教艺术进入中国后，与传统文化相融合，随地理环境、民族性格和时尚的转移而有所变异，产生与原印度或犍陀罗有所不同的教义和仪规，这乃是必然现象。在众多佛教圣众中，交脚像最后固定于弥勒，是因为佛教初传中土是为宣示教义，选择易于辨识的形象，强化其主题意识，便于与其他造像区分不同的含义。[1]

香炉是造像中施物的一种，自然是烧香供养的图示。中古佛教徒使用的香器至少有两种：一种是置于地上的香炉，形状和博山炉相似；另一种是手持的长柄香炉，这在北朝造像中经常可见，而且在香炉旁边或者有一对护法的狮子，或者有两位供养人，这都是佛教礼拜供奉的表现。[2] 在南北朝至唐代的佛教、道教造像中，一般在主龛之下的正中位置都刻有一香炉形图案，其下面或有力士托举或为莲花座，左右图像或为二狮（或鹿、象）、二供养人、二比丘（或道士）等对称排列。通常把这种类似香炉的图案笼统地称为香炉。细辨这个时期的香炉，不仅有着汉代以来博山炉的影子，其中也呈现着道教和佛教的因素，同时在有些香炉中，还折射出中古粟特祆教艺术叠加在本土艺术形象上的印迹。[3] 不过根据记载来看，佛教对于中土民众的实际影响力仅限于观念层面，未深至行为方式与宇宙观层面，多数造像中的香炉是否具有道教和祆教艺术的观念还无法确定，有待新的材料进一步来验证。

这尊弥勒菩萨造像的艺术风格属于北魏中晚期的特征，由于没有刻写具体的时间，所以对于这尊造像的年代只是大概地推断，不过比照同时代的造像风格，对这尊造像的时代可以有一个相对较小的认定范围。

云冈石窟一般分为早、中、晚三期，云冈后期在时间上主要是北魏迁洛之后的遗迹。太和十八年（494）迁都洛阳是为了缓和民族矛盾，但也表明北魏的阶级斗争复杂化，这时大乘佛教系统流行，大乘讲普渡众生，这比小乘佛教有更大的宣传力。云冈前期的功德主要是皇室，中期扩大到显宦和上层僧尼、邑善信士，后期更多的是清信士、佛弟子之类的一般佛教徒，还出现了一些较为落后的民族铭记。可见，云冈晚期佛教已逐渐深入下层社会，北魏佛教更加蔓延开来。[4] 在这个时期，佛像和菩萨造像规模较小，但人物形象清秀俊美，面相消瘦、长颈、肩窄且下削，身材比例适中，是中国北方石窟艺术的榜样。尽管这种雕像出现在龙门，但它的酝酿形成是在云冈晚期，交叉穿臂装菩萨最早也出现在云冈晚期。飞天的服饰基本上与以前一样，但早、中期露脚，晚期不露脚。[5] 对比云冈石窟后期

---

[1] 释见证：《南北朝至隋唐时期的弥勒图像与信仰》，四川大学硕士论文，2006年，第149页。
[2] 刘淑芬：《香火因缘：北朝的佛教结社》，载黄宽重主编：《中国史新论·基层社会分册》，联经出版事业股份有限公司，2009年，第228—229页。
[3] 李凇：《香炉与火坛——六世纪祆教对中国艺术影响之一例》，载《长安艺术与宗教文明》，中华书局，2002年，第511—519页。
[4] 宿白：《中国佛教石窟寺遗迹——3至8世纪中国佛教考古学》，文物出版社，2010年，第35页。
[5] 姜莉丽：《云冈石窟》，吉林文史出版社，2010年，第98页。

的造像特点，尤其是飞天的造型，可见这尊弥勒菩萨造像虽然还保留着云冈中期的一些特点，但应该是在494年之后修凿的。

　　李淞先生按照关中造像供养人的风格和服饰的不同将其分为四个阶段：第一阶段是北魏初至太和年以前；第二阶段为北魏太和至正始年间（477—507年）；第三阶段为北魏永平之后，经西魏至北周保定之初；第四阶段为北周保定年间至隋开皇年间。在第二阶段，中原地区兴起大规模的造像活动，关中造像受云冈影响巨大，尤其是供养人也体现出粗壮有力的风格特征。在这个时期景明年间修凿的刘保生造像中，供养人显然是地位略高的汉族，上着宽袖衣，下着裳。① 这种服饰和迁都洛阳后孝文帝实行的"革衣服之制"息息相关，这是整个时代的潮流，关中地区和京畿洛阳地区的审美趣味是一致的。反过来，我们对比刘保生造像和这尊弥勒菩萨造像中的供养人服饰，不难发现两者的着装如出一辙，据此可以推断弥勒菩萨造像的年代当是在477—507年之间。根据这个判断，我们再结合上文飞天形象的年代，可以推定这尊弥勒菩萨造像的年代范围应当在494—507年之间。

　　这尊北魏交脚弥勒菩萨造像的艺术风格无疑属于云冈模式，不过其中也包含着一些特殊的艺术来源，尤其引人关注的是造像头部两侧的粗大发辫。一般在菩萨造型中，在宝冠两边有飘舞下折的宝缯，这尊造像看起来与之有些相似，但属于完全不同的雕刻形象。那么，这种形象的产生有什么原因呢？

　　目前，中国早期金铜佛造像中有关弥勒的遗存见于藏日本京都藤井有邻馆出土于陕西三原的弥勒菩萨立像。这尊弥勒菩萨立像（图版三十）高达33.3厘米，属于公元4世纪前后的作品，现为日本的重要文化财。像顶束扇形发髻，发辫垂肩，留须，眉间有白毫，佩戴项圈、胸前粗大璎珞和腕钏，右手施无畏印，左手屈伸、仰掌，指间挟瓶，身披帔帛，衣褶方硬犀利，着希腊式缀珠凉鞋。② 三原出土的这尊弥勒菩萨立像，上袒下裙，斜披条状纹络腋，衣褶呈U形纹，但无背光，帔帛表现为双肩下绕式，此种表现是由于三原像作为中国早期弥勒造像的图像特征，具有浓郁的犍陀罗风格（今巴基斯坦北部）。③ 通过对发式、帔帛与衣褶的比较分析，可知陕西三原金铜弥勒菩萨立像与犍陀罗弥勒菩萨像有着紧密的关系，除了三原弥勒立像表现出浓厚的犍陀罗遗风外，二者之间也存在着许多差异，如对发式及对帔帛的细部处理，三原像应为中国仿犍陀罗风格而制，是对犍陀罗造像的模仿和简化，产生这种情况的原因有二：其一，尚处于佛教造像初传阶段，

---

　　① 李淞：《关中北朝造像碑研读札记》，载《长安艺术与宗教文明》，中华书局，2002年，第337—361页。

　　② 孙迪：《中国流失海外佛教造像总合图目·第一卷》，图版30，外文出版社，2005年；孙迪：《日本藏传陕西三原出土西晋十六国时期弥勒菩萨立像》，载《文博》2006年第5期。

　　③ 关于犍陀罗艺术的风格特征可参看日本学者村田靖子《佛像的系谱：从犍陀罗到日本——相貌表现与华丽的悬裳座的历史》一书的相关章节（上海辞书出版社，2002年，第21—33页）；上原和：《犍陀罗弥勒菩萨像的几个问题》，载《敦煌研究》1994年第3期。

工匠对造像局部的细致模仿还没有完全掌握;其二,中国雕塑工匠对犍陀罗风格造像的理解,抑或融合了同时传入中国之秣菟罗造像的表现手法。[1] 在犍陀罗艺术中,菩萨像一般以世俗的王侯像为原型,尤其是发辫垂肩更是犍陀罗造像的独特之处。

按照佛经的说法,佛一般施无畏印、禅定印、说法印。这尊北魏弥勒菩萨造像的手印不属于这三种法印,与同时代一般意义上的弥勒菩萨手印也有所不同,可能与北凉造像系统中的弥勒双手相握的形状有所关联。目前考古资料显示,最早交脚像出现于北凉石塔,这些北凉石塔分布于敦煌、酒泉、武威等地区,交脚造像出现在七佛一弥勒菩萨的造像组合中,学术界一般公认为是过去世界六佛、现在世界释迦牟尼佛和未来世界弥勒佛的竖三世佛信仰。[2] 敦煌的交脚像,均无铭文纪年,现遗存中近70%交脚弥勒造像为北魏时期所造,其中北凉时期交脚像6尊,只有1尊为弥勒佛样式,其余5尊皆表现为菩萨样式,带宝冠,佩项圈及璎珞,及至北魏时菩萨造型更为流行,带宝冠和双蛇胸饰,且上身之帔帛开始从双肩锯齿状转向双肩对称S形,其印相除说法印外开始出现胸前交握的形状。[3] 之后麦积山石窟中的交脚造像均为双手胸前交握状,我们知道关中地区与北凉地区佛教的关系十分密切,这尊北魏弥勒菩萨造像的双手相合、手掌间握有法器的造型很有可能是受到麦积山石窟造像的风格影响,只不过是在其基础上结合关中地区的佛教传统和观念并有所变化而已。

造像衣纹呈双棱状凸起,每条线纹与变形的S形相连,衣纹分叉时作燕尾状,这种线条一般认为属于凉州模式。在北魏交脚弥勒像中可以看出,双腿间的垂饰物有时明确地表现为放射形的裙带,有时则被处理为裙下部的放射形垂褶,总之是两腿间裙部的装饰物。[4] 这种放射状呈扇形的裙带、裙褶和衣角,在造像上有着特殊的意义,还有在供养人位置的护法狮子头部面向前方,从这些衣装和狮子造型依然可以看出犍陀罗艺术的影子。

通过以上论述可知,这尊弥勒菩萨造像主要属于云冈模式的产物,同时还有着犍陀罗和北凉模式的艺术风格。除此以外,这尊造像还深受北魏时期人神合一的佛陀化的帝王像或帝王化的佛陀像的影响。

在十六国时期,姚兴高度的政教合一政策,凝聚士者的国家意识[5],对北魏人佛合一的观点造成巨大影响。北魏流行弥勒造像的原因首先是帝王的倡导。昙曜五佛中把当今帝王视为转世弥勒,这也给予广大信众以巨大影响。后秦时鸠摩罗

---

[1] 刘慧:《中国北方早期弥勒造像研究》,上海大学博士论文,2010年,第51—82页。
[2] 殷光明:《北凉石塔述论》,载《敦煌学辑刊》1998年第1期。
[3] 刘慧:《中国北方早期弥勒造像研究》,上海大学博士论文,2010年,第174页。
[4] 金申:《易县北魏交脚菩萨像造型上的几个问题》,载《佛教美术丛考》,科学出版社,2004年,第36—41页。
[5] 颜尚文:《后秦姚兴的政策与佛教》,载《中国中古佛教史论》,宗教文化出版社,2010年,第358—383页。

什译成《弥勒成佛经》,鸠摩罗什在长安传道,他的佛教教义给长安地区的佛教带来很大影响,即便到了北魏时期依然有很深的遗留。

云冈石窟中的昙曜五窟,其总体设计以主佛五方佛象征五位帝王,云冈第五窟乃是孝文帝因思念父亲献文帝所修造,这是云冈石窟中最高大的人格化佛像。献文帝的父亲是文成帝,文成帝有两大功德:一是恢复佛法,确定了佛教为北魏国教的地位;另一个是下令修造云冈石窟,使佛教艺术在传入东土后更加系统化和人格化。云冈中期汉化趋势进一步加强,出现了许多新的题材和造型艺术,侧重于护法形象和各种装饰,石窟艺术中国化在这一时期起步并完成,突出了释迦佛和弥勒佛的地位,佛像面相趋于清秀。太和十三年前后出现了褒衣博带。这个时期出现中国宫殿建筑式样雕刻,以及在此基础上发展出的中国式佛像龛,在后世得到广泛运用。云冈中期佛像题材和造型艺术世俗化,中国化色彩逐渐加强。其原因是:第一,孝文帝推行了一系列汉化改革的政策;第二,在平城后期,《维摩诘经》、《法华经》、《涅槃经》等大乘佛教思想的佛经在北魏境内非常流行,这时北魏提倡的佛教也和早期凉州系统的佛教不完全一样了。在云冈石窟中有些佛教造像的类型不同于中亚、西亚乃至新疆、甘肃佛像的造型,其原型或许多与中国北方草原民族有关,而在十六国、北魏时期则是受到了当时鲜卑拓跋族形象的影响。[1]

十六国、北朝时期,关中民族成分复杂,形成胡汉混居的情形,"戎狄居半",在北魏建国之后鲜卑族人更是大量迁入,在关中部众中占了相当大的比例,使关中多是胡汉混居的村落,或是胡人村落。[2] 鲜卑人一般都束发结辫,并不束发戴冠,因此南方政权称其为"索头虏"或"索虏",可见束发结辫乃是鲜卑人的传统,而且我们在一些少数民族墓葬的壁画中也可以看到类似的造型。在这尊弥勒菩萨造像中出现的两条粗大的发辫,无疑正和鲜卑族族人的传统有关联,在造像中特别塑造的两条束发长辫突出表明的正是这尊弥勒造像的鲜卑色彩,结合云冈石窟中佛像表现的人佛合一的思想,这尊造像所要表示的可能也是这样的观点。当然不能确定这尊造像是否是以帝王的容貌塑造的,但这两条发辫正是指明这尊造像的帝王化身份,可以说这尊造像借用了犍陀罗的艺术风格,来表达佛陀的帝王化特点。

从云冈造像可以看出北魏佛教依靠世俗王权的特点,弥勒的下生,意味着未来世界的光明和幸福,意味着救世,也意味着人间净土的建立。不过,弥勒的下生是以转轮王的出现为前提的,所以弥勒下生是和转轮王信仰紧紧联系在一起的。弥勒信仰的诸多含义造就了弥勒亦佛亦菩萨的特征,上生天国时为兜率宫天主,下生人间时又有转轮王的介入,使得弥勒形象带上了世俗社会的帝王君主的某些

---

[1] 宿白:《4至6世纪中国中原北方主要佛像造型的几次变化》,载《魏晋南北朝唐宋考古文稿辑丛》,文物出版社,2011年,第255页。

[2] 关于关中地区在这个时期的民族关系可参考马长寿《碑铭所见前秦至隋初的关中部族》(广西师范大学出版社,2006年)。

色彩。① 佛经中的未来佛、净土信仰和转轮王之间形成一个互为条件的链条，其中弥勒菩萨与转轮王的关联，必然会影响佛教造像的艺术形象。《佛说观弥勒菩萨上生兜率天经》云：

> 佛灭度后，我诸弟子……应当系念，念佛形像，称弥勒名。如是等等，若一念顷受八戒斋，修诸净业，发弘哲愿。命终之后，譬如壮士屈申臂顷，即得往生兜率陀天……如是等众生，若净诸业，行六事法，必定无疑当得生于兜率天上，值遇弥勒，亦随弥勒下阎浮提第一闻法。于未来世值遇贤劫一切诸佛，于星宿劫亦得值遇诸佛世尊，于诸佛前受菩提记……若有归依弥勒菩萨者，当知是人于无上道得不退转。弥勒菩萨成多陀阿伽度阿罗诃三藐三佛陀时，如此行人见佛光明，即得授记……若一念顷，称弥勒名，此人除却千二百劫生死之罪。但闻弥勒名，合掌恭敬，此人除却五十劫生死之罪。若有敬礼弥勒者，除却百亿劫生死之罪。②

《佛说观佛三昧海经·观相品》云：

> 谛观佛眼于少时间，及观像眼……若能暂见，除六下劫生死之罪。未来生处必见弥勒，贤劫千佛威光所护，心如莲华而无所着，终不堕于三涂八难。③

观弥勒菩萨不仅有助于修行者洗清前世罪过，而且弥勒菩萨象征的兜率天净土世界，是人们期望往生的场所。而弥勒下生人间并建立美妙人间净土的思想，因其具有优美的自然环境、富足的生活用品、极高的道德水平、清明和平的社会秩序而吸引了广大信众，拥有相当大的社会影响力。

从北魏造像题记中的信仰来看，北朝民众着重宗教行为，重视建立功德，求福未来生活之希冀，"其宗旨自在求福田利益：或愿证菩提，希能成佛；或翼生安乐土，崇拜佛陀；或求生兜率，得见慈氏。或于事先预求饶益；或于事后还报前愿。或愿生者富贵；或愿出征平安；或愿病患除灭"④。

民众造像题材和祈愿间往往相互脱节，缺乏观念上的连贯性。而这正是中土信仰创造性的体现，他们并不是全盘接受外来佛教思想，而是经过自己的选择来编制信仰，表达心愿。在460年到529年之间，弥勒造像在所有造像中的比例占15%以上，多时为20%甚至30%以上，这个时间应是弥勒信仰的鼎盛时期。弥勒在佛经中一般称为弥勒菩萨，而这种称呼在造像题记中几乎见不到，大部分信徒

---

① 汪小洋主编：《中国佛教美术本土化研究》，上海大学出版社，2010年，第224—248页；高金玉：《弥勒造像中的帝王化因素》，载《新疆艺术学院学报》2010年第8卷第3期。
② 《大正藏》第14册，日本大正一切经刊行会出版，1934年，第420页。
③ 《大正藏》第15册，日本大正一切经刊行会出版，1934年，第656页。
④ 汤用彤：《汉魏两晋南北朝佛教史》，北京大学出版社，2011年，第285页。

径称为弥勒，他们对于弥勒的实际身份并不明了，或是未尝注意其身份。① 弥勒形象分为上生像和下生像，上生像为弥勒在兜率天宫时的菩萨像，下生像是弥勒于未来成佛时在下生世界的佛像。咸亨二年的造像碑云："读弥勒上下生经云，兜率天上，摩尼殿中，弥勒菩萨垂二足以促劫，届此成佛，三会以度人。"② 其实对一般信众而言，上生和下生究竟有多大区别，他们并不是很在意，他们关注的是自己的愿望能否实现，只要能得到"福田利益"，上生兜率宫和下生遇弥勒都不是关键所在了。③

从北朝弥勒造像来看，经历了交脚弥勒菩萨和佛装弥勒为主的两个阶段，太和以前流行交脚弥勒，太和以后弥勒逐渐着佛装。④ 这尊弥勒菩萨的着装已经具有从早期的菩萨装逐渐过渡到佛装的风格，与这种变化同步的是弥勒经画的演变，而这种经变正是净土信仰逐步普及的产物。⑤ 由于弥勒的流行性质，即由菩萨变为佛而将成为天下之主的性质，往往成为历代统治者所借用和利用的工具，尤其是契合了鲜卑统治者宣扬的人佛合一的观念。

从造像题记来看，其中所表达的似乎不全是世俗的角度，还有为皇帝、为国家造像等语言。塚本善隆先生以为北魏佛教从道武帝以下具有浓厚的国家色彩；佐藤智水先生提出民众的皇帝崇拜和镇护国家的观念；李文生先生提出此系将崇佛的信念和儒家的忠孝思想合二为一；侯旭东先生提出这是民间对国家的空间认同；刘淑芬先生则认为这应该从当时造像者的宗教角度来理解它的内涵。⑥

北朝佛教以儒学为媒介，可分为两个阶段：前一阶段指北魏孝文帝之前，佛教在北方的传布主要以儒学的谶纬之学为手段，这一点从十六国时代的佛图纬开始；后一阶段指北魏中期以后，代替佛图纬的是孝文帝时期的佛教义理之学。以象弘教，并在要塞通途修凿石窟，是北朝佛教的一个明显特征。国家建寺、造像修凿从北魏开始完全是为了教化，这同十六国时期佛教传布的情况有所不同。十六国时期的石勒、石虎信佛是利用一些有影响力的高僧为他们的军事行动出谋划策，企图利用他们的所谓咒法出奇制胜；而北魏开始则是为了利用佛寺、图像来教化民众。北魏王朝推行象数是为了巩固他们的政权，但象数和政治军事又不可

---

① 侯旭东：《五、六世纪北方民众佛教信仰：以造像记为中心的考察》，中国社会科学出版社，1998年，第108—111页。
② 李静杰、田军：《定州系白石佛像研究》，载《故宫博物院院刊》1999年第3期。
③ 冯贺军：《曲阳白石造像研究》，紫禁城出版社，2005年，第79页。
④ 赵超：《略论中国佛教造像中弥勒形象的演变》，载《中国历史文物》2003年第2期。
⑤ 李淞：《论中国菩萨图像》，载《长安艺术与宗教文明》，中华书局，2002年，第143—212页。
⑥ 塚本善隆：《北朝佛教史》，大东出版社，1974年，第11—27、第74—78页；佐藤智水：《北朝造像铭考》，载刘俊文主编：《日本中青年学者论中国史·六朝隋唐卷》，上海古籍出版社，1995年，第56—96页；李文生：《中国石窟佛社造像最早出现于云冈石窟：云冈第11窟"北魏太和七年邑义信士女造像记"探讨》，载李治国主编云冈石窟研究院编：《2005年云冈国际学术研讨会论文集·研究卷》，文物出版社，2006年，第312页；侯旭东：《造像记所见民众的国家观念与国家认同》，载《北朝村民的生活世界——朝廷、州县与乡里》，商务印书馆，2005年，第265—296页；刘淑芬：《香火因缘——北朝的佛教结社》，载黄宽重主编：《中国史新论·基层社会分册》，联经出版事业股份有限公司，2009年，第228—229页。

避免地产生矛盾。到了孝文帝时期，北魏王朝调整了象教的政策，大力宣扬佛教义理之学，改变民间佛教的信仰方式，同时加大了对佛教偶像崇拜和对帝王崇拜的结合力度，使得按照帝王形象造佛成为北魏的造像传统。[1] 以帝王形象造佛，礼天子即礼佛，充分反映了北朝率先把象教纳入国教轨道的特点。

在北朝时期造像被大量制造，是佛教经典的鼓励，还有当时流行的观佛修行方式的影响，而最重要的还是为了以佛像为中心布置道场，举行一些仪式和法会。另外，在一些特定的佛日当中，也会有行像的出现。北朝时期制造单体造像、金铜佛像的功用有四种：一是置于家中，供家人时常礼拜供养；二是放在寺院中，供僧侣信徒致敬供奉；三是置于大道通衢之中，供来往信徒礼敬，兼以感化过路行人；四是以佛像形成一个道场，以代替寺院，在此举行宗教活动。布置道场，对华北社会非常重要，同时这种情形在当时也是最普遍的。5—6世纪，佛教深深影响着华北的乡村社会，从造像来看，主要显现在以下方面：（1）乡村居民因信仰佛教而组织一种叫做义邑或法义的宗教团体，以便共同修习佛教教义，或者从事和佛教有关的社会活动。（2）在农业社会之外，佛教的仪式和法会等宗教生活是乡村人们主要的活动。（3）佛教的几个节日是村落居民生活中的大事。[2]

佛教利用中国固有的观念信仰，通过神奇灵验和天堂地狱的观念影响民众对佛教的信仰，特别是在生死观念上，民众是在固有的灵魂观的基础上接受佛教再生观念，赋予了"再生"以主体，使其头脑中的再生观成为中外杂糅的产物。[3] 生死观念的变化促成了5—6世纪为亡亲追福、拯救亡灵风气的盛行，而为祖先追福之风的盛行反过来又对传统的孝道起了推波助澜的作用。这也是在早期金铜佛和北凉石塔的铭文上可以看到的佛教功德、超度观念和传统孝道思想的结合。宗教性和世俗性、民族因素与外来因素，往往是相互交融的。

造像题记中除了与佛教有关的祈愿以外，还有涉及信徒世俗生活的祈愿，这些祈愿内容大到国家兴盛、皇帝延祚、天下太平，小到信徒及其家人的富贵延年、仕宦、无患，等等，其中出现最频繁的是"国家永隆、帝祚长延"之类对现实统治与统治者的祈愿。这类祈愿出现比较早，但到了530年以后方始流行，在不同信徒中官吏和僧侣阶层比较多。从祈愿用语来看，基本上都用的是泛指国家、皇帝，具体提到哪位皇帝则非常罕见。[4] 6世纪前造像题记中很少有这方面的内容，

---

[1] 李书吉：《佛教在北朝的弘传及中西文化的碰撞和交融》，载张庆捷、李书吉、李钢主编：《4—6世纪的北中国与欧亚大陆》，科学出版社，2006年，第215—232；王永平：《北魏孝文帝崇佛之表现及其对佛教义学之倡导》，载《学习与探索》2010年第1期。

[2] 刘淑芬：《五至六世纪华北乡村的佛教信仰》，载《中央研究院历史语言研究所集刊》，第六十三本第三分，1993年，第497—544页。

[3] 侯旭东：《五、六世纪北方民众佛教信仰：以造像记为中心的考察》，中国社会科学出版社，1998年，第152—161页；欧阳启兵：《弥勒菩萨造像变迁过程中中华思想的融入》，载《首都师范大学学报（社会科学版）》2004年第5期。

[4] 侯旭东：《五、六世纪北方民众佛教信仰：以造像记为中心的考察》，中国社会科学出版社，1998年，第211—212页。

自孝文帝两次吊比干墓后，大力提倡忠君思想，僧侣或闻风而动，以皇帝延祚和国家永隆之观念灌输信徒，逐渐在平民中产生影响。即便如此，平民也未必知道何人当朝，而官吏阶层则限于礼法不便言明。

交脚坐像的弥勒菩萨造像乃是佛教转轮王的造像，都是依据《悲华经经雕造像》制作出来的。① 太武帝之后到孝明帝的时代，北魏皇帝都还以北凉模式或犍陀罗模式统治北魏，这也说明犍陀罗模式是北魏承传北凉的最主要的教化模式，而云冈造像的护法模式就是最明显的证据。② 皇帝的圣人化不断发展，即使不能直接明言自身是圣人，也会通过迂回间接的方式表现出来，或由臣子以上事进奏的方式把它表达出来。③ 到了佛教盛行之后，就像以前的皇帝以圣人自居那样，当时的皇帝不免以佛自居了，这样就有了制造佛教版的谶纬来将自己佛化，或由臣民宣称皇帝为佛而把皇帝佛化等事迹出现。虽然人们未必相信皇帝真的是圣人或者佛陀，但对追求权势的皇帝而言却是最合适不过的了。④

孝文帝的改革在争取正统王朝的背后，他的礼教文治乃至迁都也含有扭转早期拓跋国家性格的用心。所有的一切只有一个目的，就是将自己彻底转化为一个正统的汉族皇帝，以此来宣示北魏取代的乃是西晋，是其领域和文化的正当继承者。中国的君主从很早开始就习惯利用图谶的宣传，佛教在中古时期已经是一个主要信仰，当时的君主除了利用它来教化民众，吸引佛信徒的向心力之外，自然也需要利用它来加强自己权位的正统性，尤其是得位不正统的皇帝和少数民族统治中原的皇帝。而转轮王观念传入中国后，在传统政治思想和大乘佛教的影响下，终于发生了本质性的变化，即转轮王即佛的观念在中土出现。在这种观念影响下，"初，法果每言，太祖明叡好道，即是当今如来，沙门宜应尽礼，遂常致拜。谓人曰：'能鸿道者人主也，我非拜天子，乃是礼佛耳。'"⑤ 这是转轮王即佛的明确记载，昙曜五佛是以皇帝为素材的模拟像，这些造像宣传的意味非常浓烈，不能以此认为当时转轮王即佛的观念已经非常普遍了。而且除了文成帝的造像外，北魏时期其他的佛像是否真的仿照皇帝容貌来造像还很难确定。其实转轮王即佛的观念在后来已经成为僧团的共识，而这种观念的滥觞则是在北魏时期，除了牵涉传统中国王权的观念外，还和北亚游牧民族固有的宗教观念及王权的观念恐怕也有

---

① 古正美：《贵霜佛教政治传统与大乘佛教》，允晨文化实业股份有限公司，1993 年，第 574—662 页。
② 古正美：《从天王传统到佛王传统》，商周出版社，2003 年，第 106—145 页。
③ 萧璠：《皇帝的圣人化及其意义试论》，载《中研院历史语言研究所集刊》，第六十二本第一部分，1993 年，第 37 页。
④ 林伟：《从交脚弥勒菩萨造像的流行看中国传统文化对佛教的影响》，载《江苏社会科学》2009 年第 1 期。
⑤ 《魏书》卷一一四《释老志》，中华书局，2009 年，第 3031 页。

很大关联。① 可见，中古时期中土传统的王权观无论怎么变化，其实都没有改变其政教合一或王权优于一切的思想。

我们知道在佛经中弥勒和转轮王是两个不同的概念，弥勒是宗教上的神圣概念，而转轮王是世俗界的最高统治者，一般来讲弥勒由转轮王进行供养，转轮王先于弥勒出现在人世。这些佛教义理上的严格分别，对于普通民众来讲则不会区别的那么清楚，对他们而言两者有时候是混同的，民众关注的只是他们心目中的一种认同而已。国和皇帝是一体的，从造像来看民众关注皇帝和国家的命运始见于北魏初年，以后比例逐渐增大，关注者中又以官吏、僧尼比例为多，多种民族背景共同造像时尤其热衷于为皇帝祈福。北朝民众或希望皇帝、国家可以同享造像所生的福庆，或祈求皇帝统治延续无穷，表达了对最高统治者皇帝的认同。祈愿亦揭示出对国家、皇帝的理解和认同，他们印象最深的是皇帝，表现出积极的认同感和归属感。②

在造像活动中北朝村民尽管对官方的制度不屑一顾，却对皇帝和朝廷做出热切的祝愿，这类造像颇多，说明造像的民众对朝廷认识上的矛盾性：越真实、切近的，越忽视；越遥远、虚幻的，越认同。这种矛盾心理曲折地表达出他们对生活其间的基层政权的不满和对美好生活的期冀。③ 北魏时期人们通过佛像感知存在的佛的时候，把维护佛法的皇帝视为理想中的统治者加以崇拜，而这也正符合民间社会对权力的仰望和渴求。④

有关弥勒的佛经竭力渲染兜率天宫的无限壮丽的美妙景色和不可思议的幸福生活，也用类似的词句描写弥勒降生时儴佉圣王的太平治世，让被剥削者把希望寄托在死后的升天与来生的济度上，同时也为剥削者打开进入天堂的大门。⑤ 除此以外，从这尊弥勒菩萨造像还可以看出，这尊造像的帝王化特征主要是用鲜卑族传统的束发长辫来暗示的，这不仅体现出民众的国家认同，也表达出普通民众对王权的崇拜，同时也说明了普通民众对转轮王即佛观念的一种朦胧感受。中古社会处于观念大变动的时期，儒、道、佛传统民间信仰在不同程度上都对民众的思想世界产生了影响，不同观念的交织正构成中古信仰的多面性，而这可能也正是这一阶段民众思想的魅力所在。

---

① 康乐：《转轮王观念与中国中古的佛教政治》，载《中研院历史语言研究所集刊》，第六十七本第一分，1996年，第109—143页；康乐：《天子与转轮王——中国中古"王权观"演变的一个个案》，载林富士主编：《中国史新论·宗教史分册》，联经出版事业股份有限公司，2010年，第135—216页。
② 侯旭东：《造像记所见民众的国家观念与国家认同》，载《北朝村民的生活世界——朝廷、州县与乡里》，商务印书馆，2005年，第265—296页。
③ 侯旭东：《北朝乡里制与村民的空间认同》，载《北朝村民的生活世界——朝廷、州县与乡里》，商务印书馆，2005年，第108—171页。
④ 佐藤智水：《北朝造像铭考》，载刘俊文主编：《日本中青年学者论中国史·六朝隋唐卷》，上海古籍出版社，1995年，第56—96页。
⑤ 唐长孺：《北朝的弥勒信仰及其衰落》，载《魏晋南北朝史论丛续编·魏晋南北朝史论拾遗》，中华书局，2011年，第209页。

从毗沙门天图像来看佛教的民族化

篠原典生　中央民族大学民族学与社会学学院文博系

　　佛教的传播主要可以分为两个层面：一个是精神方面的，即思想、伦理等层面，主要反映在经、律、论等文献以及各种佛教仪式、僧人的生活起居等方面；另一个为物质方面，即造像、建筑、法器、衣服，等等。其中，后者更为直观，因此，讨论佛教的民族化问题时一般多利用物质材料，主要是佛教造像。

　　早在20世纪中叶，已有学者通过佛像的衣着来探讨佛像的"中国化"问题[①]，诞生于印度的佛像约在2世纪已传到中国，大约在5世纪佛家衣饰已带有中国风格，后来发展成具有中国文化特色的中国佛教，而这些中国式佛像影响到朝鲜、日本等地区的佛教造像。可以说，日本等地的佛教造像是在中国式佛像的基础上发展而来的。

　　然而，20世纪初日本学者发现了"异样"的佛教造像，这就是"兜跋毗沙门天"像[②]，该像与一般的毗沙门天像不一样，大多数毗沙门天像都穿中国式的盔甲，与唐代墓葬里出土的武士俑的形象非常相似。也就是说，毗沙门天像与其他佛教造像一样被"中国化"了之后才传到日本。然而，兜跋毗沙门天像的形象与其完全不同，研究者注意到这个特殊的毗沙门天像和新疆和田地区热瓦克佛塔出土造像的关系，并把"兜跋毗沙门天"的起源追溯到西域，其特征为：（1）由从地中露出半身的地天支撑；（2）身披遮膝的西域式铠甲；（3）捧宝塔；（4）戴宝冠等。之后，诸多学者参与探讨了毗沙门天造像的起源问题[③]，已有显著成果。毗沙门天造像的演变研究，能够成为佛教造像民族化的一个案例。本文在总结前人研究的基础上，探讨毗沙门天图像的发展演变的基本脉络。

---

① ［日］长广敏雄：《大同石佛艺术论》，高桐书院，1946年；杨泓：《试论南北朝前期佛像服饰的主要变化》，载《考古》1963年第6期。

② ［日］源丰宗：《兜跋毗沙门天像的起源》，载《佛教美术》第15册，1930年；［日］松本荣一：《兜跋毗沙门天像的起源》，载《国华》471号，1930年；［日］松本文三郎：《兜跋毗沙门攷》，载《东方学报》第11号，1939年。

③ ［日］宮治昭：《兜跋毘沙門天像の成立をめぐって》，载《東洋美術史における西と東対立と交流》，国際交流美術史研究会，1992年；［日］田边胜美：《兜跋毘沙門天像の起源》，载《古代オリエント博物館紀要》13卷，1991年；［日］田边胜美：《毘沙門天像の誕生》，吉川弘文館，1999年。

一、毗沙门天图像的产生

毗沙门天是佛教的护法神,四大天王之一。毗沙门是梵文 Vaiśravana 的音译,意译为多闻天。毗沙门天的起源,可以追溯到佛教成立之前的印度,在《阿闼婆吠陀》里他以罗刹之王的身份出现。后来在《摩诃婆罗多》和《罗摩衍那》中被命名为俱毗罗(Kubera),他统领夜叉和罗刹,是夜叉之王,其性质变成财神,由于住在喜马拉雅北边的凯拉萨山,他还是古代印度保护四个方位的四方神之一,守护北方。这个古代印度的四方神后来被佛教所吸收而变成佛教的四大天王,即东方持国天、南方增长天、西方广目天和北方多闻天(即毗沙门天)。

在印度巴尔胡特大塔栏杆上发现最早的俱毗罗浮雕,其头上用婆罗谜文刻有 Kupiro Yakuho(俱毗罗·夜叉)的铭文,时间为公元前1世纪左右。同时,这里还发现带有南方毗楼勒叉(Virudhaka)铭文的浮雕。这两个浮雕都以印度的王公贵族的形象出现,如果没有铭文的话,我们很难判断其身份。这也说明,在印度本土,四大天王是平等的,作为毗沙门天前身的俱毗罗也没有特殊的地位。换句话说,毗沙门天像的诞生,就意味着毗沙门天崇拜的出现,毗沙门天崇拜首先出现于古代犍陀罗(今巴基斯坦北部和阿富汗南部)。

日本学者田边胜美在犍陀罗浮雕中发现一件与众不同的四天王奉钵图(图一)。四天王奉钵图的故事是指四大天王得知释迦牟尼成道成佛,从天上下来,每个人都把石钵献给佛陀,佛陀接受四个石钵后合四为一。四天王奉钵图的题材在犍陀罗浮雕中非常盛行,一般佛陀坐在画面中间,手里拿着石钵,佛陀的左右各站着两个天王并面向佛陀。四个天王在形象上基本没有区别,一般是用头巾包头、上身赤裸、披巾、穿裙、赤足的印度王公形象。但有一件浮雕与众不同,这个浮雕的四天王像中,三个天王是由印度王公形象来表现的,只有立在佛陀右侧的天王头戴鸟冠,着长袖上衣,披风衣,穿筒靴,其形象与印度传统服饰完全不一样,田边胜美认定这位就是毗沙门天。当时,贵霜王国所在的犍陀罗一带处于印度大陆的北方,毗沙门天又是守护北方的护法神,因此贵霜人把毗沙门天奉为自己国家的保护神,于是对其给予了特殊的待遇。毗沙门天开始拥有了除了四大护法神以外的身份、地位及功能。

那么,毗沙门天像为什么采用这种形象呢?根据田边胜美的研究,对犍陀罗毗沙门天图像的形式产生影响的是希腊的赫尔墨斯(Hermes)神。赫尔墨斯出生的当天就偷了阿波罗的牛,所以他是谎言和偷窃的守护神,也是商业和出行的守护神、传达之神,以及把死者带到阴间的引道者。赫尔墨斯的图像特征是头上戴有翅膀的帽子(Petasos),凉鞋上也有翅膀,手持缠着两条蛇的拐杖。赫尔墨斯的图像由随从亚历山大大帝东征的希腊人带到中亚的大夏(巴克特利亚),也有可能通过罗马和印度的交易传到犍陀罗(今巴基斯坦北部)。贵霜王国时期,希腊、罗马的神像在犍陀罗地区广泛流行。这些希腊、罗马神像的图像在钱币上有所反映。

图一　四天王奉钵图

贵霜族是伊朗系民族，他们的主要供奉对象是琐罗亚斯德教（拜火教）的神，不过这些拜火教神的形象借用了希腊、罗马神像的图像，其中有一个叫做 Pharro 的财神。贵霜王国的迦腻色伽一世和胡维色迦发行的钱币上所刻伊朗财神（Pharro）图案有9种（或12种）（图二）。其图像特点大概一致，手里拿着拐杖，头部有一对翅膀。伊朗财神在拜火教的经典中用古代波斯语写作 xvarnah（幸福），代表人间所有的善，就是金钱、财产、幸运、幸福、丰收、繁荣、战胜、王位、名誉等一切现实利益。这与希腊的赫尔墨斯神的功能有相似之处，因此，贵霜人借用赫尔墨斯的形象表现伊朗财神。田边胜美说，拜火教的 xvarnah（幸福）一般是以鸟形来表现，所以利用在头部表现翅膀的赫尔墨斯的形象来表现伊朗财神。那么，毗沙门天为什么借用伊朗财神的形象呢？正如前文指出的，毗沙门天的前身俱毗罗具有财神性质，他和伊朗财神的功能差不多，因此在贵霜王国时期，印度财神（俱毗罗）的原始形象逐渐被伊朗财神（Pharro）的形象元素所代替。

佛经等文献记载中也反映了毗沙门天地位的变化。四天王奉钵故事见于《普曜经》卷七商人奉麨品第二十二、《方广大庄严经》卷十商人蒙记品第二十四、《佛本行集经》卷三十二商人奉食品、《过去现在因果经》卷三等经典。[①]《普曜经》卷七商人奉糗品第二十二曰：

---

① ［西晋］竺法护译：《普曜经》卷八；［唐］地婆诃罗译：《方广大庄严经》卷十二；［隋］阇那崛多译：《佛本行集经》卷六十；［刘宋］求那跋陀罗译：《过去现在因果经》卷四。

从毗沙门天图像来看佛教的民族化 263

图二 贵霜钱币上的伊朗财神（Pharro）

……今世有佛，在拘留国界，尼连禅水边。未有致食者，汝曹幸先。能有善意，必获大福。贾人闻佛名，皆大喜言：佛必独大尊，天神所敬，非凡品也。即和糗蜜，俱于树下，稽首上佛。佛念先古，诸佛哀受人，施法皆持钵。不宜如余，道人手受食也。

时四天王于颇那山上，得四枚青石之钵，欲于中食。时有天子，名曰照明。谓天王曰：今者有佛，名释迦文。应用斯钵，非仁之器。今当受食，可往奉之。于是四王则与天子，华香伎乐，幡盖并钵，如屈伸臂，顷俱下诣佛，四天王各取所持之钵，共贡上佛。佛念取一，不快余人。意当悉纳之，提头赖王，先以献佛。佛即受之，而为说偈言：今授世尊器，当获尊法器；自得寂然钵，心意无忘失。

时毗留勒王，次复奉钵。佛寻受之，而说偈言：若授如来器，其心未曾妄。四天王安护，乃至清凉觉。时毗留罗叉王，次复奉钵。佛寻受之，而说偈曰。其施清净器，净心授如来，身心常轻便，天龙神所叹。

时毗沙门王，次复奉钵。佛即受之，而说偈曰：佛戒无缺漏，授完牢之器，信施无乱心，使德无缺减，佛受钵已。累左手中，以右手按上。即合成一，令四际现。而复叹曰：吾前世施钵，故有是果报。今获斯四器，四王神足致。①

《普曜经》和《方广大庄严经》，都是梵文本《神通游戏》的汉译，不过这两部经典在内容上有一些出入。下表是《普曜经》和《方广大庄严经》对四天王供奉钵场面的比较。

---

① 《普曜经》卷七《商人奉糗品第二十二》，参见《大正藏》卷三，第526页。

《普曜经》和《方广大庄严经》相关内容比较表

《普曜经》	《方广大庄严经》
提头赖王先以献佛	尔时世尊受北方毗沙门天王钵
今授世尊器,当获尊法器,自得寂然钵,心意无忘失	汝奉善逝钵,当得上乘器,我今受汝施,令汝具念惠
毗留勒王。次复奉钵	尔时世尊受提头赖咤天王钵
若授如来器,其心未曾妄,四天王安护,乃至清凉觉	以钵施如来,念慧得增长,生生受快乐,速证佛菩提
毗留罗叉王。次复奉钵	尔时世尊受毗娄博叉天王钵
其施清净器,净心授如来,身心常轻便,天龙神所叹	我以清净心,受汝清净钵,令汝得清净,人天所供养
毗沙门王。次复奉钵	尔时世尊受毗娄勒叉天王钵
佛戒无缺漏,授完牢之器,信施无乱心,使德无缺减	如来戒无瑕,汝施无瑕钵,汝心无瑕故,得报亦无瑕

从表中可以看出,供奉顺序有出入。《普曜经》第一位供奉佛陀的是提头赖王（东方持国天）,其次是毗留勒王（南方增长天）,第三位是毗留罗叉王（西方广目天）,而毗沙门天是最后一位。然而,在《方广大庄严经》中,毗沙门天居于首位,而把提头赖咤天王推到第二位。此外,奉钵场面的前面还增添了《普曜经》里所没有的故事情节。文中说:

> 是时北方毗沙门天王告余天王言。我念昔者有青身天。将四石钵来与我等。复有一天。名曰遍光。来白我言。慎勿用此石钵宜应供养而作塔想。何以故。未来有佛出兴于世。名释迦牟尼。当以此钵奉上彼佛。尔时毗沙门天王语余天王言。欲施石钵今正是时。

这个场面的主人公是毗沙门天,可见《方广大庄严经》有意把毗沙门天的地位抬高。这是因为犍陀罗位于印度西北,所以犍陀罗人特别推崇北方守护神毗沙门天。当时统治犍陀罗的是伊朗系的贵霜人,他们要以自己的形象来表现他们的守护神,也就是说,把原来以印度王公贵族形象来表现的毗沙门天改变成贵霜贵族的形象。然而,在犍陀罗发现的四天王奉钵图浮雕中,大多数天王像都以印度王公贵族形象出现,估计这两种四天王奉钵图之间有年代上的差别。

下面,我们再从《神通游戏》成书的背景来探讨这个问题。根据日本学者冈野洁研究,现存《神通游戏》的成书,可以分为4个阶段[①]:第1阶段,原形部分（《普曜经》卷七以上的部分）;第2阶段,《普曜经》卷八的成立;第3阶段,《神通游戏》系统的成立;第4阶段,《方广大庄严经》系统的成立。

《神通游戏》本来属于大乘系统的经典,但是后来加上的《普曜经》卷八的

---

① 冈野潔:《ラリタヴィスタラ原形の追加部分・普曜経卷八について》,载《宗教研究》第283号,1990年,第129（593）—141（595）页。

部分，从内容上看可能采自上座部的经典。第3阶段《神通游戏》成立的年代大约在公元150年左右。那时在《神通游戏》里还没有反映出受毗沙门天信仰的影响。而竺法护译《普曜经》时所用的版本应该是第3阶段《神通游戏》的版本，其翻译成汉文的时间为公元308年。这说明4世纪初竺法护翻译《普曜经》的时候，方广大庄严经系统的版本还没有成立，或者保守地说还没有流行。到7世纪末（683年）地婆诃罗再翻译《神通游戏》时所采用的版本就是《方广大庄严经》系统的。这个可能为研究毗沙门天信仰的产生和流行年代提供了一定的线索。

在图一中，3个天王是由印度王公形象来表现的（类似于巴尔胡特的印度财神像），只有毗沙门天打扮成贵霜贵族的形象（与伊朗财神形象接近）。这应该是《方广大庄严经》系统成立以后的作品。[1] 田边胜美引用英格尔特（H. Ingholt）的研究，从佛陀的衣纹来判断图一浮雕的制作年代大约在3—4世纪。然而，目前所见大部分四天王奉钵图中，四天王在图像上没有区别。这类四天王奉钵图的制作年代早于图一所示，即在《神通游戏》系统成立后不久，以及《方广大庄严经》系统成立之前。

二、毗沙门天信仰及图像的发展

毗沙门天在贵霜王国被赋予特殊的地位和形象之后，又有了新的发展。原本是佛教的护法神，在贵霜国被推崇为国家的保护神。公元3世纪，贵霜王国受到波斯帝国的威胁，为强调毗沙门天护国的性格，出现了身穿盔甲的毗沙门天像。犍陀罗浮雕中身穿盔甲的毗沙门天像，跟贵霜王波调的钱币上出现的穿盔甲人物图案非常接近。前面讲过，伊朗财神Pharro神是代表人间一切的善，这也包括"战胜"。毗沙门天穿上盔甲可以理解为强调他"战神"一面的表现。然而，目前为止在犍陀罗没有发现任何一尊毗沙门天单体造像，因此一般认为贵霜王朝还没有形成对毗沙门天的单独崇拜。

在阿富汗等中亚地区的毗沙门信仰情况并不清楚，跟毗沙门信仰有关的佛经大部分是中国制造的伪经。根据现有的发现来看，毗沙门天信仰能追溯到于阗国，即现在的和田地区。《大唐西域记》、《大慈恩寺三藏法师传》等书，都有关于毗沙门信仰的相关记载。[2]《宋高僧传》有车道政到于阗国取"北方毗沙门天"图的故事。[3] 据玄奘记载，于阗国王自称为毗沙门天的后裔：

---

[1] 关于非印度式服装的人物，雷德侯教授在他的1967年著作中提出毗沙门天或者Kubera的看法（参见 J. M. Rosenfield, *The Dynastic Arts of Kushans*, Berkeley/ Los Angeles, 1967）。

[2] 玄奘：《大唐西域记》卷十二《瞿萨旦那国》；季羡林等校注：《大唐西域记校注》（下），中华书局，2000年；慧立：《大慈恩寺三藏法师传》卷五，谢方等点校：《大慈恩寺三藏法师传》，中华书局，2000年。

[3] 赞宁：《宋高僧传》卷二十六《唐今东京相国寺慧云传》，中华书局，1997年。《宋高僧传》把"车道政"写成"车政道"，但是《历代名画记》、《图画见闻志》皆作"车道政"。

(于阗)王迁都作邑,建国安人,功绩已成,齿耋云暮,未有胤嗣,恐绝宗绪。乃往毗沙门天神所,祈祷请嗣。神像额上,剖出婴孩,捧以回驾,国人称庆。既不饮乳,恐其不寿,寻诣神祠,重请育养。神前之地忽然隆起,其状如乳,神童饮吮,遂至成立(《大唐西域记·瞿萨旦那国》)

7世纪上半叶,唐太宗开始经营西域,在中亚各地广设羁縻州。关于塔里木盆地西南的于阗国,据《新唐书》等文献记载,贞观二十二年(648)初设毗沙州,上元二年(675)改置毗沙都督府。在于阗,毗沙门天被尊为于阗国创始主和保护神,因此唐朝在于阗设立行政机构皆以"毗沙"为名。唐代,于阗的毗沙门天信仰已传至朝廷。

英国考古学家斯坦因(M. A. Stein)在和田热瓦克遗址发现双足站在地神上的人物塑像[1],它只有下半身,从残存情况来看,外面着伊朗式的长袍,里面穿百褶裙,双足穿筒靴(图三)。该造像一般被认为是毗沙门天像。虽然对它是不是毗沙门天像还值得研究,但是它的形象确实与中国的单体毗沙门天像十分相似。在《古代和田》里,斯坦因又介绍了在丹丹乌里克发现的一尊造像(图四)。它也站在一个小人物上面,不过他的重心在右腿上,左腿轻放在前面,右手放在腰上且拿着小袋子,整个造型颇有动感。他外面穿盔甲,里面穿百褶裙。该造像穿的盔甲跟犍陀罗地区浮雕中毗沙门天穿的盔甲相似,都属于鱼鳞甲。

图三 热瓦克造像

实际上,在这两处遗址发现的所谓"毗沙门天像",都是根据中原的毗沙门天图像而推断的。它们的形象与犍陀罗浮雕上的毗沙门天像有很大的不同,可以说,从犍陀罗经过中亚传到西域时毗沙门天的图像发生了较大的变化,其原因尚不清楚。经过对热瓦克和丹丹乌里克的两尊造像的观察,我们能够发现这两尊像脚下

---

[1] M. A. Stein, *Ancient Khotan*, Oxford, 1907.

图四 丹丹乌里克造像

都有小人像。这是与犍陀罗毗沙门天像不同的、新出现的元素，不过，热瓦克和丹丹乌里克的情况并不相同。热瓦克的毗沙门天像脚下的小人从地面现出上半身，用双手托着毗沙门天的双脚，而丹丹乌里克的小人蹲在毗沙门天脚下呈被踩踏的样子。虽然都是脚下出现小人像，但是从其图像的表现方式来看，可以推测这两尊毗沙门天像的性质有一定的区别。

三、毗沙门天像的两种图像

目前，在敦煌莫高窟壁画中，能确定为毗沙门天像的最早壁画是第285窟西壁正龛两侧的四天王像。四天王分别画在正龛的南北两侧，其图像都差不多。而北侧靠里边的天王右手托塔。托塔是中国毗沙门天像的重要标志物，因此把它可以推定为毗沙门天。第285窟有西魏大统五年的题记。四天王都戴宝冠，上身穿胸护和鱼鳞甲，下身在短卷裙下曲着白褶裙，最里面穿长裙，赤脚立于莲座上，手持戟。此外，还有隋代洞窟第427窟。在其前室南北壁各塑天王像两尊，共4尊。北壁靠门的天王在左手托塔，应该是毗沙门天。第427窟的四天王像的基本形象与第285窟四天王像接近，不过第427窟的四天王像为脚踏小鬼（图五）。

这类毗沙门天像的形象与唐代墓葬里出土的天王像比较接近，可能是由中国传统的武士俑和西方传来的脚踏小鬼的武人像结合而成的，他们所穿的盔甲已经不是于阗毗沙门天所穿的鱼鳞甲，而是中国传统的护甲，武周时期开凿的洛阳龙门石窟奉先寺的天王像比较典型。这一类可以视为中国化的毗沙门天像的代表。

除了石窟壁画之外，敦煌出土有绢画或版画的单体毗沙门天像。他们基本上

图五　龙门石窟奉先寺天王像和唐代墓葬出土天王俑

都穿丹丹乌里克式的盔甲，但是他们脚下踩的不是小鬼而是地神，而且正面性很强①，这些形象类似于热瓦克造像，一般都是左手托塔、右手持戟，地神托双脚，身穿西域常见的鱼鳞式盔甲（图六）。从图像中可看出，该图像故意保留了西域因素。目前发现的绢画或者版画毗沙门天的年代比较晚，都是中唐以后的作品。

图六　敦煌出土纸本毗沙门天图像

中唐以后，出现了有关毗沙门天的佛经，如《陀罗尼集经》、《北方毗沙门天

---

① 松本荣一：《敦煌画的研究》，东方文化学院东京研究所（同朋舍 1985 年再刻版）。

王随军护法仪轨》、《北方毗沙门天王随军护法真言》、《摩诃吠室啰末那野提婆喝啰阇陀罗尼仪轨》、《吽迦陀野仪轨》等，这些佛经大部分不是来自印度，而是中国僧人自己编的所谓伪经。这些佛经提倡造毗沙门天像的功德，并记载了毗沙门天像的具体形象。而且，这些佛经强调的毗沙门天造像的功德大多与战事有关，最典型的是安西城毗沙门天传说，见于不空译《毗沙门仪轨》：

> 唐天宝元载壬午岁。大石康五国围安西城其年二月十一日有表请兵救援……一行曰陛下何不请北方毗沙门天王神兵应援……与陛下请北方天王神兵救。急入道场请。真言未二七遍。圣人忽见有神人二三百人。带甲于道场前立。圣人问僧曰此是何人。大广智曰。此是北方毗沙门天王第二子独健。领天兵救援安西故来辞。圣人设食发遣。至其年四月日。安西表到云。去二月十一日巳后午前。去城东北三十里。有云雾斗暗。雾中有人。身长一丈。约三五百人尽着金甲。至酉后鼓角大鸣。声震三百里。地动山崩停住三日。五国大惧尽退军。抽兵诸营坠中。并是金鼠咬弓弩弦。及器械损断尽不堪用。有老弱去不得者。臣所管兵欲损之。空中云放去不须杀。寻声反顾城北门楼上有大光明。毗沙门天王见身于楼上

天宝年间，西域的安西城因受到敌人的攻击向长安求援，但由于路途甚远，怕安西城等不到救兵就沦陷了，此时，高僧一行告诉玄宗说，他有办法救安西城，那就是"请北方天王神兵救"。一行带着诸多僧人在长安城内设道场做法事，请到"北方毗沙门天王第二子独健"。在安西城，从天空降下的神兵击退了敌人，安西城得救了。此时，毗沙门天现身于安西城门楼上。

这个故事中有一段与玄奘记录的于阗国毗沙门天传说如出一辙，即对金鼠咬弓弩弦、损坏敌人武器的描述。这说明了唐朝的毗沙门天信仰就是来自于阗，可能与此同时也传来了于阗国的毗沙门天图像。不过其形象有了新的变化，就是在西域是鱼鳞甲上加中国式护甲。[①] 这就是敦煌纸本等出现的单体毗沙门天像，同类造像见于西南地区的大足石窟、剑川石窟等地，后来毗沙门天信仰传到日本，该图像也同时进入日本佛教造像，被称为兜跋毗沙门。

小　结

关于毗沙门天在内的四天王的起源，可以追溯到佛教成立之前的印度，此时的毗沙门天以印度王公贵族的形象出现。贵霜王国时期（2—3 世纪？）的犍陀罗地区出现特殊形象的毗沙门天。贵霜王朝的大月氏贵族把守护北方的毗沙门天当作自己的保护神，因此借用贵霜贵族的形象来表现他们的保护神，由此产生了头

---

① 冈田健：《东寺毗沙门天像》（上、下），载《美术研究》第370—371号，1998—1999年。

部带翅膀、身穿长袖上衣、足蹬筒靴的毗沙门天像。此时毗沙门天主要被当作四天王造像之一，还没有出现单体毗沙门天像。到了西域于阗国，出现了单体毗沙门天像。从文献资料来看，6世纪末于阗国已经有了毗沙门崇拜，而在7世纪初，毗沙门信仰传到中国。于阗国的毗沙门天像一般都以身穿盔甲的战神形象出现，强调了其护国卫民的性格。隋唐时期以后的中国，毗沙门天等四大天王形象一方面与墓葬出土的武士俑基本相同，成为中国武将的形象；另一方面，敦煌纸本的毗沙门天等保留了于阗国毗沙门天像的风格。敦煌毗沙门天一手拿着三叉戟，一手托着佛塔，面向正面，双腿劈开，地天托双脚，身上的盔甲故意保留了西域风格，没有完全仿照当时唐朝武将的皮甲。也许当时的佛教徒认为异形的毗沙门天像具有神秘的力量，只有他的形象与众不同，才可能具有不可估计的神秘力量。

　　这样，毗沙门天因信仰的民族主体和他们的需求的不同，拥有了不同的形象和功能。这些特质正是佛教成为世界性宗教的原因之一。佛教传到哪里，就接受并吸收当地的传统而丰富自己的内容，这样佛教才有了生命力。通过毗沙门天像的变化，我们能够清楚地看到佛教的这一特点。

11—13世纪卫藏祖师唐卡源流考略

张亚莎　中央民族大学民族学与社会学学院文博系

一直以来，人们都会有一种强烈的印象：藏传佛教艺术在亚洲所有非印度系统的佛教美术中，是最具特色而又自成系统的一系。然而，感觉容易获得，理性解释却并不容易。对于藏传佛教美术的创新与特色，抑或说它真正区别于原印度佛教美术或其他地区，诸如尼泊尔、克什米尔、巴基斯坦，以及汉地与南传佛教美术样式的独特性具体体现在哪些方面，如何发生又如何发展，最终又是如何大相径庭，似乎总是缺乏更清晰的整理。我们不能总是满足于笼统地说它样式独特、特色鲜明、藏味十足等诸如此类的泛泛标签，更需要的是具体而系统的分析，解释其体系的建构、特色的形成乃至细致到技法上的创新，然而在所有演变过程的讨论中，最重要的还是要探讨其艺术理念上的变革或创新，因为艺术的风格与技法，直接受制于理念的改变。

说到"变革"一词，笔者曾在拙著《西藏美术史》里提出，藏传佛教美术真正的变革期发生在明清之际，这个变革以神祇队伍独特结构的建立与完善为其基本标志：诸神世界里增添了大量西藏本土的高僧、祖师、活佛、大成就者，更增添了形态各异的本教护法神；本土神明在数量上的大量增加，必然改变印度佛教的神灵结构，也逐渐完成了由外来宗教向本土化转变的过程。[①] 笔者以为，明清之际达赖喇嘛系统活佛转世制度的建立与完善，标志着藏传佛教造神运动及政教合一制度的最终完成。

今天笔者虽然仍坚持这一观点，却也意识到一些极为重要的理念创新，其实早在后弘期之初，业已埋下伏笔，如本文所要探讨的早期卫藏地区的祖师唐卡，其艺术理念上的大胆创新，对后来藏传佛教美术的影响之大，可能是我们以前所估计不足的。

20世纪60年代以前，"藏传佛教"一词尚未出现，自元代至民国，汉文史料及中国普通社会民众，多俗称西藏的佛教为"喇嘛教"。"喇嘛教"之称谓确实不够规范，然而，却也在某种程度上反映了藏传佛教特别重视高僧上师作用的文化特点。因为"喇嘛"并非西藏僧人的一般性称谓，专指高僧大德，其意译作"上师"更为准确。上师在宗教修行中的精神导师作用、上师在各大教派中的精神领

[①] 张亚莎：《西藏美术史》，中央民族大学出版社，2006年，第373—375页。

袖性质、活佛转世、活佛在世俗社会中的崇高地位、高僧阶层是西藏地方政治集团中重要组成部分等，均成为西藏政教合一政治制度得以形成的重要基石。从这个意义上看，"喇嘛教"这一称谓本身，确是深得藏传佛教文化之精髓的。如果从这个角度来看我们下面要讨论的"祖师唐卡"，便不难想象这类唐卡题材本身所具有的文化厚重性与重要性。

祖师唐卡是藏传佛教美术中特有的一类唐卡题材，早期主要以各教派创始人或对本教派发展有重大影响的高僧为表现题材，后期发展成为弘扬藏传佛教宗教领袖及重要历史人物的人物唐卡类型。比较常见的人物有莲花生、阿底峡、米拉日巴、八思巴、布顿、宗喀巴、历代达赖喇嘛及班禅喇嘛等。

西藏祖师唐卡题材几乎是从唐卡这种绘画艺术形式在西藏正式出现之时[①]，便随之萌生。[②] 值得注意的是，祖师唐卡一旦流行开来，便成为藏传佛教绘画中一个一以贯之的重要题材，虽然画面的构成与绘画技法在不断变革，但这一题材本身，一直伴随着藏传佛教文化的演变与流传，并逐渐形成西藏特有的风格样式（图版三一）。应该说，祖师唐卡不只是西藏唐卡艺术题材中的重要类型，更应该是藏传佛教艺术中颇具本土色彩的艺术题材之一。

一、最早的卫藏祖师唐卡

最早的祖师唐卡，出现于 11 世纪的卫藏。[③] 无论是这个时间段，还是这个区域，对于藏传佛教后弘期都具有重要意义。而这个时间段与这个区域，又与格鲁派前身的噶当派，尤其是与噶当派主寺热振寺的兴建，具有相当密切的关系。

热振寺，在西藏后弘期佛教史中的重要地位不容置疑，它是阿底峡的弟子仲敦巴于 1057 年创建的第一座噶当派寺院，为噶当派之祖寺。

2002 年夏天，笔者曾有幸造访热振寺，并在热振寺见到一些寺藏珍贵唐卡。其中，两幅早期唐卡引起笔者的极大关注，这两幅唐卡所表现的正是我们所熟知的西藏唐卡的一类题材——高僧图或称祖师图，亦称祖师唐卡。寺院的僧人告诉我们，唐卡表现的是觉卧阿底峡大师与其弟子仲敦巴大师，西藏常将这一题材简称为"觉仲师徒像"或"觉仲图"（以下简称《觉仲图》）。

非常遗憾的是两幅唐卡的保存状态不佳，画面已相当晦暗，图像出现不同程

---

① 关于唐卡正式出现于西藏的时间，研究者有不同看法，笔者倾向传统藏文史料的记载，认为唐卡在藏地正式出现始于阿底峡时期（11 世纪中叶）。唐代的敦煌在吐蕃占领时期确实出现过不少与吐蕃文化相关的帛画与布画，但是否能看做是正式的唐卡，有待商榷。参照旦巴饶丹著，阿旺晋美译：《藏族绘画》，中国藏学出版社，1996 年。

② 最早的祖师唐卡应该是噶当派主寺热振寺内收藏的《觉仲图》，其年代也在 11 世纪中后期。见拙文《热振寺的早期唐卡》，载谢继胜、沈卫荣、廖旸主编：《汉藏佛教艺术研究——第二届西藏考古与艺术国际学术研讨会论文集》，中国藏学出版社，2006 年。

③ "卫藏"，元朝汉文文献中称"乌思藏"，雅鲁藏布江中游流域，其地理范围包括前藏与后藏（前藏指今天的拉萨与山南两个行政专区；后藏指今天的日喀则地区），卫藏地区是西藏文化的核心区域。

度的漫漶不清与破损。其中一幅破损得更为严重,图像已经看不太清楚,另一幅还能看出模样(图版三二)。两幅唐卡都有装裱,但装裱应该是比较后期的事情,显然这些唐卡在装裱时已经被有意识地覆盖了原画面的一些部分,而覆盖的目的,大概也是为了掩盖已经破损的画面。

这幅唐卡从画面构图看,应该是一种很常见的类型,即典型地表现藏传佛教教派内部师徒传承关系的祖师类唐卡,这类唐卡似乎主要流行于早期,尤其多见于12—13世纪(图版三三),明以后反倒不易见到。唐卡的主尊像有单人、双人之分,以单人的为多见,双人唐卡一般表现的是教派中的师徒的传承关系,如阿底峡与仲敦巴的关系,他们同为噶当派的始祖,却是一种师徒关系。

然而,尽管这幅唐卡的构图与内容都是我们所熟悉的,但最初见到它,却实实在在地给笔者一种陌生感,更准确地说是初看时它似曾熟悉,但愈看愈有种陌生感。

比较而言,图版三三中的这种祖师唐卡是我们更为熟悉的风格类型。只需对图版三二与图版三三中的两幅唐卡稍作些比较,便不难看出,它们的区别非常明显,它们所表现的题材内容非常相似,但其画面的构图、人物的造型、高僧宝座的装饰性表现,包括所有形式的处理及其所形成的画面气氛,都已形成鲜明的区别。因此,不难想象笔者在看到图版三二这幅唐卡时的那种震惊与兴奋——因为,在这座古老而重要的寺院里,我们很可能与后弘期最早的祖师唐卡相遇了!

在我们讨论这幅《觉仲图》唐卡之前,我们应该首先了解12—13世纪流行于卫藏地区祖师唐卡的基本特点(图版三三)。图版三三是一幅双人高僧唐卡。双人高僧唐卡在构图上一般是两位高僧以同样大小的体形,并排结跏趺坐于莲花宝座之上,身后是东印度波罗式佛龛,这种波罗式神龛也主要流行于12—13世纪的卫藏地区。两位高僧中,身为师长的高僧通常位于画面的左侧。图版三三中表现的是两位达陇噶举派的高僧,身着同样僧服,所不同的是左侧的高僧为年长者,而右侧的僧人看上去更年轻些。两位高僧服饰上的统一,反映出某一教派僧服的统一,也是祖师唐卡样式形成的一种标志。两位高僧上下两端,井然有序地排列着菩萨、护法、僧人、弟子等。菩萨、护法等既意味着他们是本教派所尊崇的神灵,也表现了他们对本教派的庇护与保佑,而众多僧人、弟子的存在,则可能是对本教派重要僧人或弟子传承关系的表现。这类祖师唐卡在藏传佛教早期教派初创与发展时期,具有它的特殊意义,它更像教派的传承谱系,记录着本教派的创建与发展的历程。据目前公布的早期祖师唐卡的图像看,达陇噶举派中这种类型的祖师唐卡最多,且整个画面华丽而富有装饰感。

再来看图版三二《觉仲图》唐卡,除画面晦暗以外,其他画面的构成与人物形象显然也与图版三三区别较大。就教派创建的年代而言,噶当派是卫藏后弘期最早创建的教派,其创建直接可追溯到阿底峡大师,这幅《觉仲图》唐卡,也清楚地反映出阿底峡大师与其弟子仲敦巴大师的早期人物像的特点:阿底峡大师着僧人装,而仲敦巴为居士模样、蓄辫,服装也与通常僧装不同,这种服饰更多见于宋代西藏壁画或唐卡的供养人服饰装扮。与 12 世纪以后祖师唐卡明显模式化了的高僧形象相比较（如图版三三中达陇噶举祖师唐卡中的高僧形象），图版三二中阿底峡与仲敦巴的服饰，看上去生动、自然、朴素，且极为个性化，自然让人联想到 11 世纪后期的那幅著名的《绿度母》唐卡（图版三四、图版三五）。

图版三四中主尊绿度母位于画面的正中，周围有一圈由竖条组成的表现山水环境的背景纹饰，诸菩萨与僧人有序地排列在竖条纹背景之中。值得注意的是，在绿度母背后上部两端的角落里各有一位人物，画面左侧身着红色僧衣、头戴红色僧帽的人是阿底峡大师，而位于右侧的结发辫、身着俗人装的便是阿底峡的弟子仲敦巴大师（图版三五）。《绿度母》唐卡背后有藏文题记，表明这尊绿度母像正是"热振寺的女神"[1]，反映出绿度母是热振寺建立之后被噶当派尤其是热振寺所尊崇的神灵，同时也再次强调噶当教派的传承来自印度（唐卡最上端所画的一排高僧是噶当派所继承的印度的高僧传承），而主尊像佛龛的上端两侧一左一右的两人，正是阿底峡与仲敦巴，从而点明该教派的创建者为阿底峡与仲敦巴大师，这幅唐卡正是为该教派所画。

据研究，该唐卡的绘制年代当早至 11 世纪 80 年代[2]，这幅唐卡即便不是噶当派（热振寺）最早的唐卡，也可以看成是噶当派创建初期的作品。那么，出现在这幅唐卡里的"觉仲"两位大师的形象，当然也是噶当派唐卡里最早出现的教派始祖的形象。

比较《觉仲图》与《绿度母》唐卡，不难发现两幅唐卡中的阿底峡与仲敦巴的服饰、发型非常接近，说明最早的觉仲师徒两人的形象应当源于以下这种解释：阿底峡为僧人，因此他身着红色僧衣，戴红色僧帽；而仲敦巴最初为俗人，后来虽然成为阿底峡的弟子，但他的服饰仍保持着俗人的装束。由此看，热振寺的这幅《觉仲图》唐卡（图版三二）的年代至少应当与《绿度母》同时或更早。[3]

而《绿度母》唐卡中对仲敦巴装束的描绘多少有些特别，这种装束似乎并不是西藏人固有的装束打扮。比较而言，图版三二唐卡里仲敦巴的服饰与 11 世纪卫藏地区壁画或唐卡里的供养人的服饰更为接近。也就是说，图版三二唐卡里的仲敦巴形象肯定是由西藏人自己画的，而《绿度母》唐卡中的仲敦巴则很可能是东印度画家对藏人的一种理解。图版三二中身着 11 世纪卫藏壁画或唐卡里的俗人装的仲敦巴形象，为我们提供了这样两个信息：（1）早期的《觉仲图》更强调仲敦

---

[1] 该藏文题记的转写为：ra sgreng ba' I lha / bya rtson' grus od kyi thugs dam / sa' (se) spyil phu ba I rab gnas gzhugs / mchad kha ba' I / spyil phu ba' I chos shyong la stad do / 见 Steven M. Kossak and Jane Casey Singer (With an Essay by Robert Bruce-Gardner)：Sacred Visions— Early Paintings from Central Tibet. The Metropolitan Museum of Art. New York. 1998. pp. 12—13, pp. 54—59.

[2] 该藏文题记的转写为：ra sgreng ba' I lha / bya rtson' grus od kyi thugs dam / sa' (se) spyil phu ba I rab gnas gzhugs / mchad kha ba' I / spyil phu ba' I chos shyong la stad do / 见 Steven M. Kossak and Jane Casey Singer (With an Essay by Robert Bruce-Gardner)：Sacred Visions— Early Paintings from Central Tibet. The Metropolitan Museum of Art. New York. 1998. p. 54.

[3] 张亚莎：《西藏美术史》，中央民族大学出版社，2006 年，第 110 页。

巴原有的世俗身份；（2）它证明了仲敦巴的服饰是 11 世纪卫藏（有身份的人）的一种流行装束；因而仲敦巴所穿戴的服饰本身，也具有图像断代的意义。

尽管图版三二与图版三三都属于祖师唐卡，但我们不难发现，图版三三中的唐卡，除了正中的祖师题材以外，其构图模式、装饰性图案的配置、画面的基本色调以及华丽的风格，实际上传承的是《绿度母》唐卡，而不是《觉仲图》（比较图版三三与图版三四）。

二、11 世纪卫藏地区两种不同类型的唐卡

如此，我们便可以考证出这两幅唐卡出现于 11 世纪中后期，并是与"觉仲师徒图"相关的早期唐卡（图版三二与图版三四）：一幅是被誉为"热振寺的女神"的《绿度母》唐卡，两位教派创始人被画在女神宝龛上端的左右两边；另一幅则直接表现的是《觉仲图》，两位教派创建者被画在画面的正中。很显然，虽然这两幅唐卡都是服务于教派始祖的记录，却是完全不同的两种唐卡类型：《绿度母》带有浓郁的东印度波罗风格；而《觉仲图》则显然是西藏本土的祖师唐卡。

当然，值得注意的现象还不仅是两幅图所显示的如此鲜明的对比，而且还有这幅带有本土特色的早期《觉仲图》唐卡，其绘画风格（按：指画法，而不是题材），后来在卫藏地区几乎再也见不到，包括它的主尊像周围的布局方式及其颇具特色的自然主义写实风格。一个产生于本土的唐卡模式，流行的时间却如此之短，而一个几乎可以说是纯粹的外来风格，却成为 12 世纪以后的流行样式，这才是一个饶有趣味的话题。

笔者以为，这两种类型虽然都出现于 11 世纪，但《觉仲图》唐卡的年代应该略早于《绿度母》唐卡，按先后顺序，笔者将《觉仲图》唐卡命名为第一种类型，《绿度母》唐卡为第二种类型。以下就来分析一下两种类型的区别。

两种类型的差异表现在画面的构成上。第二种类型的《绿度母》唐卡是卫藏地区 12—13 世纪的一种流行样式：正中为本尊或主尊像，周围井然有序地排列着菩萨、护法、弟子、供养人等（见图二），没有左右对称的问题。我们知道，这种构图方式的来源十分明确，是东印度波罗艺术影响下的产物。

而第一种类型唐卡的构图却是另外一种方式，它与前者最大的不同便是它有一条中轴线（见图一）。图版三二中由于画面不很清晰，且画面也不够完整，但隐约会感觉到画面上存在着一个纵向的二分法，只是它的中轴线开始于何处，却不是很清楚。笔者仔细研究过之后发现，有一条看不见的中轴线在阿底峡与仲敦巴之间。于是笔者又研究了另外一幅保存状态更差，但与这幅唐卡相同题材且相同画面的热振寺早期《觉仲图》唐卡，发现那幅画的画面虽然更加漫漶不清，但在

阿底峡与仲敦巴之间却能清晰地看到一条中轴线。[①] 由此可见，这条中轴线是确实存在的，换言之，从两位大师的背光的部分开始出现的那条中轴线意欲将画面分出左右两个部分（见图一），在构图上显然是有意识地将两位大师分开叙述。这种带有中轴线的祖师唐卡，迄今为止我们似乎还没有遇到过。

图一：第一种类型唐卡
（图版三七）的构图方式

图二：第二种类型唐卡的
构图方式（图版三六）

图三表明，这幅《觉仲图》唐卡可分成上、中、下三个部分：最上面的部分由三组佛菩萨像组成；中间的部分是主尊像——两位大师的坐像；下面的部分是根据上面的不同的主尊像而分别进行阐述的内容。也就是说，上、中、下三部分中，只有中、下两个部分是由正中的分轴线分开的，而最上面的部分仍保持着一个整体。究其原因，大概是因为这个区域属于噶当教派共同尊崇的佛、菩萨像的世界。

[①] 张亚莎：《热振寺的早期唐卡》，载谢继胜、沈卫荣、廖旸主编：《汉藏佛教艺术研究——第二届西藏考古与艺术国际学术研讨会论文集》，中国藏学出版社，2006年，第489页。

图三：唐卡图版三二的构图

很显然，两种类型的唐卡在对于唐卡这种绘画种类的认知本身及功能设定上是存在区别的。第二种唐卡类型来自东印度波罗王朝，人与神的位置与关系是：佛菩萨位于画画的正中，两位祖师被安排在神龛上方的两个角落里；但在第一种类型唐卡里，祖师位于画面的中间，他们的神则被供奉在两个人的上部。换言之，这类唐卡构图中的三段式是：上面是神佛的世界；正中是祖师的位置；下面是他们各自的传承或标志（见图三）。

画面从两位师徒像开始便出现了两个分野：第一，那些菩萨与护法小像围绕着师徒俩人各自的故事展开（它们主要集中在阿底峡或仲敦巴肩以上的部分）；第二，阿底峡与仲敦巴下面所展开的内容也是有区别的：阿底峡像以下的画面里，第一排画的是足印、法轮与供养物，第二排左面画的是一位供养人和他对面丰富的供养物品，右面画了4位高僧；足迹、法轮与供养品分别象征着阿底峡大师在卫藏传教的圣迹、弘法的崇高精神以及对他的虔诚的供养（图版三六）。而仲敦巴像的下面则画了两排弟子像，每一排又都由6位僧人组成，这些僧人与弟子很可能表现的是仲敦巴创建噶当派以后所收门徒中的重要人物。显然，觉仲两位大师下方的图案分属于不同的内容：阿底峡下方的画面主要歌颂觉卧大师传教的精神及他所受到的尊崇与供奉；而仲敦巴部分则主要表现他与弟子们的传承关系（图版三七）。

综上所述，两种类型的早期唐卡所传达的是两种不同的艺术理念。《绿度母》代表着东印度波罗艺术模式，其特点如下：（1）主尊神位于画面正中且占较大面积，显示了画面主题。（2）神格决定人物体量的大小，有严格的等级观念。（3）人与自然的关系是在画面空隙处饰以山水等装饰性图案。《觉仲图》唐卡则更多体现出人文主义色彩：画面的三个部分分别代表着佛、僧、与弟子传承的关系；画面透露出写实主义的温馨与朴实。

11世纪中后期，卫藏并行着两种风格、样式完全不同的唐卡类型，说明此时期，卫藏地区宗教文化不仅存在着多元性，更可能反映出艺术传播路线的不同。

据藏文史料记载，唐卡最初是由阿底峡大师带入卫藏的，传说阿底峡大师在传教过程中特意从东印度定制了三幅唐卡带入卫藏，这三幅唐卡遂成为后弘期早期唐卡的范本。由此可见，这条艺术传播路线便是藏史中提到的"上路弘法"。这条艺术传播路线直接来自东印度波罗王朝，画面保留着浓郁的东印度波罗风格是很正常的。也正是由于《绿度母》唐卡尚能保持相对比较纯粹的印度风貌，唐卡的年代亦相对较早，一些研究者甚至认为这幅唐卡更可能是由印度艺术家所绘，当然唐卡的施主一定是噶当派的僧人，是为纪念噶当派始祖阿底峡与仲敦巴大师所绘。[1]

至于《觉仲图》唐卡的艺术表现风格，除了本土元素外，也显示出中国西北佛教艺术的一些特点。无独有偶，卫藏扎塘寺壁画（11世纪末期）出现的"唐服供养人"形象，同样清楚地反映出11世纪卫藏地区与西北甘青地区文化上的密切关系[2]，而这条艺术传播线路则很可能与后弘期初期的"下路弘法"有关。"下路弘法"是指自安多藏区传入的一条佛教复兴文化，安多藏区位于西北汉藏文化交界地带，9世纪中叶吐蕃王朝崩溃直至10世纪后期佛教复兴，在这长达1个多世纪的时间里卫藏佛法不存，而在这期间，安多藏区的佛教文化不仅没有受到影响，反而得到繁荣发展。公元978年下路弘传返回卫藏时，一些新的理念也因此顺着这条线索进入卫藏。《觉仲图》唐卡的中轴线画法、画面上方佛菩萨世界里佛与菩萨的画法、写实主义表现手法，等等，都显示出西北佛教美术的某些元素。

三、11—13世纪卫藏祖师唐卡的流变

热振寺的《觉仲图》唐卡里，基本见不到东印度波罗艺术样式的影响，说明它们应该制作于东印度波罗风格大规模进入卫藏之前，而我们知道，东印度波罗佛教艺术风格进入卫藏地区应当是在阿底峡到卫藏传教（1045年）之后，因而它们也就应当属于卫藏后弘期最早的一类唐卡，其年代可早至11世纪中叶，不排除早于11世纪80年代的《绿度母》唐卡。这类唐卡在其画面的构成、人物的造型、服饰的表现等诸多方面，均反映出这类高僧图或祖师图所遵循的是西藏固有的传统，唐卡的制作者可以肯定是西藏本土的艺术家。这类唐卡虽然数量极少，但它们的存在本身便提醒我们：在东印度波罗风格成为卫藏绘画主导性风格之前，噶

---

[1] 见噶尔梅著作，1975年；又见 Marylin M. Rhie and Robet A. F. Thurman: *Wisdom and Compassion——The Sacred ART of Tibet*, Tibet House New York in association with Harry N. Abrams, Inc. , Publisher. 1991, pp. 129—132.

[2] 张亚莎：《11世纪西藏的佛教艺术——从扎塘寺壁画研究出发》，中国藏学出版社，2008年，第96—98页。

当派曾经有过自己的一套绘画模式，而这种模式很可能正是卫藏最早表现祖师题材的本土模式。

然而，第一种类型的唐卡，其流行的时期很短，流行的范围也很小，它们大抵只存在于11世纪，流行范围也仅限于噶当派内部。11世纪后期，卫藏由于受到印度波罗艺术的冲击，无论是唐卡还是壁画，都发生了不少的改变。上述第一种类型唐卡中的许多元素，诸如上方神的世界、中轴线构图方式、早期自然主义的人物表现手法等，很可能在11世纪后期便已逐渐消失。

也正因为如此，第一种类型唐卡即《觉仲图》的构图，即使是在我们以往见到的早期唐卡中也是极罕见的，以笔者的孤陋寡闻，认为热振寺的这几幅唐卡可能是唯一的遗存。其数量的稀少，说明第一种类型的唐卡构图，即使是在卫藏地区也并不是一种流行样式，它甚至可能只是热振寺早期祖师唐卡特有的一种表现方式。而真正流行于卫藏地区的祖师唐卡样式是图版三九中的祖师唐卡，它们不仅流行于宋代，甚至在元朝初年还可能在延续。图版三九中除了正中主尊像为一位高僧外，其余部分与11世纪后期的《绿度母》唐卡几乎没有什么区别（比较图版三八与图版三九）。由此可见，西藏12—13世纪祖师唐卡实际上继承了两个传承：其题材直接继承了《觉仲图》，以高僧或祖师为主尊像；但在主尊像周围的所有构图与表现手法，却继承了《绿度母》中的东印度波罗样式。

比较图版三八与图版三九，我们可以获得一个惊人的发现：卫藏祖师唐卡在宗教观念上的大胆创新，表现在正中间的主尊佛或菩萨的位置已被现实中的宗教领袖或高僧所取代，由此藏传佛教文化完成了神与人的置换！然而，这个置换最初的模本，正是热振寺最早的那幅《觉仲图》唐卡。也就是说，由第一种类型唐卡所创造的卫藏祖师唐卡的基本模式，在后来的卫藏祖师唐卡中得到了保存（图版三三和图版三九），这些祖师唐卡固然也接受了印度波罗风格的影响，但在基本构图上却保持了第一种类型的概念——以教派的领袖作为唐卡的中尊主像，而这是东印度波罗艺术乃至印度佛教艺术所不见的。笔者以为，"祖师唐卡"这种独特的唐卡类型，最初的创造者就是西藏的艺术家；这类唐卡题材出现的原因，应该是为西藏后弘期教派初创时期对教派高僧传承进行阐述与记录这一特殊需要服务的。卫藏12—13世纪祖师唐卡样式的形成应该是11世纪两大类型唐卡的融合（图版四十）。

祖师唐卡是西藏地区自后弘期以来产生的一种独特的唐卡题材与图式，其特殊功能与造型样式，不仅与印度佛教美术不同，也与汉地佛教美术形成区别，但其形成却是对上述两者的融通。

祖师唐卡之所以能够在青藏高原孕育与发展，一是与后弘期教派的产生背景有关；二是取决于藏传佛教文化极重视高僧上师作用的习俗；三是后弘期西藏社会政教一统的思想及其社会基础的反映。祖师唐卡在宗教观念上的大胆创新，表明佛教西藏化从后弘期之初便已开始，后来的政教合一制度、活佛转世制度的形成是有着深厚的思想基础的。

却英多吉与石莲寺

李　翎　中国国家博物馆

明朝，黑帽系活佛噶玛巴被明永乐皇帝封为明代三大法王之首"大宝法王"。有明一代是噶举派最为昌盛发达时期，但明末清初格鲁派的兴起，使噶举派的势力发生了动摇。噶玛噶举派黑帽系第十世活佛却英多吉（chos-dbyings rdo-rje）生于藏历第十绕迥木龙年（1604）。却英多吉所处的时期正是西藏历史上噶玛噶举派和新兴的格鲁教派为争夺西藏的正教大权剧烈角逐的时期。1611年和1618年，却英多吉两次派专人向明万历皇帝朝贡，和前几世活佛一样，希望可以与中央朝廷保持密切的联系。水马年（1642），固始汗率军进藏，消灭了第司藏巴·彭措南杰，将统领西藏十三万户的地方大权交给五世达赖喇嘛，使格鲁派在西藏取得了绝对优势地位。格鲁派得势后，却英多吉的政教地位受到了严重冲击，他的处境一下子变得十分艰难，后经四世班禅罗桑却吉坚赞的调停，噶玛噶举派和格鲁派的关系才稍有缓和。但时隔不久，于1642年至1644年间，在西藏工布和山南地区爆发了噶玛巴反对格鲁派和固始汗的斗争，两派的背后都有蒙古军事力量的支持，格鲁派在蒙古和硕特部固始汗的支持下击溃了后藏王政权藏巴第斯固始汗，五世达赖喇嘛的军队打败了噶玛巴，把却英多吉围困在一座建筑物内，等于做了人质，他的处境很危险。后来，却英多吉设法逃离了困境，于1644年前后避居于云南丽江纳西族木土司家中。

从十世噶玛巴的出逃云南，可见噶玛噶举派和云南西部地方势力之间的特殊而紧密的关系。噶玛噶举派至今在云南丽江、中甸、德庆等地有很大的影响，在这一片地区有为数众多的藏传佛教寺院，其中有不少为噶玛噶举派的寺院。

对于这段历史，通常材料上只写却英多吉避难至丽江，得到木氏土司的保护和供养，但具体在哪里静修多避而不谈。王森《西藏佛教发展史略》记载："黑帽第十世则在极困难的情况下逃脱，他最后逃到云南丽江土知府木氏处。木家很久以来就是噶玛派大喇嘛的信徒和支持者，但不久，据说黑帽十世又厌烦木知府家里的喧杂和豪华，他先退居于一个寂静的寺庙中，而后又单枪匹马只带了很少的旅行必需品出发到果洛去，声称他是去看新转世的红帽系七世。途中遇到了强盗，他的马匹、衣物被掠夺一空，他仍然身穿褴褛的衣服，乞食借宿地向前走去，直到遇见黑帽系和红帽系两方面的属下专程寻找他的人们,才又把他接回丽江去。"①《藏传佛教高僧传略》中记载:"却央多杰设法逃离了困境,于1644年前后避居于云南丽江纳西族沐土司家中。沐土司很久以前就信奉噶玛噶举,他愿意接待这样一位噶玛噶举的宗教领袖。可是却央多杰住在俗家很不习惯,他先退隐到一座安静的寺庙中,后来又独自一人出走……"② 材料上对于黑帽十世与格鲁派之间的争斗记载的比较清楚,但对于其设法逃离险境,只写"退居于(丽江)一个寂静的寺庙",多止于此,而具体是个什么寺庙、在什么位置,材料上多语焉不详。

笔者于2011年4月19—25日在丽江进行为期一周的考察,考察中发现了一座小寺,可能与这段历史有关。当时住在丽江束河古镇,在距古镇东1里许的一座小山上发现有一座藏传佛教的石窟寺,汉文名称为"石莲寺"。石莲寺号称束河八景之一,居高临下,从石窟前俯瞰小镇,整个小镇尽收眼底。石窟是在山上一块巨大的岩石上开凿而成,洞内空间狭小,除沿岩体并置的佛像外,或可容纳四五人。寺内有佛像,主尊是释迦牟尼佛,左侧有米拉日巴像,右侧有莲花生像,另有观音、文殊(?)像。现有两位宁玛派僧人。据石窟寺寺牌介绍,"寺内灵洞是第十世大宝法王邱英多杰禅修圣地。大宝法王邱英多杰在丽江十年中曾在灵洞内禅修六年,石窟寺在'文化大革命'中遭严重破坏,但圣者之足迹现在仍能辨认",也就是说,石莲寺就是当年避难到丽江的噶玛巴黑帽十世却英多吉的静修处。

笔者以为,这种记载有一定的合理性,虽然却英多吉在此修行的时间不能确定是几年,但在这里的石窟寺静修却是十分可能的,理由如下:

(1) 石窟寺狭小而安静的规模历来是噶玛噶举派僧人密修时可能选择的处所。噶举派僧人修持的是密法,不可能在喧哗的大寺,而在丽江束河地区,石窟寺并不多见,像石莲寺这样偏僻的小石窟寺,正适合避难中的黑帽十世却英多吉进行密修。

(2) 石窟寺所在的地区正是一向对噶玛噶举派信奉有加的木氏土司生活、管理的区域。木氏先祖,为纳西先民。1253年,忽必烈南征,木氏祖先降附忽必烈,被任命为"茶罕章官民官首领",后从金沙江边的石鼓搬迁到丽江坝子的白沙,从此进入了木氏土司的黄金时代。现在束河古镇上有一处木土司行宫——大觉宫,已辟为《茶马古道博物馆》。大觉宫,明隆庆三年至万历七年(1570—1579)建成,东、西两壁绘有壁画,中心是《佛会图》(216厘米×320厘米),两侧是十八罗汉图(每侧各绘9个罗汉,216厘米×137厘米)和《诸天护法》(216厘米×137厘米)。整个壁画为汉风式,但主尊有藏式风格,题材方面显密都有。另外,距束河古镇2公里处,玉龙县白沙乡三元村有明代木土司建造的琉璃

---

① 王森:《西藏佛教发展史略》,中国社会科学出版社,1997年,第126页。
② 杨贵明、马吉祥编译:《藏传佛教高僧传略》,青海人民出版社,1992年,第121页。

殿和大宝积宫，即现在的《白沙壁画博物馆》。白沙壁画始建于明代洪武十七年（1385），兴盛于明代嘉靖、万历之际，由明代木旺、木增等几代土司经营近300年陆续完成。据有关方志和文献记载，当时参加壁画绘制的画工有大理巧工杨得和氏、藏区画工古昌、江南汉族画工马肖仙，还有擅长道释绘画的张道士以及纳西族东巴画工参加绘制。大宝积宫建于明万历十年（1582），重檐歇山顶，面阔三间，内存12幅壁画，其中正壁绘《无量寿如来会》、南壁绘《南无孔雀明王大佛母海会》、北壁绘《观音菩萨普门品》。琉璃殿，建于明永乐十五年（1417），重檐歇山顶，面阔两间，存壁画16幅，多已漫漶不清。木土司行宫与佛殿中的宗教绘画，营造了浓厚的宗教气氛，加之木土司一向对噶举派倍加信奉的传统，这些对于避难在此的却英多吉都是一个最好的选择。

综上所述，在这样一个安静的石窟小寺，有木氏土司的就近保护和供养，避难在这里的却英多吉可以生活得比较从容。

石莲寺，作为重要古迹，2003年昆明鼎业集团实施"束河古镇保护与发展项目"，无偿出资重建了小寺。由松云村95岁高龄的中国著名藏传佛教专家喜饶郎达（汉文名李渭贤，曾于北京民族出版社工作）大师发大悲愿，重置灵洞内宝像，使灵洞重放灵光。

总之，石莲寺有可能是却英多吉出逃拉萨后，在丽江木氏土司处避难时修行的小寺。石莲寺的发现，可以补充史料记载中关于却英多吉避难丽江后的缺失。